国家出版基金项目
NATIONAL PUBLICATION FOUNDATION

档案文献·乙

台湾光复史料汇编（第一编）

政府文件选编（一）

主　　编：张海鹏

副 主 编：冯　琳　褚静涛

编　　者：冯　琳

重慶出版集團 重慶出版社

图书在版编目(CIP)数据

台湾光复史料汇编(第一编)·政府文件选编(一) / 张海鹏主编. —重庆：重庆出版社，2017.4
ISBN 978-7-229-12122-8

Ⅰ.①台… Ⅱ.①张… Ⅲ.①抗日战争—史料—汇编—台湾 Ⅳ.①K265.06

中国版本图书馆CIP数据核字(2017)第063714号

台湾光复史料汇编(第一编)·政府文件选编(一)
TAIWAN GUANGFU SHILIAO HUIBIAN(DIYIBIAN)·ZHENGFU WENJIAN XUANBIAN(YI)
张海鹏　主编

责任编辑：别必亮　魏依云
责任校对：杨　媚
装帧设计：重庆出版集团艺术设计有限公司　陈　永　吴庆渝

重庆出版集团
重庆出版社　出版

重庆市南岸区南滨路162号1幢　邮政编码：400061　http://www.cqph.com
重庆出版集团艺术设计有限公司制版
自贡兴华印务有限公司印刷
重庆出版集团图书发行有限公司发行
E-MAIL:fxchu@cqph.com　邮购电话：023-61520646
全国新华书店经销

开本：740mm×1030mm　1/16　印张：25　字数：370千
2017年4月第1版　2017年4月第1次印刷
ISBN 978-7-229-12122-8
定价：50.00元

如有印装质量问题，请向本集团图书发行有限公司调换：023-61520678

版权所有　侵权必究

《中国抗战大后方历史文化丛书》

编纂委员会

总 主 编：章开沅
副总主编：周 勇

编 委：（以姓氏笔画为序）
山田辰雄　日本庆应义塾大学教授
马振犊　　中国第二历史档案馆副馆长、研究馆员
王川平　　重庆中国三峡博物馆名誉馆长、研究员
王建朗　　中国社科院近代史研究所副所长、研究员
方德万　　英国剑桥大学东亚研究中心主任、教授
巴斯蒂　　法国国家科学研究中心教授
西村成雄　日本放送大学教授
朱汉国　　北京师范大学历史学院教授
任　竞　　重庆图书馆馆长、研究馆员
任贵祥　　中共中央党史研究室研究员、《中共党史研究》主编
齐世荣　　首都师范大学历史学院教授
刘庭华　　中国人民解放军军事科学院研究员
汤重南　　中国社科院世界历史研究所研究员
步　平　　中国社科院近代史研究所所长、研究员
何　理　　中国抗日战争史学会会长、国防大学教授
麦金农　　美国亚利桑那州立大学教授

玛玛耶娃	俄罗斯科学院东方研究所教授
陆 大 钺	重庆市档案馆原馆长、中国档案学会常务理事
李 红 岩	中国社会科学杂志社研究员、《历史研究》副主编
李 忠 杰	中共中央党史研究室副主任、研究员
李 学 通	中国社会科学院近代史研究所研究员、《近代史资料》主编
杨 天 石	中国社科院学部委员、近代史研究所研究员
杨 天 宏	四川大学历史文化学院教授
杨 奎 松	华东师范大学历史系教授
杨 瑞 广	中共中央文献研究室研究员
吴 景 平	复旦大学历史系教授
汪 朝 光	中国社科院近代史研究所副所长、研究员
张 国 祚	国家社科基金规划办公室原主任、教授
张 宪 文	南京大学中华民国史研究中心主任、教授
张 海 鹏	中国史学会会长，中国社科院学部委员、近代史研究所研究员
陈 晋	中共中央文献研究室副主任、研究员
陈 廷 湘	四川大学历史文化学院教授
陈 兴 芜	重庆出版集团总编辑、编审
陈 谦 平	南京大学中华民国史研究中心副主任、教授
陈 鹏 仁	台湾中正文教基金会董事长、中国文化大学教授
邵 铭 煌	中国国民党文化传播委员会党史馆主任
罗 小 卫	重庆出版集团董事长、编审
周 永 林	重庆市政协原副秘书长、重庆市地方史研究会名誉会长
金 冲 及	中共中央文献研究室原常务副主任、研究员
荣 维 木	《抗日战争研究》主编、中国社科院近代史研究所研究员
徐 勇	北京大学历史系教授
徐 秀 丽	《近代史研究》主编、中国社科院近代史研究所研究员
郭 德 宏	中国现代史学会会长、中共中央党校教授
章 百 家	中共中央党史研究室副主任、研究员
彭 南 生	华中师范大学历史文化学院教授

傅高义　美国哈佛大学费正清东亚研究中心前主任、教授
温贤美　四川省社科院研究员
谢本书　云南民族大学人文学院教授
简笙簧　台湾"国史馆"纂修
廖心文　中共中央文献研究室研究员
熊宗仁　贵州省社科院研究员
潘　洵　西南大学历史文化学院教授
魏宏运　南开大学历史学院教授

编辑部成员（按姓氏笔画为序）

朱高建　刘志平　吴　畏　别必亮　何　林　黄晓东　曾海龙　曾维伦

总　序

章开沅

我对四川、对重庆常怀感恩之心，那里是我的第二故乡。因为从1937年冬到1946年夏前后将近9年的时间里，我在重庆江津国立九中学习5年，在铜梁201师603团当兵一年半，其间曾在川江木船上打工，最远到过今天四川的泸州，而起程与陆上栖息地则是重庆的朝天门码头。

回想在那国破家亡之际，是当地老百姓满腔热情接纳了我们这批流离失所的小难民，他们把最尊贵的宗祠建筑提供给我们作为校舍，他们从来没有与沦陷区学生争夺升学机会，并且把最优秀的教学骨干稳定在国立中学。这是多么宽阔的胸怀，多么真挚的爱心！2006年暮春，我在57年后重访江津德感坝国立九中旧址，附近居民闻风聚集，纷纷前来看望我这个"安徽学生"（当年民间昵称），执手畅叙半个世纪以前往事情缘。我也是在川江的水，巴蜀的粮和四川、重庆老百姓大爱的哺育下长大的啊！这是我终生难忘的回忆。

当然，这八九年更为重要的回忆是抗战，抗战是这个历史时期出现频率最高的词语。抗战涵盖一切，渗透到社会生活的各个层面。记得在重庆大轰炸最频繁的那些岁月，连许多餐馆都不失"川味幽默"，推出一道"炸弹汤"，即榨菜鸡蛋汤……历史是记忆组成的，个人的记忆会聚成为群体的记忆，群体的记忆会聚成为民族的乃至人类的记忆。记忆不仅由文字语言承载，也保存于各种有形的与无形的、物质的与非物质的文化遗产之中。历史学者应该是文化遗产的守望者，但这绝非是历史学者单独承担的责任，而应是全社会的共同责任。因此，我对《中国抗战大后方历史文化丛书》编纂出版寄予厚望。

抗日战争是整个中华民族(包括海外侨胞与华人)反抗日本侵略的正义战争。自从19世纪30年代以来,中国历次反侵略战争都是政府主导的片面战争,由于反动统治者的软弱媚外,不敢也不能充分发动广大人民群众,所以每次都惨遭失败的结局。只有1937年到1945年的抗日战争,由于在抗日民族统一战线的旗帜下,长期内战的国共两大政党终于经由反复协商达成第二次合作,这才能够实现史无前例的全民抗战,既有正面战场的坚守严拒,又有敌后抗日根据地的英勇杀敌,经过长达8年艰苦卓绝的壮烈抗争,终于赢得近代中国第一次胜利的民族解放战争。我完全同意《中国抗战大后方历史文化丛书》的评价:"抗日战争的胜利成为了中华民族由衰败走向振兴的重大转折点,为国家的独立、民族的解放奠定了基础。"

中国的抗战,不仅是反抗日本侵华战争,而且还是世界反法西斯战争的重要组成部分。

日本明治维新以后,在"脱亚入欧"方针的误导下,逐步走上军国主义侵略道路,而首当其冲的便是中国。经过甲午战争,日本首先占领中国的台湾省,随后又于1931年根据其既定国策,侵占中国东北三省,野心勃勃地以"满蒙"为政治军事基地妄图灭亡中国,独霸亚洲,并且与德、意法西斯共同征服世界。日本是法西斯国家中最早在亚洲发起大规模侵略战争的国家,而中国则是最早投入反法西斯战争的先驱。及至1935年日本军国主义通过政变使日本正式成为法西斯国家,两年以后更疯狂发动全面侵华战争。由于日本已经与德、意法西斯建立"柏林—罗马—东京"轴心,所以中国的全面抗战实际上揭开了世界反法西斯战争(第二次世界大战)的序幕,并且曾经是亚洲主战场的唯一主力军。正如1938年7月中共中央《致西班牙人民电》所说:"我们与你们都是站在全世界反法西斯的最前线上。"即使在"二战"全面爆发以后,反法西斯战争延展形成东西两大战场,中国依然是亚洲的主要战场,依然是长期有效抗击日本侵略的主力军之一,并且为世界反法西斯战争的胜利做出了极其重要的贡献。2002年夏天,我在巴黎凯旋门正好碰见"二战"老兵举行盛大游行庆祝法国光复。经过接待人员介绍,他们知道我也曾在1944年志愿从军,便热情邀请我与他们合影,因为大家都曾是反法西斯的战士。我虽感光荣,但却受之有愧，因为作为现役军人，未能决胜于疆场，日本就宣布投降了。但是法国老兵非常尊重中国，这是由于他们曾经投降并且亡国，而中国则始终坚持英勇抗战，并主要依靠自己的力量赢得最后胜利。尽管都是"二战"的主要战胜国，毕竟分量与地位有所区别，我们千万不可低估自己的抗战。

重庆在抗战期间是中国的战时首都，也是中共中央南方局与第二次国共合作的所在地，"二战"全面爆发以后更成为世界反法西斯战争远东指挥中心，因而具有多方面的重要贡献与历史地位。然而由于大家都能理解的原因，对于抗战期间重庆与大后方的历史研究长期存在许多不足之处，至少是难以客观公正地反映当时完整的社会历史原貌。现在经由重庆学术界倡议，全国各地学者密切合作，同时还有日本、美国、英国、法国、俄罗斯等外国学者的关怀与支持，共同编辑出版《中国抗战大后方历史文化丛书》，这堪称学术研究与图书出版的盛事壮举。我为此感到极大欣慰，并且期望有更多中外学者投入此项大型文化工程，以求无愧于当年的历史辉煌，也无愧于后世对于我们这代人的期盼。

在民族自卫战争期间，作为现役军人而未能亲赴战场，是我的终生遗憾，因此一直不好意思说曾经是抗战老兵。然而，我毕竟是这段历史的参与者、亲历者、见证者，仍愿追随众多中外才俊之士，为《中国抗战大后方历史文化丛书》的编纂略尽绵薄并乐观其成。如果说当年守土有责未能如愿，而晚年却能躬逢抗战修史大成，岂非塞翁失马，未必非福？

2010年已经是抗战胜利65周年，我仍然难忘1945年8月15日山城狂欢之夜，数十万人涌上街头，那鞭炮焰火，那欢声笑语，还有许多人心头默诵的杜老夫子那首著名的诗："剑外忽传收蓟北，初闻涕泪满衣裳！却看妻子愁何在？漫卷诗书喜欲狂。白日放歌须纵酒，青春作伴好还乡。即从巴峡穿巫峡，便下襄阳向洛阳。"

即以此为序。

庚寅盛暑于实斋

（章开沅，著名历史学家、教育家，现任华中师范大学东西方文化交流研究中心主任）

编辑说明

一、值此中国人民抗日战争胜利暨台湾光复70周年之际，我们编辑了《台湾光复史料汇编》，收录与台湾光复有关的国民政府文件，以纪念台湾光复70周年，希望对学术界研究这一重大历史事件有所裨益。

二、1895年4月，清政府在对日作战中失败，被迫在《马关条约》上签字，将台湾全岛及其附属岛屿、澎湖列岛（本史料汇编概称为台湾）割让给日本。从此，祖国宝岛在日本统治下50有年。这是近代中国的耻辱。

三、日本军国主义者不以割让台湾为满足，它还要实施其大陆政策，以实现占领全中国为目的。1931年，日本发动九一八事变，占领我东北广袤地区，然后逐年蚕食我长城内外，直到1937年7月发动卢沟桥事变，妄图在三个月内灭亡全中国。日本军国主义者的狂妄，激起了中华民族的极大愤慨。中国人民在抗日民族统一战线的旗帜下，历尽八年千难万苦，终于阻遏了日本军国主义者的企图，并且在国际反法西斯统一战线的配合与支持下，迫使日本军国主义无条件投降。根据1941年12月国民政府对日宣战声明，以及1943年12月《开罗宣言》和1945年7月《波茨坦公告》，中国政府代表中国人民从日本军国主义手里收回台湾全部主权，1945年10月25日正式宣布台湾光复。台湾光复一雪甲午战争失败的耻辱，是中国人民抗日战争胜利的结果，是用3500万抗日军民伤亡和无量财产损失换来的成果。

四、台湾光复证明了：120年前的乙未之耻，已为70年前的乙酉之胜所湔雪，台湾人民的"弃儿"之耻也因台湾光复的胜利而消融。这是中国近代历史上的一件大事，值得专题记录。

五、这本史料汇编所收内容为1941年12月(国民政府对日宣战)至1947年2月("二二八事件"发生)期间,有关台湾光复的史料,分为六编。前三编为编者整理的已出版史料,第四、五、六编为未曾公开出版的史料。台湾光复史料甚多,本书收集的主要是政府文献,即使政府文献,也不是全部收录,限于篇幅,有所选择。为了保存史料,编者对所选史料原有用语,均未作改动。

六、第一至第三编收录了国民政府各部门发出及收到关于接收、治理台湾的文件、信函、电文等,亦包括少数代表政府的发言人公开发表的重要言论。四联总处等虽不是常规政府机构,但在事实上分割了财政部等政府机构职权,该汇编亦包含了此类机构的部分文件。史料的整理尽量忠实于原出处,仅对明显错误处作了订正。而少数包含了多个文件的条目,依时间次序进行了调整。

七、第四编收录国民政府中央设计局台湾调查委员会(简称台调会)编写的有关日据时期日本统治台湾情况的文件,这些文件是为中央训练团台湾干部训练班使用的参考资料。台调会档案多藏于中国第二历史档案馆,台调会编写的这部分材料藏于南京图书馆,这部分文件目前只找到13件,应该还有一些,继续寻找,只好等待他日。第五、第六编包括《台湾警备总司令军事接收总报告》《台湾司法接收报告书》《台湾省接收委员会日产处理委员会结束总报告》《台湾省日产处理法令汇编》《台湾省行政长官公署施政报告》《中华民国三十五年度台湾省行政长官公署工作报告》《台湾省行政长官公署三月来工作概要》《台湾省行政长官公署农林施政报告》等1946年前后关于接收和施政的报告、法令汇编等单印本,这些单印本来自美国斯坦福大学、中国社会科学院近代史研究所等处。

八、书中所录档案之时间,以发文日期为准,无发文日期者以收文日期为准。不少档案原文未经点注,编辑时尽量加以断句。原文点注不当者,尽量予以修正。本书采简体中文版式,原繁体竖版表格样式均略加调整,内容不变。原繁体特有标点,如「」『』等以""或《》等符号代替。为节省空间等因,部分表格内的数字录入时改为阿拉伯数字。书中所录数据因字迹模糊、破损以致无法辨认者,以"□"等符号标示或注以"字迹不清"字样。间有脱漏、舛误需加解释者,则加"编者按"说明。

九、因年代较久,一些史料字迹模糊难辨,鲁鱼亥豕之处,在所难免。加上当时报告、文件原文本身亦有一些错误,如"苗栗"曾在《台湾省行政长官公署施政报告》中有"苗票"之误,此类明显有误处,编者作了订正,但不排除仍有部分错误或不确遗留了下来。史料整理的遗憾,尚祈细察指正。

十、本书所收档案得益于南京的中国第二历史档案馆,台北的"国史馆"、国民党党史会,美国斯坦福大学,中国社会科学院近代史研究所等机构以及有关学者前已编辑的史料。本书编葳之际,谨对上述单位和学者表示由衷感谢!

十一、本书由中国社会科学院台湾史研究中心主任张海鹏主持,中国社会科学院近代史研究所副研究员冯琳收集整理了本书第一、二、三、五、六编史料,褚静涛提供了第四编台调会的有关史料,台调会史料13件由有关专业人士陈希亮提供复印件,谨此表示感谢!台调会的史料由赵一顺负责录入校对。

编　者

2015年3月12日

本编导语

本编收录了"对台立场的确立及对外交涉"、"治台意见及准备接收"、"实施接收及法令整理"三个阶段的政府文件类史料。内容从国民政府对日宣战、外交部修正拟定解决中日问题之基本原则开始，包括开罗宣言、波茨坦公告、中美联合会议程序，也包括东北及台湾党政干部训练办法草案、台湾金融警政教育地政接管计划草案，还有中国陆军总司令部等机构对日训令、中国台湾省警备总司令部命令等诸多台湾光复前后中央及地方政府各有关部门发出及收到的关于接收、治理台湾的文件、信函、电文。该编虽取自各种已出版史料，但因将各种史料先按内容归类再依时间顺序重加编排而更易利用。

目 录

总序 ································· 章开沅　1

编辑说明 ·································1

本编导语 ·································1

一、对台立场的确立及对外交涉

1. 国民政府对日宣战文(1941年12月9日) ·················1

2. 外交部修正拟定解决中日问题之基本原则(1942年1月29日) ········1

3. 行政院交办张邦杰条陈收复台湾五项意见有关文件(1942年1月29日—9月10日) ································3

4. 财政部核议张邦杰拟收复台湾五项意见有关文书(1942年2—11月)···8

5. 在渝台胞为《马关条约》签订四十七周年纪念上国民政府主席林森致敬电(1942年4月17日) ···························10

6. 在渝台胞为《马关条约》签订四十七周年纪念上军事委员会委员长蒋中正致敬电(1942年4月17日) ·······················10

7. 国民参政会参政员陈霆锐等提"请政府加强培植法律人才以备将来收复失地及割让地后之用案"(1942年10月—1943年6月2日) ········11

8. 外交部长宋子文在重庆国际宣传处记者招待会答问(1942年11月3日) ································13

9. 福建省政府关于处理台民和台民产业情形呈及行政院令函(1942年12月—1943年9月) ····························15

10. 外交部长宋子文在伦敦接见新闻界发表谈话电文二则(1943年8月4日) ································18

11. 台湾收复运动改进办法要纲(1943年10月28日) ·············19

12. 军事委员会参事室自重庆呈蒋委员长关于开罗会议中我方应提出之问题草案(1943年11月) ·······················30

13. 开罗会议政治问题会商经过(1943年11月23日) ……………………32
14. 会议公报(开罗宣言)全文(1943年11月27日) …………………40
15. 驻美大使魏道明自华盛顿致外交部宋子文报告白宫明晚将发表之开罗会议公告要点电(1943年11月30日) ……………………………41
16. 蒋委员长于国防最高委员会第一百二十六次常务会议报告开罗会议有关我国领土完整等问题(1943年12月20日) …………………41
17. 英美中三领袖公告,迫日本无条件投降(1945年7月28日) ………43
18. 蒋介石在主持中央常会、国防最高委员会联席会议讲词(节略)(1945年8月24日) …………………………………………………44
19. 中国战区中国陆军总司令部致冈村宁次中字第十二号备忘录(1945年8月26日) …………………………………………………………45
20. 降书(中国战区日本投降书)(1945年10月) ………………………46
21. 大韩民国临时政府函请台湾省行政长官公署协助其宣抚团以利进行(1945年10月24日) ……………………………………………47
22. 台湾省行政长官公署令原总督府及其所属机关文件、财产及事业等统归该署接收(1945年10月29日) ……………………………………48
23. 台湾省行政长官公署令各处会局室办理接收并随时具报(1945年10月29日) …………………………………………………………48
24. 台湾省行政长官公署公布台湾省州厅接管委员会组织通则(1945年11月7日) ……………………………………………………………49
25. 台湾省行政长官公署公布台湾省各级学校及教育机关接收处理暂行办法(1945年11月7日) …………………………………………50
26. 台湾省中国人员搭乘美军飞机处理办法(1945年11月22日) ……51
27. 中美联合会议程序(译文)(1945年12月20日) ……………………51
28. 中美参谋联合会议纪录(1946年1月8日) …………………………60
29. 台湾省行政长官公署电报行政院已饬属协助美国在台设立领事馆(1946年1月8日) …………………………………………………63
30. 神户中华民国台湾省民会函请陈仪派代表驻日护侨(1946年2月18日) ……………………………………………………………………63

31. 台湾省行政长官公署电请外交部核示美国在台设领事馆经费问题（1946年3月28日）……64

32. 行政院训令台湾省行政长官公署不必再请各国领事馆保证其侨民私人在华行为(1946年5月10日)……65

33. 台湾省行政长官公署训令各县市政府不必再请各国领事馆保证其侨民私人在华行为(1946年5月23日)……66

34. 国防部电告台湾省行政长官公署韩国驻华代表团特派各地办事处及分事务所主持人员名单(1946年8月6日)……67

35. 台湾省行政长官公署抄发台北市政府英国在台设领有关电文六通（1946年12月28日）……68

36. 外交部电告台湾省行政长官公署驻日代表团交涉涩谷事件情形(1946年12月30日)……69

37. 外交部电知台湾省行政长官公署涩谷事件发展经过及该部处理详情（1947年1月7日）……70

38. 台南市民电请台湾省行政长官公署向盟军抗议涩谷事件以雪台胞不白之冤(1947年1月8日)……71

39. 外交部电送台湾省行政长官公署东京涩谷事件资料(1947年1月27日)……72

二、治台意见及准备接收

1. 内政部关于议复谢南光建议筹设台湾省与行政院来往文件(1943年12月29日—1944年2月3日)……74

2. 行政院秘书处关于收复台湾准备工作与蒋介石往来函电(1944年3月15日—1944年6月2日)……80

3. 台湾党部为请求恢复台湾省制致中央党部秘书处及组织部呈文(1944年4月28日)……81

4. 行政院秘书长等关于会商台湾设省筹备委员会事致蒋介石签呈(1944年7月17日)……85

5. 东北及台湾党政干部训练办法草案(1944年9月)……86

6. 台湾接管计划纲要草案(1944年10月)……87

7. 陈果夫关于台湾省党部参加调查委员会工作与陈仪往来函(1944年11月18日—25日) …………………………………………………………94

8. 中央训练团台湾行政干部训练班学员招选办法(1944年) …………95

9. 蒋委员长为"台湾接管计划纲要草案修正条文"致中央设计局秘书长熊式辉电(1945年3月14日) …………………………………………97

10. 台湾接管计划纲要(1945年3月) ……………………………………98

11. 国民参政会参政员李荐廷等提"请即设立台湾接收委员会案"(1945年7月) ………………………………………………………………106

12. 国民参政会参政员马景常等提"台湾应有国大代表案"(1945年7月) …………………………………………………………………107

13. 国民参政会参政员胡秋原、马毅等提"请于国民代表大会增设台湾代表案"(1945年7月) ……………………………………………………107

14. 国民参政会参政员胡秋原、韩汉藩等提"请编组台湾远征军以利收复台湾案"(1945年7月) ……………………………………………………108

15. 国民参政会参政员何葆仁等提"请求国际善后救济总署中国分署增设台湾救济机构案"(1945年7月) ………………………………………108

16. 国民参政会参政员林学渊等十七人提"请统一台湾军政机构尽量录用台胞以准备收复台湾而利抗战建国案"(1945年7月—11月1日) …109

17. 收复区土地权利清理办法(1945年8月28日) ……………………111

18. 军令部部长徐永昌呈蒋委员长请迅即指派接收日海军及台湾、越南受降人员签呈(1945年8月28日) ……………………………………112

19. 蒋委员长致军令部部长徐永昌、次长刘斐嘱具报接收台湾及东北之部队与运输计划条谕(1945年8月29日) ……………………………113

20. 中国战区中国陆军总司令部致冈村宁次中字第十八号备忘录(1945年9月3日) ………………………………………………………………113

21. 中国战区最高统帅蒋中正下达冈村宁次第一号命令(1945年9月9日) ……………………………………………………………………114

22. 中国陆军总司令部电颁发省(市)党政接收委员会组织通则(1945年9月12日) …………………………………………………………117

23. 中国陆军总司令部致冈村宁次军补字第三号命令(1945年9月13日) ……………………………………………………………………119

24. 中国陆军总司令部致冈村宁次军字第十六号命令(1945年9月16日) ……………………………………………………………………119
25. 中国陆军总司令部致冈村宁次政字第十五号训令(1945年9月　日) ……………………………………………………………………120
26. 交通部邮政总局关于接收台湾后邮政管理办法事致函邮电司(1945年9月21日) ……………………………………………………121
27. 台湾省行政长官公署请拨发在沪印就之新币致行政院呈(1945年10月4日) ………………………………………………………122
28. 中国陆军总司令部致冈村宁次军字第三十八号命令(1945年10月4日) ……………………………………………………………123
29. 中国战区台湾省警备总司令部备忘录(1945年10月5日) ………123
30. 中国战区台湾省警备总司令部备忘录(1945年10月5日) ………126
31. 中国陆军总司令部致冈村宁次军字第三十九号命令(1945年10月5日) ……………………………………………………………………127
32. 中国陆军总司令部致冈村宁次诚字第五十号训令(1945年10月7日) ……………………………………………………………………127
33. 台湾行政长官公署秘书长兼台湾警备总司令部前进指挥所主任葛敬恩发表告台湾同胞书(1945年10月7日) ……………………128
34. 国防部最高委员会秘书厅函致收复区及台湾省法院处理民刑诉讼事件条例草案(1945年10月9日) ………………………………129
35. 财政部函请经济部主办台湾光复区债券库券问题(1945年10月12日) ……………………………………………………………………131
36. 中国战区台湾省警备总司令部备忘录(1945年10月13日) ………132
37. 台湾高等法院电呈接收高雄等地检处情形(1945年10月18日) …133
38. 秘书处关于检陈接收台湾银行办法的报告(1945年10月18日) …136
39. 财政部为拟定《台湾光复区敌伪债券、库券处理办法》致行政院呈稿(1945年10月20日) ……………………………………………137
40. 中国陆军总司令部致冈村宁次军补字第五十四号训令(1945年10月21日) ……………………………………………………………139
41. 台湾金融接管计划草案……………………………………………139

42. 台湾警政接管计划草案…………………………………………141
43. 台湾教育接管计划草案…………………………………………143
44. 台湾地政接管计划草案…………………………………………144

三、实施接收及法令整理

1. 台湾省行政长官兼警备总司令陈仪正式宣布台湾日军投降广播词（1945年10月25日）………………………………………147
2. 中国陆军总司令部致冈村宁次诚字第八十四号训令（1945年10月25日）…………………………………………………………149
3. 国民政府电令经济部改善接收敌伪工厂办法（1945年10月28日）…149
4. 台湾省行政长官公署函转会计处该署驻渝办事处有关派赴台湾工作办法（1945年10月28日）……………………………………150
5. 台湾光复区敌方债券库券处理办法（1945年10月29日）…………151
6. 中国台湾省行政长官公署、警备总司令部命令（1945年10月30日）…153
7. 中国台湾省警备总司令部命令（1945年10月30日）……………154
8. 台湾省行政长官公署指派第一批人员接收前台湾总督府各部分名单（1945年11月1日）……………………………………………157
9. 秘书处转知财政部关于接收敌伪金融机构指示的报告（1945年11月1日）…………………………………………………………159
10. 台湾省行政长官公署布告日据法令废除原则（1945年11月3日）…160
11. 代电（一）（1945年11月3日）（三四）战一字第六号……………160
12. 中国台湾省警备总司令部命令（1945年11月4日）………………161
13. 台湾省行政长官公署民政处布告各州厅组织接管委员会（1945年11月5日）…………………………………………………………162
14. 台湾省州厅接管委员会组织通则（1945年11月7日）……………162
15. 秘书处关于转知收复区敌伪财政金融机构财产接收办法的报告（1945年11月8日）………………………………………………164
16. 中国台湾省警备总司令部命令（1945年11月13日）……………165
17. 中国台湾省警备总司令部命令（1945年11月15日）……………166

18. 台湾省各县市街道名称改正办法(1945年11月17日) ……………166
19. 陈仪为附送台湾省行政长官公署接收委员会派员监理各金融机构暂行办法函(1945年11月17日) ……………167
20. 中国台湾省警备总司令部命令(1945年11月23日) ……………170
21. 朝鲜及台湾人产业处理办法(1945年11月24日) ……………170
22. 台湾省行政长官公署代电(1946年11月28日) ……………171
23. 中国台湾省警备总司令部命令(1945年11月28日) ……………171
24. 台湾省警备总司令部命令(1945年11月28日) ……………172
25. 中国陆军总司令部致冈村宁次诚字第一五一号训令(1945年12月1日) ……………174
26. 台湾省澎湖厅接管委员会接收报告(1945年12月3日) ……………174
27. 台湾省行政长官公署电抄发中央及各省机关员工复员各项经费支给办法(1945年12月6日) ……………178
28. 台湾省行政长官公署公布台湾省行政长官公署处理省内日本银行兑换券及台湾银行背书之日本银行兑换券办法(1945年12月7日) ……179
29. 中国陆军总司令部致冈村宁次军补字第100号训令(1945年12月10日) ……………180
30. 台湾省行政长官公署公布台湾省行政长官公署处理省内日本银行兑换券及台湾银行背书之日本银行兑换券特种定期存款存户支取暨抵押借款办法(1945年12月11日) ……………181
31. 台湾省行政长官公署训令前日本政府在台所发各种债库券统限至三十五年一月十四日下午五时止送往台湾银行验收给据否则一律作废(1945年12月14日) ……………182
32. 经济部战时生产局台湾区特派员办公处呈送组织系统图及各组室主管人员名单请备案并分别委派(1945年12月20日) ……………183
33. 台湾省警备总司令部代电(1945年12月20日) ……………185
34. 中国台湾省警备总司令部命令(1945年12月21日) ……………185
35. 台湾省行政长官公署废止前台湾总督府规定各项额外津贴代电(1945年12月21日) ……………187

36. 台湾省行政长官公署令发各州厅接管委员会职员支薪标准(1945年12月22日)……………………………………………………………187
37. 台湾省废除租税一览表(1945年12月26日)………………188
38. 台湾省警备总司令部代电(1945年12月26日)……………189
39. 行政院秘书处关于接收台湾糖业的公函(1945年12月27日)……190
40. 资源委员会为台湾糖业暂由本会经营致陈仪、包可永、沈镇南电稿(1945年12月29日)……………………………………………190
41. 台湾省行政长官公署高等法院公告日人不动产于本年八月十五日以后变卖移转或设定负担者一律无效(1945年12月)……………191
42. 台湾省行政长官公署电发所属各机关接收经费处理注意事项(1946年1月5日)…………………………………………………191
43. 立法院呈台湾法院接收民事事件刑事案件处理条例(1946年1月5日)……………………………………………………………192
44. 台湾省行政长官公署令颁台湾省各县政府接管委员会事务分类表(1946年1月5日)…………………………………………199
45. 经济部指令台湾区特派员办公处斟酌调整组织系统再呈部核办(1946年1月7日)…………………………………………………203
46. 台湾省行政长官公署电抄前日人公私有土地暂行处理办法实施应行注意事项(1946年1月7日)…………………………………204
47. 中国台湾省警备总司令部命令(1946年1月8日)……………205
48. 台湾省行政长官公署电令乡镇长协助保管军用物资厂库(1946年1月9日)……………………………………………………………205
49. 台湾省行政长官公署台东厅接管委员会呈报于一月十二日办理结束(1946年1月12日)…………………………………………206
50. 国民政府行政院给福建省政府的训令(1946年1月12日发出)…206
51. 台湾省行政长官公署训令收复区各机关公务人员不得兼营商业(1946年1月16日)………………………………………………207
52. 中国台湾省警备总司令部命令(1946年1月17日)…………207
53. 台湾省行政长官公署令废除防空法等法令(1946年1月19日)…208
54. 台湾省警备司令部命令(1946年1月19日)…………………210

55. 台湾省行政长官公署新竹州接管委员会电报于一月十日结束(1946年1月22日) ……………………………………………………………211
56. 台湾省行政长官公署训令各机关接收之敌伪各项事业资产与该机关主管事项不合者应即移交主管机关接管(1946年1月23日) ……211
57. 台湾省行政长官公署训令抄附敌伪军用物资接收处理补充办法(1946年1月24日) ……………………………………………………………212
58. 内政部呈请行政院鉴核地方政府接收处理日人寺庙祠宇注意事项(1946年1月24日) ……………………………………………………214
59. 台湾省警备总司令部代电(1946年1月28日) ……………………215
60. 台湾省警备总司令部代电(1946年1月29日) ……………………216
61. 台湾省警备总司令部代电(1946年1月31日) ……………………216
62. 外交部关于台湾人民于1945年10月25日起恢复我国国籍的训令(1946年1月30日) ………………………………………………………216
63. 台湾省行政长官公署接收委员会司法法制组电请各州厅接委会协助司法保护事业(1946年1月) ………………………………………217
64. 行政院公布交通部台湾区特派员办公处组织规程(1946年1月)…217
65. 台北市政府公告台北市内日人不动产陈报办法(1946年2月1日)…218
66. 台湾省行政长官公署训令空军接收房屋应妥为协助保护(1946年2月4日) …………………………………………………………………219
67. 中国国民党中央执行委员会秘书处函报行政院台湾省党部电陈党费筹划自给自足计划原则(1946年2月5日) ……………………220
68. 台湾省行政长官公署财政处电接收敌人机构之存钞在中央银行未设立前应交台湾银行保管(1946年2月18日) ……………………221
69. 台湾省行政长官公署令接收日人公私财产须经呈准方可办理(1946年2月18日) ……………………………………………………………221
70. 受降报告(1946年3月10日) ………………………………………222
71. 台湾省行政长官公署训令敌伪产业变价得款应悉解国库不得移作别用(1946年3月11日) ……………………………………………227
72. 经济部台湾区特派员办公处呈复调整内部组织及设立办事处情形(1946年3月19日) …………………………………………………227

73. 经济部核示台湾区特派员办公处调整内部组织及设立办事处情形（1946年3月27日） ……………………………………………………230

74. 台湾省行政长官公署民政处电有关土地部门之接收应会同地政人员参加（1946年4月5日） ………………………………………231

75. 经济委员会有关改组接收各企业意见（1946年4月15日） ………231

76. 台湾省公有土地处理规则（1946年4月22日） ……………………232

77. 行政院收复区全国性事业接收委员会电请行政院核议台湾省接收省境撤离日人私有房地产处理办法（1946年5月1日） ……………235

78. 经济部函报行政院该部核复台湾省党部党费筹划自给自足原则（1946年5月15日） ………………………………………………236

79. 经济部台湾区特派员办公处电请准以加派沈镇南等为兼任接收委员（1946年5月21日） ………………………………………………236

80. 台湾省行政长官公署公布台湾省各金融机构资产处理办法（1946年5月24日） ………………………………………………………237

81. 台湾省行政长官公署指令台东县政府准予修正备查该县平地人民进入山地管制办法（1946年5月28日） ………………………………237

82. 三民主义青年团中央直属台湾区团部台中分团筹备处函转前敌伪组训机构移交该团接收（1946年6月4日） ……………………………239

83. 台湾省行政长官公署电抄发复台中县政府请示处理前日军战时征用民房地办法代电一案希遵办（1946年6月11日） ……………………240

84. 经济部台湾区特派员办公处电呈接管会主任委员名单补报备案（1946年6月21日） ………………………………………………240

85. 财政部呈请行政院授权台湾省行政院长官公署财政处办理省内金融机关之清理改组事宜（1946年6月24日） ……………………………241

86. 新竹县政府电送台湾省行政长官公署该县平地人民进入山地管制办法（1946年7月11日） ………………………………………………242

87. 花莲县政府电请台湾省行政长官公署民政处修正管制入山办法规定（1946年7月17日） ………………………………………………244

88. 台湾高等法院函请详查暂准援用之日本法规究有几种（1946年7月19日） ……………………………………………………………245

89. 台湾省行政长官公署电准台南县政府修正备查该县限制人民进入山地暂行办法(1946年7月23日) ……246

90. 台湾省行政长官公署指令高雄县政府准予修正备查该县平地人民进入山地管制办法(1946年7月26日) ……248

91. 台湾省行政长官公署电准新竹县政府修正备查该县平地人民进入山地管制办法(1946年8月1日) ……249

92. 台湾高等法院函请查复台湾糖业令是否废止(1946年8月11日) …250

93. 台湾省贸易局电复同意废止日据法令(1946年8月19日) ……250

94. 台湾省工业研究所电复同意废止日据法令(1946年8月20日) …251

95. 台湾省行政长官公署农业试验所电复完全同意废止日据时代法规(1946年8月20日) ……251

96. 台湾省水产试验所电复无需保留日据渔业法规(1946年8月21日) ……252

97. 台湾省行政长官公署宣传委员会函复同意废止前情报课法令(1946年8月23日) ……252

98. 台湾市民洪崇杰密报台省诸项不合理事项致行政院呈(1946年8月23日) ……253

99. 台湾省行政长官公署民政处合作事业管理委员会电复拟对原有各项合作法令研议后再予查复(1946年8月24日) ……254

100. 台湾省行政长官公署博物馆电复前无单行法规(1946年8月26日) ……255

101. 台湾省行政长官公署秘书处函复除昭和六年所颁报告例通则外其余均可废除(1946年8月26日) ……255

102. 台湾省行政长官公署人事室函复同意日据时代法规一律废止(1946年8月29日) ……256

103. 台湾省行政长官公署警务处电复对日据法令无需保留(1946年8月31日) ……256

104. 台湾省行政长官公署工矿处函复台湾糖业令仍予继续有效(1946年9月4日) ……257

105. 台湾省贸易局电复未援用日据时代法规(1946年9月4日) ……257

106. 台湾省行政长官公署民政处呈送接收统计表（1946年9月5日）…258

107. 台湾省行政长官公署农林处函复台湾糖业令在新修法令未公布前仍继续有效（1946年9月5日）…264

108. 台湾高等法院函询台湾官有森林原野贷渡预约买渡规则是否继续有效（1946年9月5日）…265

109. 台湾省接收委员会日产处理委员会电复并无援用日据法令（1946年9月6日）…269

110. 台湾省气象局电复拟废止日据法规暨暂予保留部分（1946年9月7日）…270

111. 台湾省行政长官公署民政处电送日据时代法规应暂保留意见表（1946年9月7日）…272

112. 台湾省行政长官公署民政处营建局电送日据时代应予保留法规名称表（1946年9月8日）…275

113. 台湾省行政长官公署民政处卫生局呈日伪机构事业资产接收表（1946年9月9日）…277

114. 台湾省行政长官公署法制委员会订定整理日据时代本省单行法令原则训令各机关依规定整理呈核（1946年9月9日）…280

115. 台湾省行政长官公署农业试验所电复该所主管范围内并无援用旧日法令之必要（1946年9月9日）…281

116. 台湾省接收委员会日产处理委员会电复请允参加日据法令废留讨论会议（1946年9月10日）…282

117. 台湾省行政长官公署民政处卫生局电呈接收盐野义制药株式会社高雄工厂情形（1946年9月12日）…282

118. 台湾银行总行函派赵丕成代表出席商讨废留日据时代台湾法规会议（1946年9月13日）…283

119. 台湾省行政长官公署法制委员会饬令指派人员协助整理日据时代本省单行法令（1946年9月14日）…283

120. 台湾省立卫生试验所电复不另行派员协助整理法令（1946年9月17日）…284

121. 台湾省行政长官公署人事室呈报日据时代本省单行文官关系法令同意一律废止（1946年9月19日）…285

122. 台湾省行政长官公署教育处电复派廖鸾扬协助整理法令(1946年9月20日) ……285
123. 台湾省土地委员会请免派人员参加整理法令(1946年9月21日)…286
124. 台湾省行政长官公署法制委员会函复台湾糖业令仍应继续有效(1946年9月22日) ……286
125. 台湾省水产试验所函派张鑫观协助整理法令(1946年9月22日)…287
126. 台湾省行政长官公署警务处函派林修瑜等协助整理法令(1946年9月27日) ……288
127. 台湾省行政长官公署法制委员会函复台湾官有林野贷渡预约买渡规则业已失效(1946年9月28日) ……288
128. 台湾省行政长官公署农业试验所呈复无援用整理旧日法规之必要(1946年9月29日) ……289
129. 台湾省林业试验所电派徐允武协助整理法令(1946年9月30日)…295
130. 台湾省行政长官陈仪电告行政院接收工作顺利完成(1946年9月30日) ……295
131. 台湾省警备总司令部函复无暂时保留日据时代军事法令之必要(1946年9月) ……296
132. 台湾银行总行呈旧台湾银行法可否俟旧台币收竣后宣告废止(1946年9月) ……296
133. 台湾省行政长官公署宣传委员会函复无须派员前往协助整理法令(1946年10月1日) ……299
134. 台湾省林业试验所电复无暂缓废止日据时代之法令(1946年10月2日) ……299
135. 台湾省行政长官公署财政处电复日据法令废留办理情形(1946年10月4日) ……300
136. 台湾省行政长官公署民政处电请新竹县政府注意该县山地行政事务(1946年10月7日) ……300
137. 台湾省行政长官公署民政处函请中央驻省及省属各机关依照管制办法出入山地(1946年10月9日) ……301
138. 新竹县政府电请台湾省行政长官公署核示该县平地人民进入山地管制办法(1946年10月14日) ……301

139. 台湾省行政长官公署法制委员会电请从速修订保留法令(1946年10月20日) ……303

140. 台湾省行政长官公署农林处电复关于日据时代之各种渔业法令均可先予废止(1946年10月24日) ……304

141. 台湾省行政长官公署接管工作报告表(1946年10月26日—12月17日) ……304

142. 台湾高等法院函复关于台湾光复前依日民法宣告准禁治产光复后是否有效已电请司法院解释并批示(1946年10月29日) ……318

143. 台湾省航业有限公司电呈台湾省行政长官公署该公司接收在日资产详表(1946年10月29日) ……320

144. 台湾高等法院函复有关日据时代司法部门法令似可废止(1946年10月) ……321

145. 经济部台湾区特派员办公处电定本月九日派员赍呈工作总报告(1946年11月7日) ……322

146. 经济部台湾区特派员办公处呈报接收日资企业由各主管部门成立公司接办经营(1946年11月13日) ……322

147. 台湾省行政长官公署农林处林务局电复台湾总督府造林事业规程业已无保留价值(1946年11月21日) ……326

148. 交通部台湾邮电管理局电复已在修订拟保留之邮便振替贮金规则(1946年11月) ……327

149. 财政部呈请行政院免冻结台湾本地人民在台湾邮局所存之各项邮政储金(1946年12月7日) ……328

150. 财政部函请行政院秘书处转陈台湾省行政长官公署该部审核台湾省接收日资企业处理实施办法之意见(1946年12月14日) ……330

151. 经济部为关于各企业奸伪股份申报办法等案拟具意见函请转陈鉴核(1946年12月23日) ……331

152. 交通部呈报行政院台湾省接收之铁路航政邮电应收归国有(1946年12月27日) ……332

153. 经济部令派蔡常义等六十二员为台湾区特派员办公处秘书专门委员及接收委员等职(1946年12月31日) ……333

154. 资源委员会收复区接收事业工作总报告(民国三十五年十二月)
(1946年12月) ······ 334

155. 台湾省行政长官公署令废止日据时代台湾医师试验规则等法令
(1947年1月14日) ······ 345

156. 台湾省行政长官公署令废止日据时代台湾牛乳营业取缔规则等法令
(1947年1月14日) ······ 346

157. 台湾省行政长官公署令废止日据时代台湾瓦斯事业取缔规则等法令
(1947年1月20日) ······ 347

158. 台湾省行政长官公署高雄州接管委员会电报已于一月八日停止办公
(1947年1月26日) ······ 348

159. 经济部台湾区特派员包可永电报台湾区结束接收应办事项(1947年
1月27日) ······ 348

160. 台湾省行政长官公署接管工作报告行政院审核意见(1947年2月5
日) ······ 349

161. 台湾省行政长官公署电为限期废止日据时代法令希分别修订或废止
(1947年2月10日) ······ 351

162. 经济部台湾区特派员办公处遵将各项移交清册补齐手续电呈核备
(1947年2月11日) ······ 351

163. 台湾省行政长官公署法制委员会电请通知无须保留之日据法令
(1947年2月12日) ······ 353

164. 台湾省政府电知修正收复区私有土地上敌伪建筑物处理办法第四、
五条条文(1946年8月28日) ······ 361

165. 台湾省政府电遵照行政院订定军事机关部队占用敌伪产业解决办法
(1947年10月22日) ······ 362

166. 代电(时间不详) (三四)战字第五号 ······ 363

167. 代电(酉卅)(时间不详) (三四)战字第五二号 ······ 364

168. 代电(时间不详) 军字第六号 ······ 366

169. 代电(时间不详) (三四)接参字第三二号 ······ 366

170. 台湾省警备总司令部代电(时间不详) (三四)军字第十三号 ··· 366

171. 台湾省警备总司令部代电 (三四)泰二字第四〇号 ······ 367

172. 中国陆军总司令部电各省市军政长官颁发处理在日军服务之台人办法（时间不详）……………………………………………367
173. 中国国民党中央执行委员会宣传部电送台湾省行政长官公署该部接管台湾文化宣传事业计划纲要……………………368

一、对台立场的确立及对外交涉

1. 国民政府对日宣战文（1941年12月9日）

日本军阀夙以征服亚洲,并独霸太平洋为其国策,数年以来,中国不顾一切牺牲,继续抗战,其目的不仅在保卫中国之独立生存,实欲打破日本之侵略野心,维护国际公法、正义及人类福利与世界和平,此中国政府屡经声明者。中国为酷爱和平之民族,过去四年余之神圣抗战,原期侵略者之日本于遭受实际之惩创后,终能反省。在此时期,各友邦亦极端忍耐,冀其悔祸,俾全太平洋之和平,得以维持。不料残暴成性之日本,执迷不悟,且更悍然向我英美诸友邦开衅,扩大其战争侵略行动,甘为破坏全人类和平与正义之戎首,逞其侵略无餍之野心,举凡尊重信义之国家,咸属忍无可忍。兹特正式对日宣战,昭告中外,所有一切条约、协定、合同,有涉及中日间之关系者,一律废止,特此布告。

中华民国三十年十二月九日,主席林森

（秦孝仪主编,张瑞成编辑:《抗战时期收复台湾之重要言论》,中国国民党中央委员会党史委员会1990年6月第1版,页2—3。）

2. 外交部修正拟定解决中日问题之基本原则（1942年1月29日）

甲、主旨

（一）对于既往之清算,以恢复甲午以前状态为标准,期我领土之真正完整,并维持太平洋之和平。

(二)对于未来之规定,在不使军阀政治复活之条件下,尊重日本固有领土主权之完整。

乙、关于领土条款之原则

(一)东四省与其他沦陷地区,应予收回,其侵占期内之各种设施,准丁项原则处理。

(二)台湾及澎湖列岛,应同时收回,其侵占期内之各种设施,亦准丁项原则处理。

(三)朝鲜应依甲午战前之版图,使之独立,其对日关系之清理及内政建设,有须外国援助时,由中美英苏共同协议行之。

(四)琉球划归日本,但须受下列两项限制:

(1)不得设防,并由军缩委员会设置分会加以监督。

(2)对于琉球人民,不得有差别待遇,一切应遵照少数民族问题原则处理。

丙、关于政治条款之原则

(一)中日间一切政治的不平等条款与成例,以及各国与中国所订共同条约之政治条款中关于日本部分,均一律废除。

(二)中日新关系,应完全依照国际法上平等原则,并参酌各平等国家间之现行条约,根本另订新条约,以实现本党之主张。

(三)为防止侵略国家之故态复萌,对于日本主权之某一部分(如军权)有特定限制时,关于此点,在中日新条约上,最低限度,应与英美苏之对日新约同样办理。

丁、关于经济条款之原则

(一)中日间一切经济的不平等条款与成例,以及各国与中国所订共同条约之经济条款中关于日本部分,一律废除。

(二)为防止侵略国之故态复萌,对于日本之经济财政有特殊限制时,关于此点,在中日新约上,最低限度应与英美苏之对日新约同样办理。

(三)除左列特殊问题外,其应否赔偿战费时,适用民主集团对战败国之共同规定:

（1）依日本侵略的军事行动破坏中国官产及官营事业之设备者,以没收日本在中国之官产及商、工、农、矿、交通产业之官股部分抵偿中国国家损失之一部,其夺去运往日本之机械及重要物品,应原物送还,恢复原状,其费用概归日本政府负担,此外不另求偿。

（2）依日本侵略的军事行动破坏中国民产及民营事业之设备者,以没收日本人民在中国之私产及民营事业,补偿中国人民损失之一部,其夺去或以廉价勒买运往日本之机械及重要物品,应原物送还,恢复原状,其费用概归日本政府负担,有必要时,并得另索相当物资,以赔偿我方之损失。

（军事委员会委员长侍从室档案）

（中国第二历史档案馆编:《中华民国史档案资料汇编》,第五辑第二编,外交,江苏古籍出版社,1997年9月第1版,页101—102。）

3. 行政院交办张邦杰条陈收复台湾五项意见有关文件(1942年1月29日—9月10日)

a. 行政院交办民政司张邦杰呈拟收复台湾五项意见

右案奉院长谕:"交内政外交军政财政四部核议"。除分行外相应通知。

内政部行政院秘书长陈仪

中华民国卅一年一月廿九日发　渝机字第六五八二号

抄原呈

案据本会南方执行部主席张邦杰呈:

"窃以台湾原属我国所有,台湾民族即系中华民族,乃被倭寇横占领,则我政府应视为沦陷区域,力图克复,但过去我国政府对台湾观念未切,视台胞如仇敌,似属错误,尤其是地方当局对热心台湾革命之志士,及不愿为顺民而延国谋生之台湾义民,加以敌视与杀害,更可痛心;如福建一省近年来牺牲者,不知凡几。了然往者莫先,来者可追。亟盼我最高当局予以设防纠正。本部为宣扬我国之德政与爱护台胞,以利策动台湾全民革命而收复台湾,故不揣冒昧特陈下列数点,恳请转呈最高当局核准施行!

（一）恳请中央政府确定国策,以台湾为我国领土之一,誓必与其他失地一并收复,以慰国人。

　　理由:查台湾虽孤悬海岛,然对我国国防上位居首要,将来国防建设必以台湾及海南岛为卫国要塞,亦即我国海军最重要之根据地,倘台湾一日不收复,则华南时刻有被敌人侵犯之虞,若东三省为保卫华北之门户同为重要,故应请我最高当局对台湾必其决心收复并列之国策。非收复台湾抗战决不停止,以励台湾革命志士之前进。

　　(二)恳请中央政府公布台湾为我国之一行省,台湾人民即系中华民国国民,并饬地方军政当局对于台人之待遇一律平等,不得歧视,以示一视同仁。

　　理由:查台湾现有住民六百万众,除倭寇三十余万及台湾土著十余万外,其余五百五十万人均系我大汉民族,多于明末清初因不愿受治于异族,随郑成功先生渡台,屯田经武以抗满奴者。至倭寇侵台,当时亦经群起反抗,嗣因无援而被征服,可怜台胞即在敌人淫威之下忍受欺凌。时盼我祖国拯救,并非渠等愿意服敌。远视德国希特勒对其日耳曼族,在任何地方之角落,无论多寡均予以全力之保护,甚至该族多于他族者,必图其统治权。今台湾住民百分之九十以上为我中华民族,且属我国行省之一,故对台湾必须恢复为我国之一省,台湾台胞即应认为我国国民,务肯转请最高当局核准公布,以慰台胞之愿望。

　　(三)恳请中央政府准予通饬地方政府将过去所有拘禁良善之台湾同胞开释或交由本会执行部分别具领,以安良善。

　　理由:查我国抗战以来,地方当局对于台湾同胞不分皂白,均予拘禁或恣害,仅福建一省,现尚拘禁于崇安者,不下数百人,此辈实系纯良之义民。在抗战初起,敌领再三迫令台人返台,但渠已饱受敌人之虐待与敲剥,早具不愿为顺民之决心。既已脱出虎口,重见青天,何肯再陷人间地狱。故各避内地,以安生业,然地方当局不察,均予拘禁,甚至杀害,视同仇敌,此种处置实陷入敌人离间政策之圈套,增其宣传之口实,殊对台湾革命大有阻碍。故应请我中央当局准予通饬各地方政府将拘禁之良善台湾同胞予以开释,或交由本会执行部就近具领以示爱护,庶免被敌借口宣传。

　　(四)恳请中央政府准予通饬地方军政当局将过去所有没收台湾同胞之

产业,悉数归还或交由本会执行部就近接管,以安生业。

理由:前项业已申明台湾同胞即系中华民国国民,是即一切待遇自应予以平等,尤其是返国建业之台胞,均系反对敌人而不愿受治之义民,或革命志士,对其生命财产尤宜妥为保护。但抗战军与地方军政当局不辨是非,均将所有台胞产业尽行没收,以致留国台胞无从安业,大都流离颠沛,生活极形痛苦,幸各返国台胞,意志均极坚强,受地方政府之虐待与歧视,仍努力协助抗建工作,冀祖国早日胜利,以救全部台胞于水火。惟政府此举,仅增管理人之私囊及敌人之宣传材料,政府何所得。如福建所没收之台胞农场,经省当局派员管理,因不得其法,荒芜不堪,收入几何? 甚至入不敷出,故应请我中央当局准予令饬地方当局将所有没收台湾同胞之产业,悉数交由本会执行部就近接管转还各该业主,倘业主不在,即暂由本会保管,其收入作为本会事业费,于政府收入无积,且可表现一视同仁,并可援助台湾革命之进展。一举数得,何乐不为?

(五)恳请中央当局切实援助本会,加强台湾革命力量。

理由:本会为集中一切台湾革命力量,打倒倭寇侵略主义,收复台湾与祖国协力建设三民主义新中国。但过去一般同志极尽艰辛苦干,不顾牺牲一切,以期达到目的,然因孤岛无援,力量单薄,自觉不敌强寇,是以选派代表吁请我政府当局援助,均未有切实办法,故念年来之台湾革命隐力迄今未敢发动。现太平洋战事已起,台湾革命正应加紧扩展与行动,以捣乱敌人后方,并准备发动歼敌而收复失土。惟一切外援及接济,必须祖国供应,庶事可成。故应请我国中枢对于本会事业之必需经济,予以切实之援助,并及时接济军火与兵力,以便内外夹攻,则台湾收复可期!

以上数点有关抗建及台湾革命大业,爰特恳请分别转呈中央党政当局鉴核施行。"

等情。据此,查所陈各节事关台湾革命前途至极重要,据呈前情,理合具文转恳钧长察核施行,并请准将闽粤桂等省拘禁之良善台胞及没收之台胞产业,交由本会南方执行部就近具领接管。其江浙赣等省即交由本会北方执行部就近管理,如何之处? 伏乞指令祗遵!

谨呈
行政院
　　　　　　　　　　　台湾革命同盟会中央执行委员会主席团首席张邦杰

b. 内政部民政司送司法院签呈
中华民国卅一年二月十一日
　　内政部签呈
　　　案准
钧院秘书处三十一年元月廿九日渝机字第六五八二号通知单,据张邦杰呈拟收复台湾五项意见一案。奉院长谕"交内政外交军政财政四部核复"等因抄送原呈一件送部,查原呈所拟"收复台湾应为我国抗战目标之一"五项意见,自像为团结抗战力量,策动台民内附起见。惟台湾孤悬海外数十年,且地势远隔重洋,现在我军尚未达到收复该地阶段。所请宣布为行省一节,在目前抗战局势上是否需要,应请钧院核夺。函称进入内地台胞多被地方当局拘禁或杀害,并没收留国台胞产业,请予释放发还各节,拟请钧院分饬闽粤江浙赣等省政府详细查明呈复,再行核办,重事前因,所议是否有当,理合签呈
　　签核　　谨呈
行政院

c. 外交部公函
中华民国三十一年三月六日
　　　顷准三十一年二月二十八日
　　贵部渝民字第九八五号大咨,以张邦杰呈拟收复台湾五项意见一案,业已呈复行政院鉴核在案等由,准此;本部当以:查我政府对于韩台琉侨适用"韩台琉侨登记暂行办法",除有危害我国之行动者外,并未以敌侨视之,兹谨就原呈涉及外交关系之第一项拟具审查意见如左:
　　　(一)台湾原属我国领土,且其居民十之八九均系汉族,故抗战胜利后,我

国似可引用第一次欧战后法国收复阿尔萨斯罗伦之先例,要求日本返还之,但为避免他国无谓之疑虑起见,此特似不宜对外宣布。

(二)台湾不仅为日本侵我华中华南之基地,且系敌实施其南进政策之重要据点,故我国如可能收复台湾,对于确保太平洋乃至全世界之和平与安全,亦有莫大之裨益。我国似可以此为理由,于将来世界和平会议席上,请各友邦对我此项正当之要求,予以积极之支持。等语呈复行政院鉴核矣,相应函达,即希查照为荷。此致
内政部

d. 查韩侨登记暂行办法,前奉院令抄发办法全文,本部当以该项办法仅适用于韩侨,而台湾琉球为我旧时故土,其中不少有志之士,图复故土来华活动均为我抗战有利,似应一视同仁准予登记,拟将原办法改为韩台琉侨登记暂行办法以便通行,并经商同外交部会呈行政院核准有案,谨将原案附呈
核阅
第四科　　三,十①
附韩台琉侨登记暂行办法案一卷
本件可拟存,另文依照韩侨登记暂行办法第七条之规定向各省市政
府催报登记及办理情形
代三,十三

e. 内政部启
案准
贵部卅一年十二月十日东31字第670号公函为张邦杰呈拟收复台湾五项意见一案,嘱召开会议以备核复等由,准此。查本案前准行政院秘书处通知到部。本部当以"查收复台湾应为我国抗战目标之一云云抄呈,再行核办"等语呈复。
行政院鉴核在案准函前由相应复请查照为荷,此致
外交部

---

①原件如此。

f. 贵部本案二月十四日渝民484号呈复张邦杰拟具收复台湾五项意见一案，查原意见第一、二两项经由院函请国防最高委员会秘书厅转陈，奉批缓议。第三、四两项已分转福建、广东、江西三省政府查复，第五项已函转中央组织部查核办理。相应函达查照。此致

内政部

行政院秘书长　陈仪
中华民国卅一年九月拾日

（中国第二历史档案馆、海峡两岸文化交流中心编：《馆藏民国时期台湾档案汇编》，九州出版社2007年版，第12册，页299-325。）

4. 财政部核议张邦杰拟收复台湾五项意见有关文书（1942年2—11月）

1. 渝秘乙字72号奉，交下行政院秘书处三十一年一月二十九日渝机字第六五八二号通知单，以张邦杰呈拟收复台湾五项意见一案，奉谕"交内政外交军政财政四部核复"等因，附抄原呈一件通知到部，除分函外相应抄同原件送请贵处查照，希就主管事项迅予核议见复，以便汇办为荷。此致

缉私处

附抄件一份

秘书处启　二月九日

抄原呈，案据本会南方执行部主席张邦杰呈（呈文见"行政院交办张邦杰条陈收复台湾五项意见有关文件"，此处不录）

2. 财政部缉私处笺函送达秘书处

事由：准函抄送张邦杰呈拟收复台湾意见一案与本处主管事务无关后请查照由

去文秘字第98号

笺函

准

贵处本月九日渝秘乙字第72号函抄送张邦杰呈拟收复台湾五项意见一案，

嘱就主管事项迅予核议见复等由。查原案所陈意见事关国策，与本处主管事务尚无关涉，未便核议。相应后请查照为荷。此致

秘书处

处戳启，二十一

3. 本部秘书处来函

事由：张邦杰呈拟收复台湾五项意见一案，特准迅予核议见复由

拟办：照前函复　三、廿八

查张邦杰呈拟收复台湾五项意见一案，前于二月九日，以渝秘乙字第七二号函达，查照核议在案。迄今逾月，未准见复。顷本行政院秘书处函催前来即希贵处迅予核议见复，以便汇办为荷。此致

缉私处

秘书处启，三月廿六日

4. 财政部缉私处笺函本部秘书处

事由：准函抄送张邦杰呈拟收复台湾意见一案与本处主管事务无关后请查照由

去文秘字第98号

笺函

案准

贵处三月廿一日函，以关于张邦杰呈拟收复五项意见一案，业经逾月嘱迅予核议见复等由。查原案所陈意见事关国策与本处主管事务当无关涉，未便核议，前经二月十一日以渝秘字第五一号函复贵处在案，准函前由相应复请查照为荷。此致

秘书处

处戳启，三月廿八

5. 本部秘书处来函

事由：为张邦杰呈拟收复台湾五项意见一案复请查照由

拟办：参传阅后存

秘甲字676号

案查前准行政院秘书处卅一年一月廿九日渝机字第六五八二号通知单，以张邦杰呈拟收复台湾五项意见一案奉，谕"交内政外交军政财政四部核复"等因，附抄原呈一件通知到部，发交下处。经函准各有关单位核复意见以部文呈复在卷，兹准行政策院秘书处函以本案第一二两项经由院函请国防最高委员会秘书厅转陈奉批"缓议"，第三四两项已分转福建、广东、江西三省政府查复，第五项已函请中央组织部查核办理，相应函复查照等由，相应函复即请查照为荷。此致
缉私署

秘书处启，十月卅日

（中国第二历史档案馆、海峡两岸文化交流中心编：《馆藏民国时期台湾档案汇编》，九州出版社2007年版，第12册，页326—342。）

5. 在渝台胞为《马关条约》签订四十七周年纪念上国民政府主席林森致敬电（1942年4月17日）

国民政府主席林钧鉴：蕞尔倭寇，性秉贪婪，逞海盗之横蛮，欺清廷之昏聩，强夺我台湾，奴隶我民族，迄今四十八载，台胞之宿恨未伸，卢沟之战端复起，长蛇封豕，肆毒行凶，悲雁哀鸿，伤心惨目，赖我元首，主政中枢，德洽群黎，仁昭薄海，五年抗战，万众同心，树一代之鸿猷，垂千秋之景仰，本会谨率全岛健儿，献身党国，效命疆场，挞彼倭寇，光复家邦，敬申崇敬，伏鉴微诚。

（录自民国三十一年四月十八日重庆《大公报》）

6. 在渝台胞为《马关条约》签订四十七周年纪念上军事委员会委员长蒋中正致敬电（1942年4月17日）

军事委员会委员长蒋钧鉴：溯自逊清战败，割台求和，失海防之重地，张倭寇之野心，于今四十八载，不惟蹂躏台胞，欺凌我祖国，甚而破坏世界和平，灭绝人群公理，幸我领袖贤明英武，远瞩高瞻，统全国之仁师，惩不义之暴寇，圣战五年，功高八代，神威一振，国跻四强，本会附依骥骥，尤感兴奋，谨率台

湾健儿,待命孤岛,伫望鞭策,以事驰驱,谨申崇敬,伏鉴微诚。

(录自民国三十一年四月十八日重庆《大公报》)

7. 国民参政会参政员陈霆锐等提"请政府加强培植法律人才以备将来收复失地及割让地后之用案"(1942年10月—1943年6月2日)

——民国三十一年十月在国民参政会第三届第一次大会提

理由:自抗战以来,各大学流离播迁,难尽教育之职责,而法科学生以潮流所趋益见减少,将来胜利以后,全国法治亟待改进,不但沦陷区之法院须彻底改造;而且割让地如台湾、琉球等地,政府尤须遴选大批法律人才前往组织新式法院,以宏法治,若不预为之备,将来必有乏才之叹。为此,拟请政府加强培植法律人才。其办法有二:

办法:

(一)请教育部撤销民国二十二年之限制法科招生命令。

(二)设法加强现在各大学已有之法律学系,修正司法院与教育部所合订关于法律系之课程,解除法律学系毕业生为法官之种种限制,并在可能范围内添设法律专修科,以补救目前法律人才之缺乏。是否有当?听候公裁

提案人:陈霆锐

联署人:陶百川　甘家馨　陈　时　黄炎培　李中襄
　　　　喻育之　黄范一　雷沛鸿　李毓尧　陈豹隐
　　　　张　焖　江一平　李汉珍　胡木兰　龙文治
　　　　连瀛洲　何联奎　林庆年　司徒美堂　奚玉书
　　　　许生理　林　虎　萧一山　萨孟武　马乘风
　　　　王晓籁　黄宇人　钱端升　吕云章　张维桢
　　　　刘景健　常志箴　王世颖　周士观　高惜冰
　　　　顾颉刚　薛明剑　杨荫南　王亚明　卢　前

附录(一):国民参政会决议文

决议:修正通过,送请政府切实办理。

附录(二):国防最高委员会秘书厅致行政院函达该会第九十九次常务会议决议

——民国三十一年十二月三十日

公函:国民参政会第三届第一次大会建议"加强培植法律人才,以备将来收复失地及割让地后之用"一案,奉国防最高委员会第九十九次常务会议决议:"交行政院办理"。相应抄同原建议案函请查照办理为荷。此致行政院。

附抄原建议案四份(见前)。

附录(三):行政院致国防最高委员会秘书厅函覆办理情形

——民国三十二年五月二十九日

贵厅函转国民参政会三层一次大会建议"加强培植法律人才"一案,经交教育部司法行政部会商办理在案。兹据会同复称:"查法律人才之培植,本教育部与本司法行政部早经注意办理,原提案所列办法关于撤销限制法科招生名额一节,本教育部对于大学法科招生名额,近年已规定与商、工、农、师范各科招生名额相同,其因特殊情形须增加名额者,并审核各校师资设备情形,酌予增加,对于添设法律学系科目表,本教育部近已邀同本司法行政部召集法律教育讨论会予以修订,并已公布施行。至设法律科系及解除法律系毕业生为法官之种种限制一节,上年本教育部会与本司法行政部商定,饬令国立中央大学等九院校法律系增设司法组共十一班,并规定各该班毕业考试由考试院派员主持,其及格者以法官考试初试及格论。此项办法正与原案用意相同。"等情相应函请查照转陈为荷。此致国防最高委员会秘书厅。

院长　蒋中正

附录(四):国防最高委员会秘书厅致国民参政会秘书处函覆办理情形

——民国三十二年六月二日

厅公函:查国民参政会第三届第一次大会建议"加强培植法律人才以备将来收复失地及割让地后之用"一案,前奉国防最高委员会第九十九次常务会议决议,交行政院办理,并由厅汇案覆请贵处查照转陈在案。兹准行政院仁陆字第一一九六二号函为本案经饬据教育部及司法行政部会同覆称"查法律人才之培植,本教育部与司法行政部早经注意办理"云云,正与原案用意相同等情请查照转陈等由;经陈奉批:"转覆国民参政会。"相应面达,即希查照转陈为荷。此致国民参政会秘书处。

(录自中国国民党中央党史会库藏史料)
(秦孝仪主编,张瑞成编辑:《光复台湾之筹划与受降接收》,台北:中国国民党中央委员会党史委员会1990年第1版,页3-7。)

8. 外交部长宋子文在重庆国际宣传处记者招待会答问(1942年11月3日)

问:宋部长十月十日在美国发表重要演说,主张及时产生集体安全新机构。此种意见现在进行如何?

答:本人以为盟国乘此同舟共济之际,成立此种机构,解决各种问题甚为重要,当时发表此主张,各方对此极为注意,预料此问题距实现日期或不在远。

问:宋部长对于统一指挥问题,有何见示?

答:此为盟国必然要采取之步骤,本人以为此问题之实现,乃为迟早事耳。

问:如果集体安全新机构成功后,我国方面有无具体计划?

答:盟国中,不但中国方面应有此具体计划,即任何一盟国亦必有此意见提出,盖此问题甚为重要也。

问:战后之我国,在领土方面是恢复到九·一八以前之状态?抑恢复到甲午以前之状态?

答:中国应收回东北四省、台湾及琉球,朝鲜必须独立。美国方面有一流行口号,即"日本为日本人之日本",其意在指日本所侵据之地均应交还原主。

问:宋部长是否有英国之行?

答:稍缓时日,或往一行。

问:美英放弃治外法权之谈判,是否皆在中国举行?

答：此关乎技术问题，在何地举行并无区别。

问：国际运输最近有无制定有效计划？

答：此乃为最困难之问题，同时也是人事问题。负责者现正极力调整改革，必有效果。

问：宋部长离开华盛顿时，观察美国各方意见，对于同盟国之反攻系先在欧？抑在亚洲？

答：以本人观察，即击败德国主要必为陆军，击败日本主要必为海军，美国有力量同时打击两面敌人，故并无先后之别。

问：据传说我政府在最近二年内将不再向美国举债，其真象如何？

答：目前似无借款之必要。

问：美英宣布废弃在华治外法权以后，英国有一议员曾称香港不在谈判范围以内。宋部长对此问题意见如何？

答：在举行谈判时一切问题，关系国家均有保守秘密之义务，恕本人不能答复。

问：宋部长返国后之感想如何？

答：本人回国为时只一周，仅就耳目所及者，已觉全国上下俱充满苦干精神，至使本人兴奋不止。

问：印度问题如此僵持下去，对中国有无影响？

答：本人对印度问题，不愿发表意见。

问：请宋部长将美国战时生产情形略示二一。

答：美国战时生产，正在突飞猛进中，产量之大，至足惊人。曾忆三十年前本人留学美国时，美国一年预算为十万万元，当时已认为极大数目。但是今年一年之预算数已达一百倍的十万万元。美国目前各工厂以及一切一切之生产，均为作战。美国陆海军力量之进展，亦至足惊人。现在陆海军已达七八百万，此后且猛为增加，故美国军队当为最强大之军队，亦为最有朝气之军队。美国过去在菲律宾威克岛及中途岛之作战精神，至使人钦敬。尚忆中途岛一役，日本当时有多数军舰，美轰炸机拟前往攻击，但必须有战斗机保护，否则必牺牲无疑。当此轰炸机到达时，战斗机尚未到达，情势至为危急，但美健儿并不因此而作偷生之计,如单独进攻,以致十八架轰炸机均作英勇之牺牲,除一战斗员得生还外,余皆罹难。但敌舰遭此轰炸后,阵形即形紊乱,第二批美机群到达时,曾予以最猛烈之轰炸,敌舰被击沉者计达四五艘。美国此种作战之精神,实不逊于任何国家。我想美国海陆空军实大有可为。虽有人以为美国人惯于享乐,不肯吃苦,然在作战时美国人所表现之英勇精神,至足使人钦佩。

问:我国今日财政经济问题已与军事问题同等重要,请问美国看法如何?

答:美国上下对我财政问题亦均极为关切。

问:战后盟国经济将走上何种路线?

答:必然将要走上总理的民生主义路线。

问:美国人民战时负担情形如何?

答:英人所纳所得税之重已出乎想象之外,例如每年每人收入二十万镑者,须纳十九万五千镑。将来美国人民之担负亦将如此云。

按宋子文部长系于三十一年十一月一日接任外交部长职务,记者招待会首由董显光介绍各记者与宋部长相见。

(录自民国三十一年十一月四日重庆《中央日报》)

9. 福建省政府关于处理台民和台民产业情形呈及行政院令函 (1942年12月—1943年9月)

(1)福建省政府函(1942年12月31日)

公函　调亥世府秘乙永138518号

案准贵处三十一年九月十日孝字第43684号通知单一件,以张邦杰呈请通饬将拘禁良善之台湾同胞开释,并将没收台湾同胞之产业悉数归还一案,奉院长谕广交福建、广东、江西三省政府查核具复。除分行外,相应通知等由。附节抄原呈一件。准此,查自抗战军兴,住居本省各地台民,经本府分饬地方官署严密监护,嗣为预防间谍起见,经于二十七年夏间先后将原住福州、晋江两处台民男女383名遣送后方崇安县安置,将原住石码特种区台民男女51名遣送连城县安置。二十八年夏间复以连城为交通要道,改遣崇安,所需旅费及途中给养，均由政府负担。嗣后经东山、南靖、龙溪、安溪、福清、古田等县政府及陆军第七十五师司令部先后解送台民男女计16名前赴崇安一并看管。前项台民到崇后，经县政府指定住所，编列保甲，推定保甲长，设置管理员专责管理。至台民伙食，成人每日0.10元，孩童0.06元，由县政府发给，历3个月，另筹解决生活办法，将台民划分两部分，一部分准予在崇独立谋生，一部分移交垦务所编垦。关于独立生活，县府仍设管理员一人专责监视其行动。垦荒台民，则由垦务所接管办理垦务，其中有老弱妇女生活孤苦，先后准予保释回籍或在外谋生者计26人，由军事委员会政治部台湾义勇队队长李友邦先后函请将优秀台民编入该队训练充任队员者计44人，又自愿参加义勇队及少年团者计33人，其系队员眷属随同赴浙或迁居建阳者计75人，乘机潜逃予以通缉者计32人，死亡者计51人（因疾病不治者46人，被敌机轰炸者5人），尚余189人，其动态如何，正在饬查中。又前据该县政府电呈，以依照"敌国人民处理条例"第十七条之规定："在本条例施行前，关于韩台琉侨之登记另有规定者仍适用之"。对于集中本县台侨，是否照旧办理，抑照现颁条例处置，请核示等情。经以台侨可适用朝侨登记条例办理，惟台侨中查有犯案未决及平日行动可疑者应另案呈核等语电复遵照，在案。又台民产业之在福州者，自日领撤退后由福州敌产管理处依照厘定之管理敌产办法负责管理，至三十年十月间，因该管理处开销过巨，饬即结束，归福州警察局径行管理，现由福州市政筹备处依照敌产处理条例办理。至外侨依约无在我国内地置产之权，本省漳属农场一处，查系台籍创办，该场原辖有田边、亭头、洪坑、浮山、水头等农场，场地散布龙溪、南靖、海澄、同安等县，二十六年八月由驻军没收，旋交龙溪县政府兼管，二十七年十一月由农业改进处接管，二十八年水头农场移交省赈济会，二十九年浮山农场径口部份划归南靖县中心农场，其余田边、亭头、洪坑、浮山等场则均隶属于农业改进处漳属农场，现漳属农场及南靖县中心农场均已划归福建省农林特种股份有限公司经营。相应函请贵处查照转陈为荷。

此致

行政院秘书

（2）行政院秘书处复函（1943年3月17日）

函　仁壹第4547号

贵府三十一年十二月三十一日调亥世府秘乙138518号公函　诵悉。关于台民及台籍产业处理情形,经陈奉院长谕"在闽台民死亡率过高,应予改善"等因。除关于产业部分俟汇案办理外,相应函复查照核办见复为荷。

此致

福建省政府

行政院秘书长　张厉生

（3）福建省政府呈（7月3日）

呈　阳午江府秘乙永65697号

案奉钧院三十二年五月十日仁壹字10490号训令开"前据该省政府三十一年十二月三十一日府秘乙永第138518号查复处理台民及其产业情形一案。查关于处置台民适用韩侨登记办法尚属可行,惟台民产业应视其是否与敌人互通声气或有无间谍嫌疑分别作为敌产或非敌产处理,合行令仰遵照。此令"等因。正办理间,准中国国民党直属台湾党部归总漳阳巳真代电,略以据被禁崇安台民呈请转请贵省政府准将集中羁禁崇安之台民释放,将其被没收财产发还或交本部经营等情。请查照准由本部协同办理,将该民等依法释放,将其被没收财产分别发还或归本部接管经营,用抚来归而争取台胞内向,并盼见复。等由。查前项台民既奉钧令可适用"韩侨登记暂行办法",而台湾党部复有准由本部协同办理,将台民等依法释放之请,兹拟将前项台民由台湾党部或军事委员会台湾义勇队为之保证后,饬向崇安县政府申请登记,发给登记证,准其自由居住或回原住地,免予管理。其散居各处之少数台民,亦饬其取具保证径向该管地方政府申请登记,领取登记证,以昭一律。惟"韩侨登记暂行办法"系奉钧院二十九年五月密令遵办,此项办法,现在可否公布以便办理之处,请核示。至台民产业谨依钧令意旨,拟具处置办法三项：一、对于已返台之台民所遗留产业,概作为敌产处理。二、对于未返台之台民,过去并无发觉与敌人互通声气或犯间谍嫌疑有案者,现在如有中国国民党台湾党部或军事委员会台湾义勇队之保证,其产业作为非敌产处理。三、对于未返台之台民,过去并无发觉与敌人互通声气或犯间谍嫌疑有案,其人现已死亡者,其遗产如经继承者取具中国国民党台湾党部或军事委员会台湾义勇队保证确属良善台民,并有继承身份者,亦作为非敌产处理。是否有当,理合抄同台湾党部原代电一并具文呈请察核示遵。

　　谨呈
行政院院长蒋
附抄呈台湾党部代电一件[略]

福建省政府主席　刘建绪

(4)行政院指令(9月13日)

行政院指令　仁　陆　20298号

中华民国三十二年九月十三日

　　三十二年七月三日府秘乙永字第65697号呈拟处理台民及台民产业办法请核示由。

　　呈件均悉。查韩侨登记暂行办法既经本院密行,未便公布。至集中羁禁崇安之台民,由所在党部或军事机关保证并饬登记后准其自由居住一节尚属妥当。又关于处理台民产业应仍照前令办理,不须再另定办法,仰即遵照。

　　此令

院长　蒋中正

[福建省档案馆馆藏]

(福建省档案馆编:《台湾义勇队档案1937—1946》,
海峡文艺出版社2007年1月版,页80-84。)

10. 外交部长宋子文在伦敦接见新闻界发表谈话电文二则 (1943年8月4日)

　　(一)(中央社伦敦四日路透电)中国外长宋子文今日在伦敦接见新闻界发表谈话称:中国期望于日本失败后,收回东北与台湾。朝鲜即应成为独立国。中国人民认为最近英美放弃在华特权,为今后其国家(指中国)不至再受他人之要求有所让步之谓,而认为其国家在将来将与世界他国立于平等地位。就经济方面言,中国因缺乏港口与运输而受阻碍,但自由中国境内并无真正饥饿现象。日本正抢夺占领区内之米,故其中有若干地域今日已遇灾荒。中国政府为解决财政问题计,在赋税方面有实施征实者,而非征收现款。军事方面,日军已较过去其侵华之纯现役军队为劣。

(二)(中央社伦敦四日专电)宋外长今日接见报界谕及我国对外关系时称:中国但求收复失土,而决无领土野心,中国对越南及对亚洲东南部其他国家之关系,亦系以联合国家一分子之地位出之。中国愿其海外侨民获得最惠国之待遇,吾人不作特别利益之要求,而仅欲最惠国之待遇而已。中国但求收复全部失土,并望朝鲜独立,希望日本政府为民主政府,盖日本倘受其他方式政府之统治,必为中国与世界之威胁。中国对印之经济关系应加发展,亦必求发展。中英间更有实行最密切合作之广泛范围。记者有询以中国是否对越南怀存愿望者,宋外长答称:"就历史而论,越南之一部分过去曾受中国统治,今日越境亦尚有中国人民,但大体言之,吾人并无领土之愿望。吾人对越南之关系,亦即联合国家一分子对越之关系也"。外长谓我国与联合国家在战后大可合作,我国政府与人民将以全力进行战后建设。政府对于轻重工业建设有极大计划,而此伟大之发展自需外来之技术与资金之协助。然而吾人不论是否获得外援,俱须进行工业建设,一切以平等为基础之协助,均所欢迎。但日本之协助自非吾人之所欢迎者。宋外长最后称:林故主席淡泊明志,为我全国人民所爱戴。林主席之逝世并不影响中国之政局,盖故主席之地位,一若法国之总统,而非如美国之总统也。

(录自民国三十二年八月五日重庆《中央日报》)

11. 台湾收复运动改进办法要纲(1943年10月28日)

民国三十二年十月二十八日

第一,理由

一、现在战争已日趋有利于联合国,胜利在望,此时,吾人应以坚强有力之组织,团结一致,把握时机,并以充分之准备及迅速切实之行动,临机应变,坚决推进收复台湾之工作,实属必要。

二、今日胜利已愈接近,而革命情势愈成熟,即敌人破坏革命之工作亦必愈加激烈,自在意料中事。

敌人对吾人之奸计甚多,举其大略,其要点如下:

(一)在台湾内部,敌人利用革命叛徒及间谍,自行组织"伪革命团体",吸收革命经验浅薄而热情之青年,以早期暴发手段,发动暴动,用以一网打尽革命力量,并造成恐怖状态,离间民众与革命团体之关系,使民众对革命团体丧失信仰,放弃支持革命之决心,此其一也。

(二)敌人选派其曾经受间谍训练之青年回国参加各种革命团体,在内部除取得情报外,并经常挑拨内部斗争破坏团结,诽谤领导革命者之信用,离间祖国与台湾,其奸策层出不穷,此其二也。

(三)敌人最无耻之奸计,即假冒台湾各种革命团体名义,在台湾组织各级组织,使民众真假莫辨,造成混乱状态,此其三也。

其奸计虽不一而足,最狠毒者莫过于右列三种,故在开始反攻以前,吾人必须先肃清一切敌奸,加强自己之阵营,坚垒以待。寻机出击,实属必要。

三、检讨既往之工作,深知党务政治及军事各方面应有通盘计划,考其实际,参酌战局,按其发表,彼此配合,付诸实施,始克有济,故各团体各单位共同拟订计划,实行分工合作,统一领导,以周到之准备,分途并进,实属必要。

四、至于台湾之收复,或决定于和会,或决定于武力,其方式未能预定,但吾人首先要尽责,盖天助自助者,此应为我同志共同服膺者,虽然如此,惟国际关系之运用亦复不可忽略,故对国际方面:吾人又应以统一步伐,以坚定不移之立场,尽一切力量与方法,努力说服联合国政府,使其承认中国收复台湾为最合理最高尚之世界政策,实属必要。

五、对于弱小民族之解放及日本被压迫阶级之运动,吾人素以同情及协调为基本政策,而欲使此种政策能切实有力,必须先整理吾人自己之阵容,造出良好环境与榜样,如此,吾人发言始能有力而受其尊重,故健全自己以励友人,实属必要。

六、对于国内边疆问题,吾人应就自己之经验向中央提供数据,并贡献切合时宜之意见,以尽吾人之责任,而吾人自己若不健全,即宝贵意见亦不易受其重视,心正而后言重,此为吾人应自省之要点。

　　根据右列各种理由,吾人应就本身之组织、宣传、训练、行动、计划及准备各方面,通盘检讨过去之缺点,切实纠正其错误,造成坚强有力之统一组织,建立分工合作制度,并使革命与建设兼施并顾,以新生姿态实行有计划有步骤之宣传训练及行动,期其言必行,行必致果,此应为吾台同志之共同决心。于此,同人等共同集议,拟订本项计划,以资共同遵守执行,而利收复台湾。

第二,办法

　　依上述理由拟订办法如左:

基本方针

　　一、加强统一组织实行分工合作制度。

　　二、加强中心组织扩大外围团体。

　　三、分区负责实行竞赛并严明指挥系统。

　　四、党务建军建政各项工作应分途并进。

　　五、训练党政军干部以期革命与建设兼施并顾。

　　六、加强思想统一运动严格执行革命纪律。

　　七、扩大国际宣传力争台湾归还中国。

　　八、扩大救济事业并以安定同志家属之生活。

办法要纲

　　一、加强统一组织实行分工合作制度。

　　(一)台湾革命运动应依党团会队分别统一,并加强其组织。

　　(二)党、团、会、队应有专任负责人,使其负责发展工作,各尽其才。

　　(三)设党团会队联络会议或联络委员会,交换情报,检讨工作,拟订共同计划,决定分工与协助,调动人员,分配经费,办理救济专业,训练干部等各种事项,以收分工合作之成效。

　　(四)各种组织应实行分层负责及会计制度,以明责任以期修明。

　　(五)建议中央调整台湾党部,提高其领导能力,以副中央之重托。

　　二、加强中心组织扩大外围团体。

　　(一)呈请中央对台湾工作人员实行总登记。

1. 消极的方面即肃清敌奸、投机分子、动摇分子。

2. 积极方面即保获优秀良善之同志，以资中央录用。

3. 实行工作人员之总考校。

(二)提拔精干同志分层负责，以加强党、团、会、队中心组织。

(三)新加入同志应先加入各外团组织，经严密考察后，其成绩优良思想坚定者，始吸收于中心组织。

(四)潜入敌人各种团体，扩大收复台湾之运动，加深敌后之反应，促进其内附。

(五)建立文化团体，扩大文化运动，展开思想战争。

三、分区负责实行竞赛并严明指挥系统。

(一)下层组织设分区负责制度，使各区尽量发扬其能力及社会条件，以扩大工作。

(二)各区负责人一面付予全责实行工作竞赛，一面严明其指挥系统，补助其经费，以责其成。

(三)不服从指挥而有分派行动者，以严格之革命纪律革除之。

四、党务建军建政各项工作应分途并进。

(一)为准备应付收复时期之混乱及敌人之抵抗，必须在台湾内部建立武力及政治力量以资应付。

(二)利用现有组织建立军事及政治之潜伏力量以配合党务之推行。

(三)建军由培养军事干部入手，潜入敌后军事组织，最后促进完成国军系统下之台湾部队。

(四)建政由训练各种行政干部入手，潜入敌后政治组织，最后促进完成国府政制下之台湾省政府。

(五)建议国民政府依沦陷省区办法添设台湾参政员。

五、训练党政军干部以期革命与建设兼施并顾。

(一)训练党政军干部以解决思想问题，并准备收复时能裕加应付混乱及困难之环境。

(二)党政军之干部训练在未能设专班以前，尽量运用现有机构。

1.党务干部分别保送中央训练团及其他党务训练机构受训。

2.行政干部在福建省训团请设专班训练。

3.台湾义勇除开班训练军事干部并保送军校受训。

(三)编订台湾复兴及复员计划分别研讨。

(四)选择各种人才保送有关机关研究实习备用。

六、加强思想统一运动,严格执行革命纪律。

(一)各级干部尽量保送中训团受训,以加深其对于三民主义之认识。

(二)拟订台湾三民主义运动之计划,以纠正一切分歧复杂之思想。

(三)编印台湾史料及丛书,以加深同志及国内对台湾之认识。

(四)以严格纪律纠正同志之思想及行动。

七、扩大国际宣传,力争台湾归还中国。

(一)运用广播、文字、集会等各种机会宣传台湾问题。

(二)呈请中央准予参加国际间之对敌工作,取得共同对日作战之机会。

八、扩大救济事业并以安定同志家属之生产。

(一)以事业即宣传为原则,整理统一扩大救济事业,并设专管该事业之管理机构。

(二)以救济即建设为原则选定应办事业,训练经营与管理人才。

(三)设会计独立制度以树立事业之稳固基础,而获合理之运用。

三民主义青年团驻台湾义勇队分团部、军委会政治部直属台湾义勇队、台湾革命同盟会共同拟定。

(录自中国国民党中央党史会库藏史料)

附录(一):台湾革命同盟会呈中央执行委员会函

民国三十二年十一月八日

窃属会为加紧台湾光复运动统一,以资切实推行工作起见,经属会邀请三民主义青年团驻台湾义勇队分团部及军委会政治部直属台湾义勇队等集议,拟定《台湾收复运动改进办法要纲》,俾将来共同进行收复工作,当集议时原拟邀请台湾党部领导,因该党部在漳,一时无代表莅会,致未参加讨论,本办法仍以该党部应居领导地位为原则,将来付诸实施时请其出任领导,理合检同拟定本办法要纲随文呈送,仰祈钧处鉴核。如认为有未尽善处,并恳详加指示。属会即于本月二十一日召开代表大会,遵照指示修正始付实行。临颖屏营敬候钧命。除分呈组织部外,谨呈秘书长吴。

计呈送《台湾收复运动改进办法要纲》五份

台湾革命同盟会常务委员　李友邦　谢南光　宋斐如

中央执行委员会秘书处拟办意见

秘书处张寿贤拟办:拟函询组织部意见,并寄漳询翁俊明意见。十一月十日。

吴秘书长铁城批示:如拟。十一月十一日。

附录(二):中央执行委员会秘书处致中央组织部函
——民国三十二年十一月十九日

处函:据台湾革命同盟会呈为加紧统一台湾光复运动,以资切实推行工作起见,经邀请三民主义青年团驻台湾义勇队分团部及军委会政治部直属台湾义勇队等集议,拟定《台湾收复运动改进办法要纲》,俾将来共同进行收复工作。惟集议时原拟邀请台湾党部领导,因该部在漳,一时无代表莅会,致未参加讨论,本办法仍以该部居于领导地位为原则,将来付诸实施时,请其出任领导,除已分呈贵部外,检同要纲,请予核示等情,前来查该项要纲,既经该会分呈有案,未稔贵部对于该要纲之意见如何? 相应函达,即希查照见复,以凭办理为荷。此致,中央组织部。

附录(三):中央执行委员会组织部复中央秘书处函
——民国三十二年十二月二日

案准:贵处渝三二机字第二〇五七七号函,以台湾革命同盟会呈送《台湾收复运动改进办法要纲》并称已分呈本部,嘱将核示情形见复等由,相应抄附原处理办法一件,函覆查照为荷。此致,中央秘书处

附原核示意见一件

部长　朱家骅

原核示意见

查该会系台湾民众团体之一,所有工作与请求前经命饬送,由台湾党部

核转有案,兹因各团体代表大会期迫,特径予核示如次:

(一)查所附要纲,收复工作原则上尚无不合,惟建军建政一节,前经何总长召集有关机关决定,应先健全党务后再办,有案应暂从缓议。

(二)目前台湾党务工作上基本问题,内地方面:1.台湾总登记问题;2.各团体统一领导问题。岛内方面:1.党员与训练问题;2.岛内组织工作改进问题;3.宣传台胞及策动志愿兵役问题。希即切商具体有效办法报部核行。

附录(四):中央执行委员会秘书处致台湾党部主委翁俊明函
——民国三十二年十一月十九日

笺:据台湾革命同盟会呈,为加紧统一台湾光复运动,以资切实推行工作起见,经邀请三民主义青年团驻台湾义勇队分团部及军委会政治部直属台湾义勇队等集议,拟定《台湾收复运动改进办法要纲》俾将来共同进行收复工作。惟集议时,原拟邀请台湾党部领导,因该部在漳,一时无代表莅会,致未参加讨论,本办法将来付诸实施时,仍请其出任领导,检同要纲,请予核示等情,前来。相应检同原要纲一份函达,即希查照开具意见见复,以凭核办为荷。此致,翁俊明同志。

附原要纲一份

中央执行委员会秘书处

附录(五):台湾党部书记长兼代主委林忠复中央执行委员会秘书处函
——民国三十二年十二月二十二日

案奉:钧处本年十一月十九日渝(三二)机二〇五七号函为据台湾革命同盟会等拟定台湾收复运动改进办法要纲,附原件嘱开具意见见复以凭核办等因自应照办。查返国台胞业农者最多,技术人才次之,自由职业者又次之,而细分析之,其中约有五种分子:一、为台湾革命而奔走之热诚分子;二、在抗战前为革命而参加各种政治工作之分子;三、略能认识革命而不能实际参加工作之同情分子;四、为生活而奔走营利之分子;五、少数思想错误罔识大体,往往求得一差半职即妄自尊大互争雄长不受党之领导之分子。而上列各种分子中,有因离开台湾已久,其言论及行动往往脱离实际,不能配合岛内事实之迫切需要者,此不得不先陈明者也。该项要纲经逐一研究,其中第一理由与第二办法之(甲)基本方针所列八项均可赞同,惟(乙)之第一项所列第三、四、五等点则有颇不尽以为然者(详意见书),尤以第四项第三点建军一层,我党国早已决定方针收复台湾、琉球列岛等,最近开罗三国会议亦提及此,则岛内似毋须再来特别建立部队以造成特殊势力,尽可由国军派精干部队屯驻,凡我台胞有志从军者自可事先由中央或台湾义勇队设法登记,尽量吸收加以训练,以为国用。兹谨呈对台湾收复运动改进办法要纲意见书乙份,敬请察核,实为党便。再者职部近获悉电报局误投张邦杰致吕伯镛等明码电报乙件,内容为台湾革命同盟会内幕之一,足供参考,台湾义勇队近又在《台湾青年》旬刊将上述"改进办法"揭露,不特不保秘密抑且公开攻讦,似有未合之处,理合一并呈阅。谨上

中央执行委员会秘书处。

中国国民党直属台湾党部书记长兼代主任委员　　林　　忠

附呈对《台湾收复运动改进办法要纲》意见书乙份、张邦杰致吕伯镛等电报乙份、《台湾青年》旬刊乙份。(后二者略)

对《台湾收复运动改进办法要纲》意见书

一、台湾收复运动改进办法要纲第一项第三点所谓:"设党、团、会、除联络会议,或联络委员会,交换情报,检讨工作,拟订共同计划,决定分工与协助,调动人员,分配经费,办理救济事业,训练干部等各种事项,以收分工合作之效"一节,查现有之党团会队之组织,自有其不同之隶属系统与体制,更有其独特之业务范围,纵有需要互相研讨共策共行之处,亦祇可召开"联席会报",或取得工作上之联系,以求促进事业而已;而断乎不得将人事调动经费分配等等,几乎各单位之全部业务,均付之所谓"联络会议"或"联络委员会"者也,此种办法,得未曾见,其用意亦所不解。

二、关于办法要纲第一项第五点所谓:"建议中央调整台湾党部提高领导能力,以副中央之重托"一节,本部不得不有所表明者:查本部奉命组织,用人行政监督指导权在中央,同人等唯中央命令是听,虽觉德薄能鲜,然尚知埋头苦干,虚心纳善,只以成立伊始,岛内党基未固,加以环境种种关系,一时难达如期目的,以负中央之重托及关心台革人士之雅望,但不设身处地不进一言,

而厚责于人,甚至擅言调整,纵非越权,亦不应尔。

其他关于建立组织,推行工作,以及训练宣传,救济诸项建议,所见亦有必要之处,惟关于基本改进台湾革命问题者,本部同人,亦有管见数端,兹谨沥陈如左:

一、目前台湾革命之意志未趋统一,力量未得集中,乃同志间感情隔阂,门户太多所致;"谁不愿受谁领导",亦为领导未为领导未见生效之最要原因。今后似宜从新甄审各台革团体,分别裁并整顿,以纳组织于一统。各革命分子,亦必须捐弃成见,服从组织的领导,务使意志冶于一炉,而健全其人事,以求力量之集中,然后就刷新组织中,在"以党救国以党建国以党治国"之原则下,咸划一于党的领导,以建立一坚强专一之台湾革命阵容。嗣后凡有关台湾问题之新组织,亦概纳入最高领导机构,以专权责。

二、关于对台湾工作人员总登记问题:查各部工作人员,原已有一定之组织统属,各单位铨记详明,考核严密,则自可收管制之效,而才能善用,纪律严明,则组织未有不健全者也。

三、关于建设台湾问题:在收复台湾未实现前,吾人正宜进行如何推翻敌人统治,而不能独赖"决于和会"与同盟军之攻占归还也,故破坏工作,实为台湾革命第一程序。所谓破坏工作的组织,亦即今日建立党的组织,必定筹划。近查有"即行建立'党''政''军'三位三体"之分摊思想产生,此不特思想不清健;且亦系舍近图远之作法。盖求之不在岛内党的组织,而在国内向少数台胞兴论建设,则使国内全数台胞都是革命者,都参与建政建军,而又不计较其才能识见,与工作条件,亦不过所得甚微,不及全岛将来需求之十一,故今日在国内高谈纵论,亦不过所得寡名空位而已。故论台湾建设之道,似宜倾注全力,发展岛内党的组织;广罗志士,厚植党基,大量储备人才,以为建政建军之准备,此亦即"以党建军以党建政"之道也。宣扬主义,深入社会,促使全台胞一致警觉,咸使台胞有"革命成功,即归宗祖国,还我自由"之同一愿望;而以党的领导,组织武力,普遍行动,并发动武装随时响应反攻。各级组织亦即广植内线,运用敌方权力,掩护一切,破坏一切,庶可革命力量发动于全台同胞之中,而达到推翻敌人统治之目的。然后在党领导之下,融和全国军政各方之力,建设一三民主义的新台湾。

四、关于建军建政之基本思想问题,亦不得不一言者。即今日台胞之已返国者,国人已以平等待遇之,效力祖国,从政从军,或从事生产,建设文化事业,自属共同应尽之义务,吾人应鼓励之,使人人有效忠祖国之机会。将来台湾收复台民亦必一律平等,当然享有民权与服役参政建设中国之权利,而全国人力,亦无不有建设台湾之义务。故必须培育台胞以国家民族之高尚意识,使之思想豁达,而决不容有"台人治台"之观念产生,以造成封建之势力,此基本精神不可忽略者也。

五、目前台湾的政治分子约略可分三种:一是归宗祖国的革命者;一是受敌利用的汉奸;一是思想偏激倾向歧途的共党。汉奸与敌人同论,自为革命之仇敌。而奸伪分子,孕育于岛内者,亦有多年历史,贻患至深,故台湾在收复前后,应如何肃清奸伪,亦为急要之图。

以上关于整顿国内各台革团体问题,以及提供精神与工作之意见,业已详述,至于本部一向之工作情形,与对各台革同志之期望,兹亦附略言之。

一、关于本部工作范围,对于领导权责有关者:即本部注重岛内实际工作,凡岛内党员,概纳入岛内组织,所领导之外围团体,亦由各级组织掌握运用。但在国内各地之台籍党员,则概奉命划归各所在地党部组织,此国内与岛内之领导责权不一者也。

二、本部自成立以来,对于党务之推行:如宣扬主义,吸收工作细胞,健全中心干部,建立岛内组织,以及加紧征求党员等,无不处心积虑,竭力从事,事实俱在,无待赘言。而对国内各台革团体同志,亦无不开诚布公,广阔贤路,察纳雅言。当本部成立之初,所有执行委员人选,均会将现在国内及岛内之台革领导人物,列呈中央遴任,冀求意志与力量集中,共同携手奋斗,嗣经中枢分别委派,乃竟有因故推辞者,至于其他职务,与岛内各组织工作,亦有因高低不就,与工作条件不适,而一时未得参与者,在所难免。今岛内工作日渐展开,而台湾问题,亦经我中枢决计收复,与国际间之赞同归还中国。今后对台湾工作,更必加强,本部深盼各台革团体同志,对本部工作,尽量提供高见,互策互行,尤盼能革除隔膜,慨然参与党务工作,本部自当量才重用,共同为台革而奋斗。

三、请台革人士尽速加入民众团体（如台湾革命同盟会台湾回国同乡会台湾思宗会等），由负责人荐于本部，做本部外围团体，对内外加紧宣传，辅助党团，完成台革任务。

四、热诚分子，如真实能潜入陷区或岛内者，请速将履历及工作计划，并工作人事关系填明详细送本部，当尽量遴用。

五、有意训练而未能即刻参加工作者，可将其希望之点及其履历表填送本部，预备将来保送训练，或储备战后为建设台湾而工作。

关于本部今后工作方针策略，已详本部呈中央组织部之三十三年度工作计划与进度表中，与策进台湾革命工作，关系至切，合并陈明。

附录（六）：国民政府军事委员会致中央执行委员会秘书处函
——民国三十二年十二月十八日

案据本部台湾义勇队本年十一月二十八日台义渝邦字第一〇五号报告称为加紧台湾光复运动统一以资切实推进工作起见，经与台湾革命同盟会共同拟定：《台湾收复运动改进办法要纲》是否有当？理合检呈鉴核示遵等情，附台湾收复运动改进办法要纲二份，准此，查该办法关系中央整个政策相应检同原要纲函请查照转呈办理见复为荷！此致，中国国民党中央执行委员会秘书处。

附台湾收复运动改进办法要纲一份。

附录（七）：中央执行委员会秘书处复国民政府军事委员会函
——民国三十二年十二月二十七日

准勤三渝卅二字第一七七号函送台湾义勇队等所拟台湾收复运动改进办法要纲，嘱转陈办理见复等由。查该项要纲，前已据台湾革命同盟会呈送到处，经核原则尚无不合，惟建军建政各节，前经何总长召集有关机关决定应先从党务入手，关于如何加强台湾党务之活动，本处现正与组织部商洽进行，并随时听取台湾革命同盟会等之意见，相应函复，即希查照为荷。此致，军事委员会。

（以上七件附录均录自中国国民党中央党史会库藏史料）

(秦孝仪主编,张瑞成编辑:《台籍志士在祖国的复台努力》,台北:中国国民党中央委员会党史委员会1990年6月第1版,页172-186。)

12. 军事委员会参事室自重庆呈蒋委员长关于开罗会议中我方应提出之问题草案(1943年11月)

——民国三十二年十一月

一、对日反攻战略设备及讨论关于远东各问题之机构(由军事当局准备提案)。

二、日本无条件投降时应接受之条款。

关于此问题似应询问义国已接受或应接受之政治,经济及财政条款(军事条款业经公布),以及莫斯科会议商议德国投降时所应接受之条款。日前签呈关于日本之条款共二十五条,兹将其主要原则开列于左,以备酌量提出商讨。

关于军事者:

(一)日本一切军舰与商船、飞机、军器船、军器以及作战物质应即听候联合国处置,其中一部分应交与中国。

(二)日本应自其在九一八起所占领之中国及其他联合国及其他联合国之地区撤退,其全部陆海、空军部队在未撤退以前,日本应负责保存其占领地区内一切公私财产(包括交通运输制度在内),并不得加以毁坏。

(三)联合国指定日本若干地点派兵驻扎,以保证本文件及和约各条款之切实施行。

(四)日本应完全解除武装。

关于政治者:

(五)日本应依照联合国指定之名单,将其战事犯及各地伪组织官吏交付联合国听候审判。

(六)日本应将以下所列归还中国:

甲、旅顺、大连(两地一切公有财产及建设一并无偿交与中国);

乙、南满铁路与中东铁路(无偿交还中国);

丙、台湾及澎湖列岛(两处一切公有财产及建设一并无偿交与中国);

丁、琉球群岛(或划归国际管理或割为非武装区域)。

(七)承认朝鲜独立。

(八)日本应解散其国内一切从事侵略之团体,并取缔一切侵略主义之思想与教育。

关于经济及其他者:

(九)日本应将其文武人员,或私人所运走之一切金银货钞、有价证券、重要书籍、公文及其他有历史性之物品,分别归还联合国。

(十)日本应赔偿中国自九一八起一切公私损失。

(十一)联合国应设立一监督委员会,以保证日本切实履行本文件所列各条款。

三、战后重要问题:

(一)维持世界和平:战事结束后现有之联合国团体仍应继续存在,而以中、美、英、苏为主席团,担负维持世界和平之责,至普遍集体安全制度成立时为止。

(二)国际经济合作:在原则上可予赞同,并表示欢迎外资。

四、美方可能提出之问题:

(一)关于二万万美元黄金运用之办法(由财政当局准备简明答案)。

(二)关于我国战时经济状况,例如物价、通货、预算等问题(由财政当局及其他有关机关准备简明答案)。

(三)中共问题:似可将中国共产党之妨害抗战及政府一贯之宽大政策略为说明。

五、英方可能提出之问题:

(一)西藏问题:本年八月间,宋部长与英外相艾登会在伦敦谈及此问题,双方意见相去甚远,似以留待日后解决为宜。

(二)九龙、香港问题:九龙为租借地,归还中国固属毫无疑义,惟在英方视之,九龙与香港属一问题,而香港为割让地,其法律上地位与九龙不同,似以留待日后解决为宜。

六、英美双方可能提出之问题：

（一）国际金融平准基金问题；

（二）国际银行问题；

（三）国际民用空航问题。

以上三问题在原则上可予赞同,惟详细办法似应保留从长计议。

（录自"总统府"机要档案）

（秦孝仪主编,张瑞成编辑：《光复台湾之筹划与受降接收》,台北：中国国民党中央委员会党史委员会1990年6月第1版,页19-22。）

13. 开罗会议政治问题会商经过（1943年11月23日）

十一月二十三日上午,王秘书长与郭参事将我方预拟之政治方面提案,内容包括四项节略,译成英文,面呈委座。节略如左：

一、关于设立四国机构或联合国机构问题

（一）在联合国总机构未能设置以前,应由美、英、苏、中四国及早成立四国机构,以便协商关于四国宣言所规定之事项。

（二）上述四国机构之经常机关,设于华盛顿。但有时亦可在伦敦、重庆或莫斯科开会。

（三）四国机构应负筹设联合国总机构之责。

（四）联合国总机构之组织,中国政府赞同美政府所拟议由十一个联合国组成一种执行机关,由美、英、苏、中四国任主席团之办法。

二、关于过渡期间国际安全问题

（一）为商讨维护国际安全之军事问题,应由美、英、苏、中四国成立"国际军事技术委员会"。

（二）为达成维护国际安全之目的,得设立国际海、空军事根据地。但此项根据地应普遍设立,其地点之选定应先经专家之研讨,及主权国之同意。

三、关于德国投降之问题

联合国关于欧洲问题之讨论,中国应随时获得通知。其关于德国投降问题之决定,应邀请中国参加。

四、关于远东之问题

(一)远东委员会之问题

中、英、美三国应成立远东委员会,以考虑一切因远东方面战事进展而发生之诸种问题。此委员会欢迎苏联随时参加。

(二)统一作战指挥问题

为统一联合国在远东方面共同作战之战略及指挥,应将现时设于华盛顿之英、美联合参谋会议扩充为中、英、美联合参谋会议,或成立中、美联合参谋会议以指挥远东之中、美军队。

(三)日本领土暨联合国领土被占领克复时之临时管理问题

1. 敌人土地被占领时,由占领军队暂负军事及行政责任。但占领军队如非中、英、美三国联合军队,凡关于该地区之政治问题,应组织军队,凡关于该地区之政治问题,应组织联合机构,而此三国中,无军队参加之国亦均派员参加管制。

2. 中、英、美三国领土被收复时,由占领军暂负军事责任,该地之行政由该地原主权国负责。彼此相关事项由占领军与行政机构协商行之。

3. 其他联合国领土被收复时,由占领军暂负军事责任,由该地原主权国负行政之责,但仍受占领军事机关之节制。(即照英、美所拟关于欧洲战区之办法。)

(四)日本溃败时对日处置问题

1. 由中、英、美三国议定一战后处置日本之基本原则,类似莫斯科会议所确定对意大利之政策。

2. 由中、英、美三国确定一惩处日本战争祸首暨战事发生后日本暴行负责人员之办法,同于莫斯科会议对纳粹暴行负责人员之惩处办法。

3. 由中、英、美三国约定:承认朝鲜于战后得重建自由独立,并欢迎苏联随时参加。

4. 日本于九一八事变后自中国侵占之领土(包括旅、大租借地)及台湾、澎湖,应归还中国。

5. 关于太平洋方面其他领土之处置问题,应由三国议定若干原则,并设立一专门委员会,考虑具体解决方案,或交由拟设之远东委员会拟具具体解法。

6.日本在华之公私产业,以及日本之商船,应完全由中国政府接收,以补偿中国政府及私人所受损失之一部。为维持战后远东之和平计,战争停止后,日本残存之军械、军舰与飞机,应交由中、美、英联合参谋会议或远东委员会处置之。

是日下午七时半,委座及夫人赴罗斯福总统晚宴,乃先提出我国之政治方面之提案。在提出之前,委座认为上述四项节略之种种建议,断难在大会中逐一讨论,更难求全部之决定。况此次开罗会议之精神,与十月间莫斯科会议不同。莫斯科会议惟恐苏联与英、美不合作或合作而不持久,故其重点在于争取合作原则之确立。此次开罗会议则不然,中、英、美之合作,不成问题。所待议定者,一为调整对日作战之战略,一为日本战败时惩处其侵略行为之明确办法,我方提案时,自应就此具体问题作直截了当之提议。因此委座决定就原拟提案中分别轻重,提出讨论:凡为清算日本侵略行为,及足以明显表现我国六年来之作战目的者,决在此次会议中与英、美成立确切之谅解,并昭示于天下。此外诸问题则仅求交换意见,与提出节略送备参考为已足。

委座及夫人与罗斯福总统是晚仅口头讨论,并未提出书面。美方惟霍布金斯在座。会商经过,至为圆满。中、美两方一致同意于下列各点:(一)日本攫取中国之土地应归还中国。(二)太平洋上日本所强占之岛屿应永久予以剥夺。(三)日本溃败后,应使朝鲜获得自由与独立。关于战后日本在华公私产业应完全由中国政府接收一点,罗总统表示赞成。而如何使朝鲜重建自由与独立,则双方谅解,应由中、美两国协助朝鲜人民达成目的。

罗总统遂命霍布金斯根据讨论之内容起草公报。

十一月二十四日下午四时,霍布金斯携带公报草案一份,于谒见夫人后,与王秘书长商谈公报内容,并谓如有修改意见,可于次日上午会谈时提出,王秘书长复秉承委座之意旨,将我方所备关于四项问题之英文节略,交与霍布金斯,请转交罗斯福总统,并声明此非提案而系蒋委员长个人之意见,以供罗斯福总统之参考与研究。霍布金斯谓当晚即将转交,次晨会晤时当可转达罗斯福总统之反感与意见。是晚,王秘书长将会议公报草案译文面呈委座核定,同时说明其中所称小笠原岛(the Bonin Islands)恐系澎湖列岛之误,拟请美方改正。委座指示照改后全文可以同意。

会议公报草案

罗斯福总统、蒋委员长、丘吉尔首相,暨各该国军事长官在非洲某地举行会议,业已完毕,兹发表联合宣言如下:

"三国军事代表对于今后由中国与东南亚洲打击日本之作战计划,已获得一致意见。此项计划之细节固不能发表,但规定对日本将有不断而且日益加紧之攻势,吾人决定在海、陆、空各方面,对此残暴之敌人,给予不放松之压力,此种压力,目前已经开始,日本即可领略其威力。

太平洋上被日军占领之岛屿,其中包括许多岛屿,日本曾自承不予设防而竟变为重要军事根据地者,吾人决定永远不能为日本所有。

日本由中国攫取之土地,例如满洲、台湾、小笠原等,当然应归还中国。凡系日本以武力或侵略野心所征服之土地,一概须使其脱离其掌握。

日本对朝鲜人民之奴隶待遇,吾人初未忘怀。日本溃败后,于适当时期,吾人决定使朝鲜成为一自由与独立之国家。吾人充分明了,欲使日本溃败,尚须猛烈与坚苦之战斗。我三国保证并肩作战,直至获得日本之无条件投降为止。"

此次蒋夫人陪同蒋委员长与会。

美国代表为:海军上将李海　陆军上将马歇尔　海军上将金氏　陆军上将安诺德　陆军中将索姆威尔　陆军少将华德生　海军少将勃朗　海军少将麦金泰　霍布金斯先生　哈立曼大使　魏南特大使　史坦哈特大使　道格拉斯先生　麦克洛埃先生

英方代表为:陆军上将布鲁克　空军上将博德尔　海军上将肯宁汉　刘易斯勋爵　陆军中将伊斯美

中国代表包括:陆军上将商震　王宠惠博士　海军中将杨宣诚　空军中将周至柔

十一月二十五日正午,三领袖及与会人员摄影后,王秘书长旋即与霍布金斯谈话，告以我方对于交来之会议公报草案表示同意。惟其中所称小笠原岛恐系澎湖列岛之误，拟请改正。霍布金斯谓然，并允照改。霍布金斯又谓美方之意，公报中最好声明三国无领土野心，对于此点，英方已表示赞成，不知中国方面如何。王秘书长答称：中国当然亦无领土野心，可待拟就字句后，再请示核定。

关于交与罗斯福总统之节略，王秘书长再度声明此非提案，而系蒋委员长个人之意见，并转述委座之指示，即关于节略中之最后一项："为维持战后远东之和平计，战争停止后，日本残存之军械、军舰与飞机，应交由中、美、英联合参谋会议或远东委员会处置之"，究竟应由中、美、英三国或由中、美两国，可由罗斯福总统决定，并询以罗斯福总统对此节略有何反感或意见。据称罗斯福总统昨晚甚忙，未及交送，彼自己则曾阅读一通，感觉颇有见地，颇合情理，并称今晨已将该项节略交与总统，且会转告此系蒋委员长个人意见而非提案。至关于节略最后一项，可由罗斯福总统决定一层，即将此意见转达总统。霍布金斯又谓罗斯福总统有何反感与意见，或将径向蒋委员长有所表示。

十一月二十六日下午三时半，美方约王秘书长谈商会议公报草案，在场者有美驻苏大使哈立曼、英外次贾德干，旋英外相艾登亦来参加。当时就英方所提修改案讨论。英方修改案如下：

会议公报草案（括号内之文字拟删，加圈之文字拟增）

罗斯福总统、蒋委员长、丘吉尔首相，暨各该国（军事长官）顾问在非洲某地举行会议，业已完毕，兹发表联合宣言如下：

"三国军事代表对于今后由中国与东南亚洲打击日本之作战计划，已获得一致意见。此项计划之细节固不能发表，但规定对日本将有不断而且日益加紧之攻势，吾人决定在海、陆、空各方面，对此残暴之敌人，给予不放松之压力，此种压力，目前已经开始，日本即将领略其威力。

太平洋上被日本占领之岛屿，其中包括许多岛屿，日本曾自承不予设防而竟变为重要军事根据地者，吾人决定永远不能为日本所有。

日本由中国攫去之土地，例如满洲、台湾与澎湖列岛（当然应归还中国），当然必须由日本放弃。凡系日军以武力或侵略野心所征服之其他土地,一概须使其脱离其掌握。

日本对朝鲜人民之奴隶待遇,吾人初未忘怀。日本溃败后,于适当时期,吾人决定使朝鲜(成为一自由与独立之国家)脱离日本之统治。(原附注:如此一更改不能接受,则英方愿意将关于朝鲜之全段文字删去。)

吾人此次作战,在制止并惩罚日本之侵略,但吾人自己无所企求,并无扩充领土之意。

吾人充分了解,欲使日本溃败,尚须猛烈与坚苦之战斗。我三国保证并肩作战,直至获得日本之无条件投降为止。"

此次蒋夫人陪同蒋委员长与会。

(以下为三国代表名单)

当时讨论修改案之要点及结果如下:

(一)原草案第一段中"军事长官";修改案拟改为"顾问",均无异议。

(二)修改案第三段与原草案全同。讨论时,贾德干临时建议,谓此段英文措词似可包括日本在太平洋上一切岛屿,但原意则专指日本在太平洋上之委任统治地,故主张修改文字,用"委任统治地"或其他字样,俾意义更为显明。关于此点,无甚讨论,均表赞成。

(三)原草案第四段本为"例如满洲、台湾与澎湖列岛,当然应归还中国",修改案则拟将"当然应归还中国"改为"当然必须由日本放弃"。

英外次贾德干谓:此项修改之拟议,盖因英国会或将质询英政府;为何关于其他被占领地区并未说明归还何国,独于满洲、台湾等,则声明归还中国。上述各地固属中国,但殊不必明言耳。英外相艾登在场,未发一言。

王秘书长谓:如此修改,不但中国不赞成,世界其他各国亦将发生怀疑。"必须由日本放弃"固矣,然日本放弃之后,归属何国,如不明言,转滋疑惑。世界人士均知此次大战,由于日本侵略我东北而起,而吾人作战之目的,亦即在贯彻反侵略主义。苟其如此含糊,则中国人民乃至世界人民皆将疑惑不解。故中国方面对此段修改之文字,碍难接受。

贾德干又谓:本句之上文已会说明"日本由中国攫去之土地",则日本放弃后当然归属于中国,不必明言。

王秘书长谓:措词果如此含糊,则会议公报将毫无意义,且将完全丧失其价值。在阁下之意,固不言而喻应归中国,但外国人士对于东北、台湾等地,尝有各种离奇之言论与主张,想阁下亦曾有所闻悉。故如不明言归还中国,则吾联合国共同作战,反对侵略之目标,太不明显。故主张维持原草案字句。

哈立曼大使表示赞成王秘书长之意见,并谓吾人如措词含糊,则世界各国对吾联合国一向揭橥之原则,将不置信。彼主张维持原文,并建议将该段末句"日本以武力或侵略野心所征服之土地,一概须使其脱离其掌握",提置在第三段之后,另立为一段,其余则一切照原案不动。

王秘书长对哈立曼大使之建议,当即表示赞成。

贾德干次长谓此一建议虽比较略好,但仍未能解除其顾虑。

讨论结果,中、美两方主张不改,故维持原草案。

(四)原草案第五段,关于"使朝鲜成为一自由与独立之国家"一句,修改案拟改为"使朝鲜脱离日本之统治"。

王秘书长对此表示不赞成,声称朝鲜原由日本侵略吞并,而日本之大陆政策即由吞并朝鲜而开始,仅书"脱离日本之统治",而不书其他,则只为将来留一重大之问题,殊非得计,宜于此时决定其将来自由独立之地位。并谓公报中关于此点,在中国及远东方面视之,甚为重要。

贾德干次长谓关于朝鲜问题,英内阁前此并未讨论。英系内阁制,若未经阁议而在此间决定,殊为不宜。且苏联对此问题之态度与反感,事前未与接洽,无从知悉,似宜顾及。故如不能照修正案更改,则不如全段删去也。

哈立曼旋谓照罗斯福总统之意见:此一问题似与苏联无甚关系,殊不必与苏联商量。

讨论结果,维持原草案文字。

(五)在原草案第五段之下,修改案拟增加声明三国无领土野心一段,无甚讨论,均赞成增加。

讨论意见既如上述。丘吉尔首相旋即遣人送来新稿,全文较短,据云:适所讨论之草案关于军事部分,殊嫌太长,略予缩短,可以避免给予敌人以军事消息。

查新稿对于中、美两方所持之意见,均已容纳,故经三方赞成。惟其中"包括满洲与台湾"一句,王秘书长提议改为"例如满洲、台湾与澎湖列岛",均无异议。结果遂以此为最后稿。

其时三领袖及蒋夫人正在会谈中,上述商谈会议公报草案之各员即前往参加,将最后稿朗读一次,读至关于朝鲜一段,罗斯福总统谓苏联对于此点,谅无意见。读毕,三领袖赞成,遂作为定稿。

是晚定稿送达我方。全文如左:

会议公报

罗斯福总统、蒋委员长、丘吉尔首相,偕同各该国军事与外交顾问,在北非举行会议,业已完毕,兹发表概括之声明如下:

"三国军事方面人员,关于今后对日作战计划,已获得一致意见。我三大盟国决心以不松弛压力,从海、陆、空各方面,加诸残暴之敌人。此项压力已经在增长之中。

我三大盟国此次进行战争之目的,在于制止及惩罚日本之侵略。三国决不为自己图利拓展领土之意思。三国之宗旨,在剥夺日本自从一九一四年第一次世界大战开始后在太平洋上所得或占领之一切岛屿,在使日本所窃取于中国之领土,例如东北四省、台湾、澎湖列岛等,归还中国。其他日本以武力或贪欲所攫取之土地,亦务将日本驱逐出境。我三大盟国稔知朝鲜人民所受之奴隶待遇,决定在相当时期,使朝鲜自由独立。

根据以上所认定之各项目标,并与其他对日作战之目标相一致,我三大盟国将坚忍进行其重大而长期之战争,以获得日本之无条件投降。"

会议公报商讨之经过,有如上述。其他政治方面诸问题之提出及商讨之经过如下:

十一月二十六日上午九时左右,委座交下"救济中国经济之办法",由王秘书长与俞秘书译成英文,面呈委座。原文如下:

"救济中国今日经济之计,惟有稳定币制,则人心自定,人心既定,物价无激涨之虞。稳定币制之方,不外(一)减少发行数额,(二)增加发行准备,(三)

吸收游资回头。三者之中,尤应使所增发之法币有充足之准备,方足以达上项之目的。

查上年美国为协助我国稳定币制,平抑物价,曾贷我五万万美元。其中二万万元,业已指充公债及储蓄券基金,用以吸收游资;二万万元拨购黄金,用以(一)收购物资,(二)利用公开市场出售,收回法币,(三)余数充实法币准备外,其余一万万美元,内四千余万元已在美购物花用,所余者仅六千万元。故上次美国五万万元之贷款,事实上业已支配。今后战事延长,需款自必更巨,同时我对于美国在华军事用费,如修筑机场、招待美空军人员、接运美空军物资等项,截至现在止,业已用去法币三十万万元,将来尚须继续支付,故发行亦必增加。为稳定币信,巩固经济,以增加抗战力量,所增发之法币,非有充足准备,不足以坚民信,而物价仍必继续上涨。故今日非向美续借美金十万万元,以补充法币一部分之准备,则不足支持以后之抗战,故不得已再向美国提借美金十万万元。如此,军需与民生方足勉资应付,乃得完成最后之胜利。"

(下略)

(录自"总统府"机要档案)

(秦孝仪主编,张瑞成编辑:《光复台湾之筹划与受降接收》,台北:中国国民党中央委员会党史委员会1990年6月第1版,页22-34。)

14. 会议公报(开罗宣言)全文(1943年11月27日)

罗斯福总统、蒋委员长、丘吉尔首相,偕同各该国军事与外交顾问人员,在北非举行会议,业已完毕。兹发表概括之声明如下:"三国军事方面人员,关于今后对日作战计划,已获得一致意见。我三大盟国决心以不松弛之压力,从海、陆、空三方面,加诸残暴之敌人。此项压力已经在增长之中。我三大盟国此次进行战争之目的,在于制止及惩罚日本之侵略。三国决不为自己图利,亦无拓展领土之意思。三国之宗旨,在剥夺日本自从1914年第一次世界大战开始后在太平洋上所夺得或占领之一切岛屿。在使日本所窃取于中国之领土,例如东北四省、台湾、澎湖群岛等,归还中华民国。其他日本以武力或贪欲所攫取之土地,亦务将日本驱逐出境。我三大盟国稔知朝鲜人民所受之奴隶待遇,决定在相当时期,使朝鲜自由与独立。根据以上所认定之各项目标,并与其他对日作战之联合国目标一致,我三大盟国将坚忍进行其重大而长期之战争,以获得日本之无条件投降。"

(录自民国三十二年十二月三日《中央日报》)

15. 驻美大使魏道明自华盛顿致外交部宋子文报告白宫明晚将发表之开罗会议公告要点电(1943年11月30日)
——民国三十二年十一月三十日

重庆。外交部。宋部长:关于主席与美国总统、英国首相在北非会议,顷闻白宫明晚将发表公告,要点如下:

三大联合国此次为阻止及惩罚日本侵略而作战,并无谋取自身利益及扩张领土之意志。日本应放弃其于第一次世界大战开始后,在太平洋上所夺取或占领之一切岛屿,其由中国夺取之领土,如东北、台湾、澎湖列岛(Pescadores)等,应归还中国;其由武力夺取之其他一切土地亦应放弃。三大联合国顾及日本奴隶朝鲜人民,决心使其于适当情形下,恢复自由与独立。魏道明。

(录自"总统府"机要档案)

(秦孝仪主编,张瑞成编辑:《光复台湾之筹划与受降接收》,台北:中国国民党中央委员会党史委员会1990年6月第1版,页36。)

16. 蒋委员长于国防最高委员会第一百二十六次常务会议报告开罗会议有关我国领土完整等问题(1943年12月20日)
——民国三十二年十二月二十日

关于开罗会议的情形,本来预备在上次常会报告,因为临时有事,不克出席,所以改在今天来报告。此次开罗会议的经过,本人要提出来报告的,就是关于我国的领土完整,以及朝鲜、印度、安南、琉球等问题。

印度问题,我预先与罗斯福商谈,要提出来讨论。罗斯福即说:现在不要提,等战后再来提,因为现在的丘吉尔,是一个守旧的人,同他商量,不会有结果的,到了战后,英国换过一个新的政府,一定可以解决的。因此,我就没有同丘吉尔谈印度问题。不过蒋夫人同他谈得很多。他说:印度仅算是一个洲,根本不能独立的;蒋夫人说:这话是不对的,现在的美国,从前还不是一个洲,何以后来能独立? 所以印度不能独立是一个笑话。

朝鲜独立,是我们最坚决的主张,如果这个问题不解决,要影响到整个的东方民族。我预先同罗斯福商量,一定要提的。不过朝鲜独立,究竟是战后立即独立呢? 或是要经过训政,等到能独立的时候,才来独立呢? 罗斯福问我:朝鲜不经过训政,独立是否有危险? 我说:是有危险。至于训政时期,罗斯福主张,由中美来训练,苏联要参加也可以。我是赞同他的意见。

安南问题,他们是恐怕我们有领土的野心,尤其英国,更有此种顾虑。我就同罗斯福说我们是否先来一个宣言,战后安南独立。他听了就笑起来,大概英国人,因为与法国有关系,不愿意现在以文字来表现;美国是主张战后再不能给法国,因为法国会经交与日本,利用来进攻我们;所以我对于这个问题,就主张战后来再说,不过,我们先表示没有占领安南的野心。

琉球、台湾、澎湖问题,当我没有去之前,即向美国说明,琉球原来是我们的,为太平洋重要的军事据点,要美国特别的注意。在开罗会议的时候,如果我们硬要,美国也不会同我们争;但是我们要来之后,第一,我们没有海军,就是战后二三十年之内,我们在海上都没有办法;第二,要引起英美的怀疑;所以我们对于收回琉球,不必过于坚决。不过因为琉球是太平洋的重要军事据点,我们不能不过问,无论如何,不能让日本占领。至于台湾、澎湖,与琉球的情形是不同,台湾、澎湖于一八九五年被日本占去,琉球是在一八九五年以前即被日本占去;所以我们对于琉球可以不收回,而台湾澎湖,是决定要收回的。

以上问题,经过讨论之后,决定发表宣言。本来在那一个星期五,将宣言签字后,星期六即可发表,我就对罗丘说:先给斯大林看一看,再来发表。以后他们送把(给)斯大林看,斯大林于一小时内,即回复赞成。这是很圆满的结果。

香港问题,当时本人没有提。但是罗斯福会经提过,愿意把香港成为自由港,将主权归还中国,因为现在还没有到时候,将来一定可以的。

关于经济、财政,罗斯福答应切实的帮助。至于具体的办法,要等他回去决定。

(录自国防最高委员会第一百二十六次常务会议纪录,民国三十二年十二月二十日)

(秦孝仪主编,张瑞成编辑:《光复台湾之筹划与受降接收》,台北:中国国民党中央委员会党史委员会1990年6月第1版,页36—38。)

17. 英美中三领袖公告,迫日本无条件投降(1945年7月28日)

[中央社讯]美英中三国政府领袖同意对日发表公告,促其立即无条件投降,公告原文如次:

一、余等美国总统、中国国民政府主席,及英国首相,代表余等亿万国民,业经会商并同意,对日本应予以一机会,以结束此次战争。

二、美国、英帝国及中国之庞大陆、海、空部队,业已增强多倍,其由西方调来之军队及空军,即将予日本以最后之打击,此项武力,受所有联合国之支持及鼓励,对日作战,不至其停止抵抗不止。

三、德国无效果及无意识抵抗全世界所有之自由人之力量,所得之结果,彰彰在前,可为日本人民之殷鉴,此种力量,当其对付抵抗之纳粹时,不得不将德国人民全体之土地、工业及其生活方式摧残殆尽,但现在集中对付日本之力量则较之更为庞大,不可衡量,吾等之军力,加以吾人之坚决意志为后盾,若予以全部实施,必将使日本军队完全毁灭,无可逃避,而日本之本土,亦终将全部摧毁。

四、现时业已到来,日本必须决定是否仍将继续受其一意孤行,计算错误,使日本帝国已陷于完全毁灭之境之军人统制,抑或走向理智之路。

五、以下为吾人之条件,吾人决不更改,亦无其他另一方式,犹豫迟延,更为吾人所不容许。

六、欺骗及错误领导日本人民,使其妄欲侵服世界者之威权及势力,必须永久铲除,盖吾人坚持,非负责之穷兵黩武主义驱出世界,则和平、安全及正义新秩序,势不可能。

七、新秩序成立时,及直至日本制造争战之力量业已毁灭,有确实可信之证据时。日本领土经盟国之指定必须占领,俾吾人在此陈述之基本目的,得以完成。

八、开罗宣言之条件,必将实施,而日本之主权必将限于本州岛、北海道、九州岛、四国,及吾人所决定其他小岛之内。

九、日本军队在完全解除武装以后,将被允许返其家乡,得有和平及生产、生活之机会。

十、吾人无意奴役日本民族,或消灭其国家,但对于战罪人犯,包括虐待吾人俘虏者在内,将处以法律之裁判,日本政府必须将阻止日本人民民主趋势之复兴及增强之所有障碍,予以消除,言论宗教及思想自由,以及对于基本人权之重视,必须成立。

十一、日本将被许维持其经济所必需及可以偿付货物赔款之工业,但可以使其重新武装作战之工业,不在其内,为此目的,可准其获得原料,以别于统制原料,日本最后参加国际贸易关系,当可准许。

十二、上述目的达到,仍依据日本人民自由表示之意志,成立一倾向和平及负责之政府后,同盟国占领军队当即撤退。

十三、吾人警告日本政府,立即宣布所有日本武装部队,无条件投降,并对此种行动有意实行,予以适当之各项保证,除此一途,日本即将迅速完全毁灭。

(录自民国三十四年七月二十八日《中央日报》。)

18. 蒋介石在主持中央常会、国防最高委员会联席会议讲词(节略)(1945年8月24日)

……我们国民革命之目的,有两方面:对外一方面在求国家的独立解放,对内一方面在求国内各民族的平等自由。五十年来,日本帝国主义对我国的侵略日深一日,迫不及待,因之,国民革命运动的重点,应先集中于团结国内各民族的力量,共御外侮以完成整个国家的解放和独立的一点上。而我们国民革命最重大的目标,和最迫切的工作乃有三点。第一,首先要恢复东三省的领土主权及其行政之完整,第二,要收复我们台湾和澎湖的失土,第三,就要恢复高丽的独立自由。因为高丽不能得到独立自由,台湾不能回到祖国怀抱,东三省的领土、主权与行政不能完整,则国家的独立自由就无从谈起,而抗战的目的亦无由达成,此为我国父创造革命的传统政策,亦为国民革命始终一贯奋斗的目标,就是此次对日抗战的最大关键,在此期间,我们惟有团结国内各民族,共同奋斗,以完成这三个重大任务,而后国家才可以说是独立,国内各民族的平等地位,才可以获得确实保证,而不落空谈。

现在日本帝国主义是战败投降了,台湾澎湖仍归还到了祖国的怀抱,东三省领土的恢复和主权行政的完整亦已获得了保证,而高丽不久亦必能得到解放与自由,我们国家的独立也树立了坚实的基础,于是我们民族主义对外一方面的目的,可说是已达到了完成的阶段,因此我们对内一方面的任务,就是求国内各民族平等自由的工作必须确定方针,积极进行,来实现我们国民革命整个的计划。……

(秦孝仪主编,张瑞成编辑:《抗战时期收复台湾之重要言论》,台北:中国国民党中央委员会党史委员会1990年6月第1版,页11–12。)

19. 中国战区中国陆军总司令部致冈村宁次中字第十二号备忘录(1945年8月26日)

一、本总司令部中字第一号备忘录第二项规定:台湾及越南北纬十六度以北地区内之日本陆海空军及其辅助部队,应由贵官负责指挥向本总司令投降。

二、刻本总司令又奉命接收澎湖列岛之日本陆海空军及其辅助部队之投降,此地区内之日军,亦应由贵官负责指挥向本总司令投降。

三、希贵官立即召集越南北纬十六度以北,及台湾、澎湖之日军最高指挥或其全权代表,暨驻在上述地区与驻在中国之海军最高指挥或其全权代表,于九月二日以前齐集南京,准备与贵官同时参加签字,并接收本总司令之命令。

中国战区中国陆军总司令、陆军一级上将何应钦

本备忘录交本部副参谋长冷欣中将带交冈村宁次将军。

（录自何应钦编：《中国战区中国陆军总司令部处理日本投降文件汇编》，台湾国防部印行，1960年3月再版，上卷，页45。）

（秦孝仪主编，张瑞成编辑：《光复台湾之筹划与受降接收》，台北：中国国民党中央委员会党史委员会1990年6月第1版，页183。）

20. 降书（中国战区日本投降书）（1945年10月）

一、日本帝国政府及日本帝国大本营，已向联合国最高统帅无条件投降。

二、联合国最高统帅第一号命令规定："在中华民国（东三省除外）台湾与越南北纬16°以北地区内之日本全部陆、海、空军与辅助部队，应向蒋委员长投降。"

三、吾等在上述区域内之全部日本陆、海、空军及辅助部队之将领，愿率领所属部队向蒋委员长无条件投降。

四、本官当立即命令所有上第二款所述区域内之全部日本陆、海、空军各级指挥官及其所属部队与所控制之部队，向蒋委员长特派受降代表中国战区中国陆军总司令何应钦上将及何应钦上将指定之各地区受降主官投降。

五、投降之全部日本陆、海、空军立即停止敌对行为，暂留原地待命，所有武器、弹药、装具、器材、补给品、情报、数据、地图、文献、档案，及其他一切资产等当暂时保管，所有航空器及飞行场一切设备，舰艇、旧舶、车辆、码头、工厂、仓库，及一切建筑物以及现在上第二款所述地区内日本陆、海、空军或其控制之部队，所有或所控制之军用或民用财产，亦均保持完整，全部待缴于蒋委员长及其代表何应钦上将所指定之部队长及政府机关代表接收。

六、上第二款所述区域内日本陆、海、空军所俘联合国战俘及拘留之人民立予释放，并保护送至指定地点。

七、自此以后，所有上第二款所述区域内之日本陆、海、空军，当即服从蒋委员长之节制，并接受蒋委员长及其代表何应钦上将所颁发之命令。

八、本官对本降书所列各款及蒋委员长与其代表何应钦上将，以后对投降日军所颁发之命令，当立即对各级军官及士兵转达遵照。上第二款所述地区之所有日本官佐士兵均须负有完全履行此类命令之责。

九、投降之日本陆、海、空军中任何人员,对于本降书所列各款及蒋委员长与其代表何应钦上将嗣后所授之命令,倘有未能履行或迟延情事,各级负责官长及违犯命令者愿受惩罚。

奉日本帝国政府及日本帝国大本营命,签字人中国派遣军总司令官陆军大将冈村宁次。

昭和二十年(公历1945年)9月9日午前9时0分,签字于中华民国南京。

代表中华民国、美利坚合众国、大不列颠联合王国、苏维埃社会主义共和国联邦,并为对日本作战之其他联合国之利益,接受本降书于中华民国三十四年(公历1945年)9月9日午前9时0分,在中华民国南京。

中国战区最高统帅特级上将蒋中正特派代表中国陆军总司令陆军一级上将何应钦。

(中国陆军总司令部编:《中国战区中国陆军总部处理日本投降文件汇编》,上卷,1945年版,页82—85。)

21. 大韩民国临时政府函请台湾省行政长官公署协助其宣抚团以利进行(1945年10月24日)

大韩民国临时政府内务部公函

内总发字第二八〇一号

大韩民国二十七年十月二十四日

径启者:查倭寇侵华后来居沦陷区之敝国侨民,良莠不齐情形复杂,自敌军投降收复各地以来,关于敝国侨民团体组织部队编建以及维持生活等事宜,致劳贵国各地方当局关注感歉交至,缘为宣抚旅华各地侨胞及调查状况整理组织起见,业由敝国临时政府特设宣抚团选派妥员分赴各地工作,并经函请贵国行政院军事委员会陆军总司令部及外交部即速转饬各地有关机关妥予协助外,兹特由本部函请贵公署于该团到达时即赐便利,并予协助以利工作之推行,至纫公谊。此致

台湾省行政长官公署。

部长 申翼熙

（薛月顺编：《台湾省政府档案史料汇编：台湾省行政长官公署时期（二）》，台北县新店市："国史馆"1998年第1版，页329。）

22. 台湾省行政长官公署令原总督府及其所属机关文件、财产及事业等统归该署接收（1945年10月29日）

民国三十四年十月二十九日　署接字第一号

台湾省行政长官公署训令

令　台湾地区日本官兵善后联络部长安藤利吉

　　台湾全省已于中华民国三十四年十月二十五日归入中国版图，除军事部分由台湾省警备总司令部负责接收，另令指示外，其原总督府及其所属各机关文件、财产、及事业等项，统归本公署接收。希贵官指定负责人员一人，克日前来本公署，听候葛秘书长敬恩指示办理，合行令仰遵照，并将指定人员，即行具报为要！此令。

行政长官　陈　仪

（台湾省行政长官公署公报）

（何凤娇编：《政府接收台湾史料汇编》（上），"国史馆"1990年版，页123-124。）

23. 台湾省行政长官公署令各处会局室办理接收并随时具报（1945年10月29日）

民国三十四年十月二十九日　署接字第二号

台湾省行政长官公署训令

令　本署各处会室局

　　原台湾总督府及其所属各机关文件、财产及事业等项，应自即日起，由本署分别接收，该应行接收部分，希随时秉承葛秘书长赶速准备，斟酌缓急，分别进行接收，并将办理情形，随时具报！此令。

行政长官　陈　仪

（台湾省行政长官公署公报）

（何凤娇编：《政府接收台湾史料汇编》（上），"国史馆"1990年版，页124。）

24. 台湾省行政长官公署公布台湾省州厅接管委员会组织通则（1945年11月7日）

民国三十四年十一月七日

台湾省州厅接管委员会组织通则

一、台湾省行政长官公署为处理本省各级地方行政工作，及继续行使政权与筹设县市政府组织台北州、新竹州、台中州、台南州、高雄州、台东厅、花莲港厅、澎湖厅八个接管委员会，受本署及台湾省接收委员会之指挥监督，办理接管工作。但台北市接管工作，由台北市政府直接办理。

二、州厅接管委员会职权如左：

甲　办理州厅以下各级机构之接管工作。

乙　指挥监督州厅以下各级行政机构继续办理日常应办事务。在本署宣布接收台湾以后，所处理事务，发现有违反中央或本署规定者，得以命令撤销，或修正之。并迅速呈报行政公署，及省接收委员会。

丙　筹备接收区内县市政府之成立。

丁　考察各级干部，选拔优秀人才，提供本署遴选任用。

戊　其他行政公署，及省接收会规定事项。

三、州厅接管委员会每会设主任委员一人，委员二人至六人，专员三人至五人，干事若干人。

四、主任委员、委员、及专员，由行政长官于左列人员中遴派之：

甲　学识优良，富有行政经验者。

乙　与接收有关各处会之高级职员。

丙　地方公正人士，具有硕望，深得人民信仰者。

五、干事由主任委员遴选，呈请行政长官核派之。

六、委员协助主任委员处理事务，专员及干事承主任委员之命，分别办理接收事务。

七、州厅接管委员会得照州厅原有组织，分科办事。

八、州厅接管委员会每星期开会一次，必要时得召开临时会，均由主任委员召集之，决议案并应呈报省接收委员会。

九、州厅接管委员会应依据本省规定之接管进度表,于三个月内完成之。如遇有特殊情形,未能依限完成时,应将必要延长期间,事前呈报省接收委员会转报核定。

十、州厅接管委员会对外行文,由主任委员署名行之。

十一、州厅接管委员会于接收工作完毕,县市政府成立时撤销。

十二、本通则自公布之日施行。(台湾省行政长官公署公报)

(何凤娇编:《政府接收台湾史料汇编》(上),"国史馆"1990年版,页124—126。)

25. 台湾省行政长官公署公布台湾省各级学校及教育机关接收处理暂行办法(1945年11月7日)

民国三十四年十一月七日　署教字第一一〇号

台湾省各级学校及教育机关接收处理暂行办法

一、公立国民学校、实业补习学校,由各州厅接管委员会或市政府直接接收。校长一律派由国人接充,暂就原校教职员中遴选学识能力较优或当地具有教员资格之台胞,委派代理校务,并取具学历证件,报候审核。

二、台北市区内之州立中等学校,由本署直接派员接收整理。各州厅立之中等学校,概由州厅接管委员会先行接收,暂就原校或邻校教职员中遴选学识能力较优之台胞,委派代理校务,并负责保管所有设备及财产,听候派员接办。

三、台北市区内之州立社会教育机关(包括神社及教育团体),由本署直接派员接收整理。各州厅公立社会教育机关(包括神社),由各州厅接管委员会或市政府分别接收,暂行派人维持业务,报候核定。

四、青年学校及青年练成所,一律停办,所有设备及财产,暂由州厅接管委员会或市政府派员保管,另定处理办法。

五、台北、高雄、基隆三市役所之教育课,由各该市政府分别接收。各州厅市郡教育课,系由本署教育处派员协助州厅接管委员会接收,另订调整办法。

六、上列接管之学校及教育机关,除国语、国文、公民、史地教育,应由国人充任外,得酌量暂时留用日籍教职员,以免业务停顿。

(台湾省行政长官公署公报)

(何凤娇编:《政府接收台湾史料汇编》(上),"国史馆"1990年版,页126–127。)

26. 台湾省中国人员搭乘美军飞机处理办法(1945年11月22日)

民国三十四年十一月二十二日

第一条　在台人员搭乘美机悉照本办法规定办理。

第二条　搭乘美机人员,事先均须呈奉长官核准。(省内各机场搭乘美机人员均同本办法)

第三条　凡党部中央径派驻台人员,及长官公署所属各单位,均应由各该主管填具规定之申请单三份,送秘书处呈长官核准。

第四条　凡警备总司令部,及所属陆海空部队,均应由各该主管填具规定之申请单三份,经副官处登记后,送长官公署秘书处是呈长官核准。

第五条　前条所称申请单,一式填写三份。经呈准后,一份由秘书处存查,一份由秘书处通知美军联络组办理机票手续,一份由秘书处送空军地区司令部办理人件过磅,核对搭机人员之飞机票及指定在机场登机事宜。

第六条　秘书处于收到美军联络组发出之飞机票后,即将原票送原申请之单位,转发本人。

第七条　本办法自核准之日起实行。

(薛月顺编:《台湾省政府档案史料汇编:台湾省行政长官公署时期(三)》,台北县新店市:"国史馆"1999年第1版,页243。)

27. 中美联合会议程序(译文)(1945年12月20日)

目　录

(一)工业复原问题:日本管理人员、技术人才以及职业人员之地位。

(二)强迫输送在台日侨回国之范围。

（三）台湾政府与日本居民之关系。

（四）征用、占用以及保藏财产之问题。

（五）民间敲诈以及其他不法之组织。

（六）米价高涨后影响生活费用高涨之问题。

（七）留在基隆琉球人民之生活困难情形。

一、工业复原案

一、为完成台湾省行政长官公署之复原计划，吾人应即采取若干紧急步骤，以奠工业复原之基础与阻止工业之续趋恶化，兹特胪举下列各问题，并建议应付之方案如左：

为取得善后与工业复原之联系，应计划如何控制电力、原料、新型设备、可以利用器材与工业制品之分配，并应对何厂应令其复工、何种工业应予放弃，作一坚强之决定，其理由如下：

（1）如此可使最必要之工业优先，在重点原则之下，获得机器原料及一切设备。

（2）必如此始可限制过量生产台湾省内不需物品，借以减少人力物力之浪费。

（3）如此始可增加必需工业之生产效率，并可避免因器材原料缺乏所生之停滞现象。

（4）如此可以防止因某一物品过量生产而影响其他更重要产品之生产，或某一工厂有大量原料之囤积，而另一工厂感受原料缺乏而致停工之不良现象。

（5）可使所有对台省经济毫无贡献之一切厂家早日停闭。

（6）如此始可订立方案专以处理废弃工厂中各种可用之器材原料。

（7）如此可使各种可能捞获利用之器材早日修复，以减少本省输入物资之吨数，此点甚为重要，盖航运之不便实有碍于器材之立即获得也。

（8）此一决定又可使目前复厂工作已陷停顿之工场明了其自身之地位，并有益于实时复工与产量之增加。

建议

一、设置一生产局，专司在工业之复兴与运营上必要之电力、原料、新设备,以及既制品之一切购买取得与分配诸事宜。

二、此生产局对某一工厂之复兴废弃或并合应有决定之权。

三、此生产局应由工矿、农林两处有资格之人员,及另行选派富有学验之专家组成之。

四、生产局所为之决定应为最后之决定,非经长官不得修改或变更。

五、生产局之下应设一委员会,以个别研究各工场,并对该工场之宜否复兴提供意见。

（一）委员会对工厂存废提供意见时应基于:(1)该工场与本省经济之关系;(2)工场所蒙受毁坏之程度;(3)如欲废弃某工场时,因该工场之废弃而匀出之器材在增加另一毁坏程度较小工场之生产量上有何利益。

（二）委员会应由工矿处之技师、工程师及其他有资格之专家组成之。

（三）委员会提供之意见须根据实地之考察研究。

（四）委员会之建议可呈由生产局转呈行政长官核准施行。

日籍工场经理及技术人员对于彼等现在及将来在台湾工业界之地位,及是否将被集体遣送归国等问题,颇示不安。间且有若干开工中之工厂,从未接获中国长官公署之指示,亦从未与政府之官吏接洽,另有若干工厂之复厂工作,则自日本投降以后,即已陷入停顿状态。

（一）此种现象已使复兴之正规进度无形弛缓;

（二）其结果造成原可避免之失业现象;

（三）吾人相信留用日籍技术及管理人员,于台省政府甚有裨益,盖此辈日籍专家具有经营各厂之丰富经验,且中国因本部各省现亦需才甚切,一时难有足够之华籍技术及管理人员可以替代之故。

建议

一、长官公署可即对台日人士宣布,对于日籍工厂厂主、经理及技术专家与其私人权益之政策。

二、为促使长官公署之复员计划之实现,应保留相当数目之日籍技术人员及经理。

三、在决定采用某一日籍技术人员或经理之前,应确切查明是否绝无政治色彩或不稳阴谋。

四、日籍人员之雇用应采自愿及试用制，并保证雇用之继续，其勤奋忠诚者，且应予以适当之奖励。

五、对受雇日籍人员之身体及权益之保护，应予以口头及事实上之保证。

战争期内日人总督府会制定强迫台籍华人服役之法令，使台胞从事于防守工事、公共工程及工厂之中，其工资由日本总督随意限定，此种工给制度固非台胞所喜，然在战时经济中世界各国均尚认为合法。

其未被强迫服役之工人，自能于自由市场中获得较高工资，相形之下遂使现时全岛各地均有旧时工人纷纷结合，向昔时雇主索取补发现款，其理由不外于战争期内，伊等被强迫于低减工资之下服役，此时应可要求现款奖金补偿过去不等待遇之损失。

日籍雇主之中有畏惧工人毁伤其身体者遂补发现款，结果益使工人提出更多要求，另有若干场合伤害昔日雇主，破坏及掠取工厂财产亦已数见不鲜，因有若干工人向昔日雇主要索现款竟获如愿以偿，遂使此风日涨已至严重阶段。

一、此种要索实为非法，且于法令治安之恢复工作上形成严重威胁。

二、复员之和平进程因此正受阻挠。

三、于中国政府正谋工业复员之际，使工厂财产蒙受更多毁坏。

四、暴力不安与毁坏财产之威胁，使许多工厂管理人员停止工作，并中止一切复员之计划。

五、此种举动更增失业，盖原可开工之工厂，亦因此而关门或中止其复员之计划。

六、此种行动已非崇对昔日日方之压迫者而实形成反对本省政府之行为，因其不仅妨碍复员计画，尤于建立全岛法律治安上，成为严重威胁。

建议

一、由长官通令禁止以个人或私自集合之人群，向现任或昔日雇主要求调整日本投降以前之工资。

二、令文中可以特予规定，举凡有关工给事项，概由长官指派之"调解局"

处理。

三、令文中须明文禁止对于雇主及工厂经理加以任何危害,及对于工厂财产有所毁坏或掠取。

四、命令地方警察及军事当局毫无例外执行命令所规定之条款,必要时并守卫工厂财产,以免被人毁坏与榨取。

五、一切违犯此项命令之人应予严厉处罚。

六、此项通令须于全岛各处广为散发,务使全岛民众皆能注意,并须于一切工厂区地张贴于明显处所。

二、甲、关于强迫输送在台日侨回国之范围①
乙、有关该问题之检讨

(一)日人在过去许多年中在台经营商业及各种职业,彼等在台可说对于工商各方面均有领导之力量,彼等乃受过训练之行政及技术人才,对于各种问题均有认识,并懂得如何用适当方法去解决这种问题,彼等包含□□民中唯一能享受高等教育者。

(二)撤退这批日侨,无论整个撤退或大体撤退,会立刻使台省感到失去经营各种工业及公用事业之人员,因彼等可确保台省各种事业继续维持不停也。

(三)在这批日侨中包括有许多人,因为彼等对于台省之价值可作台省新公民产生中之一部分力量,在这许多人中,亦可找到不少日侨,因为与台省深久之关系,而愿居留在台省者。

(四)台省行政部门在日人统治下全系日人职员,此种人员对于营治台省素有训练,对于行政上之各种问题以及主管各行政部门之方式,其他人民不得而知,是以此种人员因为彼等对于各行政问题之深切认识,对于本省重要人民之联系,以及本身对于政局之切身关系,于台省目下行政当局贡献必大。

(五)本省各职业之人事亦大部操于日人之手,因为教育限制之故,惟有日人,只能得到专门教育之机会如学法律、医学、牙医等。

(六)在日本部队里有一种人员,对于接收军队方面颇有价值,在这批人员中包括以前日本军官,可使其答复下列各种问题:1.盟方飞机失事之地点;

---

①原件如此。

2.军需物资被毁灭或藏匿之地点；3.关于保管及分类技术器材上之方式,如通讯、医药、军需以及海军军需物资等。

（七）在日侨中颇愿留在台湾而作台省之新公民,因为彼等深感彼等一生辛劳全在台湾,而彼等与日本业已失去联络,在彼等中有许多科学研究家、医生、教师以及实业家等,彼等对于台湾可能有很大贡献。

（八）另外,对于台省新政府颇有价值之一批日人,乃学校内之教师,在大部分台湾人民不能讲国语,以前日本方式之教程需维持一部分,这批教师因为讲日语同时熟悉教授方法,在此过渡时代可协助许多。

丙、关于解决上述问题之建议

（一）本联络组建议,凡以往经理重要工业商业以及他业务方面之日人,应仍留为经理性质或予以顾问性质地位,同时亦应予彼等一相当时期之职业保障及公益。

（二）凡在政府行政方面之各高级或重要人员,至少在短期内应留作各该部之顾问地位,彼等对于现政府公务人员工作上有不少协助之地方,直至各该部门接收人员对于业务完全熟悉为止。

（三）凡有关本省各种卫生事业上之日人（如医生、牙医以及公共卫生人员等）,以及凡对于本省公事业及工业上之日人,至少在初期不应输送回国,彼等之价值应保留使用,直至可接收彼等之人到台以后。

（四）日本部队中之人员藏有乙（六）项下之数据者,亦应保留直至不需要彼等数据供给时为止。

（五）对于日人愿居留本省及以后愿作公民者,亦应予以考虑：1.如品性及名誉良好者；2.如能自立及能作本省之良好居民者；3.在本省已住相当时期者。

（六）凡教课之日人亦应保留直至彼等用处告毕时为止。

三、澄清台湾政府与台湾日侨关系提案

目下与新政府发生关系之日本代表与联络人员仅由一群日本军部之参谋人员,及少数平民从旁协理,因此其所表现者端为松懈与非正式之方式以取维系,事实上,此种具有显著之军事性团体,早已自限其本身之作用,盖今日所发生之问题,属于民政者多,而属于军事者少,何况日本平民之能力尚未尽其用,目前此群参谋之地位与权限仍未澄清与阐明,殊为一更大之缺点,在正式被承认负责代表日侨之机构缺如之时,势必引起一般日侨中之活动分子从事秘密与地下之组织,为此应从速计划成立一较目前更有效之机构,为政府向日人传达命令及政策等事宜,是项机构即可赋以负责维持全岛日侨之秩序,以及使之遵守政府命令之职务,日人在遵从新政府之下,当获得对其生命财产之充分保障。

建议

一、成立一日侨委员会主理上述事项。

二、该委员会委员由行政长官咨询各处会长官美军联络处及当地有名望之日侨领袖后挑选之。

三、挑选此项委员应以聘请方式委任之,并以志愿为原则。

四、该委员会当正式承认为代表日侨之机构,并视为足以负责日侨之行为,以及服从一切命令指示,接受一切情报与训令及其他一般事宜。

五、该委员会之成立,应由官方正式公布,并向人民解释政府在过渡时期继续任用以前之某类日本高级官员、行政、工业管理及技术人员,与单对日本人民之生命财产给予充分保护之理由。

六、此项公告应以报纸、杂志、通告及广播方式尽量广为告示。

七、此项公告应同时转饬各警察宪兵对日侨加以充分保护,并逮捕惩罚一切侵犯者。

八、该委员会职员应由政府给予相当费用作为报酬。

九、该委会应给予充分经费、办公地点及其他公务推行上应有之设备。

十、该委员会赋有如下任务:

(一)向全台日侨传达政府一切命令训示,并作一切必要之解释。

(二)调查影响日侨事件,并报告之。

(三)强迫所有日侨遵守政府法律命令并得用与该法律不相违背范围内之方法推行之。

(四)代表日侨人民与团体呈请当局及各地方政府注意之诉愿。

四、关于征用没收及监管之案

案由

除接收委员会外尚有若干机关或个人会经征用财产,此项被征物中有为私有财产及私人银行存款者。

建议

一、为军事占领所必需之财产,得予截留或征用,惟应在本省行政长官核准后,以长官之名义为之。

二、截留或征用之权,应仅交付一个机关或委员会,以专责成,此机关须有一征用或没收之施行准则,并有处分此等征用或没收财产之会计制度。

三、任何政府机关如欲征用财产,必须向此有权机关申请。

四、其他各机关对于财产征用之申请,必须经由上述委员会严加审核,以决定其是否必需。

五、征用财产时应用书面填写规定表格,而对于被征用财产之原主应掣给收据。

六、对于财产之租赁或收买时,应规定合理之价格。

七、凡未向授权征用之机关履行申请手续擅行征用或没收财物者均应视为非法行为。

五、关于敲诈勒索及青年扰乱秩序案

案由

一、近有民间组织筹备舞狮舞龙,据报有人在舞狮名义下向人勒捐,自百元至千元不等之情事。

二、据报中学生与中学生间及大学校学生之间,常有互殴事件发生。

三、据报会有数人为宪兵拘捕而终以付款获释,被捕人对于其本人犯罪之性质及被罚锾之原因迄未明了。

建议

一、应即令饬此等舞狮舞龙之民间组织停止此项活动。

二、为避免学生相互间之冲突起见,在学生赴校或退校之时间中特别注意市街之纠察。

三、拘捕行为仅在具有正当而充分之理由时始能为之,罚款时应予被罚者以解释或陈述,使其一明了所犯究为法律之何条,尤须掣给收据注明罚款之数目,并由接收罚款之宪警官佐签名盖章。

六、米价高涨刺激其他物价致使生活程度剧降

(一)战时政府日配给食米每人每月十三斤,此自不足供消费,为补此不足,乃造成"黑市米"之原因,停战后米粮不再屯为军用及运回日本,价格遂落,直至物价无法统制而又激涨,且米粮配给,自十月停顿后,黑市即形活跃,农民直接以米售与从事黑市买卖者。

(二)左列台北市米价指数显示生活费用之剧涨情形:

台北黑市米每斤价格(一九四五年一月至十二月)

月份	价格(台币)	月份	价格(台币)
一月	二.七元	七月	七.〇元
二月	四.三元	八月	六.〇元
三月	六.〇元	九月	一.二元
四月	八.七元	十月	二.三元
五月	十.三元	十一月	三.〇元
六月	十.三元	十二月六日	五.五元

台北市五口之家每日平均米价

月份	价格(台币)	月份	价格(台币)
一月	七.四二元	七月	三〇.三四元
二月	一九.五四元	八月	二六.三四元
三月	二六.三四元	九月	七.一四元
四月	三七.一四元	十月	三九.一〇元
五月	四三.五四元	十一月	五一.〇〇元
六月	四三.五四元		

建议

(一)由行政长官指定组织一物价统制委员会研讨并评定物价,制定一配给制度,以分配食米及其他颁行统制之必需品。

(二)该委员会之决议即为最后决定,但行政长官有否决之权。

(三)该委员会所定之物价统制及配给制度须广为宣传公布。

(四)使警务人员负责物价统制及配给制之实行。

(五)任何违犯须加严厉惩处。

七、琉球人民在基隆生活困难情形

最近获悉有琉球冲绳岛人在基隆生活极其穷困,战前及战争期间被日政府自琉球移运来台作军事工作之人员及眷属约有四万余人,其中约一万二千人尚在台湾,在战事初停即有一部分琉球人乘渔舟由基隆漂海回籍,但因有令禁止行驶,除其中约二千人已离台外,现尚有一千五百至二千人(大部为妇孺)残留,生活艰苦,患病者一百三十五人,以疟疾最为流行。

建议

(一)应速行积极设法,使琉球居民得以自行航驶回籍,否则其健康及生活问题将愈趋严重,故必须清查在台湾各港之琉球人船只,及其现状与容量,并由合法机关予以解封,准其驶行。

(二)行政长官公署应速负责救济贫病所需药物,可由深悉此问题之基隆市政府分配之(琉球人固非中华国民,故恐未能在中国救济总署获得援助)。

(薛月顺编:《台湾省政府档案史料汇编:台湾省行政长官公署时期(二)》,台北县新店市:"国史馆"1998年第1版,页311—324。)

28. 中美参谋联合会议纪录(1946年1月8日)

民国三十五年一月八日

台湾省警备总司令部第二十一次中美参谋联合会议纪录

日期:三十五年一月八日上午十时

地点:总司令部

出席人员:

总部:范副参谋长诵尧、苏处长绍文、林处长秀乐、王处长清宇、熊处长克禧、王处长成章、张参谋崧生、张参议筦胜、洪课长福增、傅参议从德、朱课长嘉宾、李课长中基、李副官经熹、罗课长远芳。

美军联络组：柏克上校 Col. Pegg、韩特中校 Lt. Col. Hatl、凯福中校 Lt. Col. Cawe、开源中校 Lt. Col. Kenyon、林翻译官和概。

记录：张参谋元镇

讨论事项：主席报告：本日为第二十一次中美参谋会谈，前两星期因圣诞节及新年等停止，本日议案甚多，希各处室作简单之报告。

副参谋长：在台之韩籍官兵一三一四名、韩侨一七〇〇名，遣运回国事可否提前运送。

柏克上校：顾德理上校在沪时，已商及此事，须待日军运送回后，再行办理。

副参谋长：基隆检查站已派官长十员、宪兵一连（约百余人）分成十组，若以每日输送五千人计算，则每组每日担任检查五〇〇名，目前必可胜任，将来俟正式开始时，人数将再增加。

柏克上校：甚善。

副参谋长：粮食问题除船上外，每人携带五天份粮。

柏克上校：可携带三天至五天之粮食。

副参谋长：拟每船有医务所一组，随船行动，请问美方有多少船只，以便计划分成若干组，命令日方组织实行之。

柏克上校：船只数目每天增加，无从获悉，医务所之组织已由美方与金宝善先生等拟计划，请由贵部令知日方即可，并请通知金宝善先生速办。

副参谋长：昨日到达基隆之部队，军毯缺少，据日俘云因其闻可在基隆领取，故多数已出卖，除饬日方不得再行出卖外，应如何处置？

柏克上校：若系自卖，则无法补发。

副参谋长：正式运输开始时间，是否为二月一日，如是二月一日实施，则运输计划不变更，运输时间拟变更，铁道运输时间拟向后顺延，因基隆、高雄均不能集中许多人数，高雄已集中一六六〇〇名。

凯福中校：昨天已通知王处长，因每天增加人数难统计，基隆港口集中人数，应保持一五〇〇〇名，高雄方面须待运去后，再行补充。

洪课长：（一）据安藤呈报侦查第五十师团联络支部门根少佐、及押川贞之军曹凌虐俘虏一案,其内容:(1)门根彪在花莲港俘虏收容所任卫兵长,曾令卫兵严管俘虏;(2)押川贞之在该所任卫兵,向高级俘虏"将官级及总督级"因不事清扫,而集团闲谈,向该俘虏等各批颊二、三次。除饬仍将案情详细查报外,于十二月二十七日抄录原报告,通知美军联络组矣。

(二)战犯处置及审判办法除国际性之战犯,已申请麦帅可否在日本本土逮捕外,其他战犯之逮捕,则照战犯处置办法办理。

(三)本部为整饬军风纪起见,拟定军风纪督察审判团,预定本月中旬或月底出发,该团对本部所属各单位官兵及日军官兵违法案件,均有督察审判之权。

柏克上校:对于国际性之战犯,美国国际战犯审判组,将由沪来台,俟到达后,再行办理。

副参谋长:美方最近给我方之情报资料甚佳,至表感谢,本部随收随查。在未调查完毕前,希美方勿受日人之片面宣传,因日人惯于挑拨离间。

柏克上校:日方之所说,若无事实证明,美方绝不相信。

副参谋长:美方最近一切处置,均着重于感情,请今后着重事实。

例如

运输计划之商请本部已集中不少人数,足够运输,但船期未定,故有很多应变更。至于命令之起草,以后必先商同美方,再行下达。

柏克上校:我们最重要之工作,在即运日军返国。

王处长:我们运输计划不变更,但须顾虑事实,如第八飞行师团,不能如期接收完毕,且空军单位过多,故有所变动。

柏克上校:若不依表实施,则命令虽经美方之同意亦无用。对于第八飞行师团之运输,另行讨论。定明(九)日下午一时三十分继续开会。

张参谋:中国空军接收日军所下之命令,与日方所报者完全不同。兹特将原令令日军少佐交还,并签字封固,送美方查考。

柏克上校:查后再办。

开源中校:在两星期前,柏克上校与柯参谋长会商交还一万余床军毯事,如何处置。

熊处长:一部已分发国军,正收接中。

范参谋长:为节省时间及增加工作效率起见,以后美军联络组关于军事公文,请径送本部,关于政治方面公文,径送长官公署,俾能迅速处理。

柏克上校:照上意办理。

(台湾省政府档案)

(何凤娇编:《政府接收台湾史料汇编》(上),
"国史馆"1990年版,页452–456。)

29. 台湾省行政长官公署电报行政院已饬属协助美国在台设立领事馆(1946年1月8日)

台湾省行政长官公署

署秘字第五六号

民国三十五年一月八日

　　重庆行政院院长宋钧鉴外交部王部长雪艇兄:密。顷据美国驻沪总领事 Leo Dallas Sturgeon 来署面称,奉令台北设立领事长馆等语,已饬属协助妥觅馆址,惟事关涉外,除电外交部呈行政院外,谨特电请鉴核察照电示。职弟陈〇(佳)祕一。

(薛月顺编:《台湾省政府档案史料汇编:台湾省行政长官公署时期(二)》,
台北县新店市:"国史馆"1998年第1版,页324。)

30. 神户中华民国台湾省民会函请陈仪派代表驻日护侨(1946年2月18日)

中华民国台湾省民会会长陈义方　函

民国三十五年二月十八日

　　台湾省政府省长陈仪阁下:恳请省政府派遣代表事。

　　曩者屡蒙电训感激良深,嗣因电报再被禁止,又为音信隔绝未获再仰训示,又深抱歉,这回在神侨民适有第一次归台之便,即以张有忠及蔡德馨两人为本会代表归台趋谒受导,俾得以后联络一切,如台民归国计划,其有多大难关,而此次归国之人尚属稀少者,无非为神户原系日本贸易之中心地点,而吾台侨民数十年来其营商贸易者十居其九,至今日之基础及财产殊非一朝一夕能以收拾,或以放置而归者也,如现在美国军政对日本管理之方策,仅以日本全国之施政改革,若吾等省民之利害关系尚缺关心,虽难与种种交涉,然为祖国政府代表未临,如现在莅任之王少将阁下乃属军事关系,对于侨胞问题似难处理,客月二十七日王之少将和极东委员本国代表杨云竹、恽震三位阁下惠临本会,虽荷种种下问,及由鄙人陈情已达清听,因其时间促迫,竟不能达到本会省民之所冀望,曷胜遗憾矣,因念祖国现势或难早急派委来临,敢请本省诸贤速为选派政治代表来日本,庶几得以临时方便处理,犹如滞日华侨中吾台省民实居过半,如今后有应交涉事宜,恐难完善,故敢冒渎陈情之也,伏乞鉴察是所切祷。谨将刻下最关重要之各问题顺列于下以供参考:

一、特殊预金要求解除之件。

二、归国者之财产物资带回之件。

三、财产税及战时利得税征收免除之件。

四、吾等侨胞之生命财产保障之件。

五、中华国民应与联合国国民同一优待之件。

六、经济活动得以自由开放。

七、恶汉强制送还之件。

以上其他事情张、蔡两人能将细详禀上清听幸祈早计是仰。谨此。上申。并候大安。

民国三十五年二月十八日

(薛月顺编:《台湾省政府档案史料汇编:台湾省行政长官公署时期(二)》,台北县新店市:"国史馆"1998年第1版,页329—331。)

31. 台湾省行政长官公署电请外交部核示美国在台设领事馆经费问题(1946年3月28日)

台湾省行政长官公署　电

(35)署秘字第二四三号

民国三十五年三月二十八日

　　重庆外交部王部长雪艇兄勋鉴：密。礼梗电敬悉。步雷克来台任领事，既经贵部同意，本公署自当赞同，兹据驻台美国新闻处代表安立德非正式委托，已代觅妥馆址，装修费约台币肆拾万元，如美方不能支付，可由我方负担，惟应否由该馆正式请求，以便兴工，如何？乞电示。弟陈。寅（陷）署秘。

（薛月顺编：《台湾省政府档案史料汇编：台湾省行政长官公署时期（二）》，台北县新店市："国史馆"1998年第1版，页324。）

32. 行政院训令台湾省行政长官公署不必再请各国领事馆保证其侨民私人在华行为（1946年5月10日）

行政院　训令

节京陆字第二三一号

民国三十五年五月十日

　　据内政部呈请通饬对于外国各领事馆除可请其证明侨民之身份外，不必再行请求对其侨民私人在华行为负责保证等情，应准照办，除分令并指复外，合行抄发原呈，令仰遵照并转饬遵照。

　　此令。

　　计抄发原呈一件

院长　宋子文

附件：抄原呈

　　案准外交部三十五年二月二十七日礼三五字第○三○○八号咨内开，案据本年二月十四日本部驻沪办事处沪贰三五（二一二）号代电称：查外侨出境办法业由内政部于三十四年四月五日奉行政院令公布施行，该办法之主要目的在检查出境外侨有无妨害我国家或社会之行为，依照该办法第三条条文之规定，似应由警察机关自行查明或向法院查明，申请签证者有无尚未了结民刑案件，始得给予签证。月来本市警察局于办理外侨出境签证时，因无从查考各该外侨之过去行为，乃转请各该外国驻沪总领事馆出具证书，证明其出境侨民确无未了之民刑案件，此种办法实行后，外国领事馆以无从调查其侨民之私人行为，且以责成行政机关负责保证私人行为之善恶，在法理事实均有未当，对是项规定深表不满，纷纷来处质询，且有提出日后我国人民出境亦须由中国行政机关作同样保证之要求以示抗议者，昨日起美国总领事馆且已派人向警察局口头声明，如不撤销此项办法，则对于吾出国人民之未持有我政府发给之行为保证书者，美方将通知美商轮船不撤销此项办法，则对于吾出国人民之未持有我政府发给之行为保证书者，美方将通知美商轮船公司拒绝售给船票，本处以一国行政机关对其人民除证明其身份外，不能负责私人行为或其对于司法上之责任，若坚求各领馆强作是项保证，不仅给各领馆一极烦厌之难题，且有默认各领馆对其侨民有司法管辖权及警察权之嫌，否则领馆焉能侦知其侨民中某某有妨害治安之嫌疑、某某尚有民刑未了之案，本处除已商请本市警察局对此项于法似属无据之手续重加考虑，并于可能范围内即予取销外，诚恐其他各地办理外侨出境签证时亦难免发生同样错误，拟请钧部转咨内政部报请钧院通令各省市政府，日后对外国各领事馆除可请其证明侨民之身份外，不必再行请求对其侨民私人在华行为负责保证，是否有当？敬乞鉴核等情。据此相应咨请查照报请钧院通令各省市政府遵照办理等由。查该部意见与本部相同，拟请钧院通令各省市政府遵照办理，是否有当？理合呈请鉴指示，谨呈。

（薛月顺编：《台湾省政府档案史料汇编：台湾省行政长官公署时期（二）》，台北县新店市："国史馆"1998年第1版，页346–348。）

33. 台湾省行政长官公署训令各县市政府不必再请各国领事馆保证其侨民私人在华行为（1946年5月23日）

台湾省行政长官公署　训令
辰梗(35)署民字第五四六五号
民国三十五年五月二十三日

案奉行政院三十五年五月七日节京陆字第二三一号训令略以：关于各国领事馆除可请其证明侨民身份外，不必再请其对侨民私人在华行为负责保证等因。附抄发内政部原呈一件，奉此合行抄发原呈，令仰遵照并转饬遵照为要。此令。

　　计抄发原呈一件

行政长官　陈○

（薛月顺编：《台湾省政府档案史料汇编：台湾省行政长官公署时期（二）》，台北县新店市："国史馆"1998年第1版，页348。）

34. 国防部电告台湾省行政长官公署韩国驻华代表团特派各地办事处及分事务所主持人员名单（1946年8月6日）

国防部　快邮代电

令二宫字第一〇一〇号

民国三十五年八月六日

　　台湾省行政长官公署陈长官：准驻华韩国临时政府代表团濮团长京驻发字第四〇号公函略开"韩侨宣抚团现已撤销，为协助处理少数居留贵国境内之韩侨侨务起见，已由本团在北平上海设立办事处，并于天津青岛分设事务所，分别派员前往筹备，兹检送各该办事处及事务所主持人员名单一份，希予备案并予协助为荷"等由。除分行外，特随电抄发原名单一份，希查照办理并予协助为荷。京陈诚（卅五）。未虞机军处三。印。附名单一份。

附件：韩国驻华代表团特派各地办事处及分事务所主持人员名单

名称	主持人姓名	职务	驻在地	备注
特派驻华北办事处	李光	处长	北平	
特派驻华北办事处天津分事务所			天津	业令华北办事处报请委派
特派驻华北办事处青岛分事务所	赵敬渊		青岛	
特派驻沪办事处	闵石麟	处长	上海	

（薛月顺编：《台湾省政府档案史料汇编：台湾省行政长官公署时期（二）》，台北县新店市："国史馆"1998年第1版，页328。）

35. 台湾省行政长官公署抄发台北市政府英国在台设领有关电文六通(1946年12月28日)

台湾省行政长官公署　代电

致亥陷署民(二)字第五九〇五号

民国三十五年十二月二十八日

　　台北市政府:兹抄发美国拟设驻台领事馆有关电文六通,希查照。民政处。亥( )民二。附抄电文六通清单一份。

　　抄发电文清单

　　(一)外交部　礼具电壹通

　　(二)长官公署　亥寒署秘电壹通

　　(三)外交部　礼号电壹通

　　(四)长官公署　亥个署民二电壹通

　　(五)外交部　礼哿敬电壹通

　　(六)长官公署　亥( )署民二电壹通(十二月二十八日付译)

附件(一)

　　陈长官公侠勋鉴:密。英国拟设驻淡水馆可否照准。弟王世杰。礼真。印。

附件(二)

　　南京外交部王部长雪艇兄勋鉴:密。礼真电敬悉。似可照准,地点以在台北为妥。弟陈〇〇。亥寒署秘。印。

附件(三)

　　台北陈长官公洽兄勋鉴:六三八六密。英舰CONTEST载英领事等驶往基隆,经国防部核准定于二十一日十六时抵基隆,英领事由基隆至淡水视察馆址,途中请予照料为荷。弟王世杰。礼号。印。

附件(四)

　　南京外交部王部长勋鉴:礼号电敬悉。密。英领事于马日(编者按:二十一日)十六时抵基,明日来台北,已派员照料。弟陈〇。亥(个)署民二。

附件(五)

陈长官公洽兄勋鉴:六三八六密。加码亥寒电奉悉。关于英国拟重开淡水领馆事:(1)本部并未明文,已通知英方仍以台北为妥,此间英馆已电英外交部请求。(2)据英馆参事面称:淡水英领馆已设有□并闻目前丁果君及妻儿(MROTIN GILE)拟先赴淡水视察旧馆馆址情况,至将来是否决定移馆于台北一节,当俟英外交部考虑决定。(3)查淡水为封闭港口,故英方拟以军舰(CONTEST)号载丁果君赴淡水之计划,我未同意,但建议该舰可驶基隆登陆,惟由基至淡系用何种交通工具,尚乞一并电复为感。弟王世杰。礼哿敬重发。印。

附件(六)

南京外交部王部长勋鉴:礼哿电敬悉。密:基隆淡水间陆路交通畅达,汽车、火车均便。谨覆。弟陈〇。亥( )署民二

(薛月顺编:《台湾省政府档案史料汇编:台湾省行政长官公署时期(二)》,台北县新店市:"国史馆"1998年第1版,页325—327。)

36. 外交部电告台湾省行政长官公署驻日代表团交涉涩谷事件情形(1946年12月30日)

外交部 代电

京东(35)字第一四八五号

民国三十五年十二月三十日

台湾行政长官公署勋鉴:关于涩谷事件中之被押台侨,前由中美军事混合法庭审讯,已于十二月十日判决,顷据我驻日代表团来电报告该案最近交涉情形,相应抄附原电电请查照为荷。外交部。

附件如文

附件:照抄原电

南京外交部部、次长钧鉴:十日午吴组长文藻等前往旁听涩谷事件判决情形,故当日下午偕之同访艾其丝,首由职催询检举日警事,彼答云不久谅可检举,惟声明开审当与台侨审判分别办理,由美新设军事法庭审理,旋由吴组

长陈述上午旁听之印象,根据中国法官所提出之异议,指摘美方处理之不当及判决之欠公允,艾氏答以本人未闻悉判决内容,且吾辈不应批判法庭,重申行政机关不能干涉法槽之原则,并谓被告虽不能上诉,该判决将由第八军军长复核,中国法官之异议当亦可附送,职继称我方并无干涉法槽之意,但认为审判欠公允,本国政府或要求再审,祈转请麦将军注意,彼初谓所指审判不公,殊有干涉司法之嫌,而军事法庭无再审规定,殊难办到,从中允为转达,但称被告多属暴徒,不得不依法惩处,职等称台侨不良分子代表团亦已随时取缔,惟合法侨益不得不加以保护,次由吴组长说明本国舆论之激昂,深恐此次判决将引起严重反响,艾氏谓:"美援华毫无疑义,吾人对蒋主席尤表尊敬,乃中国官方机关报不仅曾对于此案妄加攻击,近且对总部、对日一般政策肆加批评,令人怀疑或系受中国当局我代表团之指使,乞转请中国政府注意。"职等答以:"中国报纸对涩谷事件之非难,除动于公愤,绝非官方授意,机关报对总部之指摘尚未见过,盖吾人亦甚钦佩麦将军也。"以上系此次会谈要旨,拟请将本案实情及本团遵令严回总部交涉经过酌量非正式发表,并电告台湾长官公署俾明真相。职沈观鼎暂代。祕。

（薛月顺编:《台湾省政府档案史料汇编:台湾省行政长官公署时期(二)》,台北县新店市:"国史馆"1998年第1版,页331-332。）

37. 外交部电知台湾省行政长官公署涩谷事件发展经过及该部处理详情（1947年1月7日）

外交部　代电

东(36)字第一七九号

民国三十六年一月七日

　　台湾行政长官公署勋鉴:查东京涩谷事件于七月十九日发生后,美检察官以台侨经营黑市,携带武器,扰乱治安,妨碍占领军等罪名提起公诉,本部乃训令驻日代表团除要求与盟军总部合组混合法庭,指派裘劭恒为法官参加公审外,并促总部立即检审肇事日警,乃总部对于检举日警事进行迟滞,本部又训令代表团要求混合法庭对我台侨延缓宣判,以促其对于日警之检举。初不料法庭于十二月十日即宣布对我台侨之判决,其判决不公之处,除已由我裘法官当场表示异议,嗣由沈代理团长觐鼎亲向麦帅政治顾问并总部外交组组长艾其森口头表示外,并通知总部外交组郑重声明两点:一、请注意中国法官之异议,希予慎重考虑。二、审判台侨如此结局并不减少日警开枪杀人之责任,请总部尽速检举日警,同时促美占领军第八军,对判罪台侨予以公正之复核,期得免刑或减刑。近据代表团电称:横滨军事法庭业已于十二月二十七日以"违背占领军目标"罪名,向涩谷警察局正、副局长及该局华侨督察官提起公诉,二十八日开庭审讯,故该案不久当可获得合理解决。相应将本案发展经过及本部处理详情电请查照为荷。外交部。

(薛月顺编:《台湾省政府档案史料汇编:台湾省行政长官公署时期(二)》,台北县新店市:"国史馆"1998年第1版,页333-334。)

38. 台南市民电请台湾省行政长官公署向盟军抗议涩谷事件以雪台胞不白之冤(1947年1月8日)

台南市人民自由保障委员会　代电

南自字第一号

民国三十六年一月八日

　　台湾省行政长官陈钧鉴:窃涩谷事件台胞遭受日警凌辱死伤多人,举国同胞莫不共愤,而盟军军事法庭不辨是非,竟科我同胞以罪,是可忍也孰不可忍也。盖日人自投降以来遂百方献媚盟军进驻以取其欢心,因此日人倚盟军之势竟敢仇视我台胞致惹牺牲不祥事件,日乃战败之国,开枪杀戮台胞而任其逍遥法外,使受冤之战胜国民反坐以罪,诚全国民之奇耻大辱,本会同人皆痛心疾首,敬恳钧座念留日台胞陷于水火,转请驻日代表团对盟军当局抗议,以雪台胞不白之冤,临电不胜仰祷。谨电。台南市人民自由保障委员会主席汤德章。雨子(齐)。叩。

(薛月顺编:《台湾省政府档案史料汇编:台湾省行政长官公署时期(二)》,台北县新店市:"国史馆"1998年第1版,页334。)

39. 外交部电送台湾省行政长官公署东京涩谷事件资料（1947年1月27日）

外交部　代电

东(36)字一四四五号

民国三十六年一月二十七日

台湾省行政长官公署勋鉴：准国防部抄送东京涩谷车站事件资料一份，相应随电抄附即请查照为荷。外交部。附抄东京涩谷事件资料一份。

附件：东京涩谷车站事件经过概要

一、事变起因：涩谷车站附近台人摊贩被日人驱逐，致激起台人公愤企图报复等，欲攻击涩谷车站警察所。

二、发生日期：本（一九四六）年七月十九日黄昏，涩谷车站附近部分台湾人掀起暴动，其中四十一名被捕，现以侵占罪受美军审讯。

三、事变经过：

1. 十九日晚九时涩谷警察所附近派警察三百九十名戒严封锁道路，检查车辆，并易宪兵巡查队，同时美骑八团之装甲车亦开往镇压。

2. 十九日晚九时许有汽车一队载武装台人行至第一封锁时，日警即令停车检查，但该汽车领队即下车质询警察检查之理由，并要求进见涩谷警察局长，此时车上台人开始咆哮鸣枪，及该警察所长到场，汽车领队者即质："找我麻烦是何用意？"当答："无找麻烦，意让你前进且可保护你等。"因即有警士一批参入领队车内行进。

3. 该车甫开，即有一车鸣枪一响，其他车辆亦继续鸣开，警察随之远击，情势混乱，致击毙警士一名、伤数名，司机毙一名，计当场捕获四十一名，余约一百六十名乘间逃走。

四、审判经过：

1. 被捕台人四十一名，现在东京首都警察厅以携带危险武器、扰乱秩序、鸣枪，构成"不合法占据地方及侵害行为"等犯罪审讯。

2. 开庭侦讯时有数亲睹冲突情形者出庭作证（内有涩谷车站警察局督察之助手）证明被控者参加暴动。

3. 法庭系由美第八军军长指派美嘉禾尔上校、易柏逊中校及中国官员徐亨利(译音)等三人组成。

4. 起诉者为盟军统帅部法律科科长加板特氏及推事员易洛德哈根、施柯特等三人。

5. 刻仍被押候续开审,倘易洛德等能于法庭举出被告者之罪状证件属实,则该台人等可能被逐出境。

(薛月顺编:《台湾省政府档案史料汇编:台湾省行政长官公署时期(二)》,台北县新店市:"国史馆"1998年第1版,页334—336。)

二、治台意见及准备接收

1. 内政部关于议复谢南光建议筹设台湾省与行政院来往文件（1943年12月29日—1944年2月3日）

1. 民8016号呈行政院

呈为议后谢南光建议筹设台湾省一案,意见请核示由

呈

案准

钧院秘书处三十二年十二月二十九日爱（一）字第六四七六一号通知单,关于谢南光呈请筹设台湾省政府一案奉,谕交内政、外交两部核议具复,抄送原件,通知到部。查台湾岛位于福建之东,中隔台湾海峡,人口六百余万。面积一千四万四千余方里,约与广东海南岛面积相称。外人称为中国之双目,明末确隶属我国藩土,但实际统治力殊为薄弱,以致明末一度为荷兰窃据三十余年。迨郑成功率部渡海,驱逐荷兰势力,重入我国版图。嗣历前清康乾盛世锐意经营,中叶以降,国势日衰,外患频仍。中英鸦片之役,英法联军之役,中法安南之役,台湾澎湖均遭英法炮舰轰击,并加封锁。论其人口面积在当时均不是建省条件,但以形势重要,处国防前卫,请政府为加强管制巩固国防起见,及于中法之役后,特设置行省,以资捍卫治理。迄至中日甲午之役,马关条约签订,使台湾割让,遂沦敌手。此次开罗会议三国宣言明示台湾澎湖等岛归还我国。现积利在望,□□可致,未雨绸缪,宜先筹划其形势地位尤过曩日。以今衡昔,自宣恢复省制,仍以台湾为名,一切应行准备事宜拟请钧

院先与中央设计局详加研究,妥为计划,以免临时□□,(中间数行用笔画掉)似毋庸先行成立筹备。至该谢南光原呈意见,拟请在福建省训练团训练台湾地方干部人员,及在中央训练团训练台湾高级干部人员一节,当属切要,并请钧院分别函请办理,俾使储材备用。其他各项拟俟台湾省政府成立后移交参政,奉交前因所议是否有当,理合备文呈请,举核示遵谨呈

行政院

2. 渝民二,十二,卅一,8943号

行政院秘书处通知单:为谢南光呈请筹设台湾省政府一案通知查照由,附全件

行政院交办交议案件通知单

事由:谢南光呈请筹设台湾省政府案

抄送原呈两件及附件

右案奉院长谕:"交内政外交两部核议具复"除分行外相应通知内政部。

行政部行政院秘书长

中华民国卅二年十二月廿九日发,字第六四七六一号

抄台湾革命同盟会原呈

窃自祖国抗战军与台湾革命日趋强烈,其中心思想,无非为求归宗祖国,恢复自由,此为世人所公认。至于台湾得失之重要亦久为钧座所关望,同仁等每于恭读临全代表大会以及《中国之命运》所指示各点,无不感奋备至,誓复国土。惟革命之事业,至为艰巨而领导之机关尤须显明,始克号令台胞激励同志。致台湾省政府之设立,实为时势之需求,本会有鉴于此,是以一再吁愿设立台湾省政府,其主要意见有四:(一)可表示祖国收复台湾之决心;(二)可振奋台人内向之精神;(三)可以准备战后复员工作;(四)可正视列强之观感,并借外交上既成事实之论据。此外如研究台湾行政教育之实施,与夫决定台湾各种建设之方案等当事,在需此政府之设立,无如中枢轨。以时机未至搁置不议,以致英美有共管之谬论,台民无通从之准绳,本会工作亦受莫大之打击。现战争已入决定阶段,倭寇之败亡,已无庸议之。盟国空军已向台湾开始袭击,暴寇惶惶不安,台人反日尤烈,若于此时毅然设立台湾省政府,

实属适时通功之良图,当兹本会各方代表集陪都刷新工作团结一致之时,理合再申前请伏恳早日成立台湾省政府以利我政府,不妥处,敬请鉴核示遵。

抄台湾革命同盟会原呈

窃自开罗会议公布,台湾归还中国径成我国外交史上伟大史绩。不惟举国民众处于敌人铁蹄之下六百万台澎同胞,□□□□起舞,倍感兴奋。惟台湾沦陷将近五十年,其行政法制及教育文化经济建设等等,均异我国本土,一旦收复,势须改弦更张事事维新,始能使此孤岛一变而为三民主义之新台湾。□行政建设非此军事破坏,倘无缜密研究与周到切实之计划,实难臻善。且台湾环境特殊,对于治理台湾尤须有特别之议,譬如台湾既已成为日本工业区,将来必须以发展或保持台湾工业为要点。又如台湾文化因被倭寇侵略亦已变质,必须设法使其返本归宗。又如现在各机关服务之台人大都仅知日文而□鲜汉文者,将来对于此项人员之设立,亦系重要问题。其余如治理生蕃办理蕃务等皆属重要政务。为使台湾收复后,各项政令得以顺利推行起见,拟请先行设立台湾省政府筹办处,以便研究计划台湾各种行政设施,并准备光复后之复员工作,亦可为开罗会议后中国决必收复台湾之表示,而免国际上复有闲评谬论。是否可行,理合议遵。台湾省政府筹备处组织纲要及工作计划须筹表各乙份,随文呈请鉴核示遵。

台湾省政府筹备处设立纲要

(甲)筹备处之任务

设立本筹备处之目的,在于准备台湾收复后依中国政制设省治以建设三民主义新台湾,以期顺利推进光复工作及光复后之复员兴复计划,依此目的规定,本筹备处之任务如左:

(一)策划台湾行政人员协助光复工作,阻止敌人战败临走时之破坏,保全各种设施以资将来之复员与复兴。

(二)秉承中央意见,搜集民财建设各种设施资料,草拟管教养卫全盘计划,决定复员计划及复兴计划之实施办法。

(三)训练行政人员及各种高级技能人员,准备将来随军接收,并处理复员事宜。

（四）其他中央交办事项。

（乙）筹备处之组织

本筹备处之组织，力求简单灵活而富于弹性，以便随时应变。本处会设重要待筹备就绪，即移沿海适宜地点。其要点如左：

（一）本处设立任一人筹备委员五人，下设秘书室，置秘书一人，科员三人及办事员五人，书记三人。

（二）本处设计委员会，除筹备委员为当然委员外，由民财建教有关机关聘任兼任委员五人至七人组织之。

本委员会以设计复员计划，及复兴计划，并草拟其实施办法为其职责。

（三）本处设台湾行政干部训练班，以训练各级行政干部及技术干部。

（甲）初级及中级行政干部之训练　在福建省训练团添设专班训练，由本处派筹备员参加主持之。

（乙）高级行政干部由本处保选中央训练机关训练，并由本处派教官担任其特种科目之授课。

（四）第一期训练班完成后，即在台湾新竹台中台南高雄台东花莲港及马公各区，设主办事处，开展光复工作，准备复员事宜。并在广州厦门上海，设联络站以资联络。编制表

一、台湾省政府筹备处统制表略

二、地方办事处编制表略

台湾省政府筹备处三十三年工作计划书

一、工作要纲

甲、草拟台湾复员计划及其实施办法。

乙、草拟台湾复兴计划及其实施办法。

丙、筹备台湾岛内秘密办事处协助光复运动。

丁、训练行政干部一百二十人技术干部四十人。

二、工作进度表

期别	进度	备考
第一期	(甲)复员计划及其实施办法	
	(1)行政复员计划及其实施办法	
	(2)教育复员计划及其实施办法	
	(3)财政复员计划及其实施办法	
	(4)金融复员计划及其实施办法	
	(乙)训练干部	
	(1)准备地方行政干部之训练	地方行政干部拟在福建训练
	(2)保选高级干部之受训	
	(3)登记行政人员	
	(丙)设主办事处及联络站	
	(1)设立台北州办事处	
	(2)设立上海联络站	
第二期	(甲)复员计划及其实施办法	
	(1)糖果复员计划及其实施办法	
	(2)军事工业复员计划及其实施办法	
	(3)民用工业复员计划及其实施办法	
	(4)农业复员计划及其实施办法	
	(5)矿业复员计划及其实施办法	
	(6)林业复员计划及其实施办法	
	(乙)训练干部	
	(1)训练地方行政干部一百二十人	
	(2)登记行政人员	
	(丙)设立办事处及联络站	
	(1)设立台南南雄办事处	
	(2)设立广州联络站	
	(3)登记岛内行政及技术人员	
第三期	(甲)复员计划及其实施办法	
	(1)交通复员计划及其实施办法	
	(2)贸易复员计划及其实施办法	

续表

期别	进度	备考
第三期	(3)蓄务行政计划及其实施办法	
	(4)警行复员计划及其实施办法	
	(5)司法复员计划及其实施办法	
	(6)民意机构运用计划及其实施办法	
	(7)产业机构调整运用计划及其实施办法	
	(8)社会设施运用计划及其实施办法	
	(9)言语机关定设计划及其实施办法	
	(乙)训练干部 同第一期	
	(丙)设立办事处及联络站	
	(1)设立台中新竹的办事处	
	(2)登记岛内行政及技术人员	
第四期	(甲)复员计划及其实施办法	
	(1)土地复员计划及其实施办法	
	(2)人力复员计划及其实施办法	
	(3)综合探讨复员计划及其实施办法	
	(乙)复兴计划	
	(1)拟定复兴计划提纲	
	(2)审定新行政区域	
	(丙)训练干部	
	(1)开始第一期地方行政干部训练工作 训练人员一百二十人	地方行政干部拟在福建省训团训
	(2)保送高级技术干部四十人	
	(丁)设立办事处及联络站	
	(1)设立台东澎湖花莲港三办事处	
	(2)登记行政及技术人员	

台湾省政府筹备处经费预算略

(中国第二历史档案馆、海峡两岸文化交流中心编:《馆藏民国时期台湾档案汇编》,九州出版社2007年版,第16册,页143—183。)

2. 行政院秘书处关于收复台湾准备工作与蒋介石往来函电
(1944年3月15日—1944年6月2日)

行政院秘书处签呈(1944年3月15日)

奉钧座机秘甲八三六八号手令,与王芃生同志研究拟为收复台湾政治准备工作及组织人事等具体办法呈核等因。遵经约请王同志及有关机关负责人员共同商洽,拟具办法要点如下:

(一)收复台湾时第一步办法,依盟军所采用之方式,自为军政府之组织,此项军政府似应由我国主持,目前拟即由行政院令饬外交部相机与英美等国商洽于收复台湾时,由我国前往组织军政府之具体办法,俾便将来实施。

(二)台湾收复后,我国自应于该地恢复以前行省的组织,惟在目前似应先成立一过渡性之机构,称为"台湾设省筹备委员会"(如台湾将来之政治组织与内地之省政府不尽相同,则可改称为"收复台湾筹备委员会"),以为准备。其组织大要如下:1."台湾设省筹备委员会"直隶于行政院,由政府遴派大员主持,各有关机关首长或次官参加,并聘与台湾有关人士参加,现在留寓在我国或国外之台湾人士均可罗致在内,应不计较其派别,以示公允,但台湾共产党人士不在罗致之列。2.委员会除设秘书室外,分设三组,办理调查、设计、储备训练人员及宣传与涉外等事项。

(三)台湾收复后,我国接收统治需要相当精密之准备,此项准备工作,自应由委员会为之。举行重要者下列五端:1.调查日寇过去统治台湾之方式及其有关法律与番民实情以为拟订将来我国订定治理台湾之各种单行规章之参考,相机公布,俾台湾人民明了我国之宽大政策,增其内向之心。2.训练储备办理台湾之各项人才,允以警察及小学教员为重要,以在闽南训练为适宜,俾语言可通。3.行政及技术人才亦宜及早准备,俾能克日接收日寇在台之各项建设事业,不致中断。4.台湾在经济方面之条件,其产品主要者为糖、盐、樟脑等,均非盟国所需。惟航业规模殊大,似可以此为盟国(尤其是美国)合作之基础,由中美洽商具体合作办法,以互利为原则,共同开发。5.中央党部现已设有台湾党部,党政双方步骤必须一致,联系尤须切实。否则,一着错全盘皆错,不能不慎之于始。

以上所拟要点如蒙核定，拟即依照分别实施，是否有当，伏候钧裁。谨呈
兼院长蒋

职张厉生　谨签
卅三年三月十五日

蒋介石复电
（1944年6月2日）

行政院张秘书长：

　　三月十五日569号呈复遵拟收复台湾政治准备工作要点已悉，兹分别核示如次：（一）查开罗会议时，我方在"关于远东之问题"节略中丙项"日本领土暨联合国领土被占领或克复时之临时管理问题"曾建议如下：1.中、英、美领土被收复时由占领军队暂负军事责任，该地之行政由该地原主权国负责，彼此相关事项由占领军与行政机构协商行之。2.其他联合国领土被收复时，由占领军队暂负军事责任，由该地原主权国负行政之责，但受占领军机关之节制（即照英美所拟关于欧洲战区之办法）。故关于将来台湾克复后军事及行政之负责管理问题可根据开罗会议时我方提出之原建议，先向美国商洽，俟有相当结果，再与英国商洽。（二）所拟关于行政院设"台湾设省筹备委员会"一节，查现在中央设计局业已设置台湾调查委员会，如稍加充实，多多罗致台湾有关人士，并派有关党政机关负责人员参加，即足以担负调查与筹备之责，暂时不必另设机构，以免骈枝之弊，此节可径与设计局会商办理。以上两点，即希遵照为要。中正，巳冬。待秘丙。印。

国民党政府行政院档案〔二（2）1087〕

（陈鸣钟、陈兴唐主编：《台湾光复和光复后五年省情》，
南京出版社1989年版（上），页1-3。）

3. 台湾党部为请求恢复台湾省制致中央党部秘书处及组织部呈文（1944年4月28日）

——民国三十三年四月二十八日

　　窃查台湾，前为我国行省，台民原为中华同胞。此壮丽山河，会因马关条

约而割让，我固有主权应随此次对日宣战而收回；开罗会议后，复经同盟领袖之公认，正宜掌握时机，使主权由初步收回，而达完全管领；首要之图，端在正名分，得民心，以共赴事功。今台湾名义未正，台胞身份未定，是以寇氛难骤戢，民心难骤收；为今之计，似应即由政府明令宣布台湾恢复省制，始足以正内外视听，而促台胞内向。事关国土收复，国族生存大计，谨举其切要理由如次：

一、台湾原为福建省一府，自鸦片战后，屡被日法诸国侵扰，清廷为掌握国防要区，杜绝列强觊觎，乃于光绪十一年，由左宗棠奏准设置台湾一省，分台北、台湾、台南三府，台东一州，淡水、新竹、宜兰、台湾、云林、苗栗、彰化、安平、嘉义、凤山、恒春等十一县，基隆、南雅、埔里社、卑南、澎湖、花莲港等六厅。省会原定台中台湾县，以城垣未备，暂设台北。首任巡抚刘铭传，励精图治，路矿邮电学校保甲同时兴举，其建设较内地诸省尤进。迨光绪十七年，由邵友濂继任巡抚。光绪二十年，由唐景崧继之。然不一载，中日战起，而台湾遂被惨割，是以台湾置省，前后虽仅十一年，而其形势人口资源设备，实早具行省之优越条件，会历三任巡抚，依此事实，台湾今乃恢复省制，而非改省，此自历史上言台湾应复省者一也。

二、台湾昔已因影响国防而建立行省，自目前国际大势言，则台湾与琼崖同为我国控制太平洋之一对眼睛，即为保卫我领土最重要之海空堡垒，而台湾扼东南海之中枢，形势将更胜于琼崖，是以英人士倡言战后共管，至所藏军需资源，如煤油煤炭尤富国防价值，此自国防上言台湾，应即复省者二也。

三、台湾省因甲午战败，马关缔约而沦倭，惟自卅年十二月八日，我国对日正式宣战后。依国际法例，中日条约，即告废除，台湾主权实已重归我国，本可依东四省例，即设省政府省党部于邻省，以免国际共管续言，迨开罗会议明白决定，归还台湾，国际上更无问题，若不乘此良机，及时复省，确定名义主权，则国际风云，倏忽万变，我弃人取，难再置否。故海空军可后建，名义主权，不可不先定，此在国际法例上，台湾应即复省者三也。

四、攻心胜于攻城，兵法如此，政略尤然。我国海空军备未充，收复台湾大计，自应首重收揽台民之心，务使六百万台胞，倾心内向，念念归宗，则精神一至，何寇不摧，但现因省制未复，名分不正，国内台胞，惩于过去浪人汉奸之误解诬陷,已不能正当承认台籍,只能暗认闽粤祖籍,而对于复台大计,已不敢彰明协助,对于抗战工作,亦难免有所瞻顾。陷区及岛内台胞,则在敌人离间蒙蔽压迫下,浑噩绝望作爪牙服兵役,甘为敌资而不觉,此内外庞大之民力,非为敌用,则我不能用,曷胜可惜。故应即将台湾复省,以促醒岛内外台胞归宗内向之心,已为中国一省,已取得中华民国国籍,六百万台胞,必毅然共起,驱倭复土,无复可阻,此在战略政略上台湾应速复省者四也。

在省制恢复后,军事收复前,虽暂无土地可理,而实在收复准备,头绪万端,一切去作,应以党务为先导,以配合军事进攻,政治准备。故在成立省政府之前,似应先将本部改为台湾省党部,以加强组织,提高号召,始足振奋民心,运用民力,筹备民政;且本部现虽直属中央,但各方因名义不崇,地位不著,诸种进行,常多纷错阻滞,台胞亦不甚重视,苟不改为省党部,亦殊难尽收预期效果,是实失中央关怀台湾之本旨。

基上论证,无论内外形势及工作实际,均应速复台湾省制已如彼,而在省政府成立之前,应先改本部为台湾省党部又如此,案经提出太平四月十日本部执行委员会第十八次谈话会,决议通过纪录在卷。复查福建省参议会第二届第二次大会,亦有建议中央早复省制与消释台胞痛苦等议案,同时粤桂各方亦有力倡台湾复省之议。本部职司所关,对于改制大计之准备及请示,安敢后人。况本部编制预算原照三等省之编制,改设省党部后,经费可照旧支给,或在节余项下,酌予增拨,无须另筹经费,临时增支库币。所有台湾应请速复省制,并在省府成立前,先改本部为台湾省党部各缘由,是否有当?理合沥情恳请钧长察核,俯赐核转示遵,以利党国抗建大计,实为公便。

(录自中国国民党中央党史会库藏史料)

附录(一):台湾党部书记长兼代主委萧宜增致吴秘书长铁城函
——民国三十三年四月二十九日

吴秘书长钧鉴:前奉上一函,并附台湾资料一份,谅已收阅。兹应事实需要,拟将职部改为"台湾省党部",并拟具意见。呈请察核,并恳提中常会为祷。专肃并颂钧安。

职　萧宜增谨上　四月廿九日

(录自中国国民党中央党史会库藏史料)

附录(二)：吴秘书长铁城复萧宜增函
——民国三十三年五月二十九日

宜增同志大鉴：四月廿九日大函暨所附永元字第六七号呈均悉。所拟恢复台湾省制并先改台湾党部为省党部各节，业经转送组织部核议矣。匆复，并颂党祺。吴铁城手启。

（录自中国国民党中央党史会库藏史料）

附录(三)：中央执行委员会秘书处致中央组织部函
——民国三十三年五月三十日

据台湾党部书记长兼代主任委员萧宜增同志，呈请即行恢复台湾省制，并先改该部为台湾省党部等情。特检同原呈函达，即希查照核议为荷。此致中央组织部。

附送台湾党部原呈一件（原呈所附剪报免予检送）

（录自中国国民党中央党史会库藏史料）

附录(四)：中央执行委员会组织部致中央秘书处函
——民国三十三年九月四日

准贵处五月三十日特六五八六号公函，略为据台湾党部呈请即行恢复台湾省制，并先改该部为省党部一案，特检同原呈嘱查照核议等由。准此。查台湾党部所请恢复省制，似应在国土光复之后为宜，至先改该部为省党部一节，应俟省制问题决定后再议。又该部成立不久，亟应深入台岛组训台胞，以厚植党基，应勿庸斤斤于名分之争。关于研究复员与设计调查等工作，前经该部呈准设置台湾建设委员会，殊鲜成效，该部今后允宜利用现有组织，加紧督饬工作，应从基础方面努力，先行建省与否，尤属末事，准函前由相应复请查照为荷。此致中央秘书处。

部长　陈果夫　刘镇华

中央秘书处批办：关于台湾党部请恢复台湾省制案，拟转饬萧宜增同志知照。

（录自中国国民党中央党史会库藏史料）

附录(五):中央执行委员会秘书处再复萧宜增函

前准大函暨所附永元字第六七号呈,为建议即行恢复台湾省制并改台湾党部为省党部等由,当经转送中央组织部核议在案。兹准中央组织部复函,略以台湾党部所请恢复省制,似应在国土光复之后为宜,至先改该部为省党部一节,应俟省制问题决定后再议。又该部成立不久,亟应深入台岛,组训台胞以厚植党基,应勿庸斤斤于名分之争。关于研究复员与设计调查等工作,前经该部呈准设置台湾建设委员会,殊鲜成效,该部今后允宜利用现有组织,加紧督导工作,应从基础方面努力,先行建省与否,尤属末事,相应函复查照等由。用特函达,即希查照为荷。此致萧宜增同志。

中央执行委员会秘书处

(录自中国国民党中央党史会库藏史料)

(秦孝仪主编,张瑞成编辑:《台籍志士在祖国的复台努力》,台北:中国国民党中央委员会党史委员会1990年6月初版,页354—359。)

4. 行政院秘书长等关于会商台湾设省筹备委员会事致蒋介石签呈(1944年7月17日)

奉钧座侍秘字二二八二一号代电,关于行政院设台省筹备委员会一节,饬径与设计局会商办理。等因。遵经会商结果,台湾设省筹备委员会遵照指示不另设置,仅就台湾调查委员会加以充实。关于多多罗致台湾有关人士一节,该已聘请现在国内之台籍忠实同志五人为专门委员及专员,嗣后尚须陆续罗致,以资充实。关于派有关党政机关负责人员参加一节,该会正商请中央党部及其他有关部会指派负责人员为该会专门委员,以资联络。至于调查工作,该会正在进行,收复后如何接管,该会亦在计划中。奉令前因,理合会鉴呈复,恭请鉴核。谨呈

委员长蒋

行政院秘书长　张厉生
中央设计局秘书长　熊式辉
台湾调查委员会主任委员　陈仪

中华民国三十三年七月十七日

国民党政府中央设计局档案〔一七一(2)41〕

(陈鸣钟、陈兴唐主编:《台湾光复和光复后五年省情》,南京出版社1989年版(上),页28。)

5. 东北及台湾党政干部训练办法草案(1944年9月)

一、为准备收复东北及台湾后所需要之党政干部,于中央训练团内设东北党政干部训练班及台湾党政干部训练班。

二、东北党政干部训练班及台湾党政干部训练班各设班主任一人。由团长指派之。每班得各设秘书一人。

各班一切行政均由中央训练团办理,关于教务,必要时东北调查委员会、台湾调查委员会得派员参加之。

三、受训人员之资格如左:

甲、东北党政干部训练班〔略〕

乙、台湾党政干部训练班

(1)专科以上学校毕业服务成绩优良者。

(2)曾任荐任职及高级委任职或相当职务经铨叙合格服务成绩优良者。

(3)高等考试及普通考试及格服务成绩优良者。

(4)台湾人员凡合于右列资格之一者应多多选取。

(5)深入台湾敌后艰苦工作或致力台湾革命著有成绩者应从宽选取。

四、受训人员之甄选,由中央训练委员会会同中央党部秘书处、组织部,行政院及中央设计局东北调查委员会、台湾调查委员会分别组织甄选委员会办理之。

五、各班训练人数,东北党政干部班每期二百人至三百人,台湾党政干部班每期一百人至二百人。

六、训练期间:每期四个月,第一期于民国三十三年十一月一日开学。

七、训练课程注重下列五项:

(1)总理遗教、总裁训词及本党党史。

(2)中央及地方行政法令及其他重要法令。

(3)中央对台湾及东北的政纲政策。

(4)敌伪在东北、台湾设施概况。

(5)东北台湾接收复员及战后建设各种计划。

八、受训学员原有职务者,保持原职务,原薪津。无职务者比照其最近卸职前之待遇支给津贴。

九、受训学员在受训期间伙食服装由团发给。

十、学员毕业后,成绩特优者,得派至中央设计局台湾或东北调查委员会工作。其余有职务者,以暂回原职务为原则,无职务者,由中央分派适当职务,或派往各机关实习。

十一、本办法自核准之日施行。

国民党政府中央设计局档案〔一七一(2)102〕

(陈鸣钟、陈兴唐主编:《台湾光复和光复后五年省情》,
南京出版社1989年版(上),页34—36。)

6. 台湾接管计划纲要草案(1944年10月)

——民国三十三年十月中央设计局台湾调查委员会主任委员陈仪拟呈

第一,通则

一、台湾接管后一切设施,以实行国父遗教、秉承总裁训示、力谋台民福利、铲除敌人势力为目的。

二、接管后之政治设施:消极方面,当注意扫除敌国势力,肃清反叛,革除旧染(如压制、腐败、贪污、苛税、酷刑等恶政及吸雅〔鸦〕片等恶习),安定秩序;积极方面,当注重强化行政机关,增强工作效率,预备实施宪政,建立民权基础。

三、接管后之经济措施,以根绝敌人对台民之经济榨取、维持原有生产能力、勿使停顿衰退为原则(其违法病民者除外),但其所得利益,应用以提高台民生活。

四、接管后之文化设施,应增强民族意识,廓清奴化思想,普及教育机会,提高文化水准。

五、民国一切法令,均通用于台湾,必要时得制颁暂行法规。日本占领时代之法令,除压榨、钳制台民、抵触三民主义及民国法令者应悉予废止外,其余暂行有效,视事实之需要,逐渐修订之。

六、接管后之度量衡:应将台民现用之敌国度量衡制,换算民国之市用制及标准制,布告周知,克期实行,并限制禁用敌国之度量衡制。

七、接管后公文书、教科书及报纸禁用日文。

八、地方政制:以台湾为省,接管时正式成立省政府。下设县(市)就原有州、厅、支所、郡、市改组之,街、庄改组为乡镇、保甲。

九、每接管一地,应尽先办理左列各事:

甲、接收当地官立公立各机关(包括行政、军事、司法、教育、财政、金融、交通、工商、农林、渔牧、矿冶、卫生、水利、警察、救济各部门),依据民国法令分别停办改组或维持之;但法令无规定而事实有需要之机关,得暂仍其旧。

乙、成立县(市)政府,改组街庄为乡镇。

丙、成立国家银行之分支行或地区银行。

丁、迅释政治犯,清理狱囚。

戊、废除敌人对台民之不良管制设施。

己、表彰台民革命忠烈事迹。

庚、严禁烟毒。

辛、举办公教人员短期训练,特别注重思想与生活。

十、各机关旧有人员,除敌国人民及有违法行为者外,暂予留用(技术人员尽量留用,雇员必要时亦得暂行留用),待遇以照旧为原则,一面依据法令原则实施训练、考试及铨叙。接管后须补充之各种人选,应预为储备,并应多予台民以工作之机会。

十一、接收各机关时,对于原有之档案、图书、账表、房屋、器物、资产均应妥慎保管整理,或使用。

第二,内政

十二、接管后之省政府,应由中央政府以委托行使之方式赋以较大之权力。

十三、台湾原有之三厅,改称为县,不变更其区域。原有之州(市),以人口(以十五万左右为原则)、面积、交通及原有市、郡、支厅疆界(以合二、三郡或市或支厅不变更原有疆界为原则)为标准,划分为若干县(市),县可分为三等。街庄改组乡镇,其原有区域亦暂不变更。地方山川之名称除纪念敌人或含有尊崇敌人之意义者,应予改变外,余可照旧。

十四、县(市)政府在接收后,省政府应赋以较大权力,在稳定社会秩序维持地方治安之范围内,得作紧急措施。但应呈报省政府备案,并于地方秩序恢复后解除之。

十五、接管后,应积极推广地方自治。

十六、警察机关改组后,应注重警保组织,并加强其力量。对于敌国人民及台民户口之分布,须迅速调查登记,警察分配区域及户政在不抵触法令范围内,得暂时维持原状。

十七、鸦片毒物之禁种、禁售、禁运、禁制、禁吸,接管后,须严厉推行,完全根绝。

十八、对于蕃族,应依据建国大纲第四条之原则扶植之,使能自决自治。

第三,外交

十九、涉外事件,以中央派员处理为原则。

二十、敌国人民居留在台者,如能遵守法令,暂以外侨看待,逐渐令其入籍或回国。

第四,军事

二十一、台湾应分区驻扎相当部队,以根绝敌人残余势力。

二十二、军港、要塞、营房、仓库、兵工厂、飞机厂、造船厂及其他军事设备、器械、原料,接管后应即加整理。

第五,财政

二十三、接管后,对于日本占领时代之税收及其他收入,除违法病民者应即予废止外,其余均暂照旧征收,逐渐整理改善之。专卖事业及国营事业亦同。

二十四、接管后之地方财政,中央须给予相当之补助。

二十五、接管后，暂不立预算，但应有收支报告。省政府应有紧急支付权，至会计、审计事项，应另定简便之暂行办法，俟秩序完全安定，成立正式预算。

第六，金融

二十六、接管后，应由中央银行发行印有台湾地名之法币，并规定其与日本占领时代货币（以下简称旧币）兑换率及其期间。兑换期间，旧币暂准流通，旧币持有人应于期内按法定兑换率兑换法币，逾期旧币一概作废。

二十七、敌人在台发行之钞票，应查明其发行额（以接管后，若干日在该地市面流通者为限），及在抗战前与黄金之比价，以其全部准备金及财产充作偿还基金，不足时应于战后对敌国政府要求赔偿。

二十八、在对敌媾和条约内，应明订敌国政府对于台湾各银行及台湾人民所负担之债务，须负偿还责任。

二十九、日本占领时代之公债、社债，接管后，停止募集，由政府分别清理，责由敌方偿还。

三十、接收后如金融上有救济之必要时，政府应予救济。

三十一、日本在台所设立之公私银行及其他金融机关，接管后先予监督，仍令继续营业，一面调查情形，予以清理、调整，或改组，必要时得令其停业。

第七，工矿商业

三十二、敌国人民所有，或与台民合有之工矿商业，一律接收，分别交由国营事业机关或正当民营事业组织接办。但在中国对日宣战以后，官有公有产业移转为私有者，一律视同公产，予以没收。

三十三、关于工矿商业之维持、恢复及开发所需资金，由四联总处及省政府统筹贷放，物资人力亦应预先准备。

三十四、敌人对于台之不良管制设施废除后，其资产及所掌握之物资，应由省政府核定处理办法。

三十五、关于工人福利之增进，应依照法令尽可能实施之。

三十六、恢复台湾、内地及输出入贸易。对于输出入，应加管制，并计划增加土产之销路。

三十七、工矿商业之处理经营,以实现民生主义及实业计划为原则,配合国家建设计划,求其合理发展。

三十八、战前由盟国及中立国人民经营之工矿商业,应由政府与各该国政府或其经营人协商处理之。

三十九、各项产业之开发资金,欢迎友邦之投资,技术上亦与友邦充分之合作。

第八,教育文化

四十、接收后改组之学校,须于短期内开课。私立学校及私营文化事业,如在接管期间能遵守法令,准其继续办理。否则,接收、改组或停办之。

四十一、学校接收后,应即实行左列各事:

甲、课程及学校行政须照法令规定。

乙、教课书用国定本或审定本。

四十二、师范学校接收改组后,应特别注重教师素质及教务训育之改进。

四十三、国民教育及实习教育应依照法令积极推行。

四十四、接管后,应确定国语普及计划,限期逐步实施。中、小学校以国语为必修科,公教人员应首先遵用国语。各地方原设之日语讲习所,应即改为国语讲习所,并先训练国语师资。

四十五、各校教员、社教机关人员及其他从事文化事业之人员,除敌国人民(但在专科以上之学校必要时得予留用)及有违法行为者外,均予留用。但教员须举行甄审,合格者给予证书。

四十六、各级学校、博物馆、图书馆、广播电台、电影制片厂、放映场等之设置地点与经费,接管后以不变动为原则,但须按照分区设校及普及教育原则妥为规划。

四十七、日本占领时强迫服兵役之台籍学生,应依其志愿与程度予以复学或转学之便利。其以公费资送国外之台籍学生,得酌斟情形,使其继续留学。

四十八、日本最近在各地设立之练成所,应一律解散。

四十九、派遣教育人员赴各省参观,选派中等学校毕业生入各省专科以上之学校肄业,并多聘学者到台讲学。

五十、设置省训练团、县训练所，分别训练公教人员、技术人员及管理人员，并在各级学校开办成人班、妇女班，普及国民训练，以灌输民族意识及本党主义。

五十一、日本占领时印行之书刊、电影片等，其有诋毁本国、本党或曲解历史者，概予销毁。一面专设编译机关，编辑教科、参考及必要之书籍图表。

第九，交通

五十二、接管后，各项交通事业（如铁道、公路、水运、航空、邮电等），不论官营、公营、民营，应暂设一交通行政临时总机关，统一指挥管理。

五十三、交通事业接收后，尽快恢复原状，并须与各部门事业配合。

五十四、接管后必须补充之各种交通工具（如船舶、火车、汽车、飞机等）及器材，须先预估计、筹划、租购或制造，尤宜注重海运工具。

五十五、接管后应分置铁路、轻便铁路、公路、电信、桥梁、飞机场等修复工程队，及必要之护路警卫人员。

五十六、民营交通事业，应先令继续营业；其有产权纠纷者，由政府先行接管，依法解决。

五十七、凡公路运输、水路运输以及电话等器材工具之制造，可准民营者，由政府预先公布，加以保障奖励。

第十，农业

五十八、敌国人民私有或与台民合有之农林牧渔资产权益，一律接收，经调查后分别处理。

五十九、接管后，应特别注重保障农民、渔民利益，实施恢复耕作，贷给供应种子、牲畜、农具，保护佃农各项。

六十、盟国人民在台之农林渔牧权益，应即予重新登记，分别处理。

第十一，社会

六十一、原有人民团体，接管后一律停止活动，俟举办调查登记后，依据法令及实际情况加以调整，必要时得解散或重行组织之。

六十二、调查人民生命财产之伤亡损失，加以救济。其有革命忠烈事迹者，应特予表彰其因参加抗日战争而伤亡之台民，并应予以安置或抚恤。

六十三、农民复业所需农具、牲畜、种子、肥料、资金等之救助,城乡住宅之修复,应辅导人民组织合作社办理,必要时得暂用查户取保、垫发资金物料及其他方法办理之。

六十四、日本占领时代之合作组织,应予以登记,逐渐依法办理。并辅导民众组织各种合作社,协助救济工作,承办物品供销。

六十五、日人占领时代之社会福利设施应继续办理,并发展之。

六十六、台湾之习俗礼节,应为合理之调整。

六十七、关于救济工作,应与国际善后总署及其他救济行政机关密切联系,并以工赈农赈为主。

第十二,粮食

六十八、粮食应专设机构管理之。

六十九、接管后之粮食调查、登记、运销等,应依照法令,参酌当地实际情形,分别办理。

七十、接管后如发生粮荒现象,应由省政府转请中央救济之。

第十三,司法

七十一、接管后,除首先迅速释放政治犯、清理狱囚外,并应将未终结之民刑案件,分别审结。

七十二、接管后,须成立司法事项之临时研究机关,研究下列各问题:

甲、各种法律适用问题。

乙、因旧法废止而发生之民刑案件纠纷处理问题。

丙、其他有关司法问题。

七十三、接管后,应培养司法人员,并改善监狱及监犯待遇。

第十四,水利

七十四、接管后水利工作,应以迅速修复已破坏之工程为主。

七十五、台民私有之水利权益,经调查无违法行为者,仍准其继续办理。

第十五,卫生

七十六、接管后之卫生行政工作,应注重左列事项:

(甲)维持原有医疗及有关卫生工作,使不停顿。

(乙)防止流行疫病,广设临时医疗机关。

(丙)补充药品及卫生医疗器材。

七十七、培养卫生医药人员,除扩充充实高等医药教育外,并须办训练班。

第十六,土地

七十八、土地行政接管后,由省政府设置机关管理之。

七十九、敌人私有之土地(包括房屋田地等),应于接管台湾后调查其是否非法取得,分别收归国有,或发还台籍原业主。

八十、前条规定以外之私有土地,其原有之土地权利凭证,在新凭证未发给以前,经审查后,暂准有效,其权益尚未确定者,由地政机关分别查明处理之。

八十一、接管后应即整理地籍(原有地籍、图册在未改订以前暂行有效),如有散失,迅予补正。一面清理地权、调查地价,以为实行平均地权之准备。

八十二、日本占领时代之官有、公有土地,暨其他应行归公之土地,应于接管台湾后一律收归国有,其市地部分,应由地政机关规划使用。其属于农地者,应依照耕者有其田之原则,订定授田办法,授与农民或复员官兵耕作。

(录自中国国民党中央党史会库藏史料)

(秦孝仪主编,张瑞成编辑:《光复台湾之筹划与受降接收》,台北:中国国民党中央委员会党史委员会1990年6月初版,页86—96。)

7. 陈果夫关于台湾省党部参加调查委员会工作与陈仪往来函(1944年11月18日—25日)

陈果夫致陈仪函

公侠先生勋鉴:前据台湾党部书记长兼代主任委员萧宜增午元电称:"中央设计局已成立台湾调查委员会规划复台工作,感台湾沦陷四十余年,一切政治社会既不同海外,与内地各省亦自异,故对各项人选标准,除专家有能者外,似应尽量遴选与台湾有关或对台湾有特别研究者充任,俾工作顺利。台湾党部为台湾最高党务机构,三年以来,甚感现在与将来工作之艰巨,故敢渎告鉴核"等情。查所称各节不无见地,可否由该部主管负责人员参与调查委员会工作,就近分负调查任务,借以加强工作效率,尚祈卓裁惠复为荷。祈颂

勋祺

弟陈果夫拜启

十一月十八日

陈仪复陈果夫函

果夫先生勋鉴:接展十一月十八日华函,敬悉一一。前奉委座代电,饬查台湾党部现任主任委员及书记长有无参加调查委员会之必要等因,经函准惠复:该党部主任委员翁俊明病故,后中央指派委员兼书记长萧宜增代行,复经呈复委座,请俟该党部主任委员正式派定后再请增加本会委员名额派充委员,业奉西侍秘代电照准在案。又,查台湾调查委员会委员丘念台同志即系由台湾党部委员兼充,并以复阅。

复颂

勋绥

弟陈仪敬启

十一月二十五日

国民党政府中央设计局档案〔一七一(2)103①〕

(陈鸣钟、陈兴唐主编:《台湾光复和光复后五年省情》,

南京出版社1989年版(上),页36—37。)

8. 中央训练团台湾行政干部训练班学员招选办法(1944年)

一、本办法系根据台湾干部训练班甄选委员会之决议订定之。

二、全班学员暂定招选一百二十名,训练时间为四个月。

三、本班训练之实施分为六组:(一)民政组,(二)财政金融组,(三)工商交通组,(四)农林渔牧组,(五)教育组,(六)司法组。请中央各机关就其主管业务依上列性质分别选送,党务机关及各大学则就个人之经历及志趣分别选送。

四、被选送资格:年龄须在二十五岁以上四十五岁以下,身体强健,具左列资格之一者均可选送:

(一)高等考试及格,服务成绩优良者。

(二)曾任荐任职务或相当职务,服务成绩优良者。

(三)曾在专科以上学校毕业,服务成绩优良者。

五、被选送者之原职及服务经历,以与上列各组之一有直接关系者为限。

六、各机关于选送之前,须得被选送者之同意。

七、被选送者须备自传、学历证书、服务证件,由选送机关转送来团(请注明本团台湾行政干部训练班学员资格审查委员会收)。

八、选送机关须备正式公文、造具名册、注明组别,连同各种应缴证明文件于本年十一月十日以前妥送来团,以凭审查。

九、应选各学员之资格经审查合格后,专函通知,定期举行考试。

十、考试分笔试:(一)政治测验;(二)英文(或日文);(三)专门科目两门。口试:于笔试后举行之。

十一、考试成绩定于十二月六日决定,分别函知及格者,即于十二月十日以前来班报到,十二月十一日开始训练,不及格者仍在原机关供职。

十二、学员在受训期间仍保留原职、支原薪(无职者由班酌给津贴)。毕业后,在未签请核派新职之前,仍返原机关照常服务。

国民党政府中央设计局档案〔一七一(2)103②〕

(陈鸣钟、陈兴唐主编:《台湾光复和光复后五年省情》,

南京出版社1989年版(上),页37—38。)

各机关选送台湾行政干部训练班学员注意事项(1944年)

一、此次训练之目的,为准备将来中央各机关派往台湾从事各部门行政工作之干部人员。故各机关选送学员时必须考虑将来业务,请就本机关或附属机关之现职人员中认真选拔,特别注重其学识、经验、能力、体格及事业热诚。

二、被选送者之资格除招选办法规定者外,应注意下列各点:

1. 毕业学校应选其办理成绩卓著者。

2. 服务成绩必须优良,最好就现任荐任职或委任一级人员中选送。

3. 体格必须健全者。

三、各机关对被选送者必须分别加以评语。

四、各机关选送名册必须如期送到,并应注明:

1. 现在职务。2. 现领薪津。3. 现在住址。

五、学历证书(应检送最高或最后毕业证书呈验)。

六、服务证件。

七、自传内容:

1. 家世。2. 学历。3. 经历。4. 与党(团)之关系(未入党者即填未入党或未入团)。5. 有何专长或对于何种工作最相宜。6. 对于过去工作之感想及对将来工作之愿望。

国民党政府中央设计局档案〔一七一(2)103②〕

(陈鸣钟、陈兴唐主编:《台湾光复和光复后五年省情》,

南京出版社1989年版(上),页39。)

9. 蒋委员长为"台湾接管计划纲要草案修正条文"致中央设计局秘书长熊式辉电(1945年3月14日)

——民国三十四年三月十四日

中央设计局熊秘书长(式辉)勋鉴:查该局台湾调查委员会陈主任委员(仪)卅三年十月呈拟之台湾接管计划纲要草案,经饬据国防最高委员会王秘书长修改前来,兹将修正各条随文抄送,即希遵照办理。中正。(卅四)寅元侍秦。附抄件一件。

台湾接管计划纲要草案修正条文

第十条　各机关旧有人员,除敌国人民及有违法行为者外,暂予留用(技术人员尽量留用,雇员必要时亦得暂行留用),待遇以照旧为原则,一面依据法令实施训练、考试及铨叙。

第二十条　敌国人民居留在台者,依照"对于国内日本侨民处理原则"办理。

第二十七条　敌人在台发行之钞票,应查明其发行额(以接管后若干日在该地市面流通者为限），酌量规定比价，以其全部准备金及财产充作偿还基金，不足时应于战后对敌国政府要求赔偿。

第二十八条　在对敌媾和条约内，应明订敌国政府对于台湾各银行及台湾人民所负担之债务，须负偿还责任。

第二十九条　日本在台所发行之公债、公司债等，我国政府于接管后停止募集，分别清理，并责由敌方偿还之。

第三十一条　日本在台所设立之公私银行及其他金融机关，我国政府于接管台湾后，先予监督，暂令其继续营业，一面调查情形，予以清理、调整及改组，必要时得令其停业。

第三十二条　敌国人民在台所有之工矿、交通、农林、渔牧、商业等公司之资产权益一律接收，分别予以清理、调整或改组，但在中国对日宣战以后，其官有公有产业移转为日人私有者，得视同官产公产，予以没收。

第三十八条　战前由盟国或中立国人民经营之工矿商产，应由政府与各国政府或其业主协商处理之。

第六十条　盟国或中立国人民在台之工矿、交通、农林、渔牧、商业等公司之资产权益，应即予重新登记，分别处理。

第七十九条　敌国人民私有之土地，应于接管台湾后，调查其是否非法取得，分别收归国有或发还台籍原业主。

第八十二条　日本占领时代之官有、公有土地及其他应行归公之土地，应于接管台湾后，一律收归国有，依照我国土地政策及法令分别处理。

（录自中国国民党中央党史会库藏史料）

（秦孝仪主编，张瑞成编辑：《光复台湾之筹划与受降接收》，台北：中国国民党中央委员会党史委员会1990年6月第1版，页107—108。）

10. 台湾接管计划纲要（1945年3月）

台湾接管计划纲要

三十四年三月十四日侍秦字一五四九三号

总裁（卅四）寅元侍代电修正核定

第一,通则

一、台湾接管后一切设施,以实行国父遗教、秉承总裁训示、力谋台民福利、铲除敌人势力为目的。

二、接管后之政治设施:消极方面,当注意扫除敌国势力,肃清反叛,革除旧染[如压制、腐败、贪污、苛税、酷刑等恶政及吸雅〔鸦〕片等恶习],安定秩序;积极方面,当注重强化行政机关,增强工作效率,预备实施宪政,建立民权基础。

三、接管后之经济措施,以根绝敌人对台民之经济榨取、维持原有生产能力、勿使停顿衰退为原则(其违法病民者除外),但其所得利益,应用以提高台民生活。

四、接管后之文化设施,应增强民族意识,廓清奴化思想,普及教育机会,提高文化水准。

五、民国一切法令,均通用于台湾,必要时得制颁暂行法规。日本占领时代之法令,除压榨、钳制台民、抵触三民主义及民国法令者应悉予废止外,其余暂行有效,视事实之需要,逐渐修订之。

六、接管后之度量衡:应将台民现用之敌国度量衡制,换算民国之市用制及标准制,布告周知,克期实行,并限制禁用敌国之度量衡制。

七、接管后公文书、教科书及报纸禁用日文。

八、地方政制:以台湾为省,接管时正式成立省政府。下设县(市)就原有州、厅、支所、郡、市改组之,街、庄改组为乡镇,保甲。

九、每接管一地,应尽先办理左列各事:

(甲)接收当地官立公立各机关(包括行政、军事、司法、教育、财政、金融、交通、工商、农林、渔牧、矿冶、卫生、水利、警察、救济各部门),依据民国法令分别停办改组或维持之。但法令无规定而事实有需要之机关,得暂仍其旧。

(乙)成立县(市)政府,改组街庄为乡镇。

(丙)成立国家银行之分支行或地区银行。

(丁)迅释政治犯,清理狱囚。

(戊)废除敌人对台民之不良管制设施。

（己）表彰台民革命忠烈事迹。

（庚）严禁烟毒。

（辛）举办公教人员短期训练，特别注重思想与生活。

十、各机关旧有人员，除敌国人民及有违法行为者外，暂予留用（技术人员尽量留用，雇员必要时亦得暂行留用），待遇以照旧为原则，一面依据法令原则实施训练、考试及铨叙。

十一、接收各机关时，对于原有之档案、图书、账表、房屋、器物、资产均应妥慎保管整理，或使用。

第二，内政

十二、接管后之省政府，应由中央政府以委托行使之方式赋以较大之权力。

十三、台湾原有之三厅，改称为县，不变更其区域。原有之州（市），以人口（以十五万左右为原则）、面积、交通及原有市、郡、支厅疆界（以合二、三郡或市或支厅不变更原有疆界为原则）为标准，划分为若干县（市），县可分为三等。街庄改组乡镇，其原有区域亦暂不变更。地方山川之名称除纪念敌人或含有尊崇敌人之意义者，应予改变外，余可照旧。

十四、县（市）政府在接收后，省政府应赋以较大权力，在稳定社会秩序维持地方治安之范围内，得作紧急措施。但应呈报省政府备案，并于地方秩序恢复后解除之。

十五、接管后，应积极推广地方自治。

十六、警察机关改组后，应注重警保组织，并加强其力量。对于敌国人民及台民户口之分布，须迅速调查登记，警察分配区域及户政在不抵触法令范围内，得暂时维持原状。

十七、鸦片毒物之禁种、禁售、禁运、禁制、禁吸，接管后，须严厉推行，完全根绝。

十八、对于蕃族，应依据建国大纲第四条之原则扶植之，使能自决自治。

第三，外交

十九、涉外事件，以中央派员处理为原则。

二十、敌国人民居留在台者，依照《对于国内日本侨民处理原则》办理。

第四，军事

二十一、台湾应分区驻扎相当部队，以根绝敌人残余势力。

二十二、军港、要塞、营房、仓库、兵工厂、飞机厂、造船厂及其他军事设备、器械、原料，接管后应即加修整。

第五，财政

二十三、接管后，对于日本占领时代之税收及其他收入，除违法病民者应即予废止外，其余均暂照旧征收，逐渐整理改善之。专卖事业及国营事业亦同。

二十四、接管后之地方财政，中央须给予相当之补助。

二十五、接管后，暂不立预算，但应有收支报告。省政府应有紧急支付权，至会计、审计事项，应另定简便之暂行办法，俟秩序完全安定，成立正式预算。

第六，金融

二十六、接管后，应由中央银行发行印有台湾地名之法币，并规定其与日本占领时代货币（以下简称旧币）兑换率及其期间。兑换期间，旧币暂准流通，旧币持有人应于期内按法定兑换率兑换法币，逾期旧币一概作废。

二十七、敌人在台发行之钞票，应查明其发行额（以接管后若干日在该地市面流通者为限），酌量规定比价，以其全部准备金及财产充作偿还基金，不足时应于战后对敌国政府要求赔偿。

二十八、在对敌媾和条约内，应明订敌国政府对于台湾各银行及台湾人民所负担之债务须负偿还责任。

二十九、日本在台所发行之公债、公司债等，我国政府接管后停止募集，分别清理，并责由敌方偿还。

三十、接收后如金融上有救济之必要时，政府应予救济。

三十一、日本在台所设立之公私银行及其他金融机关，我国政府接管台湾后，先予监督，令其继续营业，一面调查情形，予以清理、调整及改组，必要时得令其停业。

第七，工矿商业

三十二、敌国人民在台湾之所有工矿、交通、农林牧、商业等公司之资产权益一律接收，分别予以清理或改组。但在中国对日宣战以后其官有公有产业移转为日人私有者，一律视同官产公产，予以没收。

三十三、关于工矿商业之维持、恢复及开发所需资金，由四联总处及省政府统筹贷放，物资人力亦应预先准备。

三十四、敌人对于台之不良管制设施废除后，其资产及所掌握之物资，应由省政府核定处理办法。

三十五、关于工人福利之增进，应依照法令尽可能实施之。

三十六、恢复台湾、内地及输出入口贸易。对于输出入，应加管制，并计划增加土产销路。

三十七、工矿商业之处理经营，以实现民生主义及实业计划为原则，配合国家建设计划，求其合理发展。

三十八、战前由盟国及中立国人民经营之工矿商业，应由政府与各国政府或其业主协商处理之。

三十九、各项产业之开发资金，欢迎友邦之投资，技术上亦与友邦充分之合作。

第八，教育文化

四十、接收后改组之学校，须于短期内开课。私立学校及私营文化事业，如在接管期间能遵守法令，准其继续办理，否则，接收、改组或停办之。

四十一、学校接收后，应即实行左列各事：

(甲)课程及学校行政须照法令规定。

(乙)教课书用国定本或审定本。

四十二、师范学校接收改组后，应特别注重教师素质及教务训育之改进。

四十三、国民教育及实习教育，应依照法令积极推行。

四十四、接管后，应确定国语普及计划，限期逐步实施。中小学校以国语为必修科，公教人员应首先遵用国语。各地方原设之日语讲习所，应即改为国语讲习所，并先训练国语师资。

四十五、各校教员、社教机关人员及其他从事文化事业之人员，除敌国人民(但在专科以上之学校必要时得予留用)及有违法行为者外，均予留用。但教员须举行甄审，合格者给予证书。

四十六、各级学校、博物馆、图书馆、广播电台、电影制片厂、放映场等之设置、地点与经费，接管后以不变动为原则，但须按照分区设校及普及教育原则妥为规划。

四十七、日本占领时强迫服兵役之台籍学生，应依其志愿与程度予以复学或转学之便利。其以公费资送国外之台籍学生，得斟酌情形，使其继续留学。

四十八、日本最近在各地设立之练成所，应一律解散。

四十九、派遣教育人员赴各省参观，选派中等学校毕业生入各省专科以上之学校肄业，并多聘学者到台讲学。

五十、设置省训练团、县训练所，分别训练公教人员、技术人员及管理人员，并在各级学校开办成人班、妇女班，普及国民训练，以灌输民族意识及本党主义。

五十一、日本占领时印行之书刊、电影片等，其有诋毁本国、本党或曲解历史者，概予销毁。一面专设编译机关，编辑教科、参考及必要之书籍图表。

第九，交通

五十二、接管后，各项交通事业(如铁道、公路、水运、航空、邮电等)，不论官营、公营、民营，应暂设一交通行政临时总机关，统一指挥管理。

五十三、交通事业接收后，尽快恢复原状，并须与各部门事业配合。

五十四、接管后必须补充之各种交通工具(如船舶、火车、汽车、飞机等)及器材，须先预估计、筹划、租购或制造，尤宜注重海运工具。

五十五、接管后应分置铁路、轻便铁路、公路、电信、桥梁、飞机场等修复工程队，及必要之护路警卫人员。

五十六、民营交通事业，应先令继续营业；其有产权纠纷者，由政府先行接管，依法解决。

五十七、凡公路运输、水路运输以及电话等器材工具之制造，可准民营者,由政府预先公布,加以保障奖励。

第十,农业

五十八、敌国人民私有或与台民合有之农林牧渔资产权益,一律接收,经调查后分别处理。

五十九、接管后,应特别注重保障农民、渔民利益,实施恢复耕作,贷给供应种籽、牲畜、农具,保护佃农各项。

六十、盟国或中立国人民在台之工矿、交通、农林、渔牧、商业等公司之资产权益,应即予重新登记,分别处理。

第十一,社会

六十一、原有人民团体,接管后一律停止活动,俟举办调查登记后,依据法令及实际情况加以调整,必要时得解散或重行组织之。

六十二、调查人民生命财产之伤亡损失,加以救济。其有革命忠烈事迹者,应特予表彰,其因参加抗日战争而伤亡之台民,并应予以安置或抚恤。

六十三、农民复业所需农具、牲畜、种籽、肥料、资金等之救助,城乡住宅之修复,应辅导人民组织合作社办理,必要时得暂用查户、垫发资金物料及其他方法办理之。

六十四、日本占领时代之合作组织,应予以登记,逐渐依法办理。并辅导民众组织各种合作社,协助救济工作,承办物品供销。

六十五、日人占领时代之社会福利设施应继续办理,并发展之。

六十六、台湾之习俗礼节,应为合理之调整。

六十七、关于救济工作,应与国际善后总署及其他救济行政机关密切联系,并以工赈、农赈为主。

第十二,粮食

六十八、粮食应专设机构管理之。

六十九、接管后之粮食调查、登记、运销等,应依照法令,参酌当地实际情形,分别办理。

七十、接管后如发生粮荒现象,应由省政府转请中央救济之。

第十三，司法

七十一、接管后，除首先迅速释放政治犯、清理狱囚外，并应将未终结之民刑案件，分别审结。

七十二、接管后，须成立司法事项之临时研究机关，研究下列各问题：

（甲）各种法律适用问题。

（乙）因旧法废止而发生之民刑案件纠纷处理问题。

（丙）其他有关司法问题。

七十三、接管后，应培养司法人员，并改善监狱及监犯待遇。

第十四，水利

七十四、接管后水利工作，应以迅速修复已破坏之工程为主。

七十五、台民私有之水利权益，经调查无违法行为者，仍准其继续办理。

第十五，卫生

七十六、接管后之卫生行政工作，应注重左列事项：

（甲）维持原有医疗及有关卫生工作，使不停顿。

（乙）防止流行疫病，广设临时医疗机关。

（丙）补充药品及卫生医疗器材。

七十七、培养卫生医药人员，除扩充充实高等医药教育外，并须办训练班。

第十六，土地

七十八、土地行政接管后，由省政府设置机关管理之。

七十九、敌国人民私有之土地，应于接管台湾后，调查其是否非法取得，分别收归国有或发还台籍原业主。

八十、前条规定以外之私有土地，其原有之土地权利凭证，在新凭证未颁发以前，经审查后，暂准有效，其权益尚未确定者，由地政机关分别查明处理之。

八十一、接管后，应即整理地籍（原有地籍、图册在未改订以前暂行有效），如有散失，迅予补正。一面清理地权，调查地价，以为实行平均地权之准备。

八十二、日本占领时代之官有、公有土地及其应行归公之土地,应于接管台湾后,一律收归国有,依照我国土地政策及法令分别处理。

(录自中国国民党中央党史会库藏史料)
(秦孝仪主编,张瑞成编辑:《光复台湾之筹划与受降接收》,台北:中国国民党中央委员会党史委员会1990年6月第1版,页109—119。)

11. 国民参政会参政员李荐廷等提"请即设立台湾接收委员会案"(1945年7月)

——民国三十四年七月在国民参政会第四届第一次大会提

理由:

(一)台湾及澎湖列岛系我国旧时失地,在克复时不能援新占领地之例设立军政府,又因其非新沦陷省份,未有省政府之组织,台湾之接收,显为两种不同政治体制之交替,故应先设立接收委员会,准备交替时期处理一切政务。

(二)台湾及澎湖列岛之接收事务,千头万绪,概而别之,亦可得军事、政治、经济、教育等部门,若在新沦陷省区,可依政治及军事两项分别进行,但在台湾则不可分立,而须构成一元体制,故应先设立接收委员会统辖军政,办理全面之接收事宜。

(三)台湾接收事务之内容,备极广泛而复杂,举凡军事之行动,政治之改制,经济之施设,官公营企业之接收,日人财产之收管,土地问题之调整,教育文化之兴革,社会团体之改隶等事宜,均须一番详尽之研究与设计,绝非临时措置手续所能奏效,故应即设立台湾接收委员会从事详密之准备,庶免有临渴掘井之弊。

办法:

(一)从新设立台湾接收委员会,以富有军政学识经验并熟悉台情之祖国人士为主任委员,而配以学识高深,对于日本及台湾问题素有研究,并会在祖国党政军文化社会各界服务,而负众望之台湾人士及祖国人士为专任委员,其下另设顾问专门委员、设计委员及专员等,并仿照东四省政府组织设秘书长等,均尽可能录用台湾人士或熟悉台情者充任之。(其编制由行政院另订之)

(二)改组扩充台湾调查委员会为台湾接收委员会,查该调查委员会顾名思义,非一执行机构,不足以应付实际接收之场面,故应扩充成为接收委员会,或归纳于接收委员会之机构内,始得发挥更大之效用。

(三)举凡有关台湾之机关或团体,如台湾义勇队、台湾工作团、行政干部训练班、警官训练班、行员训练班,及台湾革命同盟会、台湾革命同志会、台湾解放同志会等,应全部收归台湾接收委员会统辖,以收统一办理之实效。

(四)组织台湾远征军(或改编现成军队充任),归台湾接收委员会统率,以为台湾行政及各部门接收时之武力后盾,而利工作之进行。(台湾远征军组织方案由军政部另订之)

(录自中国国民党中央党史会库藏史料)

(秦孝仪主编,张瑞成编辑:《光复台湾之筹划与受降接收》,台北:中国国民党中央委员会党史委员会1990年6月第1版,页10-11。)

12. 国民参政会参政员马景常等提"台湾应有国大代表案"(1945年7月)

——民国三十四年七月在国民参政会第四届第一次大会提

(注)提案原文缺。

(秦孝仪主编,张瑞成编辑:《光复台湾之筹划与受降接收》,台北:中国国民党中央委员会党史委员会1990年6月第1版,页16。)

13. 国民参政会参政员胡秋原、马毅等提"请于国民代表大会增设台湾代表案"(1945年7月)

——民国三十四年七月在国民参政会第四届第一次大会提

(注)提案原文缺。

(以上两案合并讨论)

附录:国民参政会决议文

关于国民大会代表问题,请政府参照本会各参政员提案,衡酌法律与事实,妥定办法,务使国民大会具有极完满之代表性。

（录自国民参政会史料）

（秦孝仪主编,张瑞成编辑:《光复台湾之筹划与受降接收》,中国国民党中央委员会党史委员会1990年6月第1版,页16-17。）

14. 国民参政会参政员胡秋原、韩汉藩等提"请编组台湾远征军以利收复台湾案"(1945年7月)

——民国三十四年七月在国民参政会第四届第一次大会提

(注)提案原文缺。

附录:国民参政会决议文

送请政府参考。

（录自国民参政会史料）

（秦孝仪主编,张瑞成编辑:《光复台湾之筹划与受降接收》,台北:中国国民党中央委员会党史委员会1990年6月第1版,页17。）

15. 国民参政会参政员何葆仁等提"请求国际善后救济总署中国分署增设台湾救济机构案"(1945年7月)

——民国三十四年七月在国民参政会第四届第一次大会提

(注)提案原文缺。

附录:国民参政会决议文

请政府于准备复员工作时,统筹办理。

（录自国民参政会史料）

（秦孝仪主编,张瑞成编辑:《光复台湾之筹划与受降接收》,台北:中国国民党中央委员会党史委员会1990年6月第1版,页18。）

16. 国民参政会参政员林学渊等十七人提"请统一台湾军政机构尽量录用台胞以准备收复台湾而利抗战建国案"（1945年7月—11月1日）

——民国三十四年七月在国民参政会第四届第一次大会提

理由：

（一）德国投降后，战事重心移至太平洋，对倭决战将开始。就目前局势而观，盟军可能先行登陆中国沿海或直接进攻倭本土，故台湾登陆可能性似已减少，将来该岛收复之艰巨任务，势须由国军单独担负。因此鼓励台籍士兵内应，与台湾部队之编练培植，实属不容延缓。

（二）最近倭军中之台籍士兵，及敌后台湾青年纷纷投诚求为祖国抗战效命，惟我军政当局对台工作尚缺通盘计划，机构系统亦颇纷歧，且无收容台胞之机关，致来归者莫知适从，投效无门废然而返者有之，中途失踪者有之，偶有侥幸到达后方者又常受战俘之待遇，以致影响其内向之情绪至大且巨。

（三）台湾光复期间与接收后之处理，应以三分军事七分政治为方针，庶几可以减少无谓牺牲与摩擦，故统一军政机构，充分运用台胞，起用台胞，吸收台湾青年编练部队提高彼等爱国之情绪，使之为国前驱，增强收复台湾之力量，实为当务之急不宜再事延宕。

（四）菲岛、琉球以及南洋各地台籍战俘甚多，其中自动来归者亦不乏人，彼等均热望参加抗敌工作，盟军登陆倭国本土在即，亟应先将上述台胞加以组训，俾成劲旅，参加盟军远征扬我国威于三岛，增加战后发言权，亦为当前最迫切之措置。

办法：

（一）迅速成立党政军之综合机构，统筹收复台湾之工作，并尽量录用台胞，使之得有为国服务之机会。

（二）迅速设立台湾青年招待所，吸收来归台胞，编练部队借以增强作战力量。

（三）组训太平洋各地台籍士兵，及华侨青年成立混合部队，参加倭本土登陆作战，以扬国威于三岛。

(四)依照蒙藏东北各省前例选定台湾代表参加首届国民代表大会,鼓励台胞内向提高彼等爱护国族之情绪,如是则台民来归者势必如水之就下。

以上所述是否有当？敬请公决。

附录(一):国民参政会决议文

以上二案合并讨论决议如下:通过。送请政府切实办理。

附录(二):国防最高委员会秘书厅分函行政院、军事委员会、中央秘书处查照国防最高委员会第一百七十一次常会决议办理(转陈)

——民国三十四年十月四日

国民参政会第四届第一次大会建议(一)设立台湾接收委员会及(二)统一台湾军政机构尽量录用台胞二案,奉国防最高委员会第一百七十一次常务会议合并决议:"交行政院军事委员会会商办理,其统一台湾军政机构尽量录用台胞建议案内原办法第一项并抄送中央执行委员会"。除分函外,相应检同原案函达,即希办理

查照办理为荷！

　　转陈

　　此致

行政院

军事委员会

中央执行委员会秘书处

附原案二份(略)

附录(三):军事委员会、行政院同函复国防最高委员会秘书厅办理情形

——民国三十四年十月二十九日

贵厅本年十月四日国纪字第五七六〇二号公函诵悉,关于国民参政会第四届一次大会建议,设立台湾接收委员会及统一台湾军政机构尽量录用台胞二案所列各项办法,现在尚能适用者仅有:(一)尽量录用台胞;(二)选定台湾代表参加首届国民代表大会两项。除将(一)项命饬台湾行政长官公署办理,(二)项函送国民大会代表选举总事务所核办外,相应将办理情形会衔函复查照为荷。此致国防最高委员会秘书厅。

委员长　蒋中正

院　长　宋子文

附录(四):国防最高委员会秘书厅函复国民参政会秘书处有关办理情形
——民国三十四年十一月一日

　　国民参政会第四届第一次大会建议,设立台湾接收委员会及统一台湾军政机构尽量录用台胞二案,前奉国防最高委员会第一七一次常务会议决议,交行政院军事委员会会商办理,其统一台湾军政机构,尽量录用台胞,建议案内原办法第一项并抄送中央执行委员会,当由厅分别行知,并汇案复请贵处查照转陈在案。兹准军事委员会卅四办秘:政字第六四二三〇号行政院平柒字第二三六三九号会函节称查上述二案所列各项办法,现在尚能适用者云。会衔函复查照转陈等由到厅,经陈奉批:"照复国民参政会"相应函达,即希查照转陈!此致国民参政会秘书处。

(以上录自中国国民党中央党史会库藏史料)

(秦孝仪主编,张瑞成编辑:《光复台湾之筹划与受降接收》,台北:中国国民党中央委员会党史委员会1990年6月第1版,页12—16。)

17. 收复区土地权利清理办法(1945年8月28日)

中华民国三十四年八月廿八日公布施行

　　第一条　收复地区土地权利之清理,除法令别有规定者外,依本办法之规定。

　　第二条　土地权利人应以执有下列各款证件之一者为其产权凭证。1. 依法办理土地登记所发之土地权利书状;2. 依法办理土地陈报所发还之土地营业执照;3. 依其他国民政府核定之法令整理地籍所领发之土地权利证件,未经依法令整理地籍之地方人民土地权利以原有证件为凭证。

　　第三条　凡敌伪组织对于公有私有土地所为之处分及其所发给之土地权利证件一律无效,土地权利人旧有之证件经加盖敌伪组织之印信者,应在原敌伪印信上加盖无效戳记,并依照本办法第八条之规定补办登记或接收暨税契手续。

第四条　经敌伪组织放领之公有土地，一律无效，但其承领人为自耕农而继续耕作者，得限期办理承领手续。

第五条　经敌伪组织没收之私有土地，应由所有权人提出确切证件后发还之，如有特殊原因不能发还者，均依法征收之。

第六条　经敌伪组织发价征收之私有土地由政府保管清理，如目前无重大公共需要者，得准原所有权人提出确切证件，缴价领回。

第七条　在敌伪组织势力范围内被非法强占之私有土地，应当还报原土地所有权人，其在强占期间原土地所有权人所受之损害，应由强占人负损害赔偿之责。

第八条　在战争期间市县政府不能行使政权之地方，土地权利之移转应由权利人于光复后政府公开行使政权六个月内依法向该管市县政府补行登记或税契。

第九条　战前地籍整理完竣之土地如其经界变更或图册散失者，应补行测量，以恢复土地使用原状为原则，但于必要时得执行土地重划。

第十条　各省市政府得依据本办法拟定实行细则送请中央地政机关核定。

第十一条　本办法自公布日施行。

国民党政府资源委员会档案〔廿八3848〕

（陈鸣钟、陈兴唐主编：《台湾光复和光复后五年省情》，南京出版社1989年版（上），页453-454。）

18. 军令部部长徐永昌呈蒋委员长请迅即指派接收日海军及台湾、越南受降人员签呈（1945年8月28日）

——民国三十四年八月二十八日

奉总长何未漾天松电节开："据派员访晤今井谈称：日军系统台湾、越南各有其最高指挥官，又海军不受陆军指挥，现冈村仅代表驻华陆军，对海军及台越陆军之投降，实施上不无困难。"等因，除承办电令何总司令通知冈村速报日政府转饬海军及台越陆军方面派员向何总司令办理投降事宜外。关于我方应派遣接收敌海军及台湾、越南受降之人员，拟请钧座即予指定发表，俾资派往南京参加签字,而便分别进行受降接收事宜。上拟是否有当?恭请鉴核示遵。谨呈委员长蒋。

拟办:接收越南代表拟饬洽商何总司令核派;接收台湾代表拟饬洽商陈长官仪核派;接收海军代表拟饬洽商军政部与陈原甫核派。

蒋委员长批示:如拟。中正。八月三十日。

(录自"总统府"机要室档案)

(秦孝仪主编,张瑞成编辑:《光复台湾之筹划与受降接收》,台北:中国国民党中央委员会党史委员会1990年6月第1版,页184。)

19. 蒋委员长致军令部部长徐永昌、次长刘斐嘱具报接收台湾及东北之部队与运输计划条谕(1945年8月29日)

——民国三十四年八月二十九日

徐部长次宸、刘次长为章:接收台湾及东北之部队与其运输计划应拟具报核为要。

中正。三十四年八月二十九日。

(录自"总统府"机要室档案)

(秦孝仪主编,张瑞成编辑:《光复台湾之筹划与受降接收》,台北:中国国民党中央委员会党史委员会1990年6月第1版,页184-185。)

20. 中国战区中国陆军总司令部致冈村宁次中字第十八号备忘录(1945年9月3日)

——民国三十四年九月三日

一、本总司令部中字第十二号备忘录计达。

二、奉中国战区最高统帅蒋委员长命令派陈仪将军为台湾及澎湖列岛受降主官。

三、关于受降日期及详细规定另行电知,希贵官查照并转台湾及澎湖列岛日军最高指挥官知照。

中国战区中国陆军总司令一级上将何应钦

　　本备忘录便机带南京交本部派驻南京前进指挥所主任冷欣中将转致冈村宁次将军。

（录自《中国战区中国陆军总司令部处理日本投降文件汇编》，上卷，页50–51）

（秦孝仪主编，张瑞成编辑：《光复台湾之筹划与受降接收》，台北：中国国民党中央委员会党史委员会1990年第1版，页185。）

21. 中国战区最高统帅蒋中正下达冈村宁次第一号命令（1945年9月9日）

——民国三十四年九月九日

　　一、根据日本帝国政府、日本帝国大本营，向联合国最高统帅之降书及联合国最高统帅对日本帝国所下之第一号命令，兹对中国战区内中华民国（辽宁、吉林、黑龙江三省除外）、台湾以及越南北纬十六度以北地区之日本陆海空军，颁布本命令。

　　二、贵官应对上游区域内投降之日本陆海空军各地区司令官，及其所属部队，发布下列命令，并保证其完全遵行。

　　（甲）日本帝国政府及日本帝国大本营，已命日本陆海空军全部向联合国作无条件之投降。

　　（乙）在中国境内（辽宁、吉林、黑龙江三省除外）、台湾以及越南北纬十六度以北地区，所有一切日本陆海空军及辅助部队向本委员长无条件投降。凡此投降之日本部队，悉受本委员长之节制，其行动须受本委员长或中国陆军总司令陆军一级上将何应钦之指挥，且只能服从本委员长或何应钦上将所直接颁发或核准之命令及告谕，或日本军官遵照本委员长或何应钦上将训令而发之命令。

　　（丙）投降之日本陆海空军，即停止一切之敌对行为，暂留原地，静待命令，以所有一切武器、弹药、装具、器材、物资、交通、通信，及其他作战有关之工具案卷，及一切属于日本陆海空军之资产等，予以暂时保管，不加损坏，待命缴纳于本委员长或何应钦上将所指定之部队长官或政府机关之代表。

（丁）凡在上述区域，所有日军之航空器、舰艇及船舶，除本委员长于第一号告谕中所宣示者外，其他一律恢复非动员状态，停留现地，不得加以损坏，船舰上、飞机上有爆炸物品者，须立即将爆炸物品移入安全仓库。

（戊）日本部队及附属部队之军官，须保证所属严守纪律及秩序，且须负责严密监视其部下，不得有伤害及骚扰人民，并劫掠或毁损有关文化之公私文物及一切公私资产。

（己）关于日方或日方控制区所拘禁之联合国战俘及人民，应如下之处置：

1. 联合国战俘及被拘人民，在本委员长或本委员长之代表何应钦上将接收以前，必须妥慎照护，并充分供给其衣食住及医药等。

2. 按照本委员长或本委员长之代表何应钦上将之命令，将战俘及被拘禁之平民，送至安全地区，听候接收。

3. 凡拘禁联合国战俘及平民之集中营，或其他建筑，连同其中所有器材、仓库、案卷、武器及弹药，须听候本委员长之代表何应钦上将与其指定之代表派员接收，在所派接收人员到达前，各集中营之战俘或被拘平民，应由其中资深官长或彼等自选之代表，自行管理之。

4. 凡向本委员长投降之日本陆海空军各级司令部，在接到命令所限定之时间内，须将有关战俘及被拘平民之详情及地点，列具完备之报告。

（庚）除另有命令外，凡向本委员长投降之日军，应继续供给其所属军民衣食及医药物品。

（辛）日军及日军控制区之军政当局，须保证下列各事：

1. 按照本委员长或本委员长之代表何应钦上将之命令，扫除一切日方所敷设之地雷、水雷，及其他陆海空交通之障碍物，在此项工作进行中，其安全通道，应予标明。

2. 对于航行方面之一切辅助工作，须立即恢复。

3. 一切陆海空交通及运输方面之器材与设备，须保持完好。

4. 一切军事设备及建筑，包括陆海军航空基地、防空基地、海港、军港、军火库及各种仓库，永久及临时陆上及海岸防御工事要塞及其他设防区域，连同上述各种建筑及设备之计划与图样，须保持完好，并须将一切工厂、工场、研究所、试验所、实验室、试验站、技术资料、专利品、计划、图样，以及一切制造或发明，直接间接便利作战所用之其他物品，或与作战有关之军事组织所用，或意欲运用之物品，保持完好。

（壬）凡一切武器军火、作战、器材之制造及分配，立即停止。

三、凡向本委员长投降，而在中国、台湾（含澎湖列岛）及越南日军司令部，在接到此项命令后，须即将各该区有关下列各项之资料，向中国陆军总司令何应钦上将提出报告。

（甲）一切陆海空及防空部队图表、册籍，须表明其所在地，及官兵之实力（含人马、械弹、装具、器材等）。

（乙）一切陆海军用及民用飞机、图表、册籍，须完全报告其数量、型式、性能、驻地及状况。

（丙）日军及日军控制下之一切海军船只，包括水面、水中及其他辅助船只，不论现役退役，及在建造中者，均须以图表、册籍报告其位置及情况。

（丁）日军控制下之商轮，在一百吨以上，不论现役退役，及正在建造之中或过去属于任何联合国，而目前在日方手中者，均须列具图表、册籍说明其位置及情形。

（戊）拟具详细及完备之报告，连同地图标明布有地雷或水雷及其他海陆空交通障碍物之地点，同时须指定安全通道之所在。

（己）凡一切日本方面所管理，或直接间接利用之工厂、修理厂、研究机关、实验室、试验站、技术数据、专利设计图样及一切军用或间接欲为军用之一切发明、设计、图样、生产品，及为此项生产而行之设施，其地点及其详情皆须报告。

（庚）凡一切军事设施及建筑，包括飞机场、海军航空基地、海港及军港、军火库，永久及临时之陆上及海岸防御工事要塞，及其他设防区之地位及详情，亦须报告。

（辛）并须按照第二款己项之规定，报告一切拘禁联合国战俘及平民集中营，或此类建筑之地点及其他有关情况。

四、向本委员长投降之各地日军司令部，须遵照各区受降主官之命，报告各该区日侨之姓名、住址,并收缴日侨所有之一切武器。通知全体日侨,在本委员长之代表何应钦上将所指定之官吏,未发布处置该日侨命令以前,须留在其现住地,不得离开。

五、日军及日军控制下之一切军政官员,须协助本委员长之代表何应钦上将所指定之军队,收复台湾(含澎湖列岛)、越南北纬十六度以北地区,及中华民国境内各日本军占领区。

六、本命令所规定之各项,及本委员长之代表何应钦上将嗣后所发布之命令,日军及日军控制下之一切文武官员及人民,须立即敬谨服从,对于本命令或此后之命令所规定之各项,倘有迟延或不能施行,或经本委员长或何应钦上将认为有妨碍盟军情事,将立即严惩违犯者及其负责之军官。

右令

驻华日军最高指挥官陆军大将冈村宁次

中国战区最高统帅特级上将 蒋中正
(录自"总统府"机要室档案)

(秦孝仪主编,张瑞成编辑:《光复台湾之筹划与受降接收》,台北:中国国民党中央委员会党史委员会1990年第1版,页185—190。)

22. 中国陆军总司令部电颁发省(市)党政接收委员会组织通则(1945年9月12日)

民国三十四年九月十二日　接字第二号

中国陆军总司令部代电

台湾陈仪将军:兹遵照委员长指示原则为收复区各省(市)集中统筹党政接收事宜,订定省(市)党政接收委员会组织通则,以事属急迫,先由本部颁发施行,送请行政院备案。何应钦申文接京印,附通则一件

附件:省(市)党政接收委员会组织通则

一、各省(市)为集中统筹该管收复地区党政接收事宜,设置党政接收委员会,受中国陆军总司令及该地区受降主官之监督指挥。

二、省(市)党政接收委员会以该省(市)最高行政长官(主席或市长)、省

(市)党部主任委员、三民主义青年团省(市)支团部干事长、省政府各厅处局长、市政府各局长、中央军政各部会接收特派员或其所指定之接收人员，必要时得请有关机关参加组成之，以该省(市)最高行政长官为主任委员。

三、中央各机关得电派省(市)、厅、处、局长兼充该机关接收特派员。

四、省(市)党政接收委员会之任务如左：

1. 关于统一接洽与相互联系事项；

2. 关于统一发出接收证件分交主管接收事项；

3. 关于接收隶属不明或机关间尚有争议之财物之暂行保管事项；

4. 关于接收清册之查核与汇报事项；

5. 关于接收之协助调处及其他事项。

五、省(市)党政接收委员会因保管某种重要财物得特设保管委员会。

六、省(市)党政接收委员会之办事人员以调用为原则，必要时得设专用人员。

七、省(市)党政接收委员会组织规程、办事细则自定之。

八、省(市)党政接收委员会于任务达成时撤销，未完事件移该省(市)政府接办。

九、接收收复地区日伪所办金融、经济、交通、水利等事业，其范围不限于某一省(市)，而不能分区或局部接收者，由另行设立之行政院收复区全国性事业临时接收委员会办理，其组织规程另定之。

十、本通则经中国陆军总司令核准施行并报行政院备案。

（台湾省政府档案）

（何凤娇编：《政府接收台湾史料汇编》(上)，"国史馆"1990年版，页121–123。）

23. 中国陆军总司令部致冈村宁次军补字第三号命令（1945年9月13日）

——民国三十四年九月十三日于南京

在中国战区（东三省除外）、越南北纬十六度以北地区及台湾、澎湖列岛地区之日本航空、陆军航空、海军航空（除舰上机）、民航（即商航）各部门及一切配属设施，已令空军第一路司令张廷孟负责接收，凡接收人员已经到达者，着自即日起开始交接，但地面警卫任务在中国警卫部队未充分到达前，仍由原部队负责警卫，尔后依中国地面警卫部队到达之先后受当地中国空军地区司令之指示，再依次交接该项地面警卫任务，除分令张司令遵照外，仰即转饬遵办为要。

右令

中国战区日本官兵善后总联络部长官冈村宁次大将

中国陆军总司令陆军一级上将　何应钦

（录自《中国战区中国陆军总司令部处理日本投降文件汇编》，下卷，页23。）
（秦孝仪主编，张瑞成编辑：《光复台湾之筹划与受降接收》，台北：中国国民党中央委员会党史委员会1990年第1版，页190。）

24. 中国陆军总司令部致冈村宁次军字第十六号命令（1945年9月16日）

——民国三十四年九月十六日于南京

兹派空军中校张柏爵为台湾南部第二十二地区空军司令，空军中校林文奎为台湾北部二十三地区空军司令，希即知照并转台湾地区日本官兵善后联络部长及当地空军负责人知照。

右令

中国战区日本官兵善后总联络部长官冈村宁次大将

中国陆军总司令陆军一级上将　何应钦

（录自中国战区中国陆军总司令部处理日本投降文件汇编，下卷，页7。）
（秦孝仪主编，张瑞成编辑：《光复台湾之筹划与受降接收》，台北：中国国民党中央委员会党史委员会1990年第1版，页191。）

25. 中国陆军总司令部致冈村宁次政字第十五号训令(1945年9月　日)

——民国三十四年九月　日于南京

查江苏省、南京、上海两市辖区内一切行政与事业各机关，业已命知派该省政府主席及该两市市长主持接收，兹续令浙江、安徽、江西、湖南、湖北、福建、广东、广西、河南、山东、河北、山西、热河、察哈尔、绥远各省政府主席，汉口、广州、青岛、北平、天津各市市长，台湾省(包括澎湖列岛)行政长官(名单附后)，所有各该省市辖区内一切行政与事业机构，由各该省政府主席各市市长及行政长官主持接收，希即转知各有关或原管人员遵照点交。

右令

中国战区日本官兵善后总联络部长官冈村宁次大将

中国陆军总司令陆军一级上将何应钦

附名单

浙江省政府主席　黄绍竑

安徽省政府主席　李品仙

江西省政府主席　曹浩森

湖南省政府主席　吴奇伟

湖北省政府主席　王东原

福建省政府主席　刘建绪

广东省政府主席　罗卓英

广西省政府主席　黄旭初

河南省政府主席　刘茂恩

山东省政府主席　何思源

河北省政府主席　孙连仲

山西省政府主席　阎锡山

热河省政府主席　刘多荃

察哈尔省政府主席　冯钦哉

绥远省政府主席　傅作义

汉口市市长　徐会之

广州市市长　陈　策

青岛市市长　李先良

北平市市长　熊　斌

天津市市长　张延锷

台湾省(包括湖澎列岛)行政长官　陈　仪

(录自《中国战区中国陆军总司令部处理日本投降文件汇编》,下卷,页59-160。)

(秦孝仪主编,张瑞成编辑:《光复台湾之筹划与受降接收》,台北:中国国民党中央委员会党史委员会1990年第1版,页192-193。)

26. 交通部邮政总局关于接收台湾后邮政管理办法事致函邮电司(1945年9月21日)

贵司三十四年八月三十一日甲(34)字第六四九一号公函以准参事厅签称,台湾所发行之邮票在我国邮票未运到时,自无妨于票面加盖字样,以免邮务停顿。至伪满之地位与日本不同,应否另用其他办法,以资救济等语,请另拟补救办法送司,以便转陈核定等由。准此。查东北九省所用伪满邮票,既不能加盖"中华民国"字样使用,则只有立于废止不用,并预将我方邮票带往或运往使用,惟东北地方辽阔,局所甚多,需用邮票为数甚巨,由人带往既属为难而数量复极有限。若运往,则运轮滞阻,又难如期运到。届时该九省邮务业已恢复,而业务不可因之邮票竟付阙如。事实上,必感极端困难。近又准九月十三日甲(34)字第六五七八号公函抄发行政院收复区五项紧急措施办法,关于邮电通信内第四节有"伪邮政总局在收复区印存之邮票加印使用其未加印者作为无效"一条。查伪总局在收复区(关内)印存之邮票,尚系本局前印之总理遗像及先烈遗像邮票,所云加印意义未尽明晰。盖既系本局以前所印之票,似可无序加印即可使用,现时加印者系因该票面值与邮资不相配合,故加印改值以期适用,然行政院所定原则既云伪邮政总局印有之邮票可加印使用,则东九省之伪满邮政总局似亦可加印使用以为过渡办法。俾免

临时发生票荒,而致邮务停顿。俟我方之票运到,即行取消是否之处相应复。查照办理见复为荷。此致

邮电司

邮政总局

中华民国卅十四年九月廿壹日

(中国第二历史档案馆、海峡两岸文化交流中心编:《馆藏民国时期台湾档案汇编》,九州出版社2007年版,第35册,页58。)

27. 台湾省行政长官公署请拨发在沪印就之新币致行政院呈（1945年10月4日）

查接管台湾所需流通货,前经商准财政部由中央银行印制台湾新币以资应用。近经向中央银行查询,据称,此项新币已在上海印制,本月十五日以前可交一亿元。等语。兹以本署赶台接收人员本月中旬即将出发工作,需款迫切,特恳钧长俯准转饬财政部即将在沪业已印就之新币一亿元迅予拨发,以资支应。至此项新币与法币及台币价值折算标准,再行商讨订定。合并陈明。

谨呈

行政院院长宋

台湾省行政长官陈仪

三十四年十月四日

附:行政院批示:拟交财政部迅即核复。

国民党政府行政院档案:〔二6999〕

(陈鸣钟、陈兴唐主编:《台湾光复和光复后五年省情》,南京出版社1989年版(下),页418-419。)

28. 中国陆军总司令部致冈村宁次军字第三十八号命令（1945年10月4日）

——民国三十四年十月四日于南京

台湾行政长官公署前进指挥所主任葛敬恩中将、副主任范诵尧少将，率职员、士兵共约六十员名，定于十月五日至八日径飞台北，希立即转饬安藤利吉大将知照。

右令

中国战区日本官兵善后总联络部长官冈村宁次大将

中国陆军总司令陆军一级上将　何应钦

（录自《中国战区中国陆军总司令部处理日本投降文件汇编》，下卷，页17。）
（秦孝仪主编，张瑞成编辑：《光复台湾之筹划与受降接收》，台北：中国国民党中央委员会党史委员会1990年第1版，页193-194。）

29. 中国战区台湾省警备总司令部备忘录（1945年10月5日）

台军字第一号

日期：中华民国三十四年十月五日

致：台湾日本第十方面军司令安藤利吉将军

由：中国战区台湾省警备总司令部

一、本人以中国战区台湾省警备总司令地位奉中国陆军总司令一级上将何应钦转奉中国战区最高统帅特级上将蒋之命令，接收在台湾省（含澎湖列岛，下同）日本高级指挥官及其全部陆海空军与其辅助部队之投降。

二、日本驻台湾省第十方面军司令官安藤利吉将军自接受本备忘录之日起，应立即执行本总司令之一切规定，并应由安藤利吉将军负责指挥该区日军之投降事宜。

三、安藤利吉将军于接受本备忘录后，关于下列事项，应立即对台湾省地区之日本陆海空军下达必要之命令。

甲、对本总司令所指挥之部队及盟国官兵不得有任何敌对行为。

乙、驻台湾之日本陆海空军不得向非本总司令所指挥之任何部队投降，并应在现地听候本总司令命令。

丙、驻台湾省日本陆海空军所有武器、器材、船舰、车辆及一切交通通信设施、飞机场、海港应保存完好,并应以联队(独立大队或中队)为单位收存保管,听候本总司令命令呈缴,不得有藏匿、遗弃及毁损之行为。

丁、台湾附近海上及陆地障碍物均须于本年十月十五日以前清扫完毕。

戊、所有在台湾地区尚未释放之盟国战俘应即造册报告,恢复自由,妥为招待及保护,听候本总司令规定送达指定地点。

四、安藤利吉将军于接到本备忘录后,应即忠实迅速调制并办理下列各事项,限五日内完成送交本部前进指挥所。

1. 台湾(含澎湖,下同)全部二十万分之一及五万分之一军用地图各二十份,所有各种比例尺军用地图亦应列制清册二份,准备移交。

2. 台湾全部兵要地志附图各二十份。

3. 台湾全部日军之兵力配备要图(含阵地编成及强度与防守计划),指挥系统大队长(独立中队)以上各级主官及各级司令部之职员之姓名、出身、经历表册各二份。

4. 台湾全部日军人马、武器、弹药、装备、车辆分类数目表册(大队及独立中队以上为单位)各二份。

5. 台湾各要塞详图及说明书表(含武装设备)各二份。

6. 台湾全部交通网状况图(含公路、铁路、邮航线路)及现存交通工具种数、厂站设备与材料等表册说明书各二份。

7. 台湾全部通信联络图表及现存通信器材种数表册各二份。

8. 日军在台湾所有一切军事教育设备、器材、书籍等图表册各二份。

9. 台湾日军被服、粮秣、弹药等之补给系统方法及现品分存位置图表各二份。

10. 台湾空军现有飞机油弹与配件等种数、位置、军用飞机场站及场之位置、设备图表说明各二份。

11. 日本政府在台湾所有各种工厂建筑物之位置、种数、工人数目与生产能力及一切管理经营情形说明图表各二份。

12. 台湾陆地上于作战期间所设置各种障碍物之位置、种数及效能说明图表与清扫概况说明各二份。

13. 日本政府在台湾现存军用物资种数及贮存位置分布情形图表说明各二份。

14. 台湾海图（包括台湾各港间及台湾各港通他港之总图、分图并台湾各港之详图另附武装设备说明）并与航行有关之图表（如台湾沿海潮汐书等）各二份。

15. 台湾沿海水雷敷设图（包括雷区所在、水雷种数、敷设线、水雷性能、当时如何敷设以及敷设深度等）及水中障碍物沉没图（包括沉置所在及材料种数）并上列区域内各种障碍物之清扫情形说明各二份。

16. 台湾现有各舰艇船舶等之驻泊图并说明（包括吨位、船龄、性能、各项设备、武装配备并各舰舰长、轮机长及各船舶长、管轮者之姓名）各二份。

17. 以上各舰艇、船舶现存料件（包括燃料、滑浊、弹药、五金材料、粮食、药品、航行所用图书、旗帜、海航灯具与轮机之航海日记簿等）清册各二份。

18. 马公要港司令及其他沿海或内河港塞海军指挥部最近职员录各二份。

19. 台湾各港海军工厂（包括军械修造及舰艇船舶修造）位置图附说明书（包括设备、能力及余存备用材料）各二份。

20. 台湾各港海军仓库图及库存器材清册各二份。

21. 台湾各港信号台所在图附设备说明及旗帜灯具等清册各二份。

22. 台湾要塞及各海港码头位置及设备图表说明各二份。

23. 台湾水道测量工作概况说明二份。

24. 台湾所有陆地及海港各种军事及一般设备于战争前后一切损毁情形图表（须注明损毁年月日及原因）各二份。

五、为监视日方执行余之一切命令及规定与确保双方之联系，并为准备接收之进行便利与迅速起见，特派台湾省行政长官公署秘书长葛敬恩中将及本部副参谋长范诵尧少将分任前进指挥所正副主任，率领所要人员先至台北设置本部前进指挥部，希即为准备一切并应妥为保护及以各种便利，对其所转达之本总司令一切命令与规定或有何要求时,均应迅速照办。

六、投降实施之正式手续及时间与地点另行通知。

中国战区台湾省警备总司令陆军上将　陈　仪

本备忘录由本部前进指挥所主任葛敬恩中将转交安藤利吉将军或其代表。

国民党政府行政院档案〔(二)7899〕

(陈鸣钟、陈兴唐主编:《台湾光复和光复后五年省情》,南京出版社1989年版(上),页135—138。)

30. 中国战区台湾省警备总司令部备忘录(1945年10月5日)

台军字第二号

日期:中华民国三十四年十月五日

致:台湾日本第十方面军司令官安藤利吉将军

由:中国战区台湾省警备总司令部

一、本总司令指挥之部队,将于十月十五日以后陆续开抵台湾,其集中地区,容再通知。为求本总司令之部队到达台湾初期给养无缺起见,希于十月十二日以前在台北准备大米三十万公斤,淡水十万公斤,台南十万公斤,高雄十万公斤,台东及花莲各五万公斤,马公二万公斤。

二、日本驻台湾地区之陆海空军应即就现位置集中,非奉本总司令命令不得移动,在集中地区并应准备三个月之给养,三个月后之军粮依情况再定办法。

中国战区台湾省警备总司令陆军上将　陈　仪

本备忘录由本部前进指挥所主任葛敬恩中将转交安藤利吉将军或其代表。

国民党政府行政院档案〔(二)7899〕

(陈鸣钟、陈兴唐主编:《台湾光复和光复后五年省情》,南京出版社1989年版(上),页138—139。)

31. 中国陆军总司令部致冈村宁次军字第三十九号命令(1945年10月5日)

——民国三十四年十月五日于南京

驻福州宪兵第四团第五连连长何承先率该连官兵一百〇六员名,于十月八日由福州乘帆船赴台北,希转饬台湾联络部长安藤利吉大将知照,并予协助为要。

右令

中国战区日本官兵善后总联络部长官冈村宁次大将

中国陆军总司令陆军一级上将　何应钦

（录自《中国战区中国陆军总司令部处理日本投降文件汇编》,下卷,页17-18。）

（秦孝仪主编,张瑞成编辑:《光复台湾之筹划与受降接收》,台北:中国国民党中央委员会党史委员会1990年第1版,页194-195。）

32. 中国陆军总司令部致冈村宁次诚字第五十号训令(1945年10月7日)

——民国三十四年十月七日于南京

关于接收日方测量物资,除京沪区业经派人接收外,兹尚有军令部第四厅测量监主任董诚、一等正技正黎炜銮,派赴平津测量监;参议郭铁孙、二等正技正张镇藩,派赴武汉;一等正队长黄维恕,派赴广州、台湾负责接收各地日方测量物资,希即转知平津、武汉、广州、台湾各该地区联络部长知照为要。

右令

中国战区日本官兵善后总联络部长官冈村宁次大将

中国陆军总司令陆军一级上将　何应钦

（录自《中国战区中国陆军总司令部处理日本投降文件汇编》,下卷,页90-91。）

（秦孝仪主编,张瑞成编辑:《光复台湾之筹划与受降接收》,台北:中国国民党中央委员会党史委员会1990年第1版,页195。）

33. 台湾行政长官公署秘书长兼台湾警备总司令部前进指挥所主任葛敬恩发表告台湾同胞书（1945年10月7日）

——民国三十四年十月七日

台湾同胞：本人奉命前来台湾，成立前进指挥所，以备忘录递交台湾总督，所负主要任务是注意日方实施情形，调查一般状况，并准备接收工作，以待国军及行政长官陈仪上将前来履新。本人本月五日率领第一批文武人员自陪都出发，当天便安然到达这别离祖国怀抱五十年来的台湾首府——台北，受到同胞们的热烈欢迎，使本人感到非常荣幸，非常愉快，尤其可慰的是目睹此间同胞那种亲爱融洽的精神，与祖国各地毫无差别，益使本人深信同胞之间纵然经过长时间的别离，但是那种天然的手足之爱，是绝对无法磨灭的。我们在祖国的时候，对于台湾同胞的生活状况，时时刻刻在怀念着，不但我们同人在怀念着，即我们的最高领袖蒋主席、我们的政府以及我们全国的同胞，也都是在怀念着各位过去所受的痛苦，尤其在战争期间所受的一切牺牲。我们同情各位过去之遭遇，更关心各位的生活，我们怀念各位如同怀念自己的兄弟姊妹一样。本人今天愿意代表全体国人向各位致最诚挚的慰问之意。

现在我们指挥所同人初到此地，一切情形皆不熟习，在处置上难免有挂一漏万之地方，务请各位父老免除客气，随时随地告诉我们，使我们同人能够真正达到为民众谋福利，为国家立基业的使命。因为我们少数同人，事实上耳目难周，惟有希望台胞们起来共同努力，才能迅速完成我们的任务。此外本人还要奉告各位同胞，我们的军队就是久经战事而又征调频繁的忠勇将士，不久就要开到台湾了，这些部队都是辗转奋战经过数千里而来的，外表上虽不免感到辛苦，但精神上却异常健旺，他们开到之后，本人相信必能做到军民合作，融洽无间的地步，并且一俟军队开到，我们的行政长官陈仪上将也将随时莅临，与各位相见，届时一切政务以及接收事宜，便可全面展开，这是我们乐于告慰各位的。

至于现在台湾的六十万日本军民，本人也有一点感想，回顾过去彼此处于敌对状态之下，双方当然抱有仇视心理，今天日本既已幡然觉悟，放下武器,我们站在君子爱人以德的立场上,惟有真诚的希望他们彻底民主化,日本的军人都来自民间,他们必然也能感到实施民主的必要。就台湾现时现地而论,我们一方面愿望日本军人深明大义,遵照命令办事,一方面更望台湾同胞保持大国民风度,避免轻举妄动,我们千万要记住,抗战虽已成功,建国尚待努力,今后必须急起直追,须知我们的一切力量,不能再有一份浪费,我们所有的一切时间,不能再有一丝虚掷,本人愿率领指挥所同人,与全体同胞共向此项目标努力迈进。

(录自台湾省通志,卷十"光复志"——收复准备篇,页43-45。)
(秦孝仪主编,张瑞成编辑:《光复台湾之筹划与受降接收》,台北:中国国民党中央委员会党史委员会1990年第1版,页195-197。)

34. 国防部最高委员会秘书厅函致收复区及台湾省法院处理民刑诉讼事件条例草案(1945年10月9日)

民国三十四年十月九日　国纪字第五七六五七号

准行政院本年十月五日平捌字第二一九一五号函开:据司法行政部呈称:"查收复区情形特殊,法院于沦陷时未曾办结之民刑诉讼,在恢复办公后应如何继续办理,对于伪法院所为之诉讼行为应如何处理,暨光复区法院经本部派员接办后实际情形,拟具收复区光复区法院处理民刑应如何受理,民刑诉讼本部前于复员计划内,曾拟另订法规以资适用,兹经本部参照有关法令及诉讼事件办法草案,目前复员在即,亟待施行,理合检同原草案呈钧院鉴核,迅赐转陈国防最高委员会备案,俾便先付实施,仍将原草案转送立法院审议以符法制"等情,据此。查原拟办法草案标题,经本院改为收复区台湾区法院处理民刑诉讼事件条例草案,条文亦经酌加修正,并提出本年十月二日本院第七一五次会议决议:"通过,应否先准实施,请国防最高委员会核示,除指复外,相应抄同该条例草案,函请查照转陈核交立法院审议,至应否先准实施并请转陈核示"等由到厅,经陈奉国防最高委员会第一百七十三次常务会议决议:"标题改称为收复区及台湾省法院处理民刑诉讼事件条例交立法院迅速审议",相应抄同该项条例草案函请查照转陈发交立法院迅速审议,并令行行政院知照为荷。

此致

国民政府文官处

附抄收复区及台湾省法院处理民刑诉讼事件条例草案二份

附件：收复区及台湾省法院处理民刑诉讼事件条例

第一条　收复区台湾区处理民刑诉讼事件，除别有规定外，依本条例之规定。

第二条　收复区法院于沦陷前未办结之民事诉讼及刑事自诉案件，应于恢复办公之日，布告当事人于三个月以上六个月以下期间内，陈明继续为诉讼行为。民事当事人不于前项期间内陈明者，除沦陷前已辩论终结而未宣判者，应重开辩论，已宣判而未送达者，应补行送达外，视为撤回其上诉抗告或声请。

刑事自诉案件，除最轻本刑为五年以上有期徒刑之罪者外，当事人不于第一项期间内陈明者，法院得以裁定驳回自诉。

反诉人、上诉人或再审之声请人，与前项情形相同者准用之。

沦陷前收受而未办结之刑事公诉案件，法院应依当时之进行程度，继续进行，已辩论终结而未宣判者，应重开辩论，已宣判而未送达者，应补行送达。

第三条　已送达之民刑事裁判，沦陷时上诉抗告或其他不变期间未届满者，应自布告之日起，经三个月后，赓续计算其期间，其依民事诉讼法规定之声请期间，刑事诉讼法第六十七条第一项、第七十条、第四百零八条第二项、第四百十七条、第四百四十九条第一项之声请期间亦同。

第四条　沦陷前已声请而未执行，或执行而未终结之民事裁判，应于恢复办公之日开始或赓续执行。

沦陷前已确定而未执行，或执行未完毕之刑事裁判亦同。

第五条　伪法院所为之民刑裁判、命令、处分及进行之诉讼程序无效。

第六条　对于前条之裁判、命令、处分，提起上诉抗告再审之诉或有所声请声明者，应以裁定驳回之，对此裁定不得抗告。

第七条　伪法院所为强制执行无效，但执行沦陷前已确定之裁判，而债务人已依原执行名义履行全部或一部者,债权人不得就其已履行部分声请强制执行。

第八条　伪法院所为刑之执行无效,但执行沦陷前已确定之裁判或执行伪裁判,而法院于恢复办公后亦科处罪行者,检察官应就其已执行部分,声请法院裁定免其执行。

第九条　台湾区民刑事件于光复之日尚未终结者,其以后程序应依现行民刑诉讼法、非常时期民刑事诉讼补充条例及强制执行法办理。

第十条　光复前已确定之刑事案件,依现行法不处罚者,检察官应声请法院裁定免其执行。

第十一条　本条例自公布之日施行。

（行政院档案）

（何凤娇编:《政府接收台湾史料汇编》（上），"国史馆"1990年版,页289-292。）

35. 财政部函请经济部主办台湾光复区债券库券问题（1945年10月12日）

民国三十四年十月十二日　　渝财公二字第一一〇二号

财政部函

　　查台湾光复区日本政府及其控制下之台湾区本土政府所发行之债券、库券,前经本部电请台湾省行政长官公署布告,自即日起一律禁止交易,并经核定限期登记收缴办法,分电央、中、交、农四银行转电台澎各地分支行处遵照办理,暨电饬本部台湾区财政金融特派员遵办各在案。此外台澎区内各日方之公司债券,关涉我国人民权益至巨,其应如何处理,以事关商事债权债务,应请贵部主办,除分饬本部台湾区财政金融特派员随时与贵部特派员接洽办理外,相应函达查照办理,并希见复为荷。

　　此致

经济部　财政部长　俞鸿钧

（近史所经济档）

(何凤娇编:《政府接收台湾史料汇编》(上),
"国史馆"1990年版,页177-178。)

36. 中国战区台湾省警备总司令部备忘录(1945年10月13日)

台军字第三号

日期:中华民国三十四年十月十三日

致:台湾日本第十方面军司令官安藤利吉将军

由:中国战区台湾省警备总司令部

一、我军即将于台北地区登陆,限现驻台北地区之日军各部队于本(十)月十五日以前全部(第五项规定残留人员除外)由大园庄、桃园街、莺歌庄、土城庄、新店庄、平溪庄、贡寮庄、三貂角相连之线(含线上各地)以北地区撤出,二十日以前由中港、分头住、北埔庄、内湾角、板山、阿王山、员山庄、二结、三结相连之线(含线上各地)以北地区撤出。

二、现驻前项地区日军各部队撤退后之进驻地区应避开人口繁华市镇及交通要点,其进驻地点及撤退实施情形并希随时附详图具报。

三、基隆、台北市、淡水铁路沿线须于本(十)月十五日以前完成供给台军字第二号备忘录所载之给养及所要物舍等准备。

四、基隆港限本(十)月十五日以前须完成准备可供三万人迅速登陆之码头及所要器材设备,并于基隆铁路车站集中能以迅速输送之所要车辆、机车及其燃料等。

五、湾连涉第五号必须残留台北、基隆、淡水之日军陆海军部队、交通输送人员及病院患者全留外,余可按需要程度酌留四分之一乃至十分之一,惟全数不得超过二千人(含交通输送人员及病院患者),该湾连涉第五号附表签注发还。

中国战区台湾省警备总司令陆军上将　陈仪

本备忘录由本部前进指挥所主任葛敬恩中将转交安藤利吉将军或其代表。

国民党政府行政院档案〔(二)17899〕

(陈鸣钟、陈兴唐主编:《台湾光复和光复后五年省情》,南京出版社1989年版(上),页143-144。)

37. 台湾高等法院电呈接收高雄等地检处情形（1945年10月18日）

民国三十四年十月十八日　检牍字第七〇号

台湾高等法院电

台湾行政长官陈钧鉴:案据派往高雄地方法院接收检察事宜检察官许履棠元日电称,职等十二日下午八时到高雄,翌日开始接收;又据派往新竹地方法院接收检察事宜检察官张光祺、台北地方法院宜兰支部接收检察事宜检察官黄亮、台南地方法院接收检察事宜检察官吴运周等电称,业于寒日开始接收;又据派往台中地方法院接收检察事宜检察官黄敬修文日电称,职等于文日到达台中检处,业于寒日接收完竣,并启篆视事;又据派往台南地方法院嘉义支部检察官刘道正铣日电称,职今天接收开始各等情,据此除呈报司法行政部备查外,理合谨电呈请察核备查。

台湾高等法院首席检察官蒋慰祖公出,检察官陈丞城代行叩巧印。

附呈接收报告书壹件

附件:接收台湾高等法院检察处暨台北地方法院检察处报告

慰祖。奉命接管台湾全省检政,于本年十月七日接杨院长鹏电报,八日清早由綦江赶赴重庆,九日晨乘美机抵沪,十二日搭美舰转台,同月十七日抵达台北,经与杨院长会商后,同于十一月一日就职视事开始接收。至台北地方法院首席检察官在未奉派到任前,暂由(慰)兼代其职务,业经呈报在案,兹已将本处及台北地检处各项文卷簿册及家具等接收告竣,谨将接收情形分述如下:

（一）罗致人才　查前签请核派各员原拟随(慰)来台接收,只因行期突然提前,兼受台湾省行政长官公署核定名额限制,故由渝同机赴沪者仅检察官毛道仁、书记官陈璧臣二员。经沪时,复罗致书记官范宝钧一员。抵达台北后,以人员不敷分配,又将台胞中稍通文理者录用数员,按其能力酌派相当职务。又为明了本处过去情形及宣扬中央德意起见,对于原在日方检察局服务之台籍职员,一律仍留原职,并征用一部日籍书记以下人员,借备接管时之查询。复因前日本法院系随时调用行政警察,而无司法警察之设置,乃于就职之前,一面依照调度司法警察条例,商请台湾省行政长官公署警务处调派行政警察一班,驻院办理法警事务;一面登报招考中学毕业程度,通晓本国语文之青年备充法警,分派各地检察处服务,以便统一训练指挥,随时检阅,严加考核,并拟商同杨院长酌予提高其待遇,以期革除内地各院之积习。又以留滞川、黔、沪、粤等地检察人员,因缺乏交通工具,短期内难望全部来台,必致延误接收工作,遂在就近在闽延揽资深识广法曹六十余人,以便接收各地检政,现已有一小部到台,大部正设法接运中。

（二）接收步骤 抵台后即召见前日本高等法院检察官长下秀雄查询全省检察概况,并限期赶造移交清册暨转令各地检察局在未派员接收前,仍应负责维持现况,以免影响治安。开始接收首先令其呈缴印信予以销毁,次即谕知日籍检察官停止办案。复以接收人员不多,而事务则颇为繁琐,稍一不慎即易发生错误,乃派同来之检察官毛道仁兼代本处主任书记官职务,督同书记官陈璧臣、范宝钧采逐项分别接收办法,先后接收台北地检处,次及高等检察处。又为使工作不停顿计,当照常开庭侦查传案及收提人犯,已于上月三十日接收竣事,始命大部日籍书记以下人员去职,仅留各系主管人员借备咨询清查,现正筹划调整充实中。至各地检察局虽尚未接收,但除已严令其在接收人员未派到前仍维持现状外,并曾援例封雇专轮,准备驰赴福州接运大批法曹来台,惜因突受阻挠,致未能如期开出,现已与交通处商妥,另派轮只赴榕接运,一俟该批人员到齐,即可派往各地接收检政。

（三）调整事务 查前日本法院检察局内设有:(1)庶务系,(2)执行系,(3)征收系,(4)事件系,(5)证据品处分系,(6)记录及原本保存系,(7)思想系,(8)统计系,(9)前科取调系等,除统计、执行两系职掌与我国完全相同,庶务系相当于我国之文牍总务科,记录及原本保存系相当于我国之记录科,证据品处分系等于我国之赃证处分外,征收系则主管罚金、科料、过料、追征金没收、没入金及诉讼费用之征收。盖日本罚金分为三种,即金额在二十元以上者,称为罚金;未及二十元者谓之科料;违反户籍法、商法,或因被传无故不到庭者,被科处之罚锾,则曰过料。至所谓诉讼费用云者,即凡豫审或公判传唤证人、鉴定人、通事所给之食宿旅费,由被告负担或共犯连带负担,如经证人、鉴定人及通事于豫审终结前或公判前请求时,法院以裁判核定之费用也。我国虽对于证人、鉴定人有支给宿食旅费之规定,而司法预算内并无此项经费,以致成为具文,日法使被告或共犯负担诉讼费用办法,我国修订法律时似可酌予采用;又按征收系及证据品处分系在我国原属于执行部分,无分科系之必要,故将其并入执行科;事件系专管案件登簿,故并入记录科兼管;前科取调系主管对于被告有无累犯及被科处罚金之调查事宜,凡经判决确定人犯,均立即登载犯罪人名簿,并通知被告原籍住所地之检察处登记,嗣后遇有新收案件,经侦查结果,认为应行起诉者,乃调取该犯罪人名簿查阅即可知其曾否犯罪或被科处罚金,此法简而易行,且与我国现行法规不相抵触,故仍予保留,并改称为调查科;思想系专管思想犯罪事宜,系日人对台湾加强统治镇压革命之组织,凡言行稍涉犯嫌,各地均随时报告于高等检察局,分别情形,酌令密查监视或逮捕,故如能善于运用此机构,确有助于犯罪之侦查,以达成保障民权、巩固国基之任务,故亦予保存,改称情报科。

(四)发挥职权　检察官既系代国家行使职权,自当不畏强御,厉行检举,惟其必要条件首在加强武力,本处有鉴及此,已商请台湾省警备总司令部借拨新式步枪、驳壳枪各一百支、手枪五十支,并各配发子弹袋及枪弹各一百发,以备分配本处暨所属检察官、主任书记官、法警之用。复以日军虽已投降,但闻有不肖军人勾结浪人,私带武器潜入深山,意图乘机抢劫者,此类盗匪案件既归法院受理,则逮捕搜索仅赖少数法警绝难应付。爰与驻台陆军第七十军陈军长孔达商定,必要时得随时去函或电话,派队协助,以免漏网而维治安。此外,并与省公署警务处、市警察局、宪兵团等机关均已取得联系,俾可减少阻力,增加助力。至于检举犯罪部分,计查觉前日本高等法院书记官长永泽贯人与会计物品管理青木仓吉,有隐匿毁损自行车、汽车、桌椅等公物情事,并经搜得赃证发交侦查,已将自行车、汽车及多类公物追缴备用。又台北第一监狱一月以来,在押人犯病死逃亡者日有所闻,除饬该日籍典狱长佐藤正三缜密注意外,并函知院方严加监督在卷外,并将有疏脱人犯嫌疑之该监看守杨炽森发交侦查。再台北州日本高等刑事将当地诗人欧剑宪拘打致死,业经检察官郑松筠签请分案侦查,此外检举案件颇多,不胜枚举。

总之,此次随同来台接收人员虽仅四人,然以各人咸能秉承层峰之意旨,勤慎将事,故幸能顺利完成初步接收工作,并发挥检察职权,借以提高司法之威信,奠立法治之基础焉。

台湾高等法院首席检察官　蒋慰祖
(台湾省政府档案)

(何凤娇编:《政府接收台湾史料汇编》(上),
"国史馆"1990年版,页292-296。)

38. 秘书处关于检陈接收台湾银行办法的报告(1945年10月18日)

行政院函:以据台湾行政长官公署呈送接收台湾银行办法核尚可行,应准照办。除令知该署及财政部并转报国防最高委员会备案外,检发原办法嘱查照办理。等因。自应遵办。除分函各总行局查照转知各收复区行局遵办,并分函京、沪、津、汉等分处查照暨函复外,谨检陈原办法一份报请鉴察。(见附件一)

附件一:接收台湾银行办法

一、在台湾之总分支行由台湾省行政长官公署派员接收,其在其他各地之分支行,如业由财政部或四联总处派员接收者,俟台湾银行总行接收后,即交还总行管理。

二、台湾银行之名称仍旧,其业务除发行权划归中央银行外,余暂仍旧。

三、台湾银行总行接收后,应即拟具调查清理办法,令各分支行调查清理,于各行接收后六个月以内,由总行提出调查清理之整个报告。

四、台湾银行将来之资本及组织,并应兴应革事项,俟前项报告提出后,由台湾行政长官公署拟具方案,咨请财政部决定之。

(四联总处第289次理事会议日程)

(重庆市档案馆、重庆市人民银行金融研究所合编:《四联总处史料》(上),档案出版社,1993年7月第1版,页332-333。)

39. 财政部为拟定《台湾光复区敌伪债券、库券处理办法》致行政院呈稿(1945年10月20日)

财政部呈

卅四年十月

事由:为拟定《台湾光复区敌方债券库券处理办法》暨办理情形缮呈。

查收复区各项紧急措施办法关于财政金融者,公债部份业经本部缮同《收复区政府债券及敌伪债券、库券紧急处理办法》于本年十月二日以渝财公二字第1789号呈请鉴核,旋奉令准案在案。此外,关于台澎光复区日方发行之各种债券亟应迅予适当处理,借维我国人民权益,除已由部电请台湾省行政长官公署先行布告即日禁止交易听候处理外,经即拟定《台湾光复区敌伪债券、库券处理办法》,并据以核定限期登记收缴详细办法,所定限期为自本年十二月一日起至同月三十日止,于本年九月电请央、中、交、农四银行电转台、澎各地分支行处遵照办理。至上项核定办法布告手续,原拟由部办理,嗣因台湾省陈行政长官等商定有关布告事宜均交该长官公署办理,因将办法内容及期限等项由部再电台湾省行政长官公署希告周知;一面电告台湾区财政金融特派员对四行办理登记收缴事宜随时协助,并对日方发行各种债券、库券之名称、数额、发行时期、利率、欠付或现付本息数额及有无确实担保等项分别缜密调查研究,俟规定期限届满、四行表报送齐后,应于十日内分别日本政府发行及其控制下之台湾本土政府发行两部分详细核计,汇列总表,连同上项调查研究结果分别拟具意见,一并呈部核办。备在案。除俟规定办理限期满后该台湾区财政金融特派员汇报到部再行核拟办法呈请核办外,理合缮同《台湾光复区敌方债券、库券处理办法》一份备文呈请钧院鉴核备案。再,上项办法第七项规定台湾区敌方公司债部分,以事关商事债权债务,其处理办法应由经济部主持办理一节,业经本部于十月二日函请经济查照,并饬令台湾区财政金融特派员遵照与经济部特派员随时接洽办理。合并陈明。

谨呈

行政院

附呈《台湾光复区敌方债券、库券处理办法》一份

财政部长　俞鸿钧

台湾光复区敌方债券、库券处理办法

一、电台湾区(省)行政长官公署先行布告，自即日起，台湾区敌方发行之债券、库券，一律禁止交易，听候处理。并分电台湾区财政金融特派员及四行两局转饬台湾区分行知照。

二、布告台湾人民，凡持有敌方发行债券、库券，限于规定期限内（拟定一个月），划分敌国政府及台湾本土政府所发行两部分，向当地央、中、交、农四行申请登记，将原券缴存，掣取收据，听候处理。

三、由部规定应行登记事项，交央、中、交、农四行转电台湾区(省)各分支行处查照办理，于期满后将收缴之券，分列详表，径送台湾区(省)财政金融特派员公署核转。其收缴之原券，暂由收缴银行保管。

四、由部电令台湾区(省)财政金融特派员，对四行办理登记收缴事宜，随时协助，并对上项各种券类名称、数额、发行时期、利率、欠付或现负本息数额及有无确实担保各项，分别缜密调查研究。

五、台湾区(省)财政金融特派员俟规定收缴限期届满四行报表送齐后，应于十日以内，分别敌国政府及台湾本土政府所发行两部分详细核计，连同上项调查研究结果，分别拟具处理意见，并案报部核办。

六、本部依据台湾区(省)财政金融特派员调查报告及其汇转四行收缴之敌券报表，拟定处理办法呈请办理。

七、台湾区敌方公司债部份，事关商事债权、债务，其处理办法似应由经济部主持，拟令由台湾区财政金融特派员先与经济部洽明，嗣后并与该部特派员随时互相洽助办理。

国民党政府行政院档案：〔二 7037〕

（陈鸣钟、陈兴唐主编：《台湾光复和光复后五年省情》，南京出版社1989年版（下），页419—421。）

40. 中国陆军总司令部致冈村宁次军补字第五十四号训令
（1945年10月21日）
——民国三十四年十月二十一日于南京

总连涉第二八八号呈悉。该项船舶已饬第二方面军张司令官先行就近派员接收，并派兵随船保护送运日侨赴台，尔后由台押运煤炭来沪，将船只一并交由战时运输局接收，并已另行通知英美方查照放行，希转饬遵照。

右令

中国战区日本官兵善后总联络部长官冈村宁次大将

中国陆军总司令陆军一级上将　何应钦

（录自《中国战区中国陆军总司令部处理日本投降文件汇编》，下卷，页47。）
（秦孝仪主编，张瑞成编辑：《光复台湾之筹划与受降接收》，台北：中国国民党中央委员会党史委员会1990年第1版，页200-201。）

41. 台湾金融接管计划草案

一、由财政部指派四联总处、四行、二局会同台湾省政府组织接管台湾金融委员会（以下简称接管委员会），办理接管台湾金融事项。接管台湾金融委员会，于各银行改组后结束，以后地方金融行政由财政厅设科主管。

二、接管第一步由接管委员会派员至台湾各银行及其他金融机关监督其继续营业，以免金融停滞而引起社会之不安。一面着手清理与调整，以为接管改组之准备。

三、接管第二步手续视台湾各银行之业务情形，分别由省政府及四行、二局主持接管，并予以改组，惟仍应秉承接管委员会办理之。

（甲）台湾银行，除将其发行及代理国库业务移交中央银行、外汇业务移交中国银行外，应改为台湾省银行，由台湾省政府主持接管改组及事项。

（乙）日本劝业银行办理农贷可由中国农民银行主持接管，并将其改为中农之分行。

（丙）台湾商工银行可由交通银行主持接管，改为交通之分行。

（丁）台湾储蓄银行，可由信托局主持接管，改为信托局之分局。

(戊)华南银行可由中国银行主持接管,必要时,得令其停业。

(己)三和银行有华侨及台胞投资,清理后,改组为纯粹台胞资本之银行,仍准继续营业。

(庚)邮政储金及保险部份可由邮政储汇局接管。

四、台湾原有之市庄及农业信用组合,为纯粹下层之金融机构,由地方政府整理或改组,并予以扶助及奖励。

五、除上列经接管改之五行及中央银行与中国银行分行外,非遇实际需要时,其他银行,暂不在台湾设立分行。

六、台湾银行虽为私人集资之银行,然其过去实为敌国政府侵略及剥削台湾人民之有力工具,其资产应予以无条件之没收,台湾各银行,经接管改组后,除战争罪犯所有之股本,应予以没收外(其他应予没收之股本,亦得没收),其余日人之股本得酌定价格,可分年偿还,每年之股息照付,而不分发红利。

七、中央银行应按原有流通之台湾银行券,印制一元、五元、十元及五十元之地名流通券(以下简称新币),以适当之比率,陆续兑换台湾银行券。至新币对法币及外汇之比率,视当时国内外币值情形,另行规定。

八、中央银行应派员随军进发,设立兑换站。接收一重要地区后,即于该地迅速设立办事处或分行,以办理新币之发行及兑换事项。

九、接管初期,中央银行新币发行时,首应(登记各该地区人民台币之持有额)规定兑换期间(不宜太长)及每人兑换之数额,以防止敌人之套取。

十、台湾原有之辅币,暂时仍准流通。

十一、清算台湾银行之发行数额,并向敌国政府要求准备金之偿还。

十二、清算各银行之存放款总数。其负债额以各该行之资产抵补之。

十三、接管初期,应限制每一存户之提款数额每月不得超过若干(以能维持每一存户每月之最低生活为原则)。必要时,敌国人民得暂时停止其提款。

十四、各银行之原有放款,如在敌国内者,应要求敌国政府负责收回;如确系不能收回之呆账,应向敌国政府索还。

十五、清算敌国政府及公司企业在台湾发行之各种证券及其基金数额与还本付息之状况,并规定清理办法。

（甲）属于敌国发行之公债，应立即停止付息还本，其台胞所持有之债券登记总数后，应向敌国政府索还。

（乙）属于敌国政府及公司企业发行之他种证券，如基金缺乏及未能如期付息还本者，应向敌国政府要求偿还。

（丙）属于私家企业发行者，如有缺乏基金及未能如期付息还本情事，则责令各该企业偿还或强制以其资产抵偿。

十六、接管台湾各银行之总分行所需之上中级业务人员，应由四联总处六行局及台湾调查委员会储备训练。至原有各行之中下级台籍人员应尽量留用，其中下级之日籍人员，则需经审查后，再酌予分别留用。

十七、台湾各银行在外资产（除中国外），其处理办法由中央政府另定之。

国民党政府中央设计局档案：〔一七一（2）99〕

（陈鸣钟、陈兴唐主编：《台湾光复和光复后五年省情》，南京出版社1989年版（上），页126—129。）

42. 台湾警政接管计划草案

第一章　准备

一、储备警察干部，在接收前遇机策动台胞台警反正，于盟军登陆台湾时，配合地面部队，担任清除障碍，维护治安。

二、干部训练于中央警官学校行之。先选训高级中部六十人，期间三个月，毕业后派遣东南分校，设台湾警察训练班，续训中级干部四百人。分学员、学生二队，学员队期间六个月，学生队一年。下级干部一千人，分为二期，每期六个月。

第二章　接收

三、各级干部编成一总队、三大队、九中队、二十七分队，随军推进台湾，逐地接受警政。

四、接收时应注意事项：

（甲）抚恤流亡组织民众；

（乙）扫除障碍，安定秩序；

(丙)镇压反动,清除间谍;

(丁)清理环境,预防疫病;

(戊)整编户口,清查武器;

(己)暂时保管一切公物及公共机关;

(庚)登记台籍警察;

(辛)调查台胞忠烈事迹;

(壬)调查敌人罪行。

五、接收后台湾户政应依照中央规定,归由自治机关办理,警察机关专办户口调查。

六、卫生行政划出隶属民政厅,警察机关只负执行之责。

七、接收后有关番族事务归地方行政机关办理,尽量减少歧视之设施。但可斟酌当地情势,加强警察力量,归地方行政官指挥。

第三章 机构

八、省设警务处,综理全省警察事务,直隶台湾省政府。

九、警务处内部组织,以切合实际,不多分单位,不多用人员为原则,暂设左列科室:

甲、秘书室;乙、会计室;丙、总务科;丁、行政科;戊、司法科;己、外事科。

十、警务处暂设保安警察大队,辖三中队、九分队,以控制一部机动武力,镇压非常。武力由原有警额匀调编组,不另增加员额,俟全省秩序安定后,即行撤销。

十一、警务处得设水警总队。

十二、警务处设处长一人。秘书二至三人,其中一人为主任秘书。科长四人。会计主任一人。科员十五至二十五人,办事员二十至四十人。

各附属机关编制另定之。

十三、省会或台北市各设警察局(省会如在台北市,勿庸设省会警察局),掌理各该辖区警察事务,内部组织及人员应视实际需要设置之。省会(台北市)警察局长得警务处长兼任。

十四、其他市县政府设警务科,承市县长之指挥,掌理警察事务。

十五、乡镇设警察分驻所或派出所，受各县市长之指挥，并商承各该乡镇长执行警察事务。

第四章　人事

十六、接收后之警察官职，一律依照中央规定改正。巡查警手改称警员，予以委任待遇。

十七、确立警察人事制度，厘定任用考绩办法。

十八、台湾警察原有之加俸津贴办法，系日政府为奖励日人赴台服务而设，接收后应予废除。必要时可将本薪提高，并切实施行年功加俸。

第五章　训练

十九、接收后设台湾省警察训练所，隶属于警务处。内设左列各班，积极训练台籍员警，以补充缺额。

甲、警官训练班，招收高中以上毕业或同等学力之优秀青年一百至二百名，施以六个月基本警官训练。

乙、警官讲习班，分批调训留用之台籍警官，施以二至八周之精神训练。

丙、警员训练班，分批招收初中毕业或同等学力之优秀青年三千至五千人，施以三至六个月警员训练。

丁、警员讲习班，分批调训留用之台籍警察，施以二至八周之精神训练。

二十、进入正常时期以后，警官教育仍由中央警官学校办理，现任警官并由中央警校分批调训之。至各种短期训练，补充教育及特种教育则由省警察训练所办理。

国民党政府中央设计局档案：〔一七一（2）99〕

（陈鸣钟、陈兴唐主编：《台湾光复和光复后五年省情》，南京出版社1989年版（上），页129—132。）

43. 台湾教育接管计划草案

一、教育行政机构，原有总督府文教局改为省政府教育厅。各县县政府设教育科，台北市设教育局，台南、高雄二市设教育科。各乡镇公所设文化股。

二、原有小学一律改为六年制国民学校。原有日语讲习所为国民学校成人部或民众学校,以教授国语国文为主旨。

三、原有寻常中学、高等女校改为县或市立初级中学女子初中。每县市以设立初级中学一所为原则,但该县市原无中学者暂缓设置。帝大预科及高等学校改为高级中学或完全中学两所,高中及职业学校由省主办,单独设置之职业、补习学校由县办理。原有之职业学校视其设备及学生程度,分别改为高级或初级职校。师范学校六所,改为省立,暂不增设。

四、原有帝国台北大学改为国立台湾大学,其医学专门部改为省立台湾医学专科学校,农林专科部门改为省立台北农林专科学校。原有台南高等工业学校、高等商业学校改为省立工业商业专科学校。台中高等农林专科学校改为省立台中农林专科学校。

五、原有热带病研究所、天然瓦斯研究所、工业研究所,均由中央接办。农业、林业、糖业、水产、卫生各试验所,由省府接办。

六、原有总督府图书馆改为省立图书馆,其余州立、市立及街立之图书馆一律改为县立或市立。文教局附设之博物馆,改为省立博物馆,其他改为县立或市立。直属总督府之商品陈列馆,改为省立,其余改县立或市立。青年团、少年团及青年训练所一律裁撤。

国民党政府中央设计局档案〔一七一(2)99〕

(陈鸣钟、陈兴唐主编:《台湾光复和光复后五年省情》,南京出版社1989年版(上),页132-133。)

44. 台湾地政接管计划草案

一、接管后暂于省政府民政厅及台北台南高雄三市政府设地政科,主管地籍(土地测量土地登记)、地价(按价征税照价收买涨价归公)、地权分配、土地重划等事宜。地政科应事实之需要,分设各股。各县于民政科中,设地政股,必要时得设地政科。

二、接管后,台湾原有官有、公有、社会有、私人有一切土地,在未经政府处理以前,所有人应维持原状,不得变动移转,并保持原有土地凭证。

三、接管后政府应即审查原有土地权利凭证。审查后认为合用暂于原凭证上加盖印记,或另发新凭证。在未办理此项手续以前,原凭证暂行有效。未确定的土地权利事项,由政府处理。

四、接管后对于散失的土地台账,应尽先设法补足,或缴验所有人保存之合法权状、图籍,或办理陈报。如散失过多,应等办航空测量。

五、接管后关于土地赋税,暂照原有办法缴收,税率亦照旧。于一年后改照中央统一办法办理。

六、接管后对于土地纠纷,在县、乡、镇各设一委员会解决之。委员会不能解决时,交法院处理。

七、接管后对于敌人占有农地,即举办审查登记,照左列办法处理之:

(甲)官有公有及占地十甲以上会社有的农地,一律收归公有(指省有、县有、乡镇有);

(乙)私人有的农地及占地十甲以上社会有的农地,如系非法取得,应收归公有,或归还台籍业主,否则暂承认其所有权。

八、接管后对于市地,依照本党六全大会议决之土地政策,全部征收。

九、接管后对敌人占有的林地,官有、公有、会社的,一律收归公有。私人有的,照前条乙项办理。

十、接管后对于敌人占有的矿地,照矿业法律收为公有。

十一、接管后地主所有农地,暂以中等耕地每户十甲为限。额外土地,政府得收买或令其出卖。但在未经政府处理以前,仍有所有权。

十二、接管后农地所有权之移转,应照土地政策战时实施纲要第八条之规定,承受人以能自耕的农民或自耕农组织的耕种合作社为限,每一户自耕农承受获地,不得超过十甲。合作社承受农地之限制,视组织农户之多少定之。

十三、原来官有、公有及由敌国会社有、私人有收归公有的耕地,依左列办法处理之:

(甲)面积在一百甲以上者,以办理公营农场为原则,由政府雇农民经营之,但亦得办合作农场;

（乙）面积在五十甲以上者，以办理合作农场为原则，由农民组织合作社经营之；

（丙）面积在五十甲以下者，以由雇农佃农及耕地不足的农民承领经营为原则。

以上三项，应于接管后半年内，依据实际情形，拟定详细办法逐渐实施。

十四、每一自耕农户，最低应有中等田三甲左右，雇农、佃农及耕地不及此标准之自耕农，得向政府承领耕地。政府先尽原有官有公有及新收归公有之农田配给之。不足时，得向超额之地主收买其土地配给耕农。

十五、接管后立即拟定左列各种办法并实行之：

（甲）减少佃租；

（乙）减低农贷利息，并以低息贷与新债，使农民清偿旧债；

（丙）安定佃权；

（丁）提高雇农工资。

十六、原有农民组合制度，应予扶植，但其业务得调整之。

十七、接管后应筹办规定地价事项，至迟于一年后实行"照价抽税"、"照价收买"、"涨价归公"政策。

十八、接管应筹办土地银行，办理土地金融事宜。

十九、地政干部，应于接管前，由台湾行政干部训练班先行训练。

（说明）台湾现在地政人员只办地籍事项，对于地价地权等行政全不了解。接管后须注重地价地权。办理地政人员，除地籍外，对此二者，须有相当知能。而此项人员，接管时就地无法取材，故须预先训练。

国民党政府中央设计局档案〔一七一（2）卯〕

（陈鸣钟、陈兴唐主编：《台湾光复和光复后五年省情》，南京出版社1989年版（上），页124–126。）

三、实施接收及法令整理

1. 台湾省行政长官兼警备总司令陈仪正式宣布台湾日军投降广播词(1945年10月25日)

——民国三十四年十月二十五日播讲

本人奉中国陆军总司令何转奉中国战区最高统帅蒋之命令,为台湾受降主官。此次受降典礼,经于中华民国三十四年十月二十五日上午十时,在台北市中山堂举行,均已顺利完成。从今天起,台湾及澎湖列岛,已正式重入中国版图,所有一切土地、人民、政事皆已置于中华民国国民政府主权之下,这种具有历史意义的事实,本人特报告给中国全体同胞及全世界周知。现在台湾业已光复,我们应该感谢历来为光复台湾而牺牲的革命先烈,及此次抗战的将士,并感谢协助我们光复台湾的同盟国家,而尤应该教我们衷心铭感不忘的,是创导中国国民革命运动的国父孙先生及继承国父遗志完成革命大业的蒋主席。

(录自《台湾省通志卷十·光复志——光复纪盛篇》,页58。)

附录(一):行政长官致日方代表第一号命令
——民国三十四年十月二十五日

一、日本驻华派遣军总司令官冈村宁次大将,已遵日本帝国政府及日本帝国大本营之命令,率领在中国(东三省除外)、越南北纬十六度以北,及台湾、澎湖列岛之日本陆海空军于中华民国三十四年九月九日,在南京签具降书,向中国战区最高统帅特级上将蒋中正特派代表中国陆军总司令一级上将何应钦无条件投降。

二、遵照中国战区最高统帅兼中华民国国民政府主席蒋及何总司令命令，及何总司令致冈村宁次大将中字各项备忘录，指定本官及本官所指定之部队及行政人员，接受台湾、澎湖列岛地区日本陆海空军及其辅助部队之投降，并接收台湾、澎湖列岛之领土、人民、治权、军政设施及资产。

三、贵官自接奉本命令之后，所有台湾总督及第十方面军司令官等职衔一律取消，即改称台湾地区日本官兵善后联络部长，受本官之指挥，对所属行政军事等一切机关部队人员，除传达本官之命令、训令、规定、指示外，不得发布任何命令。贵属对本官所指定之部队长官及接收官员，亦仅能执行传达其命令、规定、指示，不得擅自处理一切。

四、自受命之日起，贵官本身，并通饬所属一切行政、军事等机关部队人员，立即开始迅速准备随时候令交代。倘发现有报告不实及盗卖、隐匿、损毁、沉灭移交之物质和文件者，决予究办治罪。

五、以前发致贵官之各号备忘录及前进指挥所葛敬恩主任所发之文件，统作为本官之命令，须确实遵行，并饬属一体确实运行。

附录（二）：日方代表签具之受领证
——民国三十四年十月二十五日

今收到中国战区台湾省行政长官兼警备总司令署部第一号命令一份，当遵照执行，并立即转达所属及代表各政治、军事机关及部队之各级官长士兵遵照，对于本命令及以后之一切命令、规定或指示，本官及所属与所代表之各机关部队之全体官兵，均负有完全执行之责任。

日本台湾总督兼第十方面军司令官　陆军大将　安藤利吉

中华民国三十四年十月二十五日，即昭和二十年同月同日于台北公会堂。

（录自《台湾省通志》，卷十《光复志》——光复纪盛篇，页59—60。）
（秦孝仪主编，张瑞成编辑：《光复台湾之筹划与受降接收》，台北：中国国民党中央委员会党史委员会1990年第1版，页201—203。）

2. 中国陆军总司令部致冈村宁次诚字第八十四号训令（1945年10月25日）

——民国三十四年十月二十五日于南京

本部为令台湾陈行政长官准备收容安置各地回台湾侨民，希速调查各地台侨及在日军中之台人数目，于十一月二十日前列表报部。

右令

中国战区日本官兵善后总联络部长官冈村宁次大将

中国陆军总司令陆军一级上将　何应钦

（录自《中国战区中国陆军总司令部处理日本投降文件汇编》，下卷，页113—114。）

（秦孝仪主编，张瑞成编辑：《光复台湾之筹划与受降接收》，台北：中国国民党中央委员会党史委员会1990年第1版，页207—208。）

3. 国民政府电令经济部改善接收敌伪工厂办法（1945年10月28日）

民国三十四年十月二十八日　第五八六八号

国民政府代电

经济部翁部长勋鉴：据报经济部所派人员接收敌伪工厂大都采取四种办法：（一）令其停工；（二）贴封条；（三）驱逐旧有员工；（四）派一、二茶房看守门户。因此工商业停滞，工人失业，生产工具及原料腐烂或物资遗失等不良现象随时发生等语，特电转达，希予注意改善为要。中正酉俭府交丙

（近史所经济档）

（何凤娇编：《政府接收台湾史料汇编》（上），"国史馆"1990年版，页178—179。）

4. 台湾省行政长官公署函转会计处该署驻渝办事处有关派赴台湾工作办法（1945年10月28日）

台湾省行政长官公署函

秘（一）二十三

民国三十四年十月二十八日

准本公署驻渝办事处十月十九日函开："兹带上呈经核定抄件两件即请查照转知各单位为荷"等由，准此相应抄同原件，函请查照为荷。此致会计处附抄一件。

附件（一）：签呈（三十四年十月十八日于驻渝办事处）

敬启者：兹因钧座即将启节赴台，关于本处事务应请核定办法如下：

1. 各单位赴台工作人员，其薪津应于到台后，统由各本管机关在台核发。

2. 各单位留渝办事人员，在次期（第三批）船尽先赴台。

3. 以后发安家费、旅费，均以正式公文书证明为准。

4. 以后由渝邀赴台湾工作人员，除各单位主管官或其代表人已送名册所列各员外，一律均以长官文电为凭。

5. 本处以办理各单位职员运输为主，以后再协助眷属东下，大体办竣报请结束。

6. 本处遇有必需用途，如存款不敷时，拟随时（申明用途）商请财政处拨助。

以上各点是否有当？敬祈示遵。

附件（二）

谕：此次搭船赴台人员应由各单位负责人率领到台任职，倘有中途停留不去者，其所领各费应由负责人如数赔缴等因。相应通报即希查照为荷。此致各单位负责人。

秘书处　　杨树森

民政处　　王一麐、吴建华

财政处　　林祖余

教育处　　叶　桐

工矿处　钱元龙

农林处　陈文彬

交通处　华泽钧

警务处　杨元俊（负责率领本处十六日起程人员）

林文彬（负责十七日起程人员）

会计处　孙文彦

法制委员会　方舫孙

宣传委员会　刘元中（未到，杨树森代）

专卖局　严毅沈

贸易公司　林祖余

台北市　陈翔冰

新生报　锺戾苏

广播电台　陈　铎

台湾省银行　林祖余

警备司令部　王正卿

总部政治部　吴若萍

（薛月顺编：《台湾省政府档案史料汇编：台湾省行政长官公署时期（一）》，台北县新店市："国史馆"1996年第1版，页1–3。）

5. 台湾光复区敌方债券库券处理办法（1945年10月29日）

台湾光复区敌方债券库券处理办法　民国卅四年十月廿九日行政院备案

一、电台湾区行政长官公署先行布告，自即日起，台湾区敌方发行之债券、库券，一律禁止交易，听候处理。并分电台湾区财政金融特派员及四行两局，转饬台湾区分行局知照。

二、布告台湾人民，凡持有敌方发行债券、库券，限于规定期限内（拟定一个月），划分敌国政府及台湾本土政府所发行两部分，向当地央、中、交、农四行申请登记，将原券缴存，掣取收据，听候处理。

三、由部规定应行登记事项，交央、中、交、农四行转电台湾区各分支行处查照办理,于期满后将收缴之券,分列详表,径送台湾区财政金融特派员公署核转。其收缴之原券,暂由收缴银行保管。

四、由部电令台湾区财政金融特派员,对四行办理登记收缴事宜,随时协助,并对上项各种券类名称、数额、发行时期、利率、欠付或现负本息数额、及有无确实担保各项,分别缜密调查研究。

五、台湾区财政金融特派员,俟规定收缴限期届满,四行报表送齐后,应于十日以内,分别敌国政府及台湾本土政府所发行两部分。详细核计,连同上项调查研究结果,分别拟具处理意见,并案报部核办。

六、本部依据台湾区财政金融特派员调查报告,及其汇转四行收缴之敌券报表,拟定处理办法,呈请办理。

七、台湾区敌方公司债部份,事关商事债权债务,其处理办法,似应由经济部主持,拟令由台湾区财政金融特派员先与经济部洽明,嗣后并与该部特派员随时互相洽助办理。

附:台湾区日方发行之债券库券经理银行登记收缴手续

凡台湾光复区人民持有日方发行之债券、库券者,在央、中、交、农四行未在台设行以前,应向台湾银行领填登记表(格式附后),申请登记。同时将所持日方债券、库券,缴存该银行,掣取收据。听候处理。一面由经理银行各分支行处遵照在规定期限内,依附发格式,印备登记表(印刷费由各分支行处垫付后,检据送由总行转部核拨归垫),随时接受申请登记,核明所填券类、数目等项与所缴者相符,即予收受,掣给收据。并将所发收据编列号码,注入第一联申请书及第二联报告内备查。一面将所缴日方债券、库券,分别券类,以每一券为标准,各列一表,将每日收缴之各该债券、库券,按照(一)券面分类及各券张数,(二)附带息票期数,(三)合计张数,(四)合计券面总额四项数目,逐日核结,分类登录。俟规定限期满后,各予核计结算总数,先行电报总行汇报本部,并将上项分别券名称登录各表各缮一份。同时将收缴各券原条例每种照抄一份,连同各申请人原填登记表第二联报告全份,一并报转本部查核。其收缴之原券,由原经理银行各分支行处保管。

[国民政府财政部档案]

(中国第二历史档案馆编:《中华民国史档案资料汇编》,第五辑第三编,财政经济(一),江苏古籍出版社,2000年1月版,页836—838。)

6. 中国台湾省行政长官公署、警备总司令部命令(1945年10月30日)

署部字第一号

命令　中华民国三十四年十月30日于台湾省台北市

行政长官公署兼警备总司令部官邸

一、日本驻华派遣军总司令官冈村宁次大将已遵日本帝国政府及日本帝国大本营之命令率领在中国(东三省除外)、越南北纬十六度以北及台湾、澎湖列岛之日本陆海空军于中华民国三十四年九月九日在南京签具降书,向中国战区最高统帅特级上将蒋中正特派代表中国陆军总司令一级上将何应钦无条件投降。

二、遵照中国战区最高统帅兼中华民国国民政府主席蒋及何总司令命令及何总司令致冈村宁次大将中字各号备忘录,指定本官所指定之部队接收台湾澎湖列岛地区日本陆海空军及其辅助部队之投降,并全权统一接收台湾、澎湖列岛之领土、人民、治权、军政设施及资产。

三、贵官自接奉本命令之时起,即改称台湾地区日本官兵善后联络部长,受本官之指挥,对所属除传达本官之命令、训令、规定、指示外,不得发布任何命令,贵属对本官所指挥之部队长官及接收官员亦同此。

四、自受令之日起,贵官本身并通饬所属一切机关部队人员立即开始迅确准备随时候令交代,倘发现有报不实及盗卖、隐匿、损毁、沉灭应移交之物资、文件者,予究办治罪。

五、以前发致贵官之备忘录及葛主任所发之文件,统作本官之命令,须确实遵行,并饬属一体确实遵行。

右令

台湾地区日军官兵善后联络部长安藤利吉将军

中国台湾省行政长官兼警备总司令二级上将　陈仪

于受降仪式中面交本人领受

国民党政府行政院档案〔(二)7899〕

(陈鸣钟、陈兴唐主编:《台湾光复和光复后五年省情》,

南京出版社1989年版(上),页151—152。)

7. 中国台湾省警备总司令部命令(1945年10月30日)

军字第一号

命令　中华民国三十四年十月三十日

于台北市台湾省警备总司令部

　　一、贵官已于中华民国三十四年十月二十五日在台北市公会堂接受本官署部字第一号命令,率所属各军事机关部队向本官投降。

　　二、为实施前项命令,兹规定贵官所属各军事机关部队解除武装移交之部署如下:

　　1. 日本第十方面军司令部及台湾军管区司令部及所属独立第三十四联队、独立第二一三自动车中队、前教育队之武器装备、车辆、马匹、器材、营建、设备、文卷、图表、书类及全军之通信犬,着即由十一月一日开始移交与本总司令部参谋长柯远芬所指定之人员部队接收。交接后,日军人员集中留住于其指定之地点,受我军之保护,除准许外,不得擅自行动。

　　2. 日本第六十六师团之武器、装备、车辆、马匹、器材、文书即着缴集于台北市附近各场库。自十一月一日起开始移交与陈军长孔达所指定人员接收。交代后,日本第六十六师团部队即集中于台北市附近,受我军保护,听候处理。

　　3. 日军独立第二一四及第三〇八自动车中队之武器、车辆、器材、油料等,自十一月一日开始,缴集于陈军长所指定台北市地点,移交与陈军校所指定人员,然后集中于士林附近,受其派队保护,听候处理。

　　4. 日本独立第四十二工兵联队之武器、装备、车马、器材等,自十一月一日开始,缴集于陈军长所指定台北市地点,移交与其所指定之人员后,集中于东西园町附近,受其派队保护,听候处理。

5. 日本第七十六独立旅团之武器、设备、车马、器材、文书缴集于基隆附近各场库,十一月三日开始移交与陈军长指定之人员。接收后,暂集中于善化附近,受我军保护,听候处理。

6. 日本第一〇三独立旅团之武器、装备、车马、器材、文书缴集于淡水附近各场库,十一月五日开始移交与陈军长指定之人员。接收后,集中于新营附近,受我军保护候处理。

7. 日本第二二独立旅团之武器、装备、车马、器材、文书缴集于宜兰及罗东附近各场库,十一月八日开始移交与陈军长指定人员。接收后集中于苏澳市外陈军长指定之地点,受其派队保护,听候处理。

8. 日本第二十八船舶工兵联队之武器、装备、车马、器材、文书,自十一月六日起,送缴于八堵火车站附近,移交与陈军长指定之人员后,集中于基隆附近陈军长所指定之地点,受其派队保护,听候处理。

9. 日本第一〇二独立旅团之武器、装备、车马、器材、文书,自受命之时起,开始迅确送缴于苏澳火车站的附近,移交与陈军长指定之人员后,集中于花莲港市区外陈军长指定地点,受其派队保护,听候处理。

10. 日本第九师团之武器、装备、车马、器材、文书,送缴于新竹附近场库,并务求集结,准备于十一月十一日开始移交与陈军长指定人员。然后,以大部于新竹、一部于桃园附近陈军长指定地点集中,受其派队保护,听候处理。

11. 日本在台北、新竹二州及花莲港厅之要塞部队武器、装备、车马、器材、图表等,各就原地随时移交与陈军长所指定人员接收后,集中于其指定地点,受其派队保护,听候处理。

12. 日本下列各部队之武器、装备、车辆、马匹、器材、文书图表,自十一月一日开始,自行送缴于下列地点,分类集存于少数场库,候令移交及集中。

12D 30SLP 305自动车中队　台南市区内

50D 100BS 42RS 165AR　高雄市区内

71D 33TZ　嘉义市火车站附近

75BS 64PRS 354自动车中队　台中市火车站附近

第九铁道兵大队

泼剌部队　马公市附近

台中、台南、高雄三州、台东、澎湖二厅要塞部队所在原地

13. 台湾日本陆军之工厂、货物厂、病院、兵事部、俘虏收容所及一切营建、仓库设备并所存之武器、装备、车马、被服、粮秣、器材、药品、军用物资、文卷等，除别有指定外，统归中国军政部特派员李进德指定人员接收，其有关日本人员亦受其区处。

14. 日本高雄警备府司令长官所属台湾澎湖海军部队（欠海军航空部队及台湾要塞部队）及泼剌部队之武装舰艇、装备、车马、军港、营建、厂库、设备、器材、物资并台湾澎湖所有军警公用船舶、文卷、书类，分别集中台北、基隆、高雄、马公、北港，自十一月一日由台北开始，向中国海军第二舰队司令李世甲所指定之人员移交，受其区处。

15. 日本陆军第八飞行师团及现在台湾澎湖之日本海军航空部队并民用航空之飞机、武器、装备、基地、厂场、仓库、营建、设备、器材、物资、文书等，统就现态势，在大港口至南浊水溪之线以北者，自十一月一日开始，移交于中国空军23地区司令林文奎所指定或委托之人员接收，受其区处；其在上述之线以南及澎湖区域者，准备移交与中国空军22地区司令张柏寿指定或委托人员接收，受其区处。

16. 台湾澎湖日本宪兵队，除准暂留千八百人特用手枪，由贵官分配于日军各部队，担任内部军风纪之维持外，其余概依现态势，其武装、文书等在台北、花莲港、台南、高雄、台中、台东六市者，中国宪兵团长高维民派员接收，在台北州、花莲港厅、新竹州者，由陈军长派员接收，在澎湖列岛者，由海军李司令派员接收。其他地区另行规定。并自十一月一日起，由台北州开始实施。

17. 日军应缴武器等，包括军刀、小手枪在内（私人所有财物不含）。送缴物品之生锈及可能生锈者，须擦拭清洁，涂放防锈油，分类集积，依部队及地区位置，造要图及种类表册二份，从速呈报本官。在我方未接收前，酌派必要少数下士官兵，负责监护保管，倘有损失，应由贵方负责。我方接收时，即连同监护人员之武装一并点交我方持有上开各指定主官接收证件之接收人员（无证者应拒绝移交，否则损失由贵方负责），倘有短少损坏，由贵方所派负责

移交人员注记、签章于表册上,证明责任之所在。

18. 台湾日军之归国日期另行规定。移交时准保留三个月份之粮食、随身防寒被服及兵站辎重人员输送工具之一部。日军缴械后之工作,应以打捞沉船、修造船舶、清扫水雷、地雷等障碍、修建作一般营建房屋、恢复陆上交通、努力工矿生产为主,以制造鞋袜、种菜、饲养家畜为副。凡上项工作所必要之工具,准予暂缓接收,但本项工具及前所准保留宪兵一千八百人之手枪子弹,均须向本部出具表册、借据,俟还国时交还我方。关于日军工作,日军武装解除完了后另令规定。

三、为加强贵我两方之交接工作之效率计,除我方已成立台湾地区军事接收委员会,由本部柯参谋长、范副参谋长主持外,贵官亦应饬贵部涉外委员会会长谏山委员长率所属必要人员归本部柯参谋长指挥,并与本部相行联络,处理次要事项。

右令

台湾地区日本官兵善后联络部部长安藤利吉将军

中国台湾省警备总司令陆军上将　陈　仪

本命令派专员连同受领证送交安藤大将签证受领,将受领证带回备案。

国民党政府行政院档案〔(二)7899〕

(陈鸣钟、陈兴唐主编:《台湾光复和光复后五年省情》,

南京出版社1989年版(上),页144—149。)

8. 台湾省行政长官公署指派第一批人员接收前台湾总督府各部分名单(1945年11月1日)

甲、时间:中华民国三十四年十一月一日上午九时

乙、接收之人员及应接收部分

(一)周一鹗、袁国钦接收总督官房监察课。

(二)周一鹗、卢明、林绍贤接收文教局援护课。

(三)周一鹗、王雍皞接收财政局、税务课。

(四)周一鹗、经利彬、陈方之接收警察局、卫生课及总督府所属在台北区

之卫生机关。

（五）张延哲接收财政部分。

（六）任维均接收专卖部分。

（七）于百溪接收贸易部分。

（八）张武接收金融部分。

（九）张延哲、王肇嘉接收财务局、主计、会计等课。

（十）包可永接收矿工局。

（十一）严家淦接收交通局。

（十二）夏涛声接收总督官房情报课。

（十三）方学李接收总督官房审议室及法务部。

（十四）范寿康接收总督府图书馆。

（十五）李万居接收台湾新报社。

（十六）林忠接收台北放送事业。

（十七）叶明勋接收同盟社台北支社。

（十八）卢冠群接收读书、朝日、每日、东京台北支局。

（十九）赵迺传接收教育部份。

（廿）陈兼善接收总督府博物馆。

（廿一）石延汉接收气象台。

（廿二）曾宪朴接收农育局。

（廿三）凌立接收糖业试验所。

（廿四）周亚青接收旧食粮所。

（廿五）叶声钟接收各种农业检查所。

（廿六）黄维炎接收农育局山林课及拓植会社。

（廿七）张荣昌接收农育局水产课。

（廿八）过立先接收农育局耕地课。

（廿九）庄晚芳接收农林企业组织。

（卅）林渭访接收林业试验所。

（卅一）胡福相接收警务部分。

(卅二)杨鹏接收法院。

(薛月顺编:《台湾省政府档案史料汇编:台湾省行政长官公署时期(一)》,台北县新店市:"国史馆"1996年第1版,页4-6。)

9. 秘书处转知财政部关于接收敌伪金融机构指示的报告(1945年11月1日)

财政部代电开:查收复区内敌伪金融机关依照规定办法应由政府指定国家行局接收清理。兹为求步调一致及将来便于清算起见,特由部参照京沪区接收成案,指示如次:

(一)朝鲜银行、伪中央储备银行、伪联合准备银行、伪蒙疆银行、沦陷后新设立之伪省市地方银行,由中央银行接收清理。

(二)正金银行由中国银行接收清理。

(三)住友银行由交通银行接收清理。

(四)台湾银行由中国农民银行接收清理。

(五)三菱公司、三井洋行、伪中央信托公司、伪中央保险公司、伪中储蓄会,由中央信托局接收清理。

(六)伪邮政储金汇业局由邮政储金汇业局接收清理。

(七)被敌伪劫夺之行局及省银行由原行局接收清理。(如伪中、交两行由中、交两行接收清理。)如先经各特派员指定而与本部指定不合者,仍应分别移交接管,以符规定。

至上列以外敌伪金融机关之接收,应由各特派员随时电部核定接收行局办理。除分电本部驻各区财政金融特派员转饬遵办外,嘱查照转行各行局遵照。等由。自应照办,除分电各总行局查照转饬有关各行局遵办,并分电收复区各分处查照暨电复外,谨报请鉴察。

(四联总处第291次理事会议日程)

(重庆市档案馆、重庆市人民银行金融研究所合编:《四联总处史料》(上),档案出版社,1993年7月第1版,页334。)

10. 台湾省行政长官公署布告日据法令废除原则(1945年11月3日)

民国三十四年十一月三日　署法字第三六号

台湾省行政长官公署布告

台湾省自中华民国三十四年十月二十五日起,业经归入我国版图,前奉军事委员会委员长蒋三十四年三月十四日侍秦字第一五四九三号代电,抄发台湾接管计划纲要其通则第五款规定:民国一切法令,均适用于台湾,必要时得制颁暂行法规。日本占领时代之法令,除压榨钳制台民,抵触三民主义及民国法令者,应悉予废止外,其余暂行有效,视事实之需要,逐渐修正之,自应遵照办理。我台湾父老,苦苛政已久,亟待解放,自接收日起,凡旧日施行于台湾之法令,在上述应予废止原则内者,均予即日废止,除分饬各主管机关查明名称补令公布外,其余各项单行法令,本署现正从事整理修订,在整理期内,凡未经明令废止之法令,其作用在保护社会一般安宁秩序,确保民众权益,及纯属事务性质者,暂仍有效,以避免骤然全部更张,妨及社会秩序,合行布告周知。此布。

行政长官　陈　仪

（台湾行政长官公署公报）

（何凤娇编:《政府接收台湾史料汇编》（上）,"国史馆"1990年版,页1-2。）

11. 代电(一)(1945年11月3日)(三四)战一字第六号

台湾地区日本官兵善后联络部涉外委员会谏山委员长鉴:

兹补行规定:(一)贵方缴械时,准予保留必需数日之炊爨器具,但须向我方出具借据,俟回国时再行交还。(二)贵方医药器材库存者,由我方接收,病院及部队之药品,准留用三个月份,器具准原数借用,俟回国时交还我方。以上两项除分令我方各部除外,希即知照并转饬遵照为要。台湾省警备总司令部参谋长柯远芬。中华民国三十四年十一月三日。战一。

（秦孝仪主编,张瑞成编辑:《光复台湾之筹划与受降接收》,台北:中国国民党中央委员会党史委员会1990年第1版,页275。）

12. 中国台湾省警备总司令部命令(1945年11月4日)

(三四)军字第七号

命令　中华民国三十四年十一月四日

　　　　于台北市本部

一、根据本总司令军字第一号命令,第二条第十六款之规定,关于台北市区附近日军宪兵部队,应自十一月一日起如下解除武装。

(一)日于台湾宪兵司令部,即移住联络部集中办公。

(二)台北市区宪兵队,除按规定应保留之宪兵外,余均须解除武装。

(三)台北市区应解除武装日宪部队之武器、弹药、被服、装具、文卷、器材、车辆等除规定保留之手枪,每支准留子弹二十发,及乘车一辆与自转车若干辆,油量若干加仑(由高团长规定),须向高团长出具借据于回国时交还外,其余自十一月一日起,尽速送往台北市陆军医院东门分院(十字医院旧址),移交高团长所指定之人员接收。

(四)台北市区日本宪兵队,除依前三款之规定解除武装,后即集中于中和庄,受中国宪兵之保护。

二、依同命令之规定,台湾日军可保留武装士兵一千八百人,兹特增加至三千六百名,其配布如附表(根据小林少佐所呈者加倍之),此外须待我军到达时在台中、台南、高雄、台东、花莲港五市区者,依高团长之命令分散于台北州、新竹州、花莲厅者,依陈军长之规定缴械集中受我军之保护。

三、准保留武装之宪兵如同附表,配属于各部队者,仅服日本部队军风纪维持之责,非经我军许可,不准改着便服出外服务。

　　　右令

台湾地区日本宪兵善后联络部队长安藤利吉将军

　　　　　　　　中国台湾省警备总司令陆军上将　陈　仪

　　　传达法:本命令交付日军联络部所派命令受领者具领

　　　　　　(台湾地区日军解除武装后残留宪兵之分配规定表略)

(秦孝仪主编,张瑞成编辑:《光复台湾之筹划与受降接收》,台北:中国国民党中央委员会党史委员会1990年第1版,页251-252。)

13. 台湾省行政长官公署民政处布告各州厅组织接管委员会（1945年11月5日）

台湾省行政长官公署民政处　布告

署民字第一〇四号

民国三十四年十一月五日

　　台湾总督府事务已由本公署接收，各州厅地方行政自应立即接管。兹经组织台北、台中、台南、新竹、高雄、台东、花莲港、澎湖等州厅接管委员会，分别派员接管各州厅以下各级行政事务。本省人民受日本之统治逾五十年，苛政压迫，至为痛苦。重光伊始，务须革故鼎新共臻郅治。兹以四事，布告周知：

　　一、接收期间，各州厅以下各级行政事项，由州厅接管委员会命令办理，凡我人民应各安生业，勿自滋扰。

　　二、旧有各项法令，除由本公署明令废止或修正者外，仍旧有效。

　　三、留居本省日本人民，不应加以歧视，如有不法行为自应依法惩办。如本省人民与日本人民间有民、刑事件纠葛，可依正当手续合法解决，不得肆意滋事。

　　四、地方应兴、应革事项，务望地方贤达尽量提供意见，俾资采择。

行政长官　陈　仪

（薛月顺编：《台湾省政府档案史料汇编：台湾省行政长官公署时期（一）》，台北县新店市："国史馆"1996年第1版，页35—36。）

14. 台湾省州厅接管委员会组织通则（1945年11月7日）

民国三十四年十一月七日

　　一、台湾省行政长官公署为处理本省各级地方行政工作，及继续行使政权与筹设县市政府，组织台北州、新竹州、台中州、台南州、高雄州、台东厅、花莲港厅、澎湖厅八个接管委员会，受本署及台湾省接收委员会之指挥监督办理接管工作。但台北市接管工作由台北市政府直接办理。

　　二、州厅接管委员会职权如左：

甲、办理州厅以下各级机构之接管工作。

乙、指挥监督州厅以下各级行政机构继续办理日常应办事务。在本署宣布接收台湾以后，所处理事务，发现有违反中央或本署规定者得以命令撤销或修正之。并迅速呈报行政公署及省接收委员会。

丙、筹备接收区内县市政府之成立。

丁、考察各级干部、选拔优秀人才、提供本署遴选任用。

戊、其他行政公署及省接收会规定事项。

三、州厅接管委员会每会设主任委员一人、委员二人至六人、专员三人至五人、干事若干人。

四、主任委员、委员及专员由行政长官于左列人员遴派之：

甲、学识优良富有行政经验者；

乙、与接收有关各处会之高级职员；

丙、地方公正人士具有硕望，深得人民信仰者。

五、干事由主任委员遴选，呈请行政长官核派之。

六、委员协助主任委员处理事务，专员及干事承主任委员之命，分别办理接收事务。

七、州厅接管委员会得照州厅原有组织、分科办事。

八、州厅接管委员会每星期开会一次，必要时得召开临时会均由主任委员召集之决议案，并应呈报省接收委员会。

九、州厅接管委员会应依据本省规定之接管进度表于三个月内完成之。如遇有特殊情形未能依限完成时，应将必要延长期间事前呈报省接收委员会转报核定。

十、州厅接管委员会对外行文由主任委员署名行之。

十一、州厅接管委员会于接收工作完毕，县市政府成立时撤销。

十二、本通则自公布之日施行。

（薛月顺编：《台湾省政府档案史料汇编：台湾省行政长官公署时期（三）》，台北县新店市："国史馆"1999年第1版，页1-3。）

15. 秘书处关于转知收复区敌伪财政金融机构财产接收办法的报告（1945年11月8日）

前奉行政院函开：以据财政部呈送收复区敌伪财政金融机构财产接收办法到院，除指复准予照办暨分行外，抄同该办法希查照，并转饬所属知照。等因。遵即分函各总行局查照，并转知各有关行局知照，暨分函收复区各分处查照在案。兹奉行政院函略开：以该项办法实行不无窒碍，应予修正，除报请国防最高委员会备案暨分行外，抄同修正办法希查照，并转饬所属知照。等因。自应遵办，除分函各总行局查照，转饬收复区各行局处知照，并分函收复区各分处暨函复外，谨检同修正办法一份，报请鉴察。（见附件一）

附件一：修正收复区敌伪财政金融机构财产接收办法

一、凡收复区内所有敌伪财政金融机构财产，由财政部各区财政金融特派员商请各该收复区接收委员会，核发接收证件接收之。

二、收复区内已设置财政金融机关者，关于各该机关主管部门之敌伪机构财产，由财政金融特派员依照荫条之规定，将接收证件令发各该机关，并指挥监督接收之，于接收完竣，册报财政金融特派员查核。

三、接收敌伪财政金融机构财产，由接收机关通知当地军警机关协助办理。其程序如左：

1. 警卫；

2. 点验造册；

3. 查封；

4. 保管。

四、所接收之财产属于现金、票据、证券及珍贵物品者，应交当地国库或指定之当地财政金融机关保管之。其为民生日用或易于腐败之物品，得经报部核准公开拍卖，保管其现金。

五、敌伪财政金融机构财产已由该收复区接收委员会径行接收者，财政金融特派员或其所派人员到达时，应即洽商移交。其由接收委员会指定该区内财政金融机关接收者，于财政金融特派员到达时，即将接收之财产册报查核。

六、经接收之敌伪财政金融机构财产为当地财政金融机关办公或业务上所必需者,得报请财政金融特派员转部核准拨用。但各该机关因业务上有迫切需要时,得报请特派员核准先行拨用后补办报部手续。

七、财政金融特派员径行接收或据报接收之各项敌伪财政金融机构财产,应编造清册二份,分报财政部及该区接收委员会查核备案。

八、经接收之敌伪财产涉及权利纠纷时,应移送该管司法机关处理之。

(四联总处第292次理事会议记录)

(重庆市档案馆、重庆市人民银行金融研究所合编:《四联总处史料》(上),档案出版社,1993年7月第1版,页335-336。)

16. 中国台湾省警备总司令部命令(1945年11月13日)

(三四)军字第二〇号

命令　中华民国三十四年十一月十三日

于台北市台湾警备总司令部

一、台湾日军原有战斗序列,兹为解除武装便利起见,着即一律取消,仍以各师团旅团之原建制为单位,实施移缴。

二、尔后贵官所属各部队,即改称为原番号之日本官兵善后联络分部,其部队长亦改称为各该部队联络分部分部长,仍受贵官指挥。

三、在台日军接收后之无线电信,规定如左:

台湾地区日本官兵善后联络部,在台北准用2kW无线电机壹部,与南京及东京联络,另以九四式二号乙无线电机贰部,与50D马公102B、66D、112B、9D、12B嘉义71D联络,上列各单位除112B准用船艇甲无线电机外,余各准用九四式二号乙无线电机电壹部。

右令

台湾地区日本官兵善后联络部部长安藤利吉将军

中国台湾省警备总司令陆军上将　陈　仪

传达法:本命令交付日军联络部所派命令受领者具领

(秦孝仪主编,张瑞成编辑:《光复台湾之筹划与受降接收》,台北:中国国民党中央委员会党史委员会1990年第1版,页255-256。)

17. 中国台湾省警备总司令部命令(1945年11月15日)

(三四)军字第二十一号

命令　中华民国三十四年十一月十五日

　　于台北市本总司令部

一、我军将于本(十一)月十八日定高雄附近登陆,进驻高雄凤山及台南附近各地区。

二、现在高雄市、台南市、凤山街及连接上开三地之交通线附近之日本军部队,除残留交代监护外,统限十一月十七日,一律撤退,于距离上开地线以东二十公里以外之地区。

三、高雄离子内仓库、凤山第七部队兵舍、台南第四部队兵舍、安平第八四部队兵舍,及其他经我方指定之兵舍等,由贵方预行所要之设备,随时移交我军接住。

四、原驻高雄、凤山、台南地区日本陆军各部队(缺第八飞行师团)解除之火器、弹药、车马、器材等装备及文书、图表、军用电线等,进军字第一号命令之规定,先行移交于我黄涛军长及其指定之人员接收。

命令

台湾地区日本官兵善后联络部部长安藤利吉将军

中国台湾省警备总司令陆军上将　陈　仪

传达法:以书面交联络部所派命令受领者

(秦孝仪主编,张瑞成编辑:《光复台湾之筹划与受降接收》,台北:中国国民党中央委员会党史委员会1990年第1版,页256-257。)

18. 台湾省各县市街道名称改正办法(1945年11月17日)

民国三十四年十一月十七日

一、台湾省行政长官公署(以下简称本公署)为破除日本统治观念起见,特订定本办法以为改正街道名称之依据。

二、凡因左列情形而设定之街道名称,由当地县市政府成立后两个月内改正:

甲、具有纪念日本人物者：如明治町、大正町、儿玉町、乃木町等是；

乙、具有伸扬日本国威者：如大和町、朝日町等是；

丙、显明为日本名称者：如梅ケ枝町、若松町、旭町等是。

三、前条应改正之街道名称，由当地县市政府妥为拟定实施但新名称应具有左列意义：

甲、发扬中华民族精神者：如中华路、信义路、和平路等是；

乙、宣传三民主义者：如三民路、民权路、民族路、民生路等是；

丙、纪念国家伟大人物者：如中山路、中正路等是；

丁、适合当地地理或习惯且具有意义者。

四、改正之街道名称应于街道出入两口竖立木牌，以显著文字书明新街名。

五、原有"町""丁目"等日文名称应即废除。

六、同一街道，以同一直线或同一弧线为原则。

七、通行车马之大道名为路。较小之道名为街。道之两边仅住宅者名为巷。

八、门牌号数以不更动为原则。如有变更门牌其编列次序：南北行者由南端起算，西行者由东端起算，斜行者由东南或西南起算。并就左方编单号，右方编双号。

九、街道名称及门牌之变更，应迅速通知登记机关。

十、其他地名改正得参酌本办法办理。

十一、本办法自公布之日施行。

（薛月顺编：《台湾省政府档案史料汇编：台湾省行政长官公署时期（三）》，台北县新店市："国史馆"1999年第1版，页3-4。）

19. 陈仪为附送台湾省行政长官公署接收委员会派员监理各金融机构暂行办法函（1945年11月17日）

台湾省行政长官公署公函　发文署财字第　号　中华民国卅四年十一月十七日

查本省金融机构，原有银行七家，信托公司一家，产业金库三家，信用组合农业会约四百余单位，其中以台湾银行为总枢纽。台湾各银行之投资，均偏于日本国债，各银行资金，以致涸竭不堪。台湾银行资本六千万元，有发行权，并兼营日本银行代理店，办理国库事宜。存款总额约五亿元，发行为二十九亿元，总计负债达三十四亿元。其他各银行皆执有日本国债，并根据日本大藏省之命令，办理信用放款，总额无从估值，负债超过资产，形势严重。现各金融机构账目，业已分别派员检查，即可告一段落。除日本国债部分另订办法处理函报外，本公署为切实整理各金融机构业务宏收成效计，近经订定台湾省行政长官公署接收委员会派员监理各金融机构暂行办法，通饬施行。并派员整理各金融机构业务，一面研究法理暨合并之计划，以赴事功。相应检同本省接收委员会派员监理各金融机构暂行办法，函请贵部赐于备案为荷。此致

财政部

附送台湾省行政长官公署接收委员会派员监理各金融机构暂行办法一份

行政长官　陈仪

台湾省行政长官公署接收委员会派员监理各金融机构暂行办法

一、本办法依台湾省行政长官公署接收委员会组织规程之规定订定之。

二、凡本省境内在光复前依日本商法登记设立之各金融机构，经台湾省行政长官公署接收委员会财政金融会计组（以下简称本组）审定认为须派员监理其业务者，依本办法办理之。

三、监理委员由本组常务委员遴选，提请本会主任委员派充，其员额视各金融机构业务之繁简酌定之。凡监理委员在二人以上者，指定一人为主任监理委员，负责主持监理事务。

四、各金融机构之主任监理委员（或单独负责之监理委员，下同），于必要时，得请本组调派佐理人员协助之，其名义暂定为专门委员、专员、管理员、通译四种。

五、主任监理委员应常年驻在各该监理金融机构办公，行使左列职权：

1. 关于人事进退之核定事项；

2. 关于财物调度及出纳之核定事项；

3. 关于现金、票据、证券之出纳保管及移转之核定事项；

4. 关于债权债务发生、处理、清偿之核定事项；

5. 关于业务之监督事项；

6. 关于有发行权银行发行钞票之监核事项。

六、监理委员到达各该金融机构后，原有负责主持人，即须接受其监督。关于重要事务之处理，并应先行商承主任监理委员之意见。

七、主任监理委员到达各该金融机构后，应命主持人提出下列各项报告，转呈本组备案：

1. 组织章程及职员名册；

2. 业务概况及财产清册；

3. 上届资产负债表及损益计算书；

4. 股份、股东及董监事名册；

5. 监理委员认为应行报告之其他事项。

八、主任监理委员在监理期中，所有一切重要事项，应随时向本组常务委员请示办理之。

九、主任监理委员应于每周将业务监理概况，分别列表报告本组审核。

十、本组常务委员为明了各金融机构监理情形，及商讨金融业务处理办法起见，得于每两星期召集各金融机构监理委员举行会议一次，必要时，并得临时召集之。

十一、各金融机构监理委员，除执行日常监理事务外，对于其监理之机构，应随时注意其业务，拟具具体整理计划，报请本组核办。

十二、在监理期内，各该金融机构非经本组核准，不得作资金或股权之变更。非得本组常务委员之命令，不得自行召集股东会或董监会。

十三、本组对各主任监理委员所为之处分，如认为越权或处理失当时，得以命令撤销或修正之。

十四、本办法自呈奉行政长官公署核定之日施行。

国民政府财政部档案[(三)②3114]

（中国第二历史档案馆等编：《中华民国金融法规选编》(下)，

1989年版，页1508—1511。）

20. 中国台湾省警备总司令部命令（1945年11月23日）

(三四)军字第四二号

命令　中华民国三十四年十一月廿三日

　　　于台北市台湾省警备总司令部

　　台湾地区日本官兵善后联络部战灾复旧部建筑资料，着由本部经理处接收。

　　右令

台湾地区日本官兵善后联络部部长安藤利吉将军
经理处陈处长

　　　　　　　　　　　中国台湾省警备总司令陆军上将　陈　仪

　　　　传达法：以书面交联络部所派命令受领者具领

（秦孝仪主编，张瑞成编辑：《光复台湾之筹划与受降接收》，台北：中国国民党中央委员会党史委员会1990年第1版，页260。）

21. 朝鲜及台湾人产业处理办法（1945年11月24日）

——民国三十四年十一月二十四日行政院核定陆军总部亥元接代电通令

一、凡属朝鲜及台湾之公产均收归国有。

二、凡属朝鲜及台湾人民之私产，由处理局依照行政院处理敌伪产业办法之规定接收、保管及运用。朝鲜或台湾人民凡能提出确实籍贯证明，并未担任日军特务工作，或凭借日人势力凌害本国人民，或帮同日人逃避物资，或并无其他罪行者，经确实证明后，其私产呈报行政院核定予以发还。

（录自《中国战区中国陆军总司令部处理日本投降文件汇编》，下卷，页298。）

（秦孝仪主编，张瑞成编辑：《光复台湾之筹划与受降接收》，台北：中国国民党中央委员会党史委员会1990年第1版，页208。）

22. 台湾省行政长官公署代电(1946年11月28日)

署产(三十五)处字第三八八八号

中华民国三十五年十一月二十八日

一、留用日人所有之不动产企业,应一律予以接收。其该留用日人及其随同留住之家属日常生活所必需使用之不动产,应由该日人具册申请借用,经留用机关之证明,送所在地日产处理县市分会按其人数核定,呈转日产处理委员会予其保留至遣送时,应按原册接收之。

二、留用日人所有之股权、股票、债票等,应一律接收。

三、留用日人之动产,除货物应予接收外,余准予保留使用,于遣回时应照日侨遣送回国之办法办理。

四、留用日人对于借用之不动产,应负良善使用及保管之责,于遣回时应即如数缴交所在地日产分会点收,不得毁损;如有毁损,应饬照市值赔偿之。

(秦孝仪主编,张瑞成编辑:《光复台湾之筹划与受降接收》,台北:中国国民党中央委员会党史委员会1990年第1版,页530–531。)

23. 中国台湾省警备总司令部命令(1945年11月28日)

(三四)军字第四九号

命令　中华民国三十四年十一月廿八日

于台北市本总司令部

一、我黄军长涛,已率所部主力于高雄附近登陆完毕,进驻台南市、高雄市、凤山街、屏东街,各附近其后续部队亦将逐次到达。

二、前颁军字第一号命令第二项第十三款规定日军各部队除泼刺部队已经向我海军李司令缴械外,其余着自十二月一日起,准同命令之要领,按下列程序向我黄军长及其指定人员移交,兵器、弹药、车船、马匹、被服、装具、器材、粮秣、文书、图表,并由其派队保护监督工作。

(一)带十二师团第三〇五自动车中队全部、第三〇船舶工兵联队之在台南市安平附近者,自十二月一日开始。

(二)高雄要塞部队第三〇船舶工兵联队及第九铁道兵大队之在高雄市

附近者,自十二月四日开始。

(三)第三十三电信联队及第七十一师团之在嘉义市附近者,自十二月七日开始。

(四)第六十四独立工兵联队、第三五四自动车中队、第七十五混成旅团及第七十一师团第九铁道兵大队,在台中、彰化等地者,自十二月十一日开始。

(五)第五十师团、第一百混成旅团、第四旅团、第四十二独立联队、第十六独立炮兵联队,自十二月十六日开始。

(六)台中州、台南州、高雄州、台东厅地区,除台中市、台南市、高雄市、台东市以外,散在各地日军宪兵部队之武装解除程序,由黄军长规定施行(参照军字第一号命令第二项第十六款)。

以上程序特准黄军长依实施情形伸缩变更。

三、为受领传达黄军长之命令,台湾地区日本官兵善后联络部,及前项各日军联络支分部,应派员集合于台南市黄军长指定地点,受其指定人员之指挥。

四、现驻台东厅之日军第六十六师团,即归黄军长派队保护,现驻善化、新营之日军第七十六混成旅团,及第一〇三混成旅团,即开始准备候命北部,担任复旧工作。

五、日军第五十、第六十六师团,应即派队从速修复,由屏东至台东之各公路,限十二月二十日以前完成具报。

台湾地区日本官兵善后联络部　安藤部长
中国台湾省警备总司令陆军上将　陈　仪

(秦孝仪主编,张瑞成编辑:《光复台湾之筹划与受降接收》,台北:中国国民党中央委员会党史委员会1990年第1版,页260-262。)

24. 台湾省警备总司令部命令(1945年11月28日)

(三四)战字第七五号

命令　中华民国三十四年十一月廿八日
　　　于台北市

一、台南地区日军各部队,业遵本总司令致安藤联络部长命令,部署缴械其应缴军品,除第五十师团仍改向凤山仓库,第七十一师团大林部分续向嘉义集中,及七十一师团存集台中、彰化军品,准予就地移交外,余均准备完了。

二、第六十二军,应即参照前颁台湾地区军事接收委员会组织规程,及致安藤利吉军字第一号命令副稿,并本命令副件之规定组织接收组(必要时得请军政部李特派员参加),自十二月一日起,概依下列程序开始接收,台南、台中、高雄各州及台东厅日陆军各部队之武装等,并依一与三之比,派队监护日军从事复旧工作。

(一)台南区日12D　305MC全部、30SEP一部　十二月一日

(二)高雄区日要塞部队全部、第九铁道大队及30SEP各一部　十二月四日

(三)嘉义区日33TL全部、71D一部　十二月七日

(四)台中区日55BS　4PBS　64MC全部、71D及第九铁道大队各一部

(五)凤山屏东区日50DS　100BS　42R　16ARS　十二月十六日

(六)台中、台南、高雄、台东各市区以外之日宪兵部队之缴械,及防务接替,由黄军长统筹施行。

以上程序接收实施情形,得行所要之变更,但须呈报本部核备。

三、随接收之进展第六十二军逐次就以下之筹备部署:

(一)军部直属部队步兵一个团　台南市附近

(二)一个师直属部队及步兵一个团　嘉义市附近

(三)一个师　台中、彰化、二水一带

(四)一个师加一个团　高雄、凤山、屏东、台东一带

台东一团可于接收将毕时,派往任日军第六十六师团之监护。

四、为便于第六十二军之输送,长官公署交通处铁道管理委员会,应于十一月底派出所要人员于台南市协商办理军运事宜,俟调动完毕时撤回,调运实施情形随时会报本部备查。

五、关于陆军仓库厂之监护、集中,军政部特派员办公处,应即派员与第六十二军协商办理具报。

六、宪兵第四团着派兵一连归第六十二军黄军长指挥,任军风纪之纠察维持。

附致安藤利吉军字第四十九号命令一份。

　　右令

军政部李特派员

宪四团高团长

交通处严处长

六十二军黄军长

　　　　　　　　　　　　　　　　　　　兼总司令　陈　仪

（秦孝仪主编，张瑞成编辑：《光复台湾之筹划与受降接收》，台北：中国国民党中央委员会党史委员会1990年第1版，页262-264。）

25. 中国陆军总司令部致冈村宁次诚字第一五一号训令（1945年12月1日）

——民国三十四年十二月一日于南京

　　十一月三日总连涉第四五一号呈悉。兹据台湾陈长官戌感电称，现台湾接收已将完毕，成田一郎等四人已无来台必要等情，仰即转饬知照。

　　右令

中国战区日本官兵善后总联络部长官冈村宁次大将

　　　　　　　　　　　　中国战区中国陆军总司令一级上将何应钦

（录自《中国战区中国陆军总司令部处理日本投降文件汇编》，下卷，页142。）

（秦孝仪主编，张瑞成编辑：《光复台湾之筹划与受降接收》，台北：中国国民党中央委员会党史委员会1990年第1版，页208-209。）

26. 台湾省澎湖厅接管委员会接收报告（1945年12月3日）

民国三十四年十二月三日

　　兹谨将本会工作情形，所遇困难及意见，择要分陈如左：

甲、接管概况

一、厅及支厅

　　本会工作人员于十一月八日离台北，当晚抵达高雄，因交通工具缺乏，延至十三日始分乘二艇来澎、十四日到达、十五日正式成立、十六日开始接管澎湖厅本部,由林伯鉴接管总务课及职业课、吴誉贤接管警务课、叶振民接管劝业课、潘碧云接管税务课——当时郑景文尚未奉派,权以潘碧云名义接管、实际工作由郑景文负责——各课接管事宜大体均已完竣,户籍地籍簿册均已完整。马公、望安二支厅相继派潘碧云及吴誉贤二专员分别接管竣事,各派出所亦经分派警员予以接管。

二、教育机关

澎湖有国民学校十七、分教场五,均经遴选台籍优秀校长或教员,由会分别委派代理校长及主任,并予简单之讲习后,分派前往各校接管。除一、二离岛甚远之学校尚未据报外,其余均已接管报会。有公路可通之各校亦经派员视导。至马公高等女学校及澎湖水产专修学校,因尚无适当校长人选,暂由林伯鉴、叶振民兼代校务,予以接管。

各校所有日文、史地及公民等项奴化课程均经取消,并因课本缺乏,暂定集中力量改授中文、书算、理化及歌咏、劳作等课程,甚盼教育处能早日供应国定本教材。

图书馆会遭轰炸,馆址既毁,无形业已停顿。接管后经查图书所余无几,且多系日文奴化宣传之书籍,经暂予封存,待觅得新址整理补充后,再行开放。

所有青年学校、青年特别炼成所等均已接管停办,神社亦经接管。

三、街庄役场

澎湖计有一街五庄,除马公街及望安庄外,所有庄长均系台胞。本会以人手缺乏,且离岛交通不便,故于接管初期,对各街役场均暂由原街庄长维持原有事务,以免政务中断,并为筹划实施新县制起见,经决定将乡镇以下机构照左列步骤先予改组,然后再行划分厅内各课职掌,改组为县。

1. 将原有部落会区域,相当于"村"者改为村。由村民选举村长及副村长。

2. 召集各村长前来本会或支厅选举乡镇长。

3. 乡镇之区域除马公街将予分割外,以不变更原有庄之区域为原则。

4. 乡镇长产生后,由会加以讲习再行分派各乡镇,组织乡镇公所。

5. 考选本厅及街庄役场原有职员台胞予以讲习分发各乡镇公所任用。

现今除马公街因分割关系,及望安、大屿二庄因离岛交通阻隔,尚未送报外,其余各乡长均经选举完竣。预计本月十日以前各乡镇公所可以改组成立。

四、其他

各团体及附属机关均已接管,正在整理中。

澎湖列岛交通不便,拟就原支厅区域分设二区署,已在计划中。

本会为补助警力维持治安起见,经将马公街原有自卫队等项,改组为义勇警察大队,及消防队。三青团及党部之筹设,亦在积极联络中。

澎湖各军事重镇,海军台澎司令部设有分部,本会为谋接管政务推行便利计,经与海军当局商妥行政与军事划分原则,以一事权而免纠纷,甚收成效。

澎湖日军颇多,已于十一月三十日起由本会函请海军当局逐日指拨二百名,协助整理市容。

本会为集思广益,明了地方情形,及启发当地台胞参政意识起见,经组织咨询委员会为咨询机关。

乙、困难及刍议

一、乡镇公所指日组织成立,县下层已粗具规模,关于县政府组织办法急待明令指示,以便将现有各课系职务,分别纳于县政府之各科或局室。

二、本会人数甚少——除警察官员外,仅委员二人、干事二人不敷分配,改组县政府及分区设署须人尤多,澎岛文化落后,就地取材颇非易事,拟请多派干员来澎。

三、日人投降后,经将所有员工明年三月以前之薪津清发,际兹物价日涨之秋,前发之薪津,实不足以维持生活。如若留用旧员,势须另给津贴。况澎湖僻处海隅,人员之精神及物质生活均极艰苦,日人治理斯土之时,对在澎工作人员有特予津贴之成规,拟请体恤孤岛情形特殊,除一般津贴外,另给百分之五十之特别津贴用资激励。

四、澎湖地瘠民贫,米粮素仰给于本岛,依照往昔惯例,必于季风未起之前,储足九月至明年三月间之半年食粮,兹查此间存米,仅敷一月之需。拟乞提前拨给三个月需用食米二六七四五袋,赶运来澎,否则季风盛作之后,交通行将断绝,即若本岛有米可拨亦难运配前来也。

再者,澎岛为军事重镇,际兹光复伊始,格外需要平静之社会秩序。是故关于配给之米价,拟乞仍照旧价办理,由省府拨款津贴以免刺激物价,而引起社会之不安。

五、澎湖素有不毛之称,人民皆赖捕鱼为生,大战爆发以来,或因船只损坏或因油料缺乏,无法出海捕鱼,渔业一蹶不振,拟乞拨发的款一二百万或转函善后救济分署给予救济,则不但渔民受益不浅,亦我国一大富源也。

六、澎岛孤立海外,与本岛及国内交通多赖船只,然于每年九月至三月季风期中风浪猛烈,千吨以下船只,无法航行,交通时有断绝二十日以上者,实有急予改善之必要。兹查马公港内有击沉之商舱一艘,拟予没收,交县召商集资修理,以官商合办之方式经营,既可便利行旅,又可增加地方收入,至在该舱未行修竣之前,拟请指派较大船只或由会征用商船一二艘,常川行驶台澎之间,是否可行? 乞示遵。

七、澎湖医院设备不周,存药奇缺,如若发生疫病,实难戢止,拟恳商请经局长多拨药品,并派员检查(海岸来往)旅客,以期防患于未然,同时并乞充实澎湖医院,以便病人就地治疗,而免稍有小恙,即须移地就医之苦。

八、日人治台之时,不无无耻台民,为虎作伥,颠倒黑白,鱼肉台胞,即所谓"御用绅士"者是。此辈固非无活动能力者,际此台湾光复之初,乃到处活动,组织党团或人民团体,报请省级主管机关委派或备案。设若省级主管机关,对该地情形不熟式,稍一不慎,行将受愚,引起地方党派无谓纠纷与斗争,影响所及实非浅小,是故对于地方上此类组织人选,设能预先征询各接管委员会意见,再行发表,实较妥善,拟请转函各有关机关参酌办理幸甚。

右报告处长周

职　陈松坚

(薛月顺编:《台湾省政府档案史料汇编:台湾省行政长官公署时期(一)》,台北县新店市:"国史馆"1996年第1版,页133—137。)

27. 台湾省行政长官公署电抄发中央及各省机关员工复员各项经费支给办法(1945年12月6日)

民国三十四年十二月六日　署会(甲)字第八号

台湾省行政长官公署代电

　　各处会室及各市政府、各州厅接管委员会：案奉行政院三十四年十月二十七日平拾字第二三七一九号训令开："中央及各省机开员工复员各项经费支给办法,业经本年十月二十三日本院第七一七次会议通过,除分别函令外,合行抄发是项办法,令仰遵照并转饬遵照。"等因,奉此。合行抄发原案,电希遵照,并转饬遵照,计抄发中央及各省机关员工复员各项经费支给办法一份。行政长官陈仪会(一)字印。附中央及各省机关员工复员各项经费支给办法

附件：中央及各省机关员工复员各项经费支给办法

　　一、还都经费：应俟还都命令颁布时再议。

　　二、接收人员费用：

　　(一)派往各地办理接收人员事毕,仍返原机关服务者,其生活补助费及公粮代金,仍照原机关标准支给,并依其业务需要日数,照出差规则支给旅费,接收房屋者,到达目的地十日后,停止支给膳宿杂费。

　　(二)派往各地接收人员,系由主管机关或其他机关调任前往服务者,其生活费、补助费及公粮代金,自出发日起两个月内,照原机关标准,由调用机关支给,两个月以后,照派往所在地标准支给。

　　(三)新派之接收人员生活补助费及公粮代金,自出发日起,在一个月内,照重庆标准支给,一个月后,照派往所在地标准支给。

　　以上(二)(三)两款接收人员在旅程中,其旅费均照出差规则支给。

　　(四)就地遴用之接收人员,其生活补助费及公粮代金,照所在地标准支给。

　　三、驻重庆以外各中央机关,及各省机关复员经费：驻重庆以外之中央机关及各省机关复员人员公物所需运费,从实核列,公务员及工役膳宿费,均照出差规则支给,车船费由机关统筹计列；各机关依照上述标准编订概算,仍由

机关统筹支给,实报实销,其派遣之接收人员支费标准,参照第二项办理。

四、派往东北、台湾、越南人员经费之支给:派赴东北十一省市人员,每人发给皮衣费十万元;越南旅费,照国外出差规则支给;至台湾及东北薪给,旅费支给标准,应由台湾行政长官公署及东北行营,按照当地生活程度及币值,分别拟订,报院核定实行。

(台湾省行政长官公署公报)

(何凤娇编:《政府接收台湾史料汇编》(上),"国史馆"1990年版,页128—129。)

28. 台湾省行政长官公署公布台湾省行政长官公署处理省内日本银行兑换券及台湾银行背书之日本银行兑换券办法(1945年12月7日)

民国三十四年十二月七日

台湾省行政长官公署处理省内日本银行兑换券及台湾银行背书之日本银行兑换券办法

第一条 台湾省行政长官公署为处理省内日本银行兑换券,及台湾银行背书发行之日本银行兑换券,特订定本办法。

第二条 凡在本省内流通之日本银行兑换券,票面金额一元以上,及台湾银行背书发行之日本银行千元兑换券,自民国三十四年十一月八日起,一律禁止在市面流通,凡违反规定仍在市面行使者,予以没收。

第三条 前条禁止流通之兑换券之持有人,应将其持有券存入台湾银行、华南银行、彰化银行、台湾商工银行、台湾储蓄银行、劝业银行、三和银行及其省内之分支行或其代理店。

第四条 依前条规定存入银行之兑换券,视为特种定期存款,其放存期限及名称规定如左:

甲 日银特种定期存款:凡以日本银行券存入者,称日银特种定期存款,放存期限定期一年半。

乙 台银特种定期存款。凡以台湾银行背书之日本银行千元兑换券存入者,称台银特种定期存款,放存期限定期一年。

第五条 依第三条规定应存入指定银行之兑换券,应自民国三十四年十一月十日起,至十二月九日止,一个月内存入,逾期各银行不得收存。

第六条 各受托办理存款之银行,应于每周将其收存兑换券连同账目,汇送台湾银行台北总行收存。

第七条 依本办法存入银行之兑换券,于放存期满还本时,付给年息百分之二。

第八条 依本办法存入之存户满一个月后,每月得支取定额之生活费,其因事业之需要,得以存款为抵押向原存银行声请贷款。

前项生活费支取限额及抵押贷款办法另订之。

第九条 凡依本办法存款者,每人或每一法人,或每一商号,只准开立一个存户。

前项存户如系法人,须提出团体证明,商店须提出营业执照,私人须提出户籍证明文件。

违反本条第一项之规定,化名多户分存者,一经发觉,没收其存额。

第十条 本办法自公布日施行。

(台湾省行政长官公署公报)

(何凤娇编:《政府接收台湾史料汇编》(上),"国史馆"1990年版,页179—181。)

29. 中国陆军总司令部致冈村宁次军补字第100号训令(1945年12月10日)

——民国三十四年十二月十日于南京

总连涉第六〇九号呈悉。所请准许使用大雅丸运送复员军民返日一节,查遣送日本军民返国事业经上海中美联席会议决定,由美国海军统筹办理在案,该大雅丸应于修复后缴由台湾陈长官接收,除分电外希遵照。

右令

中国战区日本官兵善后总联络部长官冈村宁次大将

中国陆军总司令陆军一级上将　何应钦

（录自中国战区中国陆军总司令部处理日本投降文件汇编，下卷，页67。）

（秦孝仪主编，张瑞成编辑：《光复台湾之筹划与受降接收》，台北：中国国民党中央委员会党史委员会1990年第1版，页209。）

30. 台湾省行政长官公署公布台湾省行政长官公署处理省内日本银行兑换券及台湾银行背书之日本银行兑换券特种定期存款存户支取暨抵押借款办法（1945年12月11日）

民国三十四年十二月十一日

台湾省行政长官公署处理省内日本银行兑换券及台湾银行背书之日本银行兑换券特种定期存款存户支取暨抵押借款办法

一、本办法依据台湾省行政长官公署处理省内日本银行兑换券及台湾银行背书之日本银行兑换券办法第八条之规定订定之。

二、台银券特种定期存款个人存户存满一月后，因生活上之必需，得填具声请书，凭原存单向原存款银行支取生活费。

三、日银券特种定期存款个人存户存满一月后，得填具声请书，凭原存单向原存款银行抵押借取生活费。

四、前两条存户，每户每月得申请支取或抵借生活费一次，每次数额不得超过三百元。

个人存户同时执有台银券及日银券定期存款存单者，应先办理台银券特种定期存款之支取，俟台银券支取满存额时，始得以日银券特种定期存款存单办理抵押借款。

五、凡属法团存户，因业务上之必需，得声明理由及证明文件，凭原存单向原存款银行申请办理抵押借款，经银行审查转呈本公署财政处核准后，开立透支户陆续动用。

六、本省法团存户同时执有台银券及日银券特种定期存款存单者，应先以台银券特种定期存款存单办理抵押借款，俟该项存款抵押足额时，再以日银券特种定期存款存单抵押借款。

七、法团特种定期存款，一次抵押借款不得超过原存款总额百分之十，为连续借款，其总数不得超过原存款总额百分之五十。

八、台银券特种定期存款抵押借款，按年息百分之二点五计算，日银券特种定期存款抵押借款，按年息百分之四计算。

九、日本海陆空军机关暨其官员官佐及士兵不适用本办法。

十、本省党政军机关特种定期存款，由本署另行核办。

十一、本办法自中华民国三十四年十二月十一日起施行。

（台湾省行政长官公署公报）

（何凤娇编：《政府接收台湾史料汇编》（上），"国史馆"1990年版，页181—183。）

31. 台湾省行政长官公署训令前日本政府在台所发各种债库券统限至三十五年一月十四日下午五时止送往台湾银行验收给据否则一律作废（1945年12月14日）

民国三十四年十二月十四日　创字第二九号

台湾省行政长官公署训令

令　州厅接管委员会市政府

查以前日本政府在台湾银行之各种债券库券，暨台湾总督府发行之各种地方债券库券，因属日本政府之债务，本公署决予全盘清理，并规定自本年十二月十五日起，至三十五年一月十四日下午五时止，凡所有持券人，不论台人、日人，或银行、会社，及台公私团体，均须到台湾银行本店或其支店领取登记表，依照表式详细填明，连同持有债券或库券送往台湾银行，申请登记验收，掣取回据，过期无效。如该项债券库券系交银行保管者，须自行取出填缴，如系作银行保证者，须由银行依法缴交登记，否则一律作废。除函请财政部核备并公告分令外，合行令希知照为荷。

此令。

行政长官　陈仪

（台湾省行政长官公署公报）

(何凤娇编:《政府接收台湾史料汇编》(上),"国史馆"1990年版,页183—184。)

32. 经济部战时生产局台湾区特派员办公处呈送组织系统图及各组室主管人员名单请备案并分别委派(1945年12月20日)

民国三十四年十二月二十日　台特字第三三七号

经济部　战时生产局台湾区特派员办公处呈

案奉

钧(部局)(三四)总字第五一○八二号训令附发各收复区特派员办公处组织规程饬遵照等因,奉此。查台湾区工、矿、电、轻、重各业均较发达,重要者约达百五十余单位,次要者尚不下数百单位,业已陆续派员开始接收,并积极督促复工增产,关于本处内部组织拟分设糖业、机电、冶化、轻工业、矿业五组及秘书、会计两室,各组室并各分课掌理技术或管理事项,以收分层负责之效,各组组长即由各专门委员兼任,必要时并设副组长,秘书室指派秘书一人为主任,会计室派会计主任一人(已奉派定),各组室以下各课课长则分派专员充任。此外以上海便于采购器材,高雄为重要工厂集中地,特于两地各设办事分处,各派主任一人主持分处处务,除组织规程另拟,并各组各级人员另拟派定再行呈核外,理合先行检送本处组织系统图一份,本处各组室主管人员名单一份随文呈请

鉴核备案,并乞分别委派,实为公便。

谨呈

经济部部长　生产局局长　翁

附呈本处组织系统图一份及各组室主管人员名单乙份

台湾区特派员　包可永

附件一：经济部战时生产局台湾区特派员办公处各组室主管人员名单

姓名	拟派职务	籍贯	年岁	简历（学历）	简历（经历）	备考
沈镇南	专门委员兼糖业组组长	江苏	46	美洛西安那大学化工博士	中国银行渝行副理兼中国炼糖公司理事	
刘晋钰	专门委员兼机电组组长	福建	45	震旦工学士、巴黎大学物理系研究生	震旦教授、资委会昆明电厂厂长	
汤元吉	专门委员兼冶化组组长	江苏	42	德明兴大学化学博士	资委会内江遵义酒精厂厂长	
谢惠	专门委员兼轻工业组组长	浙江	49	美约翰霍布金斯大学化学博士	交大教授	
金开英	专门委员兼矿业组组长	浙江	44	清华毕业	地质调查所技正甘肃油矿厂厂长	
蔡常义	秘书兼主任	贵州	40	苏联拉斯格列技术学院工厂农场管理系毕业	福建汽车管理分处处长、行政院咨议、资委会专员	
李可权	会计室主任	江苏	52	日早稻田大学经济科毕业	曾任交通部矿专员、水利委员会主任等	已奉钧部知转奉主计处令派
包可闳	上海办事处主任	江苏	33	复旦理学士	战时生产局组长	
王瑞琳	高雄办事处主任	安徽	45	美斯葛鸠大商科硕士	曾任会计师、设计委员、稽核科长、处长、股长等职	

附件二：(经济部战时生产局)台湾区特派员办公处组织系统图

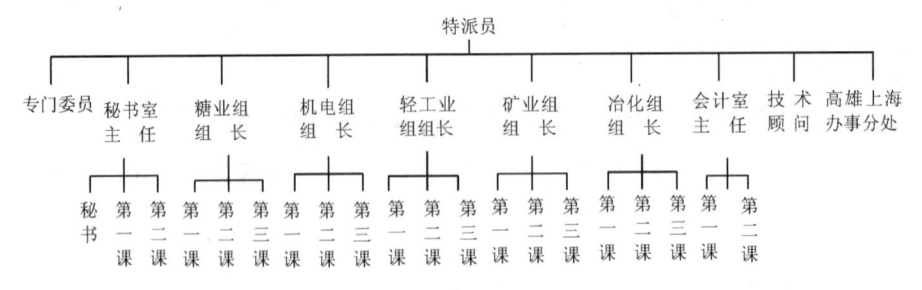

```
                              特派员
    ┌────┬────┬────┬────┬────┬────┬────┬────┬────┬────┐
  专门  秘书室  糖业组  机电组  轻工业  矿业组  冶化组  会计室  技术  高雄上海
  委员  主任    组长    组长    组组长  组长    组长    主任    顾问  办事分处
         │       │       │       │       │       │       │
        秘书   第一课   第一课   第一课   第一课   第一课   第一课
               第二课   第二课   第二课   第二课   第二课   第二课
               第三课   第三课   第三课   第三课   第三课
```

（何凤娇编：《政府接收台湾史料汇编》(上)，"国史馆"1990年版，页130–133。）

33. 台湾省警备总司令部代电(1945年12月20日)
(三四)战一字第四八号

台湾地区日本官兵善后联络部涉外委员会谏山委员长:奉南京兼总司令何,亥斋性梦及亥阳未裕饷两电,饬开:(一)凡已缴之日军其私人军刀应即就地收缴,未缴者尔后随其他武器于港口集中时同时收缴,造册交当地军政部特派员并具报;(二)日军留用之武器弹药,可于集中港口时,悉数交还,由港口运输司令负责收缴,转交当地军政部特派员并具报;(三)日方留用之车辆、马匹、通信器材等一概在原地收缴,不得携行,等因奉此,除已分命日方及我各有关单位遵照外,仰即遵照为要。台湾省警备总司令部参谋长柯远芬。中华民国卅四年十二月廿日。总战一发。

(秦孝仪主编,张瑞成编辑:《光复台湾之筹划与受降接收》,台北:中国国民党中央委员会党史委员会1990年第1版,页284。)

34. 中国台湾省警备总司令部命令(1945年12月21日)
(三四)军字第八二号

命令　中华民国卅四年十二月廿一日

　　于台北市台湾省警备总司令部

查贵官所属各部队,于投降后,擅将大批武器、弹药、化学兵器及军用物资等,盗卖、毁损或藏匿不报,经调查属实者计有:

一、台湾第四五八七部队(高射炮第一六二联队),将武器物资藏匿于台北州桃园郡龟山庄塔寮坑字坑底附近,业经该部队陆军少尉笠仓秀彦填据证实。

二、台第二一八〇五部队(台湾陆军货物厂)佐藤少佐,将大批军用物资藏匿台北文山乌来、龟山及哈门一带,业经查明属实。

三、高雄州方面:

(一)旗山郡内门庄木栅附近,有洞窟三十六处,仓库八十余所,埋藏多量之武器弹药、化学兵器,及军用物资。

(二)旗山郡内门庄内埔附近有仓库九所,藏有武器弹药及军用品等。

（三）旗山郡山旗街溪州附近有仓库四十二所、洞窟八处，藏有武器弹药、军用物资等。

（四）高雄郡燕巢庄深水附近，有燃料四十三处、仓库六所、洞窟二十三处，藏有大量弹药。

（五）高雄郡仁武庄考潭附近，有仓库百余所，藏有弹药军品甚多。

（六）凤山郡凤山街湾户头附近，有仓库二十七所，藏匿各种兵器甚多。

以上藏匿未报之武器弹药、化学兵器及军用物资，业经本部派员，会同台湾第一二八〇〇部队陆军技术大尉吉田龙，前往发掘，经证明属实，并有该部队集积所略图，及查获毒气六桶为据。

四、晓第一九〇八部队饭村中佐，将台北州基隆郡六堵间仓库四所内藏之全部物资，不法移转与南日本汽船株式会社，并将一部重油盗卖，经本部派员查获，并逮捕看守者九名，供证属实。

五、新竹州新竹郡新埔街照门字石门埋藏有九二式持久性瓦斯液，及大批军用品等。

以上各项均系证据确凿，事实昭彰，核与本总司令署部字第一号命令第四项之规定不符，殊属非是，希贵官克日将所有一切藏埋之武器、弹药、化学兵器及军用物资等，迅行造册补报，听候本部派员接收，并严饬所属，嗣后不得再有此项藏埋盗卖，或不法移转武器弹药军用物资等之行为，致于法办为要。

此令

台湾地区日本官兵善后联络部部长安藤利吉将军

中国台湾省警备总司令部陆军上将　陈　仪

本命令派员送往台湾地区日本官兵善后联络部

（秦孝仪主编，张瑞成编辑：《光复台湾之筹划与受降接收》，台北：中国国民党中央委员会党史委员会1990年第1版，页266—267。）

35. 台湾省行政长官公署废止前台湾总督府规定各项额外津贴代电（1945年12月21日）

民国三十四年十二月二十一日　署财字第五八七号

台湾省行政长官公署代电

本署各处会室：查本公署各机关征用日籍员工补给生活暂行成法，业已公布实施在案。至前台湾总督府所规定之宿舍料、慰劳旅费、死亡赏与、无线电听取费、退职赏与、年终赏与等额外津贴，应自本年十一月份起一律废止。除分电外，特电知照。陈仪财计

（台湾省行政长官公署公报）

（何凤娇编：《政府接收台湾史料汇编》（上），"国史馆"1990年版，页2。）

36. 台湾省行政长官公署令发各州厅接管委员会职员支薪标准（1945年12月22日）

民国三十四年十二月二十二日　署民字第六四七号

台湾省行政长官公署训令

令　各州厅接管委员会

查各州厅接管委员会，依据本省规定之接管进度表，尽于三个月内完成。所有该会各级职员，业经本署分别派用在案。惟该会系属临时接管机关，各级职员未予规定官等。兹特订定台湾省各州厅接管委员会职员支薪标准表一件，所有各该员薪俸，即暂依表列规定，自到差之日起支，免予检核资历证件。但此项额支薪俸，于将来改任其他工作时，仍依其原有资历核定级俸。至应支生活津贴，准依本署及所属各机关文职公务员薪俸及津贴支给暂行办法办理。除分令外，合行抄发原表一份，即希遵照办理，仍将该会按月列支各职员薪额列表报查！

台湾省各州厅接管委员会职员支薪标准

职别	员额	比照文官官等官俸	备考
州主任委员	1	简任八级月俸430元	

续表

职别	员额	比照文官官等官俸	备考
厅主任委员	1	荐任三级月俸360元	
委员	216	荐任六级月俸300元	
专员	315	荐任十二级至荐任八级月俸180元至260元	级俸由各该州厅接管会主任委员依各该员资历核定支给,至多不得超过260元
干事	若干人	委任八级至荐任九级月俸100元至240元	级俸由各该州厅接管会主任委员依各该员资历核定支给,至多不得超过240元
办事员		委任十六级至十一级月薪55元至80元	如有派用办事员级俸,由各该州厅接管会主任委员依各该员资历核定支给,至多不得超过80元
雇员		月薪50元	如有派用雇员,薪水不得超过50元

(台湾省行政长官公署公报)

(何凤娇编:《政府接收台湾史料汇编》(上),"国史馆"1990年版,页133—135。)

37. 台湾省废除租税一览表(1945年12月26日)

民国三十四年十二月二十六日

台湾省废除租税一览表

税别	说明	废除理由	本年度预算数(元)	本年度已收数(截至十一月三十一日)(元)	备考
特别行为税	对于照相书画表装印刷及制本染色刺绣与乐器等之修缮课税	涉及苛扰且大部分税收落在印刷制本上有妨文化发展应予废止	675,615	283,568	
特别入场税	对学生运动竞技课税	为数甚少有妨体育应予废止			未列未收
骨牌税	对于麻将四色牌课税	玩牌迹近赌博赌具自应禁止,此税应予废止	500,000	180,000	系印纸之收入现金未收
出港税	对于酒类出港予以课税	原为保护在日本之酒商的利益而设应予废止	9,000		未收

续表

税别	说明	废除理由	本年度预算数(元)	本年度已收数(截至十一月三十一日)(元)	备考
特别法人税	对于各事业年度之剩余金及公积金所课之税(如农业会产业组合产业金库等等)	原为战时特别税今后为变更此类统制性质之事业且非拟营利为目的本税应予禁止	464,000	68,061	
建筑税	凡建筑物价格在五千元以上者予以课税	战时本省建筑物破坏甚多亟待重建为奖励起见停征本税以利民居	15,000	22,030	超收
织物消费税	织物出产所课之税	本省织布事业颇不发达今后亟待促进为奖励生产计应予废止	282,324	323,743	超收
广告税	对于新闻杂志书籍及其他出版物之挂图传单等广告所课之税	预算不过二万余元妨及文化发展为统一税制计应予废止	20,698	48,865	超收
资本利子税	以资本利息所得为课税对象分甲乙丙种	因其课税对象大部分与第二种所得税相同可并入第二种所得税毋庸另立名目	276,000	148,989	
利益配当税	在本省有本店之法人其所得红利超进一成者予以课税	已有所得税此系战时特别税应予废止	159,000	2,984	
公债及社债利子税	依公债及社债所得利息课税	已有所得税此系战时特别税应予废止以免重复	5,000	165	
外货债特别税	以购入外国债利息所得为课税对象	过去仅有电力会社系借用外国债经营今外国债已还清故无存在之必要应予废止			未列
合计			9,053,637	2,099,028	

(台湾省行政长官公署公报)

(何凤娇编：《政府接收台湾史料汇编》(上)，"国史馆"1990年版，页3-4。)

38. 台湾省警备总司令部代电(1945年12月26日)

(三四)军字第一〇六号

台湾地区日本官兵善后联络部安藤部长鉴：十一月廿九日湾连涉第二〇

〇号报告悉,各地区学校(青年学校在内)训练用武器,兹再行规定在台北州、新竹州、花莲港厅辖区内,由我第七十军陈军长指派之人员收缴,在台中州、台南州、高雄州、台东厅辖区内者,由我第六十二军黄军长指派之人员收缴,除分命各接收部除外,希遵办。中国台湾省警备总司令陆军上将陈仪。中华民国卅四年十二月廿六日。

(秦孝仪主编,张瑞成编辑:《光复台湾之筹划与受降接收》,台北:中国国民党中央委员会党史委员会1990年第1版,页283-284。)

39. 行政院秘书处关于接收台湾糖业的公函(1945年12月27日)

奉交下三十四年十二月二十二日签呈为台湾糖业之经营应由政府统筹组设糖业公司,如由中央与地方合办,中央股份至少应占百分之六十,可否,请核示一案,并奉院长批"暂委资源委员会代政府全部接收经营,台湾长官公署、省银行及蔗农合作社均暂不加入资本"等因,相应函达查照。此致

翁主任委员,钱副主任委员。

秘书长:蒋梦麟

国民党政府经济部资源委员会档案〔廿八(1)3927〕

(陈鸣钟、陈兴唐主编:《台湾光复和光复后五年省情》,南京出版社1989年版(下),页153。)

40. 资源委员会为台湾糖业暂由本会经营致陈仪、包可永、沈镇南电稿(1945年12月29日)

台北经济部特派员办公处包可永、沈镇南二兄并转呈陈长官公洽兄:密。关于台湾糖业之经营,前经本会签呈宋院长,以该项事业规模宏大,且均系敌人资产,为确有效经营,允宜由政府统筹组设糖业公司,由中央与地方合办。旋奉批示,暂委资源委员会代政府全部接收经营。台湾长官公署、省银行及蔗农合作社均暂不加入资本等因。此事既已如此核定,本会自当遵照,勉为经营。唯将来组织公司时,董监人选当于地方有关人员中妥为罗致,以收联系合作之效。特先电达,特希察照为荷。弟〇翁钱〇〇。(子冬)秘甲。

国民党政府经济部资源委员会档案〔廿八(1)3927〕

(陈鸣钟、陈兴唐主编:《台湾光复和光复后五年省情》,
南京出版社1989年版(下),页153-154。)

41. 台湾省行政长官公署高等法院公告日人不动产于本年八月十五日以后变卖移转或设定负担者一律无效(1945年12月)

民国三十四年十二月　署氏字第六九二号

台湾省行政长官公署高等法院　公告

查日人所有公私不动产,其业权前经本长官公署前进指挥所明令禁止移转变卖及设定负担在案。近据报各处能恪遵前令者固属多数,其仍继续变卖移转,或设定其他负担者,亦复不少。兹特规定凡日人不动产在本年八月十五日以后变卖移转或设定负担者,一律无效。如国人在此规定期间后,有承受日人不动产之权益者,应速自向原主追理清楚。除分令外。特此公告。

行政长官　陈　仪

院　长　杨　鹏

(台湾省行政长官公署公报)

(何凤娇编:《政府接收台湾史料汇编》(上),
"国史馆"1990年版,页216-217。)

42. 台湾省行政长官公署电发所属各机关接收经费处理注意事项(1946年1月5日)

民国三十五年一月五日　署会字第七四号

台湾省行政长官公署代电

本署所属各机关:兹制定本署所属各机关接收经费处理注意事项,除分处会外,合将该事项随电颁发,希即遵照,并转饬所属一体遵照。行政长官公署会。

附件:台湾省行政长官公署所属各机关接收经费处理注意事项

一、本署所属各机关领用之接收经费,应分别法币及台湾通用币,依照临时处理程序,登账列报。

二、各机关之接收经费,应依左列范围支用之:

1. 机关开办,及接收时所用之办公费、购置、营缮及特别费等;

2. 接收人员安家费、旅费及薪津。

三、法币接收经费,应于领用机关接收人员全部到达本省时截止支用,其期间不得超过三十五年三月底。

四、台湾通用币接收经费,应于领用机关之所属机关接收完毕预算成立时截止使用,其在三十五年三月底所属机关,尚未接收完毕者,应于该月底先作结束。

五、各机关接收经费,应于三十五年三月底或于截止支用后,由领用机关于十日内造具会计报告,径送或呈由其上级机关转送会计处审核,所有支出单据留存其本机关内,候会计处派员审查。

(台湾省行政长官公署公报)

(何凤娇编:《政府接收台湾史料汇编》(上),"国史馆"1990年版,页136—138。)

43. 立法院呈台湾法院接收民事事件刑事案件处理条例(1946年1月5日)

民国三十五年一月五日　院议字第二九九四号

国民政府立法院呈

案准司法院三十四年十一月十七日院字第六三九号咨开:

"查台湾光复后,法院办理民刑案件固应适用我国之现行法令,惟光复前之旧案原系适用日本法令,在程序进行中法令有变更,自须另定过渡办法,俾免窒碍。兹特拟具台湾法院接收民事事件处理条例草案,及台湾法院接收刑事案件处理条例草案各一份,以资应用。相应咨请贵院迅予审议"等由。当即发交本院民法委员会会同刑法委员会从速审查,审查结果分别予以修正,呈经提出三十四年十二月二十九日,本院第四届第二百九十一次会议议决:照审查修正案修正通过,理合录案并缮具条例各一份,备文呈请鉴核公布施行。

谨呈

国民政府主席蒋

附呈台湾法院接收民事事件处理条例及台湾法院接收刑事案件处理条例各一份

立法院院长　孙　科

附件一：台湾法院接收民事事件处理条例

第一条　台湾法院接收民事事件依本条例处理之，本条例无规定者，仍适用其他有关之现行法。

第二条　本条例称原法院或检察官者，谓接收前当地原有之法院或检察官。

称事件者，谓接收前系属于原法院之民事事件。称当时法令者，谓接收前就该事件为诉讼行为时所应适用之法令。

第三条　接收之事件，依左列各款定其接办之法院：

一、系属于原地方法院单独部及合议部之第一审者，由地方法院为第一审。

二、系属于原地方法院合议部或高等法院复审部之第二审者，由高等法院为第二审。

三、系属于原高等法院上告部之终审者，由最高法院为第三审。

民事执行事件未终结者，由地方法院执行处接收办理。

第四条　除本条例别有规定外，事件接收前关于民事诉讼所发生之事项，亦适用现行法之规定。但依当时法令所生之效力，不因此而受影响。

第五条　接收之事件，依当时法令原法院有土地管辖权，或依现行法令接办之法院有土地管辖权者，为有土地管辖权。

第六条　依现行法令有诉讼能力人，在事件接收前所为之诉讼行为，虽依当时法令无诉讼能力，亦不因而无效。但已经确定裁判者，不在此限。

第七条　事件接收前起诉及为其他诉讼行为，不依当时法令贴用印纸者，毋庸命其补缴裁判费。

第八条　接收之事件，原告为日本国人，于台湾无住所、事务所及营业所者,应依现行法供诉讼费用之担保。

第九条　事件接收前原法院准予诉讼救助者,限于该审级有其效力。

第十条　事件接收前所为之公示送达,于接收之日未发生效力者,自接办之法院布告办公之翌日起,经二十日发生效力。但为公示送达后,对于同一当事人之公示送达,自布告办公之翌日起发生效力。

第十一条　事件接收前所指定之期日在接收之后者,失其效力。

第十二条　当时法令未定期间之诉讼行为,现行法定有期间者,如于接收后为之,其期间自接办之法院布告办公之翌日起算。

第十三条　应为诉讼行为之期间,依当时法令于事件接收时未届满者,自接办之法院布告办公之翌日起,依现行法所定期间重新起算。

第十四条　事件接收前追完不变期间内应为之诉讼行为而未经裁判者,视为回复原状之声请。

第十五条　当事人两造迟误言词辩论期日后,不声请指定期日,于事件接收时未满三个月者,自接办之法院布告办公之翌日起,三个月内不续行诉讼,视为撤回其诉或上诉。

第十六条　原法院所为之裁判,依当时法令应送达而未送达者,于事件接收后应补行送达,其依当时法令不送达者,毋庸送达。

第十七条　原法院之确定判决,有民事诉讼法第四百零一条第一款至第三款情形之一者,不认其效力。但已执行终结者,不在此限。

第十八条　接收前所为和解请求之抛弃或认诺记载于调书者,其记载与原法院之确定判决有同一之效力。前条之规定,于前项调书之记载准用之。

第十九条　原法院对于证人或其他第三人所为科罚或命负担费用之裁判,于事件接收后失其效力,对于当事人或法定代理人所为科罚之裁判亦同。

第二十条　接收之事件,系属于原地方法院单独部之第一审者,适用简易诉讼程序,系属于原地方法院合议部之第一审者,适用通常诉讼程序。

第二十一条　接收之事件,依现行法于起诉前应经法院调解,而依当时法令无须调解者,毋庸经过调解。

第二十二条　事件接收前之附带上告,视为上诉期间内提起之第三审上诉,对于第一审判决之上告及其附带上告,视为系属于原高等法院复审部之第二审上诉。

第二十三条　原法院关于假差押或假处分之判决,于事件接收后视为关于假扣押或假处分之裁定。

对于前项判决之上诉,视为抗告,其上诉未逾上诉期间者,视为抗告期间内提起之抗告。

第二十四条　人事诉讼,由原检察官起诉者,于事件接收后视同未起诉。

前项规定,于由原检察官为关于禁治产和准禁治产之申立者准用之。

第二十五条　人事诉讼,以原检察官为被告而起诉者,于事件接收后应以裁定驳回之。

前项事件,系属于上级审者,并应于裁定内将原裁判废弃之。

第二十六条　人事诉讼,由原检察官以前审当事人全体为相对人而提起上诉者,于事件接收后视同未上诉。

前项规定,于由原检察官提起抗告者准用之。

第二十七条　人事诉讼,由原检察官依当时法令所提出之事实及证据,于事件接收后为判决时,仍得斟酌之。

第二十八条　民事执行事件,于接收前已开始强制执行者,视其进行程度,依现行法所定之程序终结之,其已进行之一部分,不失其效力。

第二十九条　依原法院之确定判决为强制执行,无须经判决宣示许可,如其判决有民事诉讼法第四百零一条第一款至第三款情形之一者,债务人得依强制执行法第十二条规定,声明异议。

第三十条　本条例自公布之日施行。

附件二:台湾法院接收刑事案件处理条例

第一条　台湾法院接收刑事案件,依本条例处理之,本条例无规定者,仍适用其他有关之现行法令。

特种刑事案件诉讼条例,于前项刑事案件之处理,不适用之。

第二条　本条例称原法院或检察官、司法警察官或其他实施刑事诉讼程序之公务员者,谓接收前当地原有之法院或检察官、司法警察官或其他实施诉讼程序之公务员。

称事件者，谓接收前曾经侦查或审判之刑事案件。

称当时法令者，谓接收前就该案件为诉讼行为时，所应适用之法令。

第三条　接收之案件，依左列各款定其接办之法院：

一、系属于原地方法院单独部及合议部之第一审者，由地方法院为第一审，其系属于原地方法院之预审中者亦同。

二、系属于原地方法院合议部或高等法院复审部之第二审者，由高等法院为第二审。

三、系属于原高等法院上告部之第一审兼终审者，由高等法院为第一审，其系属于原高等法院上告部之预审中者亦同。

四、系属于原高等法院上告部之终审者，由最高法院为第三审。

侦查未结之案件，准用前项第一款及第三款规定，由该管法院之检察官接收办理。

第四条　案件接收后应为之诉讼程序，依现行法之规定。

第五条　原法院或检察官、司法警察官或其他实施刑事诉讼程序之公务员，依当时法令所为之裁判、命令、处分或其他诉讼行为，除本条例别有规定外，仍有其效力，诉讼关系人向实施刑事诉讼程序之公务员所为之诉讼行为亦同。但关于刑事补偿之请求及决定，不在此限。

第六条　以上不同级法院管辖之案件相牵连，经原上级法院依当时法令之规定合并管辖者，仍由接办之上级法院合并审判。

第七条　选任或指定之辩护人，于案件接收后，失其效力。

第八条　原法院或检察官、司法警察官所发之召唤状、勾引状、勾留状或逮捕状，于案件接收后，失其效力。但被告所受之羁押日数，于适用刑法第四十六条及刑事诉讼法第一百零八条时，仍算入之。

第九条　原法院所为命负担诉讼费用，及对于证人、鉴定人通译翻译所为科罚或命赔偿费用之裁判，于案件接收后，失其效力。

第十条　原法院或检察官所为之裁判、命令或处分，依当时法令应送达而未送达者，于案件接收后补行送达，其依当时法令不送达者，毋庸送达。

第十一条　应为诉讼行为之期间,依当时法令之规定,于案件接收时尚未届满者,自接办之法院布告办公之翌日起,依现行法所定期间,重新起算。

第十二条　案件于接收前,经原法院之预审判官为终结预审之决定者,不得抗告,经检察官为不起诉处分者,不得声请再议。

前项预审决定系谕知免诉者,非有刑事诉讼法第二百三十九条所定之情形,不得对于同一案件再行起诉,其经检察官为不起诉处分或撤回公诉者亦同。

第十三条　追诉权时效之期间及其计算或停止,依刑法之规定。但案件接收前,依当时法令期间已届满者,起诉权消灭。

第十四条　案件接收前请求预审或经预审决定付公判者,由接办第一审之法院径为第一审审判。

前项预审之请求或决定,视为检察官之起诉。

第十五条　刑法第二条第一项但书之规定,于光复前之犯罪不适用之。但光复后,裁判前之法令变更有利于行为人者,仍适用最有利于行为人之法令。

第十六条　光复前之犯罪,除刑法第五条所列者外,依当时法令不处罚者,不罚,其刑较轻者减轻其刑,应免除者免除其刑。

第十七条　案件接收前之附带控诉,视为在上诉期间内所为之第二审上诉。

第十八条　对于原法院之判决,于案件接收前提起上告而未经终局裁判者,其得为上诉之理由及其他法律上程序,依现行法之规定。

第十九条　案件接收前之附带上告,视为上诉期间内所为之第三审上诉,对于第一审判决之上告及其附带上告,视为系属于原高等法院复审部之第二审上诉。

第二十条　前二条之上告案件,上告书状内未叙述理由或其他违背法律上之程序,可补正者,接办之第二审法院应定期间,以裁定命其补正,逾期不补正者,应以裁定驳回上诉。

前项情形,未经接办之法院命补正者,第三审法院之审判长应定期间,以裁定命其补正。

第二十一条　原高等法院之上告部,就上告案件已为事实审理之宣告,而未经终局裁判者,其宣告及基于宣告所为之程序,失其效力。

第二十二条　对于原法院之确定判决,请求再审,准用第十八条之规定。

第二十三条　对于原法院之确定判决,不得提起非常上诉,案件接收前已声明非常上告,而未经裁判者,其声明失其效力。

第二十四条　对于原法院所为之略式命令,或其他机关所为之犯罪即决宣告,请求正式审判,准用刑事诉讼法第四百四十九条至第四百五十七条之规定。

第二十五条　案件接收前所为之确定裁判,未执行或执行未完毕者,除本条例别有规定外,检察官应以指挥书或命令指挥执行,其在接收前已命为死刑之执行而未执行者,非经司法行政部之令准,不得执行。

原法院检察官所为执行裁判之指挥命令,于前项情形,失其效力。

第二十六条　案件接收前已确定之科刑判决,及其他关于处罚之裁判,未执行或执行未完毕,而其行为依现行法不处罚者,免其刑之执行。

第二十七条　被告于案件接收前所受之科刑判决,系处无期惩役或禁锢者,易以无期徒刑;有期惩役或禁锢者,易以有期徒刑;处拘留者,易以拘役;处科料者,易以罚金,由检察官依原处刑期或金额执行之。

第二十八条　案件接收前之科刑判决,得依刑法第四十一条或第四十二条之规定,易科罚金或易服劳役。

前条关于易刑之规定,于前项情形准用之。

第二十九条　案件接收前之羁押日数,虽依当时法令或裁判不予抵刑或仅抵刑之一部者,仍依刑法第四十六条之规定抵算其应执行之刑。

第三十条　案件接收前,经宣告刑之执行犹豫或为假出狱处分者,以有刑法第七十五条或第七十八条所定之情形为限,得撤销之。

第三十一条　刑法第四十七条之规定,于前所犯罪系于原法院受裁判者,虽案件接收后曾为刑之执行,仍不适用之。

第三十二条　案件接收前之科刑判决,依刑法第五十三条或第五十四条,应定其执行之刑者,仍适用刑法第五十一条之规定。

第二十七条关于易刑之规定,于前项情形准用之。

第三十三条　第二十六条之免其刑之执行,第二十八条之折算标准,第三十条之撤销宣告或处分,第三十二条之定其执行刑,由执行该案裁判之检察官声请所属法院裁定之。

第三十四条　第十三条之规定,于行刑权时效准用之。

第三十五条　第一条至第十一条、第十七条、第十八条、第十九条至第二十二条之规定,于接收前之私诉案件准用之。

（行政院档案）

（何凤娇编:《政府接收台湾史料汇编》(上),"国史馆"1990年版,页297-308。）

44. 台湾省行政长官公署令颁台湾省各县政府接管委员会事务分类表(1946年1月5日)

民国三十五年一月五日　署民(甲)字第六七号

一、各州厅接管委员会接管工作,已告一段落,县政府成立后,即应依照省颁县政府组织规程及办事准则,将州厅事务加以调查接办。

二、本表系以台南州事务分掌规程为例而拟定者,台北、台中、台南、新竹、高雄五县可准此办理。花莲港、台东、澎湖三县,由县长比照办理。

三、各州厅原有组织未列入本表内者,由县长视其性质,指定部门接办。

四、各州厅原有教育、文化、医疗、卫生、农林、畜牧、水产等研究机关及事业团体,以及粮食等各种组合,属于州厅经济组织者,均应由县长派员接办。

各县政府接办州厅事务分类表

州厅原机关	县政府接办单位	县政府会同接办单位	备考
一、官房	一、秘书室		
（一）文书课	（一）秘书		
甲　文书系			
二、总务部	二、总务科	秘书室、民政局	

续表

州厅原机关	县政府接办单位	县政府会同接办单位	备考
(一)总务课	(一)事务股		
甲　总务系	甲　事务股	一、民政局地方自治课 二、财政科财政股、会计股	
乙　人事系	乙　人事股		
丙　地方监察		民政局地方自治课	
丁　地理系		民政局地政课财政科财务股	
戊　企划系		秘书室总务科统计股	
己　接遇系	丙　事务股		
(二)教育课	三、教育科		
甲　庶务系	甲　学校教育股		
乙　学事系	乙　学校教育股		
丙　社会教育系	丙　社会教育股		
丁　社会事业系		民政局社会课	
戊　军事援护系		民政局社会课	接收后撤销
(三)职业课	四、民政局社会课		
甲　庶务系	社会课		
乙　介绍系	社会课		
丙　管理系	社会课		
(四)土木课	五、建设局土木课	民政局营建水利课	
甲　庶务系	土木课	营建水利课	都市计划公园整理 由营建水利课接办
乙　土木系	土木课	营建水利课	
丙　港湾系	土木课		
丁　营缮系	土木课		
戊　资材系	土木课		
(五)会计课	六、财政科会计股		
甲　出纳系	会计股		
乙　经理系	会计股		
丙　调度系	总务科事务股		
(六)税务课	七、财政科		
甲　庶务系	财务股		
乙　直税第一系	税务股		

续表

州厅原机关	县政府接办单位	县政府会同接办单位	备考
丙　直税第二系	税务股	民政局地政课	土地台账地籍等事务由地政课接办
丁　间接系	税务股		
戊　地方税系	税务股		
己　税务出张所	税务股		
(七)调停课	八、民政局地方自治课		
三、产业部	九、建设局		
(一)工课	(一)工商金融课		
甲　庶务系			
乙　商工系			
丙　统制系			
(二)金融课	工商金融课		
甲　管理系		民政局社会课	
乙　贮蓄系			
(三)农务课	(二)农林水产课		
甲　庶务系			
乙　农务系		民政局社会课	人民团体由社会课接办
丙　米谷系			
丁　肥料系			
戊　畜产系			
(四)水产课			
甲　渔政系		民政局社会课	人民团体由社会课接办
乙　水产系		民政局社会课	人民团体由社会课接办
(五)林务课	(二)农林水产课		
甲　庶务系			
乙　林务系			
丙　业务系			
(六)耕地课	(二)农林水产课		
甲　庶务系			

续表

州厅原机关	县政府接办单位	县政府会同接办单位	备考
乙　水利系		民政局营建水利课	
丙　耕地系		民政局社会课	
四、警察部	十、警察局		
(一)警察课	(一)行政课		
甲　警务系			
乙　教养系			
丙　经理系			
丁　行政系			
(二)高等警察课	(一)行政课		
甲　高等系			
乙　特别高等系			
丙　外事系			
丁　图书系			
(三)刑事课	(二)司法课		
甲　司法系			
乙　防犯系			
(四)经济警察课			
甲　经济保安系	警察室、行政课		
乙　经济司法系	司法课		
丙　输送系	司法课、行政课		
(五)调查课	民政局户政课		
甲　调查系			
乙　户口系			
(六)警备课	行政课		
甲　警备系			
乙　情报系			
丙　涉外系			
丁　警防系	民政局卫生课		
(七)卫生课			
甲　保健系			
乙　防疫系			

续表

州厅原机关	县政府接办单位	县政府会同接办单位	备考
丙　医务系			
（八）理蕃课	警察局行政课		
	民政局地方自治课		
	民政局户政课		
	民政局卫生课		
	教育课		

（台湾省行政长官公署公报）

（何凤娇编：《政府接收台湾史料汇编》（上），
"国史馆"1990年版，页138-148。）

45. 经济部指令台湾区特派员办公处斟酌调整组织系统再呈部核办（1946年1月7日）

民国三十五年一月七日　渝人字第二〇九〇二号

经济部指令

令　台湾区特派员办公处

呈暨图表均悉。据呈将在上海、高雄两地设立办事分处，并请派包可闳、王瑞琳二员为各该分处主任各节均予照准，所请令派秘书蔡常义兼秘书室主任乙节，经核收复区特派员办公处组织规程，并无设置秘书室主任之规定，碍难照办，如属实际需要，可援照本部成例，由处指定该员为首席秘书，领导秘书室工作。又上项组织规程规定设置组长三人或四人，各特派员办公处经常费概算亦编列组长四人，来呈将分设五组，请派组长五人，核与上列各规定不符，应即斟酌情形，予以调整，再行呈部核办，随发包可闳、王瑞琳派令，仰即领收转发，图表存。此令。

附件：包可闳、王瑞琳派令

令

兹派包可闳为本部台湾区特派员办公处驻上海办事处分处主任，王瑞琳为本部台湾区特派员办公处驻高雄办事分处主任。此令。

(近史所经济档)

(何凤娇编:《政府接收台湾史料汇编》(上),
"国史馆"1990年版,页149-150。)

46. 台湾省行政长官公署电抄前日人公私有土地暂行处理办法实施应行注意事项(1946年1月7日)

民国三十五年一月七日　署民字第一〇五号

台湾省行政长官公署代电

　　各州(厅)接管委员会:查本省在接收期间,为免生产中辍,防杜土地纠纷起见,经由本署规定前日人公私有土地暂行处理办法四条,以署民字第〇〇三四七号代电饬遵在案。兹再制定该项办法实施应行注意事项七条,电希遵照办理;并将办理情形,随时列表报备查考。陈仪(　)地丙

附件:前日人公私有土地暂行处理办法实施应行注意事项

　　一、日人公私有土地暂行处理办法(以下简称本办法),专为接管或监理期间,或政府未规定处理办法以前,暂时适用之。

　　二、第一条前段所称"原所有人或承佃人",系指本年八月十五日以前之原来所有人或原来承佃之农民。

　　三、本办法第一条后段所称"暂行招佃",系指确无所有人或原承佃人继续耕种之前日人公有土地,应由接管委员会在县(市)政府已成立者,即由县(市)政府暂行分别招佃,以免荒芜。

　　四、"暂行招佃"之对象,为确系台湾省籍,无田可耕之雇农、其耕地不足之佃农、自耕农。

　　五、暂行招佃之面积,视其纯收益,由县(市)政府酌定。但每农户,田最多不得超过三甲,佃不得超过五甲为原则。

　　六、前项土地招佃时,当地农户得申请登记,其申请书格式由各县(市)政府自行规定。如申请农户超过招佃总面积时,得减低领耕面积,或尽先令雇农抽签;次,佃农;再次,自耕农。

　　七、土地调解委员会之组织另定之。

(台湾省行政长官公署公报)
(何凤娇编:《政府接收台湾史料汇编》(上),
"国史馆"1990年版,页217-219。)

47. 中国台湾省警备总司令部命令(1946年1月8日)

(三五)军字第十六号

命令　中华民国三十五年元月八日
　　　于台北市台湾省警备总司令部

查贵官所属各部队官兵,近于集中各港口待船返国时,竟违反本总司令署字第一号命令第四项之规定,有擅将未缴交之军需物品私行烧毁或盗卖等情,殊属不合,仰即克日严令制止,嗣后不得再有此项行为致干法办为要。

　　　右令
台湾地区日本官兵善后联络部部长安藤利吉将军

中国台湾省警备总司令陆军上将　陈　仪

(秦孝仪主编,张瑞成编辑:《光复台湾之筹划与受降接收》,台北:中国国民党中央委员会党史委员会1990年第1版,页255。)

48. 台湾省行政长官公署电令乡镇长协助保管军用物资厂库(1946年1月9日)

民国三十五年一月九日　署民(甲)字第一七五号

台湾省行政长官公署训令

令　各州厅接管会市政府

民政处案呈准军政部台湾区特派员办公处台青秘字第三五〇号代电开"本处接收日军军用物资厂库,业经派员积极办理中。近因留台日俘急须撤离,各地厂库统限三十五年一月十日前接收完毕。惟本处人员有限,各地仓库复多所,以致接收后,保管人员不敷派遣。拟请贵处令行各州厅接管委员会、各地乡镇(街庄)长,凡在各该辖地内,如有军用物资厂库,经本处派员接收如需要乡镇长代为保管,该乡镇长即当协助,以重军事。其保管手续暨保管厂库酬劳费,由本处径与洽定,请迅赐办理,见后为荷"等由,准此。除电分令外,即希遵照办理。此令。

行政长官　陈仪
(台湾省行政长官公署公报)
(何凤娇编:《政府接收台湾史料汇编》(上),
"国史馆"1990年版,页231—232。)

49. 台湾省行政长官公署台东厅接管委员会呈报于一月十二日办理结束(1946年1月12日)

民国三十五年一月十二日　东会秘字第一九四号

台东厅接管委员会呈

　　查台东县政府经定于一月十二日成立,本会自应于同日办理结束,除通令各机关将各项业务移交县府新派人员接收随时呈报外,理合具文,呈请
　　察核备查。谨呈
行政长官陈

台东厅接管委员会主任委员　谢　真
(台湾省政府档案)
(何凤娇编:《政府接收台湾史料汇编》(上),
"国史馆"1990年版,页308—309。)

50. 国民政府行政院给福建省政府的训令(1946年1月12日发出)

　　查台湾人民原系我国国民,以受敌人侵略致丧失国籍,兹国土重光,其原有我国国籍之人民,自卅四年十月二十五日,应即一律恢复我国国籍,除分令外,合亟令仰知照此令。

(福建省档案馆编:《福建省档案馆馆藏珍品集萃》,
海潮摄影艺术出版社2008年2月版,页31。)

51. 台湾省行政长官公署训令收复区各机关公务人员不得兼营商业(1946年1月16日)

民国三十五年一月十六日　署人字第三六二号

台湾省行政长官公署训令

令　本公署所属各机关

案奉

行政院平参二八八一五号训令开：

"奉主席亥咸府交字第一二九七号代电，饬严令收复区各机关公务人员不得兼营商业，并饬查禁商民囤积货物，如经查出，即行依法办理，等因；除分令外，合行令仰遵照，并转饬遵照"等因，奉此。除分令外，希即遵照。此令。

行政长官　陈　仪

（台湾省行政长官公署公报）

（何凤娇编：《政府接收台湾史料汇编》（上），"国史馆"1990年版，页150。）

52. 中国台湾省警备总司令部命令(1946年1月17日)

(三五)军字第三十七号

命令　中华民国三十五年元月十七日

于台北市本部

一、兹为确实统计台湾地区日军已经缴出军用物品总数量，特规定台湾地区日本官兵善后联络部所缴（各类物品名称）数量统计表一种，随命颁发，希即依式填报。

二、造报统计表时应注意事项规定如左：

（一）台湾地区日本陆海空军备部门均须按照1.武器（含飞机舰艇等）及附件（观测测量器在内），2.弹药，3.工兵器材，4.通信器材，5.车辆及保养工具油料，6.化学战器材，7.被服装具，8.骡马装具，9.医药器材，10.粮秣（含糖盐罐头等），11.营建（含兵营官舍家具及建筑材料等），12.其他兵器厂机器工具材料及文书图表并教育器材等类，分别造册，每类须报三份。

（二）统计表内所填报物品名称均须以中文详细记载之（必要时并附日

名,数目字可用阿剌伯字)。

(三)凡不同种类之火炮武器不准混合登记,须详将各类名称制式口径及口径倍数分别登记之。

三、统计表须于命令到达后十日内送呈本总司令部备查。

右令

台湾地区日本官兵善后联络部部长安藤利吉将军

台湾省警备总司令陆军上将　陈　仪

(秦孝仪主编,张瑞成编辑:《光复台湾之筹划与受降接收》,台北:中国国民党中央委员会党史委员会1990年第1版,页257-258。)

53. 台湾省行政长官公署令废除防空法等法令(1946年1月19日)

民国三十五年一月十九日　署法字第五〇八号

台湾省行政长官公署令

左列各种法令着即废止。此令。

一、法律

(1)战时法令

法律第四十七号　　防空法

法律第四十八号　　国民劳务手账法

法律第四十九号　　国防保安法

法律第六十四号　　国民贮蓄组合法

法律第九十七号　　言论出版集会结社等临时取缔法

法律第六十号　　外货债处理法

法律第百八号　　军需会社法

法律第三号　　会社等临时措置法

法律第三十号　　军事特别措置法

(2)不合现在环境法令

法律第百四号　　军机保护法

法律第百五号　　要塞地带法

法律第二十五号　　关于在南部中国之领事馆之裁判法律

法律第二十五号　　军用资源秘密保护法

二、勒令

(1)战时法令

勒令第六百四十三号　　防空法台湾施行令

勒令第六百五十二号　　在战时或事变之际关于军事输送上必要之小运送业之实施事项

勒令第五百九十九号　　学校卒业者使用制限令

勒令第六百号　　医疗关系者职业能力申告令

勒令第百三十号　　学校技能者养成令

勒令第百三十一号　　工场事业场技能者养成令

勒令第四百十三号　　军用资源秘密保护法施行令

勒令第四百二十七号　　总动员业务事业设备令

勒令第七百七号　　军需品工场事业场检查令

勒令第八百三十八号　　总动员物资使用收用令

勒令第九百一号　　工场事业场使用收用令

勒令第九百二号　　土地工作物管理使用收用令

勒令第六百八十号　　会社经理统制令

勒令第六百八十七号　　船员征用令

勒令第三十七号　　新闻纸等揭载制限令

勒令第八百三十一号　　重要产业团体令

勒令第八百三十五号　　金属类回收令

勒令第八百九十一号　　临时邮便取缔

勒令第千百七号　　新闻事业令

勒令第千百三十一号　　医疗关系者征用令

勒令第三十九号　　兽医师等征用令

勒令第四百四十号　　金融统制团体令

勒令第五百三号　　企业整备令

勒令第八十二号　　出版事业令

勒令第五百十八号　　学校勤劳令

勒令第六百二十一号　　会社经理特别措置令

勒令第二十二号　　船员动员令

勒令第三十六号　　军需充足会社令

勒令第九十四号　　国民勤劳动员令

三、律令

(1)战时法令

律令第一号　　台湾不隐文书临时取缔令

(2)违反平等精神法令

律令第三十一号　　台湾保安规则

律令第二号　　台湾浮浪者取缔规则

(3)不合现在环境法令

律令第二十一号　　保甲条令

律令第三十三号　　台湾征发令

律令第百三十八号　　限制私有财产处分办法

明治三十九年律令第九号大正九年改正律令第十一号关于在土地账簿登记。

(台湾省行政长官公署公报)

(何凤娇编:《政府接收台湾史料汇编》(上),"国史馆"1990年版,页5-8。)

54. 台湾省警备司令部命令(1946年1月19日)

(三五)军字第五三号

命令　中华民国卅五年元月十九日

于台北市台湾省警备司令部总部

着将前日本台湾军区所有练兵场、演习场、射击场、农场及自活队所垦田地等,全部各种产业,于令到十日内列表附图检证具报为要。此令

右令

日本官兵善后联络部部长安藤利吉

中国台湾省警备总司令陆军上将　陈　仪

附产业调查表格式一份（略）

（秦孝仪主编，张瑞成编辑：《光复台湾之筹划与受降接收》，台北：中国国民党中央委员会党史委员会1990年第1版，页264—265。）

55. 台湾省行政长官公署新竹州接管委员会电报于一月十日结束（1946年1月22日）

民国三十五年一月二十二日　新管秘字第二三八号

台湾省行政长官公署新竹州接管委员会代电

行政长官陈钧鉴：查本会接管工作业于一月十日结束，除令饬各部课及各郡分别依照列册移交新竹县政府及各区署，详情俟移交完毕会同报核外，谨电核备。新竹州接管委员会主任委员郭绍宗子文秘（　）印

（台湾省政府档案）

（何凤娇编：《政府接收台湾史料汇编》（上），"国史馆"1990年版，页309。）

56. 台湾省行政长官公署训令各机关接收之敌伪各项事业资产与该机关主管事项不合者应即移交主管机关接管（1946年1月23日）

民国三十五年一月二十三日　署秘字第五五六号

台湾省行政长官公署训令

令　本公署所属各机关各市县政府

案奉

行政院三十四年十二月二十五日平参字第二八三一三号训令开：

"据报收复区接收工作开始办理以来，各机关应行接收之敌伪产业，时有为其他机关人员先行接收运去情事，经主管机关查悉交涉，依然拒不移交，或

竟将接收物资隐匿不报，似此情形，不惟影响接收工作，亦且有玷官箴。为整饬纲纪，防杜弊端，凡各机关所接收之敌伪各项事业物资，有与本机关主管事项不合者，应即移交主管机关接管，不得迟延隐匿。除分令外，合行令仰遵照，并转饬遵照为要。"

等因，奉此。希即遵照为要。此令。

行政长官　陈　仪

（台湾省行政长官公署公报）

（何凤娇编：《政府接收台湾史料汇编》（上），"国史馆"1990年版，页151。）

57. 台湾省行政长官公署训令抄附敌伪军用物资接收处理补充办法（1946年1月24日）

民国三十五年一月二十四日　署秘字第六二九号

台湾省行政长官公署训令

令　本公署各属

案准台湾省警备总司令部三十四年亥哿代电开：

"层奉国民政府军事委员会三十四年十月十八日勤办事（三一九）号训令开：查敌伪各项军用物资接收处理办法及注意事项，节经中国陆军总司令部军政部及后方勤务总司令部陆续行知在案：月余以来，各地受降主官，关于应报表册尚多未经呈报，或所报有欠详尽，甚至截留不报，以致影响统一接收，须知此项物资，将来尚待详价折抵赔款，稍有不实，即足损害国家威信，务须妥慎办理。兹再订定补充办法，随令颁发，希即切实遵办；除饬军政部特派员密查外，令仰遵照。等因，附补充办法一份，奉此，自应遵办，除分电外，特随电印发补充办法壹份，希即饬属遵照。"

等由，准此。兹抄附原办法即希遵照为要。此令。

行政长官　陈　仪

附件：敌伪军用物资接收处理补充办法

一、敌伪军用物资之接收处理，除海空军部分另有规定外，悉依本办法行之。

二、本办法所称军用物资概列如左：

    1 械弹（包括工兵、防毒、化学器材及各种兵器附件）；

    2 粮秣（包括一切军用食物）；

    3 被服装具；

    4 运输工具器材燃料及附属油料；

    5 通讯器材及军用犬；

    6 卫生器材药品救护车及装备；

    7 军用场厂院所库队及各种军用原料；

    8 马骡及乘驮挽具；

    9 特种车辆及器材；

    10 营房及阵营具；

    11 文卷图籍；

    12 其他有关军用物资。

三、各种军用物资，由军政部派驻各地特派员秉承当地受降主官办理接收，如无特派员地区，则由受降主官饬令兵站接收保管。

四、军政部特派员接收军用物资后，应将其品种数量列册分报军政部及后勤部。

五、凡接收机关，应照所开清册派员分赴各地逐一清点，相符后，即于清册内移交接收双方负责人员签字盖章。

六、军用物资之运用，依其种类及堪用程度预定如左：

1. 属于补给性者，（如粮弹及燃料等项）得由军政部特派员或兵站，依照陆军补给纲要及实施细则规定，就地补给各机关部队应用。

2. 属于补充性者，（如武器服装及马骡等项）依各机关部简要由军政部适当分配补充。

3. 可资利用者，（如废品及原料等项）由军政部统筹分配发给各兵工厂使用。

4. 可资研究及纪念者，（如文案、图籍，及给养装备重要武器之材等项）由接收机关妥为保管，候令呈缴研究，以为改进之准据或作永久纪念品。

以上除1项得由接收机关依照规定补给,事后项目报备外;其余各项物资之动用,均军政部命令行之。

七、军政部特派员或兵站机关接收之军用物资,应即分别运至就近各种库所保管,如原有库所尚不敷用或无库所地区,得由特派员或兵站机关,呈请临时设库保管之,但车辆、马骡、军犬等不能设库保管者,应由军政部分别派定人员接收、保养,或调用敌伪技术人员,暂保持其原有机构,其待遇另定之。

八、所有一切军用物资接收后,应分别鉴定素质,其办法另定之。

九、所有接收之物资,非奉令不得擅自处置,各部队机关如需用,应按正式规定补给手续办理,不得擅自截留。

十、各种军用物资之储藏保管,应按各该军品保管办法规定,分别妥为办理。

十一、各种军用厂场及医院接收后,应即派员监督继续作业,其原有技术员工,予以甄别留用,待遇则按照规定办理。

十二、凡接管军用物资之库所,如监护部队兵力不敷,应商请受降有关部队增派之。

十三、接管各种军用物资,如有违反本办法者,依法严惩。

十四、本办法自奉准之日起施行。

(台湾省行政长官公署公报)

(何凤娇编:《政府接收台湾史料汇编》(上),"国史馆"1990年版,页232—235。)

58. 内政部呈请行政院鉴核地方政府接收处理日人寺庙祠宇注意事项(1946年1月24日)

内政部　呈

渝礼字第八三号

民国三十五年一月二十四日

查敌产处理条例业经废止,前经钧院例会通过之《收复区敌伪产业处理办法》对于日人寺庙祠宇之接收处理,亦无明文规定,现准上海南京等市政府函询应如何接收处理是项财产前来。本部为适应目前需要起见,谨比照有关法令参酌事实拟具《地方政府接收处理日人寺庙祠宇注意事项》五条,拟请钧院核定,俾便通行各省市查照办理,是否可行? 理合检查上项办法一份,呈请鉴核示遵! 谨呈行政院。附赍地方政府接收处理日人寺庙祠宇注意事项一份。

内政部部长　张厉生

附件:地方政府接收处理日人寺庙祠宇注意事项

一、收复区日人寺庙祠宇之接收处理除法令已有规定外,依本注意事项办理之。

二、凡日人寺庙祠宇应由地方政府一律接收,并登记保管。

三、凡日人寺庙祠宇内有关神权迷信之神像、木主及法物等均应予以撤除。

四、前项接收之寺庙祠宇依左列情形分别办理:

甲、利用原有庙宇变更名称或加以改造之日人寺庙祠宇如系公产仍收归公有,如系私产应由所有权人提出确切证件依法审议后发还之。

乙、日人新建寺庙祠宇其土地权属于公有者,应一律收归公有。

丙、日人新建寺庙祠宇其土地权属于私有者,应依照收复区土地权利清理办法第五条之规定办理。

丁、日人寺庙祠宇系利用原有民房改建者,应依法清理发还。

五、地方政府接收处理日人寺庙祠宇均应随时将接收情形及处理办法项目咨报内政部备核。

(薛月顺编:《台湾省政府档案史料汇编:台湾省行政长官公署时期(一)》,台北县新店市:"国史馆"1996年第1版,页38-39。)

59. 台湾省警备总司令部代电(1946年1月28日)

(三五)军字第三五号

台湾地区日本官兵善后联络部安藤部长:查贵方业经解除武装部队之印信,应于登轮回国前缴交我方港口运输司令部接收,希即转饬遵照为要。中国台湾省警备总司令陆军上将陈仪。中华民国卅五年元月廿八日。总战二印。

(秦孝仪主编,张瑞成编辑:《光复台湾之筹划与受降接收》,台北:中国国民党中央委员会党史委员会1990年第1版,页282。)

60. 台湾省警备总司令部代电（1946年1月29日）

（三五）军字第七九号

日本官兵善后联络部安藤部长鉴：顷据贵部安藤少佐参谋等二员，送来贵部自活部接收目录一份，除命我方军政部李特派员进德派员接收外，希照前(三五)军字第五十三号命令规定，将贵方所有各部队自活用品，及全部自活农场等军用财产，迅即具报图表目录，以便接收为要。中国台湾省警备总司令陆军上将陈仪。中华民国卅五年一月廿九日。总战二。

（秦孝仪主编，张瑞成编辑：《光复台湾之筹划与受降接收》，台北：中国国民党中央委员会党史委员会1990年第1版，页283。）

61. 台湾省警备总司令部代电（1946年1月31日）

（三五）军字第八六号

台湾地区日本官兵善后联络部安藤部长：查贵部前所举办之畜牧场所，本总司令亟待明了，希速将所有是项场所财产，详细填列目录报部，以凭接收为要，中国台湾省警备总司令陆军上将陈仪。中华民国三十五年元月三十一日。总战二。

（秦孝仪主编，张瑞成编辑：《光复台湾之筹划与受降接收》，台北：中国国民党中央委员会党史委员会1990年第1版，页283。）

62. 外交部关于台湾人民于1945年10月25日起恢复我国国籍的训令（1946年1月30日）

外交部训令

合知台湾人民于上年十月廿五日恢复我国国籍由

行政院本年一月十二日令开"查台湾人民原系我国国民，以受敌人侵略，致丧失国籍，兹国土重光，其原有我国国籍人民自三十四年十月二十五日起应即一律恢复我国国籍，除分令外，合即令仰知照"等因合行知照

此令。

部长　王世杰

（中国第二历史档案馆、海峡两岸文化交流中心编：《馆藏民国时期台湾档案汇编》，九州出版社2007年版，第68册，页15-18。）

63. 台湾省行政长官公署接收委员会司法法制组电请各州厅接委会协助司法保护事业（1946年1月）

民国三十五年一月　台字第二九七号

台湾省行政长官公署接收委员会司法法制组代电

各州厅接管委员会：查台湾原有之司法保护事业制度，由前总督府高等法院及法务部指挥监督，其目的在于救助出狱者，使有正当职业，不致重入囹圄。其中央统制机关称为台湾司法保护事业联盟，各州厅设有联合保护会，作为指导助成团体，共同协力于司法保护事业之运营发展，用意至善。兹该司法保护联盟业由本组接收完竣，各州厅联合保护会应使继续办理，用特电请查照，予以协助为荷。台湾省行政长官公署接收委员会司法法制组。

（台湾省政府档案）

（何凤娇编：《政府接收台湾史料汇编》（上），"国史馆"1990年版，页308。）

64. 行政院公布交通部台湾区特派员办公处组织规程（1946年1月）

民国三十五年一月

交通部台湾区特派员办公处组织规程

第一条　本规程依据交通部各收复区特派员办公处组织规程第十条之规定，订定之。

第二条　台湾区特派员办公处设特派员一人，承部长之命，督率所属，综理区内一切接收事宜。

第三条　台湾区特派员办公处设接收委员十人至十五人，分别办理接管交通各部门机关及事业。

第四条　台湾区特派员办公处设左列各组：

一、路政组:掌铁路、公路机关事业之接管事宜。

二、航政组:掌水运、空运机关事业之接管事宜。

三、邮电组:掌邮政电信机关事业之接管事宜。

四、总务组:掌文书、出纳、庶务及不属于其他各组事宜。

第五条　前条各组,每组设组长一人。

第六条　台湾区特派员办公处设秘书一人至三人,专门委员八人至十人,专员五人至十人,各级技术人员五人至八人,组员九人至十五人,承长官之命,分别处理各组接管事务。

第七条　台湾区特派员办公处得用佐理员及雇员若干人。

第八条　台湾区特派员办公处任用人员自组长以上均呈部核派,组员以下人员由特派员径行选派呈部备案。

第九条　台湾区特派员办公处办事细则,由处拟订呈部备案。

第十条　台湾区特派员办公处于接管完成后,由部指定时期撤销之。

第十一条　本规程自公布日施行。

(台湾省行政长官公署公报)

(何凤娇编:《政府接收台湾史料汇编》(上),"国史馆"1990年版,页135—136。)

65. 台北市政府公告台北市内日人不动产陈报办法(1946年2月1日)

民国三十五年二月一日　财管字第四五号

台北市政府公告

本市政府为详细调查关于日人所有不动产之资料起见,凡台北市内土地建筑物及其他不动产(以下简称不动产),其所有权之属于日人(包括日籍法人团体之代表人)者,务希遵照左开台北市内日人不动产陈报办法,由所有人或其代表人办理陈报手续,切勿延误。特此公告。

兼市长　黄朝琴

附件：台北市内日人不动产陈报办法

一、凡台北市内所有不动产之属于日人（包括日籍法人团体之代表人）者，均应遵照本办法办理陈报。

二、凡置有不动产之法人团体之代表人，在民国三十四年（即昭和二十年）八月十五日以前为日人者，嗣后虽经变换，现任代表人仍应将该法人团体在去年八月十五日当时所有之不动产详细陈报。

三、民国三十四年八月十四日当时登记簿上日人所有之不动产，虽经买卖或其他原因将所有权予以移转；但尚未办完移转登记手续者，该登记簿上之所有人仍应将该项不动产详细陈报。

四、不动产之所有人如因迁居他处，不在本市市内或其他理由不能亲自陈报，须由是项不动产之租借人、使用人、继承人或纳税管理人、受托人代办是项陈报手续。

五、本市各区办事处均备有是项陈报用纸（土地陈报与建筑物陈报用纸两种），陈报人应向各该不动产所在地之该管区办事处领用，并交由该办事处汇送本政府。

六、陈报期限自本年二月三日起至二月十五日止。

（台湾省行政长官公署公报）

（何凤娇编：《政府接收台湾史料汇编》（上），"国史馆"1990年版，页219—220。）

66. 台湾省行政长官公署训令空军接收房屋应妥为协助保护（1946年2月4日）

民国三十五年二月四日　署民字第九三九号

台湾省行政长官公署训令

令　各县市政府

案准省警备总司令部（三五）总战一字第一〇一七号代电开"据空军第二十二地区司令张柏寿经丙北字第一三四号代电，以台中区埔里所接收之日陆军航空部队自居房屋暨其他营房，因地点分散过甚，看管困难，故均严加查封,以资防范。讵来竟有不肖之徒乘机偷拆,其他各地区亦有类似事件发生,请设法制止,等情。查空军接收日方之房屋,固赖各队严加保护,然在未驻部队之地方,或虽驻部队而防区辽阔势难兼顾者,尤赖各地行政机关暨地方团队,与各地居民协同保护,始克有济,除分电各部队自动协助保护外,请通饬所属各级行政机关,暨地方团队,并分别布告各地居民,妥为协同保护"等由;准此。希即遵照,并转饬所属一体遵照。此令。

行政长官　陈　仪

(台湾省行政长官公署公报)

(何凤娇编:《政府接收台湾史料汇编》(上),
"国史馆"1990年版,页236。)

67. 中国国民党中央执行委员会秘书处函报行政院台湾省党部电陈党费筹划自给自足计划原则(1946年2月5日)

中国国民党中央执行委员会秘书处　公函

渝(四)文字第一七六八号

民国三十五年二月五日

　　据台湾省党部李主任委员翼中具电"以党费自给不久实施,兹拟创办文化企业公司及渔业公司各一所,前者包括印刷工厂、造纸厂、油墨厂、出版社、报社、影片厂,各部门资本定为台币二千万至三千万元;后者包括渔捞养殖制造,各部门资本定为台币一千万至二千万元,查经济部特派员及长官公署在台接收日本公私工厂为数至伙,因人才缺乏,公家未能全部自营,将拟订办法以一部租与私人营业,拟请行知行政院转令翁部长、陈长官拨让或优先租借,上项公司所需要之一切工厂、机器、房屋、场地、船只、汽车,并饬海军部拨让接收项下废弃无用之自杀性小型舰艇三百只,俾改造为渔船之用,本会即将此项拨让产业估价充作党的股金,再由本会发动党员普遍入股,必能集事。上项公司纯照公司制度经营,预料二年之后党费即可自给自足"等情,查此项计划原则似尚可行,相应函达即希查照核办见复为荷。此致行政院。

(薛月顺编:《台湾省政府档案史料汇编:台湾省行政长官公署时期(一)》,
台北县新店市:"国史馆"1996年第1版,页39-40。)

68. 台湾省行政长官公署财政处电接收敌人机构之存钞在中央银行未设立前应交台湾银行保管（1946年2月18日）

民国三十五年二月十八日　财四字第五五五号

台湾省行政长官公署财政处代电

秘书处公鉴：奉行政院节伍字第二五五三号代电开"中央及地方机关，凡因接收敌伪机构存有伪钞，应即一律送交当地中央银行专户保管，听候处理，不得径行兑换或擅自动支；除分电外，特电遵照"等因，奉此。查本省中央及地方机关，于接收敌人机构时，如存有伪钞，在中央银行未设立前，应请一律送交当地台湾银行专户保管，除分电外，相应电请查照！财政处丑（巧）三五财四（　）号印

（台湾省行政长官公署公报）

（何凤娇编：《政府接收台湾史料汇编》（上），

"国史馆"1990年版，页185。）

69. 台湾省行政长官公署令接收日人公私财产须经呈准方可办理（1946年2月18日）

民国三十五年二月十八日　署产字第一四一〇号

台湾省行政长官公署台湾省警备总司令部训令

令　本省各机关

查本省内日人公私财产之接收，均应由本省接收委员会统一办理，业经规定饬遵在案。兹查各机关尚有未经指定或呈准擅行接收者，殊属非是，此后对于日人公私财产之接收或监理，概须呈请本省接收委员会核准发给证件方可办理。倘不遵照上项规定，径自接收或监理者，当依法惩处。又各机关对于业经接收或监理之日人公私财产，应于三十五年二月二十八日以前，造具清册送交本省接收委员会日产处理委员会，以凭核办。此令。

行政长官兼警备总司令　陈　仪

（台湾省行政长官公署公报）

（何凤娇编：《政府接收台湾史料汇编》（上），

"国史馆"1990年版，页185-186。）

70. 受降报告(1946年3月10日)

——民国三十五年三月十日陆军总司令何应钦于
六届二中全会第十三次会议报告

第一，受降实施经过及接收情形

(一)日军投降兵力

日本宣布投降后按照盟军最高统帅麦克阿瑟将军所划分受降区之规定，中国战区受降范围为：中华民国(东北除外归苏军受降)、台湾及越南北纬十六度以北地区。日军投降代表为日军驻华派遣军总司令冈村宁次大将，其所辖投降兵力计有：

华北方面军，卅二万六千二百四十四人；华中第六方面军，廿九万零三百六十七人；京沪地区第六、十、三军，共卅三万零三百九十七人；广东第二十三军，十三万七千三百八十六人；台湾方面第十方面军，十九万九千零卅一人；越南北纬十六度以北地区第三十八军，二万九千八百十五人。

以上各地区总共敌军投降兵力为一百二十八万三千二百人，至其指挥机关及部队单位，计有：总司令部一个，方面军三个，军十个，师团三十六个(内有战车师团一个，飞行师团两个)，独立旅团四十一个(内有骑兵旅团一个)，独立警备除守备队及支队十九个，海军特别根据地队及陆战队六个。

(二)我军分区受降主官姓名及接收地区

受降主官	姓名	接收地区
第一方面军司令官	卢汉	越南北纬十六度以北地区
第一方面军司令官	张发奎	广州、香港、雷州半岛、海南岛
第七战区长官	余汉谋	曲江、潮汕
第四方面军司令官	王耀武	长沙、衡阳
第九战区长官	薛岳	南昌、九江
第三方面军司令官	汤恩伯	南京、上海
第三战区长官	顾祝同	嘉兴、金华、杭州
第六战区长官	孙蔚如	武汉、沙市、宜昌地区
第十战区长官	李品仙	徐州、安庆、蚌埠、海州
第十一战区长官	孙连仲	天津、北平、保定、石家庄
第十一战区副长官	李延年	青岛、济南、德州

续表

受降主官	姓名	接收地区
第一战区长官	胡宗南	洛阳
第五战区长官	刘峙	郑州、开封、新乡、南阳、襄阳、樊城
第二战区长官	阎锡山	山西省
第十二战区长官	傅作义	察、绥、热河三省
台湾行政长官	陈仪	台湾(含澎湖列岛)

关于香港及九龙两地之日军投降，委员长授权英国海军少将哈科特接收。

(三)日军缴械情形

当本部奉命受降之际，我主要受降部队，多偏处西南各省，而我对各要地必须于解除日军武装之同时即能迅速恢复治安，便利复员。当时本部遂根据全般情况需要，拟具受降计划，其主要着眼，一反过去成例，不先占领敌军指挥机关，且暂保持其建制，使其担任联络传达并扩大其联络范围。(按台湾及越北与日本驻华海军，原不归冈村宁次之指挥，亦一并归入联络)使冈村宁次在统一联络状况之下，始终能有秩序的接收，并奉行我最高统帅及陆军总部之命令实施投降。

本部确定受降计划后，即下令各战区、各方面军，及日军总司令冈村宁次，遵照实施，我军遂依计划空运、车运、水运及徒步各种方法，由各方面向各要点推进，日军则于我军到达后，即逐次集中，并同时解除武装。

关于解除武装之办法，系使已到达集中地之日军，在我军监视之下，先就集合位置，再依我所指定之仓库，自动卸下一切武器，纳入库内，造册呈报，由我点收。而所有俘虏，则随即送入集中营。(详情请阅处理日本投降文件汇编)

自去年九月十一日起，至十月中旬止，日军大部业已缴械集中完毕，经过情形十分顺利。惟苏北、山东、华北方面，因受共军破坏交通关系，致未能完全按照预定日期完成，然经本部极力设法排除困难，终于本年二月初旬，除一小部分日军约二百人被地方武装部队包围缴械外(如苏北瓦窑一个中队，山东泰安车站一百人)，其他全部日军，均已由国军缴械完毕。所有预定接收之要地，除承德、赤峰、多伦、张家口及古北口等地，因共党部队得某种便利，先我占据，未能接收外，其他各要地，已均为国军收复。

(四)收缴日军之主要武器车辆飞机舰船数

关于收缴日军之主要武器装备数量,截至本年二月十日止统计如左:

甲、主要步兵轻武器:步骑枪六二九、五四四支,轻重机枪二七七四五挺。

乙、主要火炮:各种主要火炮共一〇三二四门。

丙、各种弹药:步机弹一万万八千零九十九万四千余粒,各种炮弹共二百零七万余颗。

丁、主要车辆:战车三〇五辆,装甲车一五一辆,卡车一四九六四辆。

戊、马匹:七四一五九匹。

己、主要航空器材:各种飞机一〇六八架,炸弹甚多。

庚、海军主要舰艇:舰艇船舶共一四〇〇艘,计共五万四千六百余吨(每艘平均不及五十吨),内多系小艇帆船,且多损坏待修,或不堪用。

(五)处理接收伪敌物资情形

陆军总部奉命担任受降缴械任务后,为计划关于党政及敌伪物资之接收,由行政院有关部门派遣要员为总部顾问,组织一个"党政接收计划委员会",计划接收办法及处理有关党政事务。至关于执行接收之负责机关:

一、属于各省市者——组织"省(市)党政接收委员会",以该省(市)最高行政长官为主任委员,有关各机关主管官为委员,负责办理。

二、属于全国性事业者——由行政院组织"全国性事业临时接收委员会"负责办理。

三、属于军用物资者——由军政部所派各区特派员接收。

四、属于空军装备物资者——由航空委员会派员接收。

五、属于海军船舰物资者——由海军总司令部接收。

本部为作战指挥机关,对于敌伪物资之接收,仅负责督导,并不直接办理。党政计划接收委员会因任务完毕,已于上年十二月撤销。

查敌人在中国掠夺及经营之产业,原归日本政府之大东亚省直接管辖,其中仅一小部分如水电、交通、通信等,须供军用者,兼受日军管理。本部深虑秩序紊乱,物资丧失,乃下令由冈村宁次一并负责统一缴出。至伪公共事业,因伪组织解散不能负责,本部乃搜集有关敌伪物资之一切文件,由党政接收计划委员会整理计划后,分别通知于我各部会所派特派员实行接收,同时分令冈村宁次遵命缴出。

第二,日俘日侨遣送情形

日俘日侨之总数共为二百十三万八千三百五十三人,内有日俘一百廿五万五千人,日侨七十八万四千九百七十四人,韩人五万六千六百六十五人,台胞四万一千七百十四人,分别集中于中国大陆及台湾、海南岛、越北各地,预定由塘沽、青岛、连云港、上海、厦门、汕头、广州、海口、三亚、海防、基隆、高雄十二个港口出港归国。海运部分由美方担任,内运部分由我方担任。(即由我方将内陆日俘日侨送至各港口,再由美方送返日本。)关于海运方面,美方原仅用登陆艇八十艘,须明年(卅六年)一月底始能运完。嗣经多次商会,美方允增加海船数量(登陆艇共增至八十五艘,另加自由轮一百艘,及日本船若干艘担任运输)。预定本年六月底运完。但台胞及韩人,除美方允运韩人一万外,所余八万余人之海运,仍须全由我方负责。

关于内运方面,因长江水浅及船只不足,铁路有一部分又被共军破坏,故内运时间必须延长,致不能与海运衔接。本部经又与美方商讨,美方现虽已非正式允将海运时间延至八月底,但我方是否能于八月底以前将所有日俘日侨运到各港口,须视铁路修复情形及内河船舶增加之数量如何而定。截至二月二十日止,已遣送回日本之日俘日侨,共为四十三万九千六百六十七人,其余正继续运送中。

第三,汉奸战犯之逮捕及处理

甲、汉奸

一、逮捕情形:甘心事敌之汉奸,背叛党国,出卖民族,罪大恶极,应置之于法,以申纲纪。各收复地区,于我军正式接收之后,即先后开始肃奸工作。惟以当时处置汉奸案件条例尚未公布,标准未定,致各地办理情形,未免分歧。但自处理汉奸案件条例公布,并经本部通饬各主管长官遵照办理以后,即完全走上轨道。至南京方面,始终由本部直接指导办理,无论任何机关或个人检举告发之汉奸,一律交由党政军各机关联席会报审查,报由本部核准后始得逮捕。截至现在止,各省市应检举之汉奸,重要者已全部就逮,其余正在继续缉捕中。

二、处理情形：依照处理汉奸案件条例之规定，汉奸案除被告原属军人而复任伪军职者，归军法裁判外，一律由高等法院及其分院审判。本部奉到中央交审命令后，迭经电饬各地限期将已捕获之汉奸，分别移交高等法院或军事机关审理。惟以各地高等法院或因种种关系尚未完成复员工作，或虽已复员但因设备及法官人数不多，无法同时管理如此大量之案件，或以当地根本无高等法院之设置，须全部移解另地办理，因有以上种种困难，故交审工作，难免迟滞。迄今除少数有特别情形者外，多已移交完毕，或继续移交中。至南京方面，因首都高院尚未成立，除陈公博、褚民谊及陈璧君等三名，业于二月中旬先解送苏州高等法院开始审理外，其余各犯正待解审中。

乙、战犯

一、逮捕情形：依战犯处理办法之规定，在中国战区之日本战犯，由各行营、各战区长官，按照军委会所发战犯名单，会同日俘管理处查明逮捕。其经当地军民检举或告诉者，各行营、战区长官，得径下令逮捕之。其已返回日本本国者，则转请外交部照会美国政府，转饬美占领军统帅部逮捕交付之。

二、处理情形：依战犯处理办法及战犯审判条例之规定，在中国战区捕获之战犯，分别交由本总部及各战区所组设之战犯拘留所及军事法庭，羁押审理。在各区捕获之战犯，交各该区战犯拘留所羁押候审。在港口捕获之战犯，则一律移解所属各战犯拘留所收押。本总部战犯拘留所，业于上月成立，现收押之日战犯有酒井隆等十余人。军事法庭，业经司法行政部派定江苏高等法院庭长石美瑜为庭长，现已到京进行筹备，其余法官、检察官等，亦已分别派定，经已开始办公。除奉命交办者外，凡下列战犯，为（一）在南京逮捕者，（二）其犯罪地在南京等，（三）少将以上者，均拟由该庭审判，现正呈请军委会核定中。

（录自中国国民党第六届中央执行委员会第二次全体会议
第十三次会议速记录原件）

（秦孝仪主编，张瑞成编辑：《光复台湾之筹划与受降接收》，台北：中国国民党中央委员会党史委员会1990年第1版，页213—221。）

71. 台湾省行政长官公署训令敌伪产业变价得款应悉解国库不得移作别用(1946年3月11日)

民国三十五年三月十一日　署产字第二一二七号

台湾省行政长官公署训令

令　本署所属各单位各县市政府

案奉

行政院三十五年一月三十一日节参字第三〇七〇号训令开：

"查变卖接收后之敌伪产业(包括逆产)，所得价款应悉数议解国库，不得移作别用，除分行外，合行令仰遵照，并转饬遵照。此令。"

等因，奉此。除分令外，合行令希遵照，并转饬遵照。此令。

行政长官　陈仪　公出

秘书长　葛敬恩　代行

（台湾省行政长官公署公报）

（何凤娇编：《政府接收台湾史料汇编》（上），
"国史馆"1990年版，页189。）

72. 经济部台湾区特派员办公处呈复调整内部组织及设立办事处情形(1946年3月19日)

民国三十五年三月十九日　台特秘字第九八五号

经济部台湾区特派员办公处呈

案查本处呈送组织系统及各组室主管人员名单一案，业奉钧部(三五)渝人字第二〇九〇二号指令内开：

"呈暨图表均悉。据呈拟在上海、高雄两地设立办事分处，并请派包可阆、王瑞琳二员为各该分处主任各节均予照准，所请令派秘书蔡常义兼秘书室主任一节，经核收复区特派员办公处组织规程，并无设置秘书室主任之规定，碍难照办，如属实际需要，可援本部成例，由处指定该员为首席秘书，领导秘书室工作。又上项组织规程规定设置组长三人或四人，各特派员办公处经常费概算亦编列组长四人，来呈拟分设五组，请派组长五人，核与上列各规定不符，应即斟酌情形予以调整，再行呈部核办，随发包可闳、王瑞琳派令，仰即领收转发，图表存。此令。"等因，附件，奉此。查台湾区工、矿、电、轻、重各工业单位綦多，事务繁剧，按照实际情形，迥异其他收复区域，兹谨分别陈述如下：

（一）关于内部组织。窃职前在上海时曾经面陈，奉钧长谕准内部组织按实际需要，可多设组，爰遵设糖业、机电、矿业、冶化、轻工业五组，分类负责，已属紧缩，如再予减少，支配为难，仍恳准设五组以利进行。又查本处监理及接管各业厂矿，亟待修复整理，所有机器、材料之筹购补充等事务甚为繁琐，依照奉颁各收复区特派员办公处组织规程第十二条，特派员办公处对于主要物资之采办及供应，得酌派主管人员规定施行办法呈报备案之规定，并再增设器材组一组，派陈接收委员德坤兼任组长，并乞赐准连同前呈各组组长（表附后）分别加委以专责成。至各组组长及内部各级人员均系专门委员暨接收委员专员等兼充，虽与规定组织稍有增添，而经费支出仍甚撙节，各组之下均暂不设课，即由接收人员中加派副组长一人协助办理。再本处附属单位既多，往来文件及洽办事项因而激增，按照组织规程之规定，仅设秘书一人至二人，工作委实不敷分配，除首席秘书业已遵令指派蔡常义充任外，拟再增设秘书二人至四人以资分配。

（二）关于设立办事处。查本省企业繁多，均集中在一省，接收以后除重要事业外，多属省营、民营，故按省内各地企业之分布，计在高雄（包括屏东、澎湖）、台南、台中（包括彰化）、花莲港（包括台东）、新竹等五处设立办事处，经会同台湾省行政长官公署工矿处分派温布颐、高永祥、于升峰、陈梓庆、缪钟彦为主任（名单附后），因此项主任人选须视实际情形随时予以调动，较为频繁，故拟由本处会同工矿处派定，不必呈请钧部加委，以省手续。又奉颁派王瑞琳为高雄分处主任之委令，因该员已调任他职，且与上述组织分处情形不合，兹将委令撤销（附后）（缺）。至上海一地遵令改为分处，奉颁包可闳委令业已转发奉令，前因理合具文呈复鉴核，俯念本区情形特殊，准予所请，指令祇遵，实为德便。

谨呈

经济部长翁

附呈办事处清单一纸及缴销王瑞琳派令一件(缺)、请委各组长等人员名单一纸

经济部台湾区特派员　包可永

附件一：经济部台湾区特派员办公处各组室主管人员名单

姓名	拟派职务	籍贯	年岁	简历（学历）	简历（经历）	备考
沈镇南	专门委员兼糖业组组长	江苏	46	美洛西安那大学化工博士	中国银行渝行副理兼中国炼糖公司理事	专门委员派
刘晋钰	专门委员兼机电组组长	福建	45	震旦工学系巴黎大学物理系研究生	震旦教授、资委会专员、昆明电厂厂长	专门委员派
金开英	专门委员兼矿业组组长	江苏	44	清华毕业	地质调查所技正、甘肃油矿厂厂长	专门委员派
汤元吉	专门委员兼冶化组组长	浙江	42	德明兴大学化学博士	资委会内江遵义酒精厂厂长	专门委员派
谢惠	专门委员兼轻工业组组长	浙江	49	美约翰霍布金斯大学化学博士	交大教授	专门委员派
陈德坤	接收委员兼器材组组长	福建	39	交大毕业	上海英国开能达公司工程师、招商局专门委员	
蔡常义	首常秘书	贵州	40	苏联拉斯格列技术学院工厂农场管理系毕业	福建汽车管理分处处长、行政院咨议、资委会专员	秘书已派
曾昭承	接收委员兼糖业组副组长	湖南	48	美威斯康新大学学士哈佛硕士	大学教授、国府主计处统计局科长、云南锡业公司会计室主任	接收委员派
柳德玉	接收委员兼机电组副组长	江西	46	交大电机学士普渡大学电机硕士	交大电机教师、西门子电厂电机厂技术部工程师	接收委员派
孙景华	接收委员兼冶化组副组长	福建	37	伦敦大学博士	重大教授、广西化工厂长资委会电化冶炼厂工程师、厂长	接收委员派
吴长炎	接收委员兼器材组副组长	福建	34	金陵文学士	昆明广播电台科长、社会部简任专员	

附件二：经济部台湾区特派员办公处各办事处清单

各办事处名称	现任各办事处主任姓名	备注
经济部特派员办公处驻上海办事分处	包可闳	接收委员兼任
经济部台湾区特派员办公处台湾省行政长官公署工矿处高雄办事处	温步颐	接收委员兼任

续表

各办事处名称	现任各办事处主任姓名	备注
经济部台湾区特派员办公处台湾省行政长官公署工矿处台南办事处	高永祥	接收委员兼任
经济部台湾区特派员办公处台湾省行政长官公署工矿处台中办事处	于升峰	接收委员兼任
经济部台湾区特派员办公处台湾省行政长官公署工矿处新竹办事处	缪钟彦	接收委员兼任
经济部台湾区特派员办公处台湾省行政长官公署工矿处嘉义办事处	罗宗实	接收委员兼任
经济部台湾区特派员办公处台湾省行政长官公署工矿处花莲港办事处	陈梓庆	接收委员兼任

（近史所经济档）

（何凤娇编：《政府接收台湾史料汇编》（上），"国史馆"1990年版，页159—163。）

73. 经济部核示台湾区特派员办公处调整内部组织及设立办事处情形（1946年3月27日）

民国三十五年三月二十七日　渝人字第二四五三七号

经济部指令

令　台湾区特派员办公处

呈件均悉。兹分别核示如下：（一）所请分设糖业、机电、矿业、冶化、轻工业、器材等六组，既属实际需要，且各组组长及增设之副组长均由该处原有职员兼充，应准备案。（二）所请增设秘书一节，限非规定名额，未便照准，如工作确系不敷分配，可就该处原有人员中指名兼充。（三）各办事分处主任准由该处径行派充，惟高雄等办事处应改称驻高雄等办事分处，以资划一。（四）王瑞琳原派令业经予以注销。（五）陈德坤、吴长炎二员应准照派，派令随发，仰即领收转发。件存。此令。

（近史所经济档）

（何凤娇编：《政府接收台湾史料汇编》（上），"国史馆"1990年版，页164。）

74. 台湾省行政长官公署民政处电有关土地部门之接收应会同地政人员参加(1946年4月5日)

民国三十五年四月五日　民地字第一○四六号

台湾省行政长官公署民政处代电

各县(市)政府:查各县(市)关于土地部分接收事宜,会同地政人员参加接收者固属多数,其未会同参加者,亦复不少,本处为统一事权,并切取联系计,兹特规定:凡有关土地部分之接收,概应会同各该县(市)主办地政人员参加,除分电外,特电查照。民政处民地丙(　)印

(台湾省行政长官公署公报)

(何凤娇编:《政府接收台湾史料汇编》(上),"国史馆"1990年版,页223—224。)

75. 经济委员会有关改组接收各企业意见(1946年4月15日)

(民国三十五年四月十五日)

较大的各会社、各工厂等多已接收完了,须即改组为公司,惟为实施公营制度使能增加效率,不致蹈过去公营事业覆辙起见,当正在组织之始,许多问题须事前详细研讨,兹提出左列各问题希加研究并拟具答案,于本月二十五日以前(日时由主任秘书酌定)开会讨论,余出席。

(一)是否一律招商股？商股是否占总股额百分之四十九,抑少一点？招股办法如何规定？何时截止？何时开股东会？

(二)董监事如何产生？由何人担任？专任或兼任？如由官吏兼任,现在各主管官工作很忙而公司又很多,结果等于虚设；如设专人,事实上不可能。如何解决这个问题？董监事应有若干人让商股股东？

(三)人事问题最为重要。左列意见是否可行？

甲、都为公务员,应遵守有关公务员一切法令。

乙、待遇与公务员一律,特种技术人员必要时可特别提高。

丙、不得分红,年终得发奖金,但以不超过两个月的所得额为原则。

丁、除工人外,职员名额限定,职员资格能力地位亦须规定,或同受人事

管理。

（四）会计必须严密。如何订定会计制度？如何实行检查会计？如何与监察人配合？

（五）各工厂以专心生产为原则。关于运销以由交通处通运公司及贸易局办理为原则，如何使其联系配合，使工作能迅速灵活？

（六）盈余分配问题。

（七）将来各工厂的成绩要注意生产的量与质，以及成本高低，不单注意盈亏，如何定考核成绩的标准？

（八）各公司工作每年必定有预定的计划，计划如何拟定？

（九）各公司如何与金融机关联系配合？

（十）各公司间如何加强联系？

（十一）各公司如何加强工作效率？使能迅速而不致蹈一般官场的积习。

（薛月顺编：《台湾省政府档案史料汇编：台湾省行政长官公署时期（一）》，台北县新店市："国史馆"1996年第1版，页171－172。）

76. 台湾省公有土地处理规则（1946年4月22日）

中华民国三十五年四月廿二日公布

第一章　通则

第一条　凡属台湾省境内之公有土地，除法令别有规定外，依本规则之规定处理之。

第二条　本规则所称公有土地，系指前总督府在本省所有之公有官有田（水田）、畑（旱田）、山林、原野、牧场、养鱼池、池沼、矿泉地、坟墓地、杂种地及废置之军事用地等而言（包括已接收之日人公有或官有土地）。

第三条　本省公有土地，除经中央或本省行政长官公署（简称长官公署）指定用途者外，农地及建筑物均以放租为原则。

凡依本规则租用之公有土地及房屋，必须自耕自住，违者除撤销原契约外，并按其已租用之期间处以租金相等之违约金。

第二章　公地保管

第四条　各机关接管之公有土地及其建筑改良物,除造册送日产处理委员会查核外,并应将其台账另录誊本三份,分送财政处、农林处、地政局查核,以后如有异动,并应随时分报备查。

第五条　各接管机关及各县市政府对于公有土地除依法由长官公署处理者外,非经长官公署转报行政院核准不得处分,如属业务上所需之公有土地,倘有变更使用时,应呈经长官公署核准。

第六条　各机关接管之公有土地,除本身业务上或创设省营企业机构所必需,或依法令暂行保留者外,其以出租收益为目的者,应一律交由该县市政府依本规则之规定暂行出租。

第三章　公地纠纷处理

第七条　凡属本国人民在民国卅四年八月十四日以前被日政府依法给价征收或已交换之土地房屋,经接管后,即为公有土地,概不发还,但被日政府或日人强制征收未经给价或未予交换,经该管县市政府查实有据汇送地政局转呈长官公署核准者,不在此限。

前项不予发还之土地房屋,其原业主或继承人如因无地可耕,无屋居住,经查明属实者,得依本规则之规定有优先承佃土地及承租房屋之权。

第八条　凡已经划为河川用地或因水利之必需筑成埤圳等公共建筑者,或因经济政策上之需要已划入公共事业范围内者,其土地或建筑物概不发还,如原属军事征用之土地,应候中央军事机关核定后再行办理。

前项因公需用之土地或建筑物当时尚未给价者,得依本规则第十四条之规定配给土地。

第九条　凡县市建筑境内地之出租,应由该管县市政府依照都市营建计划并参照地方实际情形划分区域,规定面积,呈经长官公署核准后,参照本省接收省境撤离日人私有房地产处理办法之规定处理。

第十条　公有土地或公有市屋之出租,应先就市地或市屋所在地之邻近区域内确系无地或无屋之市民先行登记,以凭分配,不敷分配时以抽签决定之。

前项出租实施办法由县市政府拟订,报请长官公署核定之。

第十一条　农地租期除按规定暂租一年者外，其租期定为三年至五年。

第十二条　荒地承垦办法另定之。

第十三条　公有耕地之出租，应由该管县市政府依左列农民顺序先行举办登记，再依次序分别抽签配给耕地。

一、雇农

二、佃农

三、耕地不足自耕农用

前项第三款所称耕地不足之自耕农系指自耕田不足一甲半，或畑三甲，且确未佃耕他人土地之农户，凡转业为农并有自耕能力而无土地者，得视为雇农登记，但须俟佃农抽签配耕后再行抽签分配之。

第十四条　招佃面积，田以二甲、畑以四甲为限，并以登记农户之住所附近耕地配给为原则。

田或畑以外之土地，该管县市政府应视其收益比照前项之规定办理。

第十五条　在本规则施行前，已由人民耕种及各该县市政府放佃者应参照本省接收省境内撤离日人私有房地产处理办法第九条之规定办理。

第四章　公地租册及租金

第十六条　公地之租册及租金应由该县市政府依左列各款之规定分别办理：

一、编造公有土地出租清册四份，以一份存查，三份分送财政处、农林处、地政局，查核如有异动，并应随时分报备查。

二、建筑物租金应按当地情形分别拟订等则，呈报长官公署核定行之。

第十七条　承租人每年应纳租金（地代）依照土地法第一七七条之规定，但其原纳租金（地代）低于土地法第一七七条规定甚远者，得由该管县市政府斟酌当地实际情形列表专案呈请核定。

第十八条　公有土地租金（地代）收入除完纳本年度地价税〔在地价税未开征前仍为地租（即田赋）〕外，余均缴交省库由财政处统筹办理。

第十九条　公有土地租金除天灾事变及不可抗拒原因外，应按规定缴纳。

但地方有分季缴纳租金之习惯者，得依其习惯办理。

第二十条　依本规则第七条第二项之规定有优先承佃承租权者,不受本规则第十条及第十三条抽签之限制。

第廿一条　本省每年处理公有土地情形应由长官公署呈报行政院察核。

第廿二条　本规则自呈准后公布施行。

国民党政府资源委员会档案〔廿八3848〕

(陈鸣钟、陈兴唐主编:《台湾光复和光复后五年省情》,

南京出版社1989年版(上),页457—460。)

77. 行政院收复区全国性事业接收委员会电请行政院核议台湾省接收省境撤离日人私有房地产处理办法(1946年5月1日)

行政院收复区全国性事业接收委员会代电

秘字第三五四号

民国三十五年五月一日

　　行政院院长宋、副院长翁钧鉴:案准钧院秘书处本年四月二十日节贰字第一二五九七号公函,以台湾省行政长官公署呈为拟定台湾省接收省境撤离日人私有房地产处理办法请核示一案,奉谕抄同原件交财政、内政、经济、司法、行政各部,地政署及本会核复等因。准此,奉经将抄发办法详加研究,大致均尚妥善,唯第十条"凡在三十四年八月十五日以后本省日人房屋不得承购转让……"一节,查与钧院核定苏浙皖区处理敌伪产业审议委员会建议国人与日人卖买契约,以三十四年八月十一日以前为有效期不符,为使全国政令统一起见,拟将该条三十四年八月十五日改正为三十四年八月十一日,是否有当? 理合电复鉴核。行政院收复区全国性事业接收委员会兼主任委员翁文灏叩。(三十五)秘卯艳。

(薛月顺编:《台湾省政府档案史料汇编:台湾省行政长官公署时期(一)》,台

北县新店市:"国史馆"1996年第1版,页7—8。)

78. 经济部函报行政院该部核复台湾省党部党费筹划自给自足原则（1946年5月15日）

经济部　公函

京工(35)字第一七四六号

民国三十五年五月十五日

　　准贵处三十五年三月十八日节叁字第八一二六号公函为中央秘书处公函，为据台湾省党部电陈党费筹划自给自足计划原则请核办见复一案，奉谕"交经济部核复"等因抄附原件嘱查照等由。查该省党部拟创办文化企业公司及渔业公司，由党员普遍入股按照公司制度经营，原则上自属可行，惟所拟拨计或租借各该公司所需要之敌伪工厂等各节，查收复区敌伪产业处理办法第三条规定，文化事业由省市政府接收、水产事业由农林部接收，似可由该省党部分别径洽办理。准函前由相应复请查照转陈为荷。此致行政院秘书处。

部长　翁文灏

（薛月顺编：《台湾省政府档案史料汇编：台湾省行政长官公署时期（一）》，台北县新店市："国史馆"1996年第1版，页40—41。）

79. 经济部台湾区特派员办公处电请准以加派沈镇南等为兼任接收委员（1946年5月21日）

民国三十五年五月二十一日　台特秘字第一六六九号

经济部台湾区特派员办公处代电

　　经济部翁部长钧鉴：查本处专门委员规定名额原为四人至八人，除沈镇南、汤元吉、刘晋钰、王求定、金开英等五人前经呈准任用外，拟再派用高禩瑾、谢惠等两人为专门委员，又沈镇南等六人因工作上之需要，派外兼任接收委员，以应事实，理合报请鉴核，准以加派兼任接收委员。台湾区特派员包可永辰马叩。

（近史所经济档）

（何凤娇编：《政府接收台湾史料汇编》（上），"国史馆"1990年版，页164—165。）

80. 台湾省行政长官公署公布台湾省各金融机构资产处理办法（1946年5月24日）

民国三十五年五月二十四日

台湾省各金融机构资产处理办法

一、对于本省已接收监理会社债及株券（即公司债及股票），由各会社分别整理清算，其办法如后：

（一）对日人所有之社债及株券，予以接收封存；

（二）本省人民所有之社债及株券，予以登记，并在原券上加盖戳记以示区别，登记竣事后，仍许在市面流通，或换发新券在市面流通；

（三）对已登记之本省人民所有社债及株券，由各该会社参照原发行办法，厘订付息还本办法。

二、对于省外而为我中央政府接收之会社，如满铁会社债券及株券等，先由本公署令饬台湾银行限期办理登记，其处理办法，由中央统筹办理。

三、对于本公署已发接收监理之公营事业及金融机构间债权债务，举行相互间之清算偿付。

四、对日人私有不动产，在去年八月十五日以前向银行及金融机构抵押借款之债务，由债权金融机构商请日产处理委员会分别标卖或处理，以所得价款偿付债偿之本息。

五、对于日人向金融机构举借之其他债务，由各该金融机构通知相互知照查明该日人之债权，如存款保险权益等，相互清算抵消。

（台湾省行政长官公署公报）

（何凤娇编：《政府接收台湾史料汇编》（上），
"国史馆"1990年版，页190—191。）

81. 台湾省行政长官公署指令台东县政府准予修正备查该县平地人民进入山地管制办法（1946年5月28日）

台湾省行政长官公署　指令

辰俭(35)署民字第五七九六号

民国三十五年五月二十八日

致卯寝府民治字第二三〇五号呈一件,呈送限制人民进入山地暂行办法请核备由,呈及附件均悉,原办法经予修正,随令附发,希即遵照为要,此令。

附抄发修正台东县限制平地人民进入山地办法一份。

行政长官　陈　□

附件:台东县平地人民进入山地管制办法

第一条　台东县政府(以下简称本府)为维护山地人民利益,并谋山地安宁起见,特采择县参议会之建议并斟酌实地情形订定本办法。

第二条　本办法所称山地系指本县金仑、达仁、红头屿、延平、海端等五乡而言。

第三条　平地人民身家清白素行端正,确因正当事由必须进入山地者,应填具声请书,觅具保证人,经该管村里长证明,呈由乡镇公所转报本府民政科,请领入山证明书。

前项证明书不得转借,并应于出山后交由该管乡公所汇转本府民政科注销。

第四条　进入山地者应向山地乡公所呈验证明书,陈明入山事由、时间及地点,经登记并于证明书背面加盖乡长私章后,始得入山。

第五条　进入山地者于出山时应向山地乡公所报告,经检查填注离境日期,并于证明书背面加盖乡长私章后,始得出山。

第六条　进入山地者不得携带武器或违禁物品。

第七条　进入山地者除应遵守法纪外,并应注意左列事项:

一、态度言语应和蔼诚笃,不得有失礼逾矩、戏谑侮辱及妨碍善良风俗之行为。

二、交易往还应诚信公平,不得有诈欺、勒索、教唆、煽动及妨碍公共秩序之行为。

违反前项规定者,山地警察应即分别予以训诫制止或勒令出山,其情节重大者得予拘留或解送本府究办。

第八条　山地警察机关应会同乡公所检查平地人民之出入,严禁无证入山,但对持有合法证明书者不得故意留难。

第九条 各机关职员因公务关系必须进入山地者,无须请领入山证明书,但应取具服务机关之证明文件并向本府登记。

第十条 本办法自公布日施行,并呈报行政长官公署备案。

(薛月顺编:《台湾省政府档案史料汇编:台湾省行政长官公署时期(二)》,台北县新店市:"国史馆"1998年第1版,页121-123。)

82. 三民主义青年团中央直属台湾区团部台中分团筹备处函转前敌伪组训机构移交该团接收(1946年6月4日)

民国三十五年六月四日　总字第一二号

三民主义青年团中央直属台湾区团部台中分团筹备处函

案奉台湾区团部五月十八日组字第(九二八)号命令开:准台湾省行政长官公署教育处本年五月十四日教四字第二八〇四号代电略开:"奉交三民主义青年团中央干事会(三五)青干组字第(三六五七)号函开:'查收复区之敌伪青年组训机构原则规定由本团各级团队接收。台湾光复已设行省,所有前台湾之敌伪青年组训机构应饬移交本团台湾区团接收……'等由,准此。……(中略)……请径向各地县市政府洽办,除分电各县市政府外,希查照。"等由。查各分团辖区内之各地青年学校、青年道场、青年练成所、训练所等,前经本处据各属报件列册呈报中央,现经中央以(三五)青干组(三六五七)函教育处拨交,兹准前由,希即径向当地县市政府洽办接收报核为要等,因查台中市该项机构前由贵府接收,奉令前因相应函请查照,并希转饬该项机构主管人员别造清册,转送本处,以便派员前往接洽接收,希贵府仍本协助本团美意,赐予便利为荷。

主任　张信义

(台湾省政府档案)

(何凤娇编:《政府接收台湾史料汇编》(上),"国史馆"1990年版,页165-166。)

83. 台湾省行政长官公署电抄发复台中县政府请示处理前日军战时征用民房地办法代电一案希遵办（1946年6月11日）

民国三十五年六月十一日　署民地字第六七五七号

台湾省行政长官公署代电

各县市政府（台中县政府除外）：

本省前日本陆海空军战时征用民地房屋，应移交各县市政府接收，业经本署以辰东（三五）署民地〇四一三五号代电通饬遵办在案。兹据台中县政府电请核示处理办法到署，除核复外，合行抄发复电一件，令希遵照办理为要。陈仪署民地（巳真）

（台湾省行政长官公署公报）

（何凤娇编：《政府接收台湾史料汇编》（上），"国史馆"1990年版，页237。）

84. 经济部台湾区特派员办公处电呈接管会主任委员名单补报备案（1946年6月21日）

民国三十五年六月二十一日　台特秘字第二〇七一号

台湾区特派员办公处代电

经济部部长王钧鉴：凡归由本处接收之日资工矿企业，当本统一接收之方式，按各业性质之所属，分设电冶业、石油业、肥料业、水泥业、电化业、电力业、煤业、糖业、金铜矿业、工业、机械业、纺织业、化学制品工业、油脂业、玻璃业、窑业、印刷业、工矿器材业等十九接管委员会，并多以各业监理主任委员为主持人，俾各专责，借策推行，成立以来工作尚称顺利，除接收情形另案呈陈外，谨将设立接管委员会缘由，连同接管会主任委员名单补报备案。台湾区特派员包可永巳马叩。附主任委员名单一纸。

附件：

各业主管委员名单

各业名称	主任委员姓名	备考
石油业接管委员会	金开英	
电冶业接管委员会	孙景华	

续表

各业名称	主任委员姓名	备考
肥料业接管委员会	汤元吉	
水泥业接管委员会	温步颐	
电化业接管委员会	方以矩	
电力业接管委员会	刘晋钰	
煤业接管委员会	王求定	
糖业接管委员会	沈镇南	
金铜业接管委员会	袁慧灼	
电工业接管委员会	陈厚封	
机器业接管委员会	孙景华	兼代
纸业接管委员会	谢惠	
纺织业接管委员会	聂光埸	
化学制品工业接管委员会	陈瑜叔	
油脂业接管委员会	颜春安	
玻璃业接管委员会	陈尚文	
窑业接管委员会	毛延祯	
工矿器材业接管委员会	陈德坤	
印刷业接管委员会	吴长炎	兼代

（近史所经济档）

（何凤娇编：《政府接收台湾史料汇编》（上），

"国史馆"1990年版，页166—169。）

85. 财政部呈请行政院授权台湾省行政院长官公署财政处办理省内金融机关之清理改组事宜（1946年6月24日）

财政部呈

京督一字第五八号

民国三十五年六月二十四日

查台湾省内敌人所设金融机构为数甚多，计银行有台湾、台湾商工、台湾贮蓄、华南、彰化、日本劝业、三和等七家，另有保险信托产业金库及无尽会社等三十余家,除台湾银行业奉院令准予改组继续营业,日本劝业银行改为土地银行,已报准本部备案外,其余各金融机构亟待接收清理。现国家行局既未在台设行,本部驻该区财政金融特派员办公处亦已撤销,为期接收工作顺利进行并符行政系统起见,所有台湾省内敌人所设及日台合办金融机构之接收清理事宜,兹决定由部授权台湾省行政长官公署财政处就地办理,如有重要事项应先行报部核准再办,所有办理情形均应随时径行报部查核。除分电台湾行政长官公署及该署财政处遵办外,理合呈请鉴核备案指示祗遵。谨呈行政院。

财政部部长　俞鸿钧

（薛月顺编:《台湾省政府档案史料汇编:台湾省行政长官公署时期(一)》,台北县新店市:"国史馆"1996年第1版,页416—417。）

86. 新竹县政府电送台湾省行政长官公署该县平地人民进入山地管制办法(1946年7月11日)

新竹县政府　代电

午真(35)府民治山字第五四八五号

民国三十五年七月十一日

　　台湾省行政长官陈钧鉴:辰俭(三十五)署民字第五七九八号训令奉悉。遵经参酌本省单行法规并按照地方实际情形制定新竹县平地人民进入山地管制办法,除分饬所属遵照办理外,理合备文送请鉴核备案。

新竹县县长刘启光。( )叩。府民治山。

　　附新竹县平地人民进入山地管制办法乙份。

附件:新竹县平地人民进入山地管制办法

　　第一条　新竹县政府(以下简称本府)为维护山地人民利益,并谋山地安宁起见,特订定本办法。

　　第二条　本办法所称山地系指左列地区而书:

　　一、大安乡之高态、洗水、汶水、象鼻等四村。

　　二、尖石乡之义兴、嘉乐、梅花、锦屏、秀峦等五村。

三、五峰乡之竹林、桃山、大隘、花园等四村。

四、角板乡之泽仁、长兴、义盛、雁鸣、玉峰等五村。

五、关西镇之锦山里。

六、南庄乡之风美村。

第三条　平地人民身家清白素行端正,确因正当事由必须进入山地者,应填具声请书(附式一)经该村里长、乡镇长盖章证明,并觅具保证人向当地区署免费请领许可证。

前项许可证不得转借应用,并应于出山后交由该管乡镇公所汇送区署送府注销。

第四条　进入山地者应向山地乡公所呈验许可证,陈明入山事由、时间及地点,经登记并于证明书背面加盖乡长私章后始得入山。

第五条　进入山地者于出山时应向山地乡镇公所报告,经检查后填注离境日期,并于证明书背面加盖乡长私章后始得出山。

第六条　进入山地者不得携带武器或违禁物品。

第七条　进入山地者除应遵守法纪外,并应注意左列事项:

一、态度言语应和蔼诚笃,不得有失礼逾矩、戏谑侮辱及妨碍善良风俗之行为。

二、交易往还应诚信公平,不得有诈欺、勒索、教唆、煽动及妨碍公共秩序之行为。

违反前项规定者,山地警察应即分别予以训诫制止或勒令出山,其情节重大者得予拘留或解送本府究办。

第八条　山地警察机关应会同乡镇公所检查平地人民之出入,严禁无证入山,但对持有合法证明书者不得有故意留难或勒索情事。

第九条　各机关职员因公务关系必须进入山地者,无须请领入山证明书,但应取具服务机关之证明文件并报本府登记。

第十条　原在山地居住之平地人民免领入山证明书,但应另领山地居住证。

前项山地居住证一年换发一次,不得转借应用,并于迁出山地时交由该山地乡公所汇送区署转府注销。

第十一条　本办法自公布之日施行。

新竹县平地人民入山声请书

姓名	性别	年龄	职业	籍贯	现住所
					乡(镇)　　　　村(里) 第　邻　　第　户

进入山地事由	前往地点	
	停留期间	
	携带物品	

右呈
乡(镇)公所核转　　　　　　声请人
区署区长　　　　　　　　　保证人姓名：　　住址：
新竹县长刘　　　　　　　　村(里)长

中华民国　　　　　　　　　　　　　　　　年　月　日

（薛月顺编：《台湾省政府档案史料汇编：台湾省行政长官公署时期（二）》，台北县新店市："国史馆"1998年第1版，页123—126。）

87. 花莲县政府电请台湾省行政长官公署民政处修正管制入山办法规定（1946年7月17日）

花莲县政府　代电

午篠府民山字第七〇四九号

民国三十五年七月十七日

　　台湾省行政长官公署民政处钧鉴：据凤林区署代电称："奉钧府民字第五五四七号代电，略以本府为保障高山族同胞起见，兹订管制人民入山暂行办法，希遵照办理等因，附发平地人民入山管制办法乙份。奉此，查该入山管制办法第二条第三项、第四项各规定，凤林镇林荣里及瑞穗乡瑞西村并列于管制地区，惟林荣、瑞西等二村里实布于平地，并无高山族居住，与山地毫无所关,应行更改,另凤林镇大观里系在山地,多有高山同胞,现经编入高山万里乡等情,应填入第二条规定之地区。理合随电报请察核,并乞修正示遵"等情。据此除令准更正外,理合呈请鉴核备案。花莲县县长张文成。午(筱)府民山(七〇四九)。

(薛月顺编:《台湾省政府档案史料汇编:台湾省行政长官公署时期(二)》,台北县新店市:"国史馆"1998年第1版,页127。)

88. 台湾高等法院函请详查暂准援用之日本法规究有几种(1946年7月19日)

民国三十五年七月十九日　函刑一字第一四四六号

台湾高等法院公函

　　案查本院前据花莲港地方法院呈,略以前台湾总督府颁布之行政罚法令綦多,究应如何援引适用,呈请核示等由。当经本院指令,以所有本省前日本政府颁布之行政法规如未经明令废止,其作用在保护社会一般安宁秩序,确保民众权益者,暂仍有效。业经本省行政长官公署署法字第三十六号布告有案,其中如订有刑罚规定者,本省法院自仍应予以援用,惟援用此项法令时,应注意左列事项:(一)所有前日本政府颁布之行政法规关于刑罚之规定,以与我国现行法令不相抵触部分为限,暂准援用。(二)凡日本行政法规中规定"罚金"、"拘留"、"科料"者均为特别刑法(罚金、拘留、科料规定于日本刑法第九条,均系刑罚,而非行政罚),此类案件均应经由检察官提起上诉始得审判。(三)审判此类案件程序方面应依我国诉讼法办理,实施方面除科刑一点依原日本行政法规外,仍应适用我刑法总则之规定,惟原规定"拘留"应改为"拘役","科料"应改为"罚金",以符我国法制,但日本之科料得至一元未满,应改依我国法自一元起算。(四)关于此类案件之判决书于引用该行政法规中法条前,应先引用"台湾省行政长官公署署法字第三十六号布告"以前判决之依据,令仰该院监分令各地院遵照办理,并呈报司法行政部鉴核各在案。兹奉司法行政部京指参字第五六三〇号指令内开:

　　"呈悉。查关于科处刑罚之法规,依法应经立法程序,否则自不得率予援用,原呈所开注意事项(一)关于刑罚之规定以与我国现行法令不相抵触部分为限一节,查我国现行法令已有规定者自应依其规定办理,如无规定者,除该省有特殊情形得依法定程序另行制定单行法规外,亦不得率行援用前日本政府颁布之法规办理,所称暂准援用之日本法规究有几种?仰即查明详细,呈复以凭核办。此令。"

等因。查长官公署署法字第三十六号布告曾明白规定,凡旧日施行于台湾之法令在应予废止之原则内者,均予即日废止,并饬各主管机关查明名称公布,其未经明令废止之法令,其作用在保护社会一般安宁秩序,确保民众权益及纯属事务性质者暂仍有效,惟该项旧法令截至目前止,已经明令废止者,究有几种?暂仍有效者,又有几种?本院尚欠明晰,相应函请贵会惠予详细查复,以凭呈复为荷!

　　此致

行政长官公署法制委员会

台湾高等法院　院长　杨　鹏

首席检察官　楼　英

(台湾省政府档案)

(何凤娇编:《政府接收台湾史料汇编》(上),
"国史馆"1990年版,页106-108。)

89. 台湾省行政长官公署电准台南县政府修正备查该县限制人民进入山地暂行办法(1946年7月23日)

台湾省行政长官公署　代电

致午梗署民(三)字第八六七〇号

民国三十五年七月二十三日

　　台南县政府:民政处案呈该县府致午鱼民治字第五九四八号简复表,附送限制平地人民进入山地暂行办法均悉。原办法经予修正,随电附发,希即遵照。行政长官公署(一)。附发台南县人民进入山地管制办法(修正本)一份。

附件：台南县平地人民进入山地管制办法

第一条　台南县政府（以下简称本府）为维护山地人民利益，并谋山地安宁起见，特订定本办法。

第二条　本办法所称山地系指本县吴凤乡而书。

第三条　平地人民身家清白素行端正，确因正当事由必须进入山地者，应填具声请书，经该管乡镇村里长证明并觅具保证人，向本府民政局请领证明书。

前项证明书不得转借，并应于出山后交由该管乡镇公所汇送本府民政局注销。

第四条　进入山地者应向吴凤乡镇公所呈验证明书陈明入山事由、时间及地点，经登记并于证明书背面加盖乡长私章后始得入山。

第五条　进入山地者于出山时应向吴凤乡镇公所报告，经检查后填注离境日期，并于证明书背面加盖乡长私章后始得出山。

第六条　进入山地者不得携带武器或违禁物品。

第七条　进入山地者除应遵守法纪外，并应注意左列事项：

一、态度言语应和蔼诚恳，不得有失礼逾矩、戏谑侮辱或妨碍善良风俗之行为。

二、交易往还应诚信公平，不得有诈欺、勒索、教唆、煽动及妨碍公共秩序之行为。

违反前项规定者，山地警察应即分别予以训诫制止或勒令出山，其情节重大者得予拘留或解送本府究办。

第八条　山地警察机关应会同乡公所检查平地人民之出入，严禁无证入山，但对持有合法证明书者不得故意留难。

第九条　各机关职员因公务关系必须进入山地者，无须请领入山证明书，但应取具服务机关之证明文件并向本府登记。

第十条　本办法自公布之日施行，并呈报行政长官公署备案。

（薛月顺编：《台湾省政府档案史料汇编：台湾省行政长官公署时期（二）》，
　　　　　台北县新店市："国史馆"1998年第1版，页128—129。）

90. 台湾省行政长官公署指令高雄县政府准予修正备查该县平地人民进入山地管制办法(1946年7月26日)

台湾省行政长官公署　指令

致午寝署民(三)字第一○○三七号

民国三十五年七月二十六日

民政处案呈该县府午鱼民治字第五一○○号代电附送该县山地出入临时办法请察核由。代电暨附件均悉，原办法经予修正，随令附发，希即遵照为要。此令。附发该县平地人民进入山地管制办法(修正本)一份。

行政长官　陈　□

附件：高雄县平地人民进入山地管制办法

第一条　高雄县政府(以下简称本府)为维护山地人民利益，并谋山地安宁起见，特订定本办法。

第二条　本办法所称山地，系指本县多纳、雅你、玛雅俊、三地盟、雾台、狮子、春日、泰武、来义、玛佳沙、牡丹等十一乡而言。

第三条　平地人民身家清白、素行端正，确因正当事由必须进入山地者，应填具声请书，觅具保证人，经该管村里长证明，呈由乡镇公所转报本府民政局，请领入山证明书。

前项证明书不得转借，并应于出山后交由该管乡镇公所汇转本府民政局注销。

第四条　进入山地者应向山地乡公所呈验证明书，陈明入山事由、时间及地点，经登记并于证明书背面加盖乡长私章后始得入山。

第五条　进入山地者于出山时应向山地乡公所报告，经检查填注离境日期，并于证明书背面加盖乡长私章后始得出山。

第六条　进入山地者不得携带武器或违禁物品。

第七条　进入山地者除应遵守法纪外，并应注意左列事项：

一、态度言语应和蔼诚笃，不得有失礼逾矩、戏谑侮辱及妨碍善良风俗之行为。

二、交易往还应诚信公平，不得有诈欺、勒索、教唆、煽动及妨碍公共秩序之行为。

　　违反前项规定者,山地警察应即分别予以训诫制止或勒令出山,其情节重大者得予拘留或解送本府究办。

　　第八条　山地警察机关应会同乡公所检查平地人民之出入,严禁无证入山,但对持有合法证明书者不得故意留难。

　　第九条　各机关职员因公务关系必须进入山地者,无须请领入山证明书,但应取具服务机关之证明文件,并向本府登记。

　　第十条　本办法自公布日施行,并呈报行政长官公署备案。

(薛月顺编:《台湾省政府档案史料汇编:台湾省行政长官公署时期(二)》,
台北县新店市:"国史馆"1998年第1版,页130—132。)

91. 台湾省行政长官公署电准新竹县政府修正备查该县平地人民进入山地管制办法(1946年8月1日)

台湾省行政长官公署　代电

致未署民(三)字第一一四八四号

民国三十五年八月一日

　　新竹县政府:午真民治山第五四八五号代电暨附件均悉,准予修正备查。行政长官公署。午民(　)三。附新竹县平地人民进入山地管制办法(修正本)一份。

附件:台湾省行政长官公署修正本

　　查新竹县平地人民进入山地管制办法似应就左列各点予以改正:

　　一、原第三条"前项许可证"以下应提行列为该条第二项。

　　二、原第七条第二款"违反前项规定者"以下,应提行列为同条第二项。

　　三、原第七条末句"或解途本府究办"之"途"字为"送"字之误。

　　四、原第十条"前项山地居住证"以下应提行列为同条第二项。

　　五、原第十条"一年发换一次"之"发换"应为"换发"。同条"并于迁出平地时"之"平地"二字应改为"山地"。

　　以上五点除经就原件加以修改外,相应复请查照并请将原代电稿酌予改正后,仍希赐会为荷。此致民政处。

行政长官公署法制委员会启

（薛月顺编:《台湾省政府档案史料汇编:台湾省行政长官公署时期(二)》,
台北县新店市:"国史馆"1998年第1版,页132-133。）

92. 台湾高等法院函请查复台湾糖业令是否废止（1946年8月11日）

民国三十五年八月十一日　函刑一字第二〇七四号

台湾高等法院公函

案据台南地方法院嘉义分院呈字第一一四号呈,为办理赖庆坤等为制土糖一案,请示前日本政府所颁行之台湾糖业令是否业经废止或仍继续有效等情,据此。查该台湾糖业令目下是否已因长官公署署法字第三十六号布告而废止,抑或仍继续有效,相应函请贵会查明见复,以便饬遵。又查本院前奉司法行政部指令饬查暂准援用之日本法规究有几种?当经本院于本年七月十九日以函刑一字第一四四六号公函请贵会查复在案,尚未准复,据并请一并迅予查复为荷!

此致

行政长官公署法制委员会

院长　杨　鹏

（台湾省政府档案）

（何凤娇编:《政府接收台湾史料汇编》(上),
"国史馆"1990年版,页108。）

93. 台湾省贸易局电复同意废止日据法令（1946年8月19日）

民国三十五年八月十九日　贸总字第二九九四号

台湾省贸易局代电

法制委员会公鉴:准致未铣署法字第一六三〇七号代电,为拟定期废止日人统治时代之法规,嘱将暂予保留部分开列名称送凭核办等由,备悉。查

关于日人统治时代之法规，本局同意一律废止，相应电复查照为荷！台湾省贸易局未(皓)贸总印

（台湾省政府档案）

（何凤娇编：《政府接收台湾史料汇编》（上），"国史馆"1990年版，页16。）

94. 台湾省工业研究所电复同意废止日据法令(1946年8月20日)

民国三十五年八月二十日　收文第二九〇四九号

台湾省工业研究所代电

  台湾省行政长官公署法制委员会公鉴：致未铣署法字第一六三〇七号代电敬悉。贵会拟将原有日本时代之法令一律明令废止，是项意见甚为赞同，准电前由，相应电复查照为荷！台湾省工业研究所所长陈华洲公出，技正兼技术室主任朱光宪代行致未(哿)秘

（台湾省政府档案）

（何凤娇编：《政府接收台湾史料汇编》（上），"国史馆"1990年版，页16-17。）

95. 台湾省行政长官公署农业试验所电复完全同意废止日据时代法规(1946年8月20日)

民国三十五年八月二十日　农试总字第一〇八七号

台湾省行政长官公署农业试验所代电

  法制委员会公鉴：准贵会致未铣署法字第一六三〇七号代电，略以查本会拟转请长官于本年十月二十五日起，将原有日本时代之法令，一律明令废止，贵所如有认为暂行保留一部分，拟请于本月底前示复，以凭汇集转陈为荷等由，准此。查本所对于废止日人统治时代之法规完全同意，并无暂予保留部分，准电前由，相应复请查照为荷！台湾省农业试验所农试总未(哿)印

（台湾省政府档案）

（何凤娇编：《政府接收台湾史料汇编》（上），"国史馆"1990年版，页17。）

96. 台湾省水产试验所电复无需保留日据渔业法规(1946年8月21日)

民国三十五年八月二十一日　收文第三〇五七八号

台湾省水产试验所代电

法制委员会公鉴:致未铣署法字第一六三〇七号代电诵悉。查日本统治时代之渔业法规有关与我国法令多所抵触,无需再行保留,相应电复。水产试验所致未(马)秘印

(台湾省政府档案)

(何凤娇编:《政府接收台湾史料汇编》(上),"国史馆"1990年版,页18。)

97. 台湾省行政长官公署宣传委员会函复同意废止前情报课法令(1946年8月23日)

民国三十五年八月二十三日　署宣字第一八四号

台湾省行政长官公署宣传委员会公函

接准

贵会致未铣署法字第一六三〇七号代电,略以本省光复瞬届周年,关于日本统治时代之法规,拟定期废止,嘱将是否同意,或认为暂应保留一部分,于本月底前函复等由,准此。查日本占领时代之法令,关于前情报课部分,本会完全同意废止,毋须保留,相应复希查照。此致

法制委员会

主任委员　夏涛声

(台湾省政府档案)

(何凤娇编:《政府接收台湾史料汇编》(上),"国史馆"1990年版,页19。)

98. 台湾市民洪崇杰密报台省诸项不合理事项致行政院呈
（1946年8月23日）

窃据报载，钧院关切台湾币制，以一比四十汇率电台长官公署仍旧汇率施行，谨将台省币制、金矿、糖、米、烟、酒管制情形分解报告如次。

（一）查台币在日人时代原以基隆附近金瓜山金矿产金力量改台币为金本位，战前每台币值法币二元五角，盖日人提高台币价值鼓励物资出口侵略中国为原则。迄去年九月间宣布台湾归还我国，杰曾以收复台湾，尤以维持旧台币通用安定民心，庶免台民因台币查白人利用反抗中央收复。讵料陈长官误解台湾地位，任意抑低法币价值，原照关金一比二十，又提高一比卅，近又以一比四十，使我国金融始受日人封锁打击，继受提高台币摧残，捣乱金融，应请钧院彻底纠正一也。

（二）查金瓜石山金矿，去年八九月台湾归还中国，尚在开采，工人万余，洗金砂女工数千人。前年高雄解来台北美俘集中金瓜石山金矿充为矿工，可证明未经盟机破坏。据云在日本矿产中占第三位，每年由台炼妥净金，运回东京为铸造金币。讵料自去年十一月接收后，全部机械被偷运及破坏，该金矿经报停工，但台民仍结群千余人不按矿技私行偷采并洗炼净金售市。试问一年期间受台长受降主官指挥不善损失不计其数（此句原文如此），金价暴涨，工人失业，应请钧院纠正二也。

（三）查台湾经日人倡导植蔗制糖，台长官公署设贸易局以贱价收集民糖，囤积居奇，并台省产煤及五金不准出口，类同日人时代封锁中国。去年十一月国民政府公布自由贸易，盖以防止各省冻结物资使物价上涨。查抗战时各省沦陷受日人封锁之苦，台湾收复，应以台湾物资流通各省，使各省普占实惠，应请钧院纠正三也。

（四）查台湾在日人时代设烟酒专买，不准华货冲入，而东京烟酒仍可进口。近自一月起，凡上海运来国货烟酒，专买局概以充公，应请钧院纠正者四也。

（五）查台湾经日人统治，户口严密，进出认真，夜不闭户，道不拾遗。自去年接收，凡内地来台向各警察派出所请求登记，概以不奉令拒绝。现台湾户口混乱,盗匪匿于市区,白昼抢劫,纵受警察局缉获,用所抢物资买放,可自由市上。盗匪横行无忌,应请钧院纠正者五也。

(六)查台湾管制及配给严密,经九年战争,近三年经盟机轰炸及盟舰封锁,配给米每斤只台币八角,猪肉每斤台币十元,糖每斤五角,布每尺五角,台民不感战事受物价高涨痛苦。自去年十一月接收,近米价每斤涨至台币二十五元,糖每斤涨至四十五元,猪肉涨至八十余元,布每尺四十余元。台民受苦,甚至侮辱日人为猪、中国为狗,非台人独立不能使台省一切复旧,解除人民痛苦,应请钧院纠正六也。

上列系台省地方情形,商民受物资禁止出口,并台币一比四十汇率,台湾往来物资俱不获利,若再继续二年,台省成为孤立省份,台民受工厂停工,物价高贵,白昼抢劫,心所谓□,理合密报,仰祈纠正。

谨呈
行政院院长宋

洪崇杰

中华民国三十五年八月廿三日

国民党政府财政部档案〔三②1197〕

(陈鸣钟、陈兴唐主编:《台湾光复和光复后五年省情》,
南京出版社1989年版(下),页482—484。)

99. 台湾省行政长官公署民政处合作事业管理委员会电复拟对原有各项合作法令研议后再予查复(1946年8月24日)

民国三十五年八月二十四日　收文第三○九四七号

台湾省行政长官公署民政处合作事业管理委员会代电

台湾省行政长官公署法制委员会:转准未铣署法字第一六三○七号代电,以拟定期废止日本统治时代之法规一案,嘱查复等由。查本会成立伊始,对原有各项有关合作法令,尚在研究,需时一月,方能完成,所有意见拟改于九月十五日以前,再行通知,除电复民政处外,相应电请查照。民政处合作事业管理委员会合(周)印

100. 台湾省行政长官公署博物馆电复前无单行法规（1946年8月26日）

民国三十五年八月二十六日　博总字第一七三号

台湾省行政长官公署博物馆代电

　　法制委员会公鉴：贵会本年八月十六日致未铣署法字第一六〇七号代电敬悉。查本馆在日敌时代附属于台湾总督府文教局，并无单行法规，相应复请查照！馆长陈兼善未（寝）博总

（台湾省政府档案）

（何凤娇编：《政府接收台湾史料汇编》（上），"国史馆"1990年版，页20。）

101. 台湾省行政长官公署秘书处函复除昭和六年所颁报告例通则外其余均可废除（1946年8月26日）

民国三十五年八月二十六日　署秘（一）字第一九一四〇号

台湾省行政长官公署秘书处公函

　　准

　　贵会未铣署法字第一六〇七号代电，为拟定期废止日人统治时代之法规，电请将认为暂应保留部分，列复以凭汇集转陈办理等由。准查仅统治部分沿用旧法规，现除昭和六年颁布之报告例通则，在未全部修订前，尚须赓续施行外，其余均可废止。相应函复，即希查照为荷！此致

　　法制委员会

处长　张延哲

（台湾省政府档案）

（何凤娇编：《政府接收台湾史料汇编》（上），"国史馆"1990年版，页20-21。）

102. 台湾省行政长官公署人事室函复同意日据时代法规一律废止（1946年8月29日）

民国三十五年八月二十九日　署人字第二〇〇五一号

人事室笺函

　　接准

　　贵会致未铣署法字第一六三〇七号代电，以拟定期废止日人统治时代之法规是否完全同意，抑暂应保留一部分，嘱见复等由。查日人统治时代之法规，有关人事部分颇少适用，本室同意一律废止，准函前由，相应复请查照为荷！此致

法制委员会

台湾省行政长官公署人事室启

（台湾省政府档案）

（何凤娇编：《政府接收台湾史料汇编》（上），"国史馆"1990年版，页21。）

103. 台湾省行政长官公署警务处电复对日据法令无需保留（1946年8月31日）

民国三十五年八月三十一日　署警字第二〇八二三号

台湾省行政长官公署警务处代电

　　法制委员会公鉴：准贵会致未铣署法字第一六三〇七号代电，以拟定期废止日人统治时代之法规，嘱将暂予保留部分，开列法规名称，送请转陈等由。查本处业务上对于日本时代之法令，并无需要暂予保留者，复请查照为荷！警务处未（世）秘文

（台湾省政府档案）

（何凤娇编：《政府接收台湾史料汇编》（上），"国史馆"1990年版，页22。）

104. 台湾省行政长官公署工矿处函复台湾糖业令仍予继续有效(1946年9月4日)

民国三十五年九月四日　署工(一)字第三〇九二二号

工矿处笺函

　　准

　　贵会致申晢署法字第二六二七二号笺,以前日本政府所颁台湾糖业令应否继续援用,嘱据复等由。查糖业令内容诚为贵会所云,不带有压榨钳制之嫌,未便废止,仍予继续有效,相应复请查照为荷!

　　此致

法制委员会

台湾省行政长官公署工矿处启

(台湾省政府档案)

(何凤娇编:《政府接收台湾史料汇编》(上),

"国史馆"1990年版,页109。)

105. 台湾省贸易局电复未援用日据时代法规(1946年9月4日)

民国三十五年九月四日　贸总字第三二〇七号

台湾省贸易局代电

　　法制委员会公鉴:准致未陷署法字第二〇二三九号代电,以日本统治时代之法规废止后,本局将以何种法规代替,嘱查复等由。查本局现有规章,均系就本局需要新行拟订,并未援用日人时代之旧日法规。将电复请查照为荷!台湾省贸易局申(支)贸总印

(台湾省政府档案)

(何凤娇编:《政府接收台湾史料汇编》(上),

"国史馆"1990年版,页22-23。)

106. 台湾省行政长官公署民政处呈送接收统计表(1946年9月5日)

民国三十五年九月五日　署民字第二二一三六号

台湾省行政长官公署民政处呈

案查前奉

钧署令饬依照规定八项科目填报接收各类日产总值统计表,限期呈送核转等由,业经转饬所属遵照办理,并先将本处接收日人经办社会团体及行政机构设备、现金两类统计表以致未寝民会字第一一四号呈送在案。兹据卫生局、营建公司筹备处续送接收日资企业会社工厂,及日人经营医院设备暨现金两类统计表前来,理合汇抄原送各件,备文呈请察核汇转。

谨呈

行政长官陈

附呈送接收日资企业会社及工厂设备暨现金类两类统计表各一份,接收日人经营医院设备暨现金两类统计表各一份

附件一：接收日资企业会社及工厂设备暨现金统计表

单位名称	现金	有价证券	银行存款	定期存款	合计	备考
台湾武田工业株式会社	25,840.88	109,750.00	55,040.34	236,535.00	427,166.22	
武田会社大武农园	22,092.52				22,092.52	
武田会社关山农园	27,177.46			10,000.00	37,177.46	
武田会社竹山农园	2,397.22				2,397.22	
武田会社苗栗工厂	1,050.48		37,361.33		38,411.81	
医疗物资		140.00	2,091,225.77	220,060.00	1,511,425.77	
资生堂药铺	29,395.25	261,800.00	18,010.98	127,445.00	436,651.27	
热带化学工业会社	4,213.36	495.00	2,343.91		7,052.27	
生药株式会社	2,239.13	47,000.00	14,123.06	67,885.04	140,247.23	
医药品生产会社	3,874.67		52,522.58	98,005.00	154,402.25	
化研生药会社	19,163.55		1,217.45	57,225.00	77,606.00	
南进制药公司	41,100.99		2,505.86	19,653.09	240,119.94	
木村制药所	1,775.62		377.72	21,000.00	23,153.34	

续表

单位名称	现金	有价证券	银行存款	定期存款	合计	备考
盐野义台北工场	7,979.08		6,281.92	4,646.00	18,907.00	
住宅营团	2,197.07	62,500.00	271,932.80	1,989.72	347,619.59	
合计	198,497.32	481,685.00	2,552,943.72	1,041,303.85	4,274,429.89	

单位名称	现金	有价证券	银行存款	金银饰品	合计	备考
博爱会医疗部台北支部	127,491.39				127,491.39	
财团法人台湾癞预防协会	28,005.38				28,005.38	
博爱会战时医疗部花莲港支部	12,083.47				12,083.47	
博爱会本部及医院	237,134.15				237,134.15	
双叶诊疗所	1,190.53				1,190.53	
四脚亭诊疗所	18.55				18.55	
台南战时医疗部	4,417.50		64,460.69		68,878.19	
战时医疗部	244,287.04				244,287.04	
台中博爱会支部	65,222.56				65,222.56	
高雄战时医疗部	14,555.44				14,555.44	
台中战时医疗部	4,757.00		2,895.00		7,652.00	
中疗医院	2,181.44				2,181.44	
员林医院	5,694.75				5,694.75	
车笼埔医院	1,597.80				1,597.80	
嘉义市支部诊疗所	1,515.96				1,515.96	
战时医疗部台东支部	1,904.91		1,025.00		2,929.91	
古坑诊疗所	17.85				17.85	
中埔诊疗所	241.00				241.00	
新竹战时医疗部	9,849.78		29,584.20		39,433.98	
台南博爱会支部	214.91				214.91	
高雄医院			11,130.00		11,130.00	
台湾银行			13,937.60		13,937.60	
合计	762,381.41		132,032.49		894,413.90	

单位名称	车辆数量及总值					所有机械、房屋建筑物材料原料、器具仪器、文具杂物等总价值	合计	备考
	汽车	脚踏车	黄包车	马车	货车	总价值		
台湾武田药品工业株式会社							431,057.28	431,057.28	
台湾武田药品工业株式会社苗栗工场		2				221.60	1,089,205.79	1,089,427.39	
台湾武田药品工业株式会社大武农场							82,883.76	82,883.76	
台湾武田药品工业株式会社关山农场							70,608.55	70,608.55	
台湾武田药品工业株式会社竹山农园							80,562.05	80,562.05	
台湾药品生产株式会社		1				85.00	322,666.20	322,751.20	
株式会社资生堂药铺							282,714.18	282,714.18	
台湾医疗物资株式会社		2				250.00	283,876.14	284,126.14	
株式会社木村制药所台湾出张所		2			1	1,500.00	92,233.34	93,733.34	
台湾热带化工业株式会社							1,093,371.32	1,093,371.32	
台湾生药株式会社							887,078.88	887,078.88	
化研生药株式会社台湾事业部		3		1	2	5,785.00	856,861.01	862,646.01	
盐野义制药株式会社台北工厂		3				3,130.00	217,382.83	220,512.83	
南进制药公司		1				900.00	152,007.05	152,907.05	
住宅营团	1	7	4			20,608.15	932,625.51	953,233.66	
合计	1	21	4	1	3	32,479.75	6,875,133.89	6,907,613.64	

附件二：接收日人经营医院设备暨现金统计表

单位名称	车辆数量及总值					所有仪器及一切设备房屋建设暨药品材料等总价值	合计	备考
	汽车	脚踏车	黄包车	马车	货车	总价值		
博爱会本部及本部医院	3					3,434.00	333,923.04	337,357.04	
博爱会医疗部台北支部	2	1				320.00	661.50	981.50	

续表

单位名称	车辆数量及总值					所有仪器及一切设备房屋建设暨药品材料等总价值	合计	备考
	汽车	脚踏车	黄包车	马车	货车	总价值		
台湾癞预防协会					2		79,844.20	79,844.20	
博爱会医疗部四角亭诊疗所双叶诊疗所							76,138.74	76,138.74	
台湾总督府专卖局共济医院							246,497.15	246,497.15	
台湾总督府立养神院		1				70.50	264,200.36	264,270.86	
台湾总督府松山疗养所							416,989.95	416,989.95	
台湾总督府癞疗养所乐生院	2	2			1	7,295.50	460,643.60	467,939.10	
台湾总督府台北保健馆							95,019.06	95,019.06	
台湾总督府新竹医院							352,470.81	352,470.81	
台湾总督府基隆医院							231,004.18	231,004.18	
台湾总督府台中医院					6	1,500.00	873,841.31	875,341.31	
台湾总督府嘉义医院		6				528.00	704,386.95	704,914.95	
台湾总督府台南医院	2	1				4,500.00	638,079.52	642,579.52	内汽车车辆被炸毁
台湾总督府高雄医院		1				500.00	433,147.89	433,647.89	
台湾总督府屏东医院		1				22.00	66,961.52	66,983.52	
台湾总督府台东医院							21,264.77	21,264.77	
台湾总督府宜兰医院		1				120.00	51,143.25	51,263.25	
台湾总督府花莲港医院							39,578.18	39,578.18	
台湾总督府澎湖医院		1				120.00	120,174.27	120,294.27	
台北花莲港医院玉里分院							15,308.72	15,308.72	
博爱会战时医疗部花莲港支部							3,710.50	3,710.50	
台湾总督府台北更生院							21,449.26	21,449.26	
合计	4	19	1		9	18,410.00	5,546,438.73	5,564,848.73	

附录一：接收日资企业会社及工厂设备统计表

单位名称	汽车	脚踏车	黄包车	马车	货车	总价值	所有机械、房屋建筑物材料原料、器具仪器、文具什物等总价值	合计	备考
①	1	7	4			20,608.15	932,625.51	953,233.66	
台湾武田药品工业株式会社							431,057.28	431,057.28	
台湾武田药品工业株式会社苗栗工场		2				221.60	1,089,205.79	1,089,427.39	
台湾武田药品工业株式会社大武农场							82,883.76	82,883.76	
台湾武田药品工业株式会社关山农场							70,608.55	70,608.55	
台湾武田药品工业株式会社竹山农园							80,562.05	80,562.05	
台湾药品生产株式会社		1				85.00	322,666.20	322,751.20	
株式会社资生堂药铺							282,714.18	282,714.18	
台湾医疗物资株式会社		2				250.00	283,876.14	284,126.14	
株式会社木村制药所台湾出张所		2			1	1,500.00	92,233.34	93,733.34	
台湾热带化工业株式会社							1,093,371.32	1,093,371.32	
台湾生药株式会社							887,078.88	887,078.88	
化研生药株式会社台湾事业部		3	1		2	5,785.00	856,861.01	862,646.01	
盐野义制药株式会社台北工厂		3				3,130.00	217,382.83	230,512.83	
南进制药公司		1				900.00	152,007.05	152,907.05	
合计		14	1		3	11,871.60	5,942,508.38	5,954,379.98	

① 此处原件如此。

附录二：接收日本主办社会团行政机构及各种会社工厂现金类统计表

单位名称	现金	有价证券	银行存款	振替贮金	合计	备考
①	2,197.07	62,500.00	271,932.80	1,989.72	347,619.59	

单位名称	现金	有价证券	银行存款	定期存款	合计	备考
台湾武田工业株式会社	25,840.88	109,750.00	55,040.34	236,535.00	427,166.22	
武田会社大武农园	12,092.52				12,092.52	
武田会社关山农园	27,177.46			10,000.00	37,177.46	
武田会社竹山农园	2,397.22				2,397.22	
武田会社苗栗工厂	1,050.49		37,361.33		38,411.81	
医疗物资		140.00	2,091,225.77	220,060.00	2,311,425.77	
资生堂药铺	29,395.29	261,800.00	18,010.98	127,445.00	436,651.27	
热带化学工业会社	4,213.36	495.00	2,343.91		7,052.27	
生药株式会社	11,239.13	47,000.00	14,123.06	67,885.04	140,147.23	
医药品生产会社	3,874.67		52,522.58	98,005.00	154,402.25	
化研生药会社	19,163.55		1,217.45	57,225.00	77,606.00	
南进制药公司	41,100.99		2,505.86	196,513.09	240,119.94	
木村制药所	1,775.62		377.72	21,000.00	23,153.34	
盐野义台北工场	7,979.08					
合计	187,300.25	419,105.52	2,281,010.92	1,029,314.13		

---

① 原表此处为空白。

单位名称	车辆数量及总价值					所有一切设备仪器及房屋建筑物等总价值	合计	备考
	汽车	脚踏车	黄包车	马车	货车	总价值		
台湾总督府警务局卫生课							13,476.00	13,476.00	局址1座,宿舍1座,未估价,无法列入
合计							13,476.00	13,476.00	

(台湾省政府档案)

(何凤娇编:《政府接收台湾史料汇编》(上),"国史馆"1990年版,页259-273。)

107. 台湾省行政长官公署农林处函复台湾糖业令在新修法令未公布前仍继续有效(1946年9月5日)

民国三十五年九月五日　署农字第三一三九四号

台湾省行政长官公署农林处公函

　　案准

　　贵会致申骘署法字第二六二七二号公函,略以关于台湾糖业令目下是否已因长官公署法字第三十六号布告而废止,抑或仍继续有效,嘱见复等由,准此。查日本政府颁行之糖业法令现在修订呈审中,在新修订之法令未公布前仍继续有效,准函前由,相应复请查照为荷!

　　此致

法制委员会

处长　赵连芳

(台湾省政府档案)

(何凤娇编:《政府接收台湾史料汇编》(上),"国史馆"1990年版,页109-110。)

108. 台湾高等法院函询台湾官有森林原野贷渡预约买渡规则是否继续有效（1946年9月5日）

民国三十五年九月五日　收文字第三五六一八号

台湾高等法院公函

　　案准

　　台湾省行政长官公署民政处地政局三十五年八月十二日地局字第二六○二号公函，略称"查本省人前承垦日人公有荒地，于三十四年八月十四日以前竣垦后，将其买受成立契约并由前州厅发给预约卖渡证，但仅未向法院登记，或于三十四年八月十五日以后始向法院办理登记手续者，此类买卖情形有效与否，理合电请解释示遵"。等情，据此。"查本省在日政府统治时代，台湾官有森林原野贷渡预约卖渡规则第二十二条及第二十二条之二之规定论断，在八月十四日以前垦竣并成立买受契约，缴纳代金，得有前州厅发给预约卖渡证书，尚未向法院登记，应视为土地所有权人，准予登记；如未受卖地许可或未缴纳代金者，不得以所有权人视之，唯前项之规定自我政府接管后，是否可以继续适用或如何之处，事涉司法裁判，相应函请察核赐复为荷！"等情，准此。查长官公署署法字第三十六号布告，凡旧日旅行于台湾之法令，除压榨钳制台民抵触三民主义及民国法令者即日废止，并分饬各主管机关查明名称补令公布外，其余法令正从事整理。在整理期内，凡未经明令废止之法令，其作用在保护社会一般安宁秩序，确保民众权益及纯属事务性质者暂仍有效。本院前奉部令，函请贵会查明已明令废止及暂仍有效之法令各究为何种？迄未准复，兹"台湾官有森林原野贷渡预约买渡规则"目下是否继续有效？合应函请查明，并希一并见复为荷！

　　此致

台湾行政长官公署法制委员会

院长　杨　鹏

附件：台湾官有森林原野贷与预约卖与规则

明治四十四年九月六日府令第六十四号府令第三二〇号

因台湾战事动态而于昭和十九年十月二十七日修正

第一条　凡依台湾官有森林原野及产物特别处分令第一条第二款,或依同条第四款规定,因开垦畜牧或植树而为森林原野之贷与或卖与时,悉依本令之规定。

第二条　删除

第三条　删除

第四条　删除

第五条　凡在台湾总督所定地域内,以欲从事开垦、牧畜或植树为目的而移住者之应受预约卖与区域,由台湾总督指定之。

第六条　欲受贷与或预约卖与者,应具另记第一号样式之呈文附同企业计划书实测设计图及户籍誊本(若系本岛人其户口调查簿誊本以下同),应向台湾总督提出之申请人、法人或合作社及其他有欲共同经营事业者应附章程或寄附行为(依民法赠与行为)之誊本及合约。

凡在前条指定地者,不拘前后之规定,不需附件。

第七条　凡公共团体之提出呈文,其决议机关之议决或要答复咨询机关之事项,应附同其决议书或答复书誊本及关于监督官厅重要事项许可书之誊本。

第八条　凡县社以下之神社提出呈文时,须以神职及氏子总代表或崇敬者总代表三名以上连署之,其寺院或佛堂之住宅以及管理人提出呈文,和尚或信徒总代表三名以上应联署之。

第九条　呈请人接受贷与或预约卖与许可书发下时,应于十四日以内缮具附记第二号样式之呈文,向该土地所辖之州知事或厅长提出申请土地之交付,但在第五条之指定地以许可之日视为交付完了之时。

第十条　接受土地交付时,应即将许可领收证向该土地所辖之州知事或厅长提出外,并于四至之境界设立另记锥形之标桩,并于中间置间标以明境界,但在第五条之指定地不在此限。前项之界标,在预约卖与地应于成功期间内存置之,在贷与地应于贷与期间内存置之,如遇亡失毁损应更设置。

第十一条　受许可人应自接受土地交付之日起,于九十日内依预定之方法,开始事业并自其日起,于十日以内呈报于该土地所辖之知事或厅长。

第十二条　对于业已许可预约卖与之土地,于其成功期间中征收租赁金。

第十三条　因公益或土地状况或其他之事由经台湾总督认为必要时,得减免前条之租赁金或减少地价。

关于第五条指定地之地价,除前项外,仍得为十年以内无利息之按年缴纳。

第十四条　许可地内之竹木特经指定者,未经许可不得伐采。前项指定之竹木,依明治二十九年十月府令第四十四号台湾官有森林原野产物卖与规则卖与之。

第十五条　受许可人对该管官吏之实地检查时,不得拒绝之。

第十六条　受许可人应以别记第三号样式,将前年事业工程于翌年一月三十一日以前呈报该土地所辖之州知事或厅长,但第五条之指定地不在此限。

第十七条　已接受贷与或预约卖与许可之土地,非经台湾总督许可不得让与贷与于他人或供担保之目的,但在许可地内成功之部分,对为佃租契约时不在此限。欲受前项之许可者,应由当事人联名具呈附同许可书向台湾总督提出之。

依前项规定,而为让与者应附同承让人户籍誊本〔承让人、法人或合作社及其他有欲共同经营事业者,应附同章程寄附行为(依民法赠与行为)之誊本或抄本〕。

第十八条　依前条取得承受贷与或预约卖与之权限利者,应继承前权利者之权利义务。

第十九条　符合左列各号之一时,由本人或继承人法定代理人或管理(应附户籍抄本)呈报该土地所辖之州知事或厅长：

一、受许可人死亡失踪、分家(折产)或改姓易名时；

二、法人代理人或管理人有变更时及其改姓名时；

三、受许可人之改籍或迁居时。

第二十条　企业计划或使用目的非经许可不得变更,欲受前项之许可者,应详呈其事由附同企业计划书及实测设计图,提出于台湾总督,但在第五条之指定地，不需附件。

第二十条之一、因天灾及其他不可避免之事实在预定期间内，事业不能成功者，依其呈请，应予延长时间。

前项申请之事由应向台湾总督呈请之。

第二十条之二、因天灾及其他不可避免之事由许可地之全部或一部分交还时，应具别记第四号样式之呈文向台湾总督提出之。一部分交还时，依前项之呈文应附送交还地区之实测图。

第二十一条　预约卖与地全部成功时，应即具另记第五号样式之呈文附同实测图，应向台湾总督呈请之，但在第五条之指定地得免附实测图。

第二十二条　承买预约人接得卖与之许可书时，应即向该土地所辖之州知事或厅长缴纳地价。

第二十二条之一、预约卖与许可地之所有权，依前条之规定，缴纳地价之日移转之。

第二十二条之二、承受贷与之许可者期间届临时，得继续呈请贷与之，凡欲以前项之呈请者应具别记第六号样式之呈文，附送创业计划书及实测设计图向台湾总督呈请之。

第二十二条之三、承受贷与之许可者期间届满后欲交还时，在十日以内向台湾总督申报交还之。

第二十三条　承受许可人欲使他人代理业务者时，应附同委任状向该土地所辖之州知事或厅长呈报，如变更其代理人时亦同。

第二十四条　承受许可人不遵守第十条、第十一条、第十二条第二项、第十四条第一项、第十五条、第十六条、第十七条、第十九条、第二十条、第二十一条及第二十二条之规定时，或无天灾及其正当事由而在预定期间内未能竣功，或认为无竣功之望时，应取消未成功地或全部之许可。

第二十五条　因承受许可人之便利而交还土地或依前条而受许可之取消时，存在于该土地之工作物或其他对象，应于官方指定期间内，由承受许可人除去之，在期间内而不除去时，即以放弃论。

第二十六条　凡有左列各款情形之一者，其呈请为无效：

一、呈请人曾受实地会同之命令,不因正当事由而不行会同时;

二、曾受订定呈文之命令而不于指定期限为订正时;

三、本人或代理人之所在地不明而自贷付或预约卖与许可之日起,虽已超过六十日,但仍不能交付许可书时。

第二十七条　凡属第二十四条之取消许可情形,承受许可者或其代理人拒绝接受命令书时,或所在地不明而不能交付时,除公告于台湾总督府报外,且在其土地所辖之市街庄长(土地所在番地所辖之郡守)用其他方法公示六日,以公示完毕之日视为完成取消命令。

第二十八条　呈请人或其代理人于呈请后变更住址时,应呈报该土地所辖之州知事或厅长。

第二十九条　依本令向台湾总督送出之呈文及其他之公文有关贷与或预约卖与者,应由土地所辖之州知事或厅长转呈之。

本令自公布之日起施行。

(台湾省政府档案)

(何凤娇编:《政府接收台湾史料汇编》(上),"国史馆"1990年版,页111–118。)

109. 台湾省接收委员会日产处理委员会电复并无援用日据法令(1946年9月6日)

民国三十五年九月六日　产秘字第二二一〇号

台湾省接收委员会日产处理委员会代电

法制委员会:贵会致未陷署法字第二〇二三九号代电敬悉。本会日产处理法令均系奉中央颁发或本省新规定,并无援用日本统治时代之法规,谨复查照！日产处理委员会(鱼)产秘

(台湾省政府档案)

(何凤娇编:《政府接收台湾史料汇编》(上),"国史馆"1990年版,页23。)

110. 台湾省气象局电复拟废止日据法规暨暂予保留部分
（1946年9月7日）

民国三十五年九月七日　收文第三五三二八号

台湾省气象局代电

法制委员会公鉴：

案准贵会致未铣署法字第一六三〇七号代电，为拟定期废止日人统治时代之法规征求意见，并嘱将暂予保留部分开列法规名称送会，以凭办理等由。查日治时代所颁与本局有关法规尚未经明令废止者，计共三十五件，经审查结果，认为应请废止者二十八件，拟改订条文另颁后再请废止者七件，兹分别列表送请查察，其拟改订部分亦期于九月底以前将改订条文送请审核，同时将原法规恳请废止。准电前由，相应电复查照为荷！附请明令废止法规名称表暨拟改订后再请废止法规名称表各乙份。台湾省气象局致未（　）秘

附件一：气象局拟请明令废止之法规

法规名称	法规种类	颁布年月	附注
台湾总督府气象台官制	敕令第五五六号	昭和十三年八月	
台湾总督府气象台事务分掌规定	府训令第五三号	昭和十三年八月	
台湾总督府测候技术养成所规程	府训令第三二号	昭和十二年四月	
台湾总督府气象台附属测候所并二台湾总督府气象台	府告示第四三九号	昭和十二年四月	
又ハ附属测候所ノ出张ノ名称及位置			
台湾总督府气象技术官养成委托生规则	府令第一二号	昭和二年二月	
气象信号标揭示留所ノ件	府告示第四三八号	昭和十四年十一月	
台湾总督府正午时通报规程	府训令三四号	大正二年二月	
航海用时辰仪时刻比较ノ件	府告示一三四号	大正二年七月	
台湾总督府气象台处务规程	训令第一号	昭和十四年十二月	
台湾总督府气象台技术查阅规程	训令第七号	昭和十七年十一月	
技术查阅员心得	决定	昭和十七年十一月十一日	
台湾总督府气象台各课ノ系设置	训令第八号	昭和十八年三月	
台湾总督府气象台佣人规程	训令第二号	昭和十四年十二月	
台湾总督府气象台职员非常心得	训令第三号	昭和十四年十二月	

续表

法规名称	法规种类	颁布年月	附注
台湾总督府气象台物品供给人心得	决定	昭和十四年十月二十五日	
台湾总督府气象台自动车使用内规	决定	昭和十四年十月二十五日	
台湾总督府气象台文书取扱细则	训令第四号	昭和十四年十二月	
台湾总督府气象台事务委任事项	决定	昭和十四年九月	
台湾总督府测候技术官养成所内规	决定	昭和十四年四月	
台湾总督府气象台守卫心得	训令第六号	昭和十四年七月	
台湾总督府职员其他被服贷与及给与规则	府训令第一一号	明治四十三年	
台湾总督府气象台天气图配布规程	决定	昭和十五年七月	
气象无线通报取扱规程		昭和十六年六月	
台湾总督府气象台图书取扱规则	训令第五号	昭和十四年十二月	
交通至难ノ岛屿其他ノ场所ニ在勤スハ气象台附属测候所及交通局职员手当金给与细则	府令九七号	大正十年	
台湾总督府职员旅费规则	府令四四号	大正九年	
宿直食料支给规程	府训令五五号	大正九年	
宿直料支给规程	府训令五二号	大正九年	
计二十八件			

附件二：气象局拟暂予保留之法规

法规名称	法规种类	颁布年月	附注
暴风雨标式	府告示一二二号	大正三年八月	
台湾气象信号规程	府令二三五号	昭和五年六月	
天气预报气象特报及暴风警报规程	府告示四三六号	昭和十四年十一月	
天气预报气象特报及暴风警报信号标式	府告示四三七号	昭和十四年十一月	
无线电信二依ル天气预报及暴风警报放送ノ件	府告示一九九号	昭和十一年十二月	
气象通知电报规则气象电报取扱规程	府令一五〇号	昭和十六年	
计七件	训令一〇二号	昭和十六年	

（台湾省政府档案）

（何凤娇编：《政府接收台湾史料汇编》（上），

"国史馆"1990年版，页23-28。）

111. 台湾省行政长官公署民政处电送日据时代法规应暂保留意见表(1946年9月7日)

民国三十五年九月七日　署民秘字第二二三九四号

台湾省行政长官公署民政处代电

法制委员会公鉴：

　　贵会致未铣署法字第一六三〇七号代电敬悉。关于本处主管范围内日人统治时代法规之存废，除合作部分因合作事业管理委员会成立伊始，正在研究原有各项法令，容俟研究完毕再行提出意见外，兹先就其余部分造送日本统治时代法规应暂保留意见表，即请查核酌办为荷！民政处申（微）印　附日本统治时代法规应暂保留意见表一份。

附件：日本统治时代法规应暂保留意见表

法规名称	保留时间	理由	附注
蕃地ノ占有ニ关スル件	俟新法令颁布后作废	禁止平地人占有蕃地，以杜争端。	
蕃地内事业出顾副申书ニ对蕃关系记载方ノ件	同右	在蕃地内经营事业可使高山族生活受重大影响，宜酌情考虑。	
军队蕃地行军ノ件	同右	高山族知识单纯，多怀疑，故除万不得已外，宜先予通知。	
蕃地ニ于ケル织物消费税ニ关スル件	同右	高山族生活困难，尚无力负担。	
蕃地居住ノ蕃人ト金钱物品授受ニ关スル件	同右	高山族经济生活尚幼稚，易受商人欺骗，故宜采取保护政策。	
蕃人ノ犯罪事件取扱ノ件	同右	高山族尚欠法治观念，宜暂以行政处分替代。	
蕃人处罪ニ关ル件	同右	高山族对于罪刑观念，因种族而异，宜暂授权地方长官予以权宜措置。	
蕃地火灾取缔ニ关スル件	同右	防止山火蔓延。	
蕃人ノ隐匿铳器提出ニ对シ代偿金交付ノ件	同右	高山族私藏枪械尚多，宜奖励自动献出。	

三、实施接收及法令整理　273

续表

法规名称	保留时间	理由	附注
蕃地交易事业ニ对シ州税マハ厅地方税シ课ヤサノ件	同右	保护高山族经济生活。	现州府已改为县,宜酌量更改以符原意。
蕃人雇佣关ノ件	同右	预防高山族从事不健全之佣工关系。	
蕃人传染病预防防遏ニ关スル件	同右	高山族因传染病流行,易生摇动影响治安。	
蕃人所要地保留方ニ关スル件	同右	高山族耕化地渐感不足,宜设法保留以扶民生。	
台湾下水规则	新法令颁行前（半年内）	因尚未有新法令。	律令六号明治三二
台湾下水规则施行细则	同右	同右	府令四八号明治三二
下水沟筑造设计标准	同右	同右	本卫一七二号明三七
污物扫除法	同右	同右	法律一二一号明三三
污物扫除法施行规则	同右	同右	府令六〇号昭三
大清洁法施行规程	同右	同右	训令二三四号明三八
饮食物其他物品取缔ニ关スル法律	同右	同右	法律一五号明三三
饮食物其他物品取缔ニ关スル法律施行规程	同右	同右	府令六九号明三六
台湾饮食物取缔规则	同右	同右	府令一五二号大一〇
饮食物防腐剂及漂白剂取缔规则	同右	同右	府令八五号昭一六
台湾メタノルァルエホル（木精）取缔规则	同右	同右	府令六号大元
台湾屠畜取缔规则	同右	同右	府令三号明四四
屠场设置规程	同右	同右	训令七号明四四
台湾人工甘味质取缔规则	同右	同右	府令二七号明四四
台湾牛乳营业取缔规则	同右	同右	府令三七号明四一
台湾有害性着色料取缔规则	同右	同右	府令三一号明四四
台湾饮食物用器具取缔规则	同右	同右	府令三四号明四四
台湾墓地火葬场及埋火葬取缔规则	同右	同右	府令五六号大一一
精神病者监护法	同右	同右	法律三八号明三三

续表

法规名称	保留时间	理由	附注
精神病者监护法施行规则	同右	同右	府令三号昭一一
按摩术营业取缔规则	同右	同右	府令二〇号大一三
针术灸术营业取缔规则	同右	同右	府令二一号大一三
传染病预防法	同右	同右	法律三六号明三〇
传染病预防法施行规则	同右	同右	府令三一号大一五
代用消毒药品检定规程	同右	同右	府令三二号昭八
マラリア防遏规则	同右	同右	律令五号大二
マラリア防遏规则施行规则	同右	同右	府令三九号大二
癞预防法	同右	同右	法律一一号明四〇
癞预防法施行规则	同右	同右	府令六六号昭九
结核预防法	同右	同右	法律二六号大八
结核预防法施行规则	同右	同右	府令一九号昭一三
保健所法	同右	同右	法律四二号昭一二
保健所法施行规则	同右	同右	府令三〇九号昭一九
台湾保健妇规则	同右	同右	府令一三五号昭二〇
理发营业取缔规则	同右	同右	州令
台湾永营业取缔规则	同右	同右	府令九号大元
花柳病预防法	同右	同右	法律四八号昭二
花柳病预防法施行规则	同右	同右	府令八〇号昭一五
台湾总督府所管国有财产取扱规定	公有土地清册完成前	本省公有土地未编号造册以前，均属用，原有图账暂时有留用之必要。	训令二八号昭一二
官有林野图取扱规程	同右	同右	
台湾地租规则	完成全省土地总登记前	在完成全省土地总登记前，原有图账未更换，宜暂保留。	
台湾都市计划关系民法等特例	新法令颁行前	因尚未有新法令颁行，暂予留行。	昭和十一、八、二十敕令颁行
台湾都市计划令	同右	同右	昭和十一、八、二十七律令颁行
台湾都市计划令施行规则	同右	同右	昭和十一、十二、三十府令颁行
台湾都市计划关系土地区划整理登记规则	同右	同右	同右

续表

法规名称	保留时间	理由	附注
都市计划路面改良受益者负担规则	同右	同右	昭和十二、九、十四府令颁行
都市计划事业道路新设扩筑受益者负担规则	同右	同右	同右
都市计划事业下水道受益者负担规则	同右	同右	昭和十四、二、五府令颁行
土地区划整理施行规则	同右	同右	昭和十三、七、八府令颁行
国立公园法于台湾ニ施行スルノ件	同右	同右	昭和十、九、二十敕令颁行
国立公园法	同右	同右	昭和六、四、一法律颁行
国立公园法施行规则	同右	同右	昭和十、十、二十府令颁行
营造技术部分	六个月内逐部编订随编随废	本省建筑与内地不同，不适用我国原有技术标准及法规。	例如台湾都市计划令施行细则内列举之技术方面各条

（台湾省政府档案）

（何凤娇编：《政府接收台湾史料汇编》（上），"国史馆"1990年版，页46-53。）

112. 台湾省行政长官公署民政处营建局电送日据时代应予保留法规名称表（1946年9月8日）

民国三十五年九月八日　民营审字第五六六号

台湾省行政长官公署民政处营建局代电

法制委员会公鉴：

　　准致酉江署法字第三○四七七号代电敬悉。查关于本省日治时代有关营建法规，前将应予保留及废弃部分，经以致未艳民营审字第○○○二九四号函请查照办理在案，兹准前由，相应另补一份，电请查照为荷！营建局营审酉（齐）附应予保留法规名称表一份。

附件：本省日据时代有关营建法规应予保留部分一览表

法规名称	颁行年月	是否保留	附注
台湾都市计划关系民法等待例	昭和十一、八、二十七敕令	应予保留	修订
台湾都市计划令	昭和十一、八、二十七律令	应予保留	修订
台湾都市计划令施行规则	昭和十、十二、三十府令	应予保留	修订
台湾都市计划关系土地区划整理登记规则		应予保留	修订
都市计划事业路面改良受益者负担规则	昭和十三、九、十四府令	应予保留	修订
都市计划事业道路新设扩筑受益者负担规则	昭和十三、九、十四府令	应予保留	修订
都市计划事业下水道受益者负担规则	昭和十四、二、五府令	应予保留	修订
土地区划整理施行规则	昭和十三、七、八府令	应予保留	修订

关于国立公园之法规

法规名称	颁行年月	是否保留	附注
国立公园法施行于台湾之件	昭和十、九、二十敕令	应予保留	修订
国立公园法	昭和六、四、一法律	应予保留	修订
国立公园法施行规则	昭和十、十、二十府令	应予保留	修订

关于下水道之法规

法规名称	颁行年月	是否保留	附注
台湾下水规则	明治三十二,四律令	应予保留	修订
台湾下水规则施行细则	明治三十二,六府令	应予保留	修订

本省日治时代有关营建法规应予废除部分一览表

法规名称	颁行年月	附注
台湾都市计划委员规则	昭和十一、十二,三十府令	
台湾都市计划中央委员会议事规则	昭和十二、五,八议决	
官厅ニ于テ为スル行为モ台湾都市计划令ニ准据スベキ件	昭和十二、六,四训令	
台湾都市计划令施行规则临时特例	昭和十四、六、三十府令	

（台湾省政府档案）

（何凤娇编：《政府接收台湾史料汇编》（上），"国史馆"1990年版，页54—56。）

113. 台湾省行政长官公署民政处卫生局呈日伪机构事业资产接收表(1946年9月9日)

民国三十五年九月九日　卫计字第三三三九号

卫生局呈日伪机构事业资产接收表

项目 \ 现金	金额	备考
银行存款		
票据		
证券		
公债		
债权		
土地	7,685.00	
产权	61,379.91	
机械	232.60	
仪器		
文具		
图书	1.50	
器具	987.40	
杂物		
总计	70,286.74	

接收机关	伤口疗养院	被接收机关	养浩堂
项目 \ 接收前后	接收前		接收后
名称	养浩堂医院		锡口疗养院分院
所在地	台北市下内浦342号		台北市下内浦342号
事业性质	精神病院		精神病院
隶属	院主日人中村让私立		省立锡口疗养院
组织概况	本院自民十八年四月间开创迄今收容治疗者已约有2,000多名而所谓三大精神院入院治疗者已达1,739名与世界各国统计数目相符实为一颇堪注意之价值也。		现省设医务室、药房、护士室,医务室设医师2人、医务人员3人、护士人员6人,动工4人,分办各项事务。
工作能力	病床47床		现仅有病床35床,目前已收容病者22名
备考			

	资产名称	说明	单位	数量	单位价值	总价值	损坏状况	备考
不动产	建造物敷地	本馆	坪	88.920	196.70	17,490.56		本馆含院长室等几处
	建造物敷地	第一病栋	坪	60.750	196.70	11,949.53		
	建造物敷地	第二病栋	坪	60.753	196.70	11,949.53		
	建造物敷地	第三病栋	坪					
	建造物敷地	廊下	坪	22.503	196.70	4,425.75		
	建造物敷地	厨房	坪	13.950	196.70	2,743.97		
	建造物敷地	浴室及便所	坪	14.290	196.70	2,710.84		
	建造物敷地	尸室	坪	5.200	196.70	1,022.84		
	建造物敷地	仓库	坪	8.290	196.70	1,630.64	大部分损坏不堪使用	
	建造物敷地	小计	坪	32.150		61,379.91		
	杂种地	草埔	坪	1,707.850	4.50	7,685.33		
		合计	坪			69,065.24		
动产	品名	户栅	个	4	30.00	120.00		
	品名	诊察记录	个	1	15.00	15.00		
	品名	长形桌子	张	1	10.00	10.00		
	品名	角形桌子	张	1	15.50	15.50		
	品名	桌子	张	4	12.00	48.00		
	品名	椅子	只	6	2.50	15.00		
	品名	调剂台	张	2	15.00	30.00		
	品名	药品栅	个	1	17.00	17.00		
	品名	火炉台	个	1	1.50	1.50		
	品名	冷藏库	个	1	20.00	10.00		
	品名	motor置台	个	1	15.00	15.00		
	品名	天秤	个	1	26.50	26.50		
	品名	乳钵	个	2	2.50	5.00		

续表

资产名称	说明	单位	数量	单位价值	总价值	损坏状况	备考
品名	黑板	个	1	3.00	3.00		
品名	共口瓶	个	1	3.50	3.50		
品名	洗面器台	个	1	3.00	3.00		
品名	洗面器	个	1	1.50	1.50		
品名	帽子挂	个	1	5.00	5.00		
品名	衡皿	个	1	7.00	7.00		
品名	藤椅子	只	2	2.50	5.00		
品名	腾鸟器	台	1	45.00	45.00		
品名	浴槽	个	1	35.00	35.00		
品名	瓮	个	1	2.50	2.50		
品名	铁釜	个	2	2.50	5.00		
品名	丸椅子	只	5	3.00	15.00		
品名	菜刀	把	1	1.50	1.50		
品名	筷	个	2	1.50	3.00		
品名	水桶	个	2	2.00	4.00		
品名	十能	个	1	1.00	1.00		
品名	食桌	台	1	6.00	6.00		
品名	石台	台	1	4.00	4.00		
品名	膳盆	个	3	1.80	5.40		
品名	消火器	个	3	22.00	66.00		
品名	士砚	个	2	1.50	3.00		
品名	寝台	个	17	15.00	255.00		
品名	寝头台	个	19	6.00	114.00		
品名	书类挟板	个	1	0.50	0.50		
品名	算盘	个	1	2.50	2.50		
品名	印章箱	个	1	2.50	2.50		
品名	吸取纸铗	个	1	0.50	0.50		
品名	金库	个	1	8.00	8.00		
品名	铁笔用板	个	1	0.50	0.50		
品名	电气时计	个	1	20.00	20.00		
品名	共拾砚	个	20	1.00	20.00		

续表

	资产名称	说明	单位	数量	单位价值	总价值	损坏状况	备考
	品名	便器	个	1	1.00	1.00		
		小计				987.40		
	医疗器械	电气按摩机	个	1	95.00	95.00	现已障碍,待修	
	医疗器械	电气治疗机	个	1	115.00	115.00		
	医疗器械	吸入器	个	1	4.50	4.50		
	医疗器械	注射器	个	1	2.50	2.50		
动产	医疗器械	纱布罐	个	2	3.80	7.60		
	医疗器械	脓盘	个	2	2.50	5.00		
	医疗器械	水盘	个	2	1.50	3.00		
		小计				232.60		
	图书杂志	杂书丛	本	3	0.50	1.50		
		小计				1.50		
		总计				70,286.74		

（台湾省政府档案）

（何凤娇编：《政府接收台湾史料汇编》（上），"国史馆"1990年版，页274—283。）

114. 台湾省行政长官公署法制委员会订定整理日据时代本省单行法令原则训令各机关依规定整理呈核(1946年9月9日)

民国三十五年九月九日　署法字第二三〇一一号

台湾省行政长官公署法制委员会训令

　　查前日本政府时代之本省单行法令，无与我国法令暨三民主义不相抵触及乱压榨钳制台民者，前经本署公告暂准有效，现本省光复，将及一载，此项法令，除已整理公布者外，其余亟应并予定期整理公布。兹特订定整理原则四项，并附发现存暂行有效之日本时代法令名称目录乙册，希该处、会、局、室自本月份起依照整理原则，按月将该机关主管部门现仍有效之日本政府时代本省单行法令整理呈核，以凭公布，为要。此令。

附：整理原则四项暨现存暂行有效之日本时代法令名称目录乙册

一、沿用法令，由本署所属各处、会、局、室，就其主管部门，于三十五年九月份起，每月择其重要者整理五种至十种，送本署法制委员会审查后，会呈本署核定公布之。

二、沿用法令，如全部均未修正，或仅一部修正者，均应将各该未整理之法令，译成中文，依前项之规定手续办理。

三、沿用法令之整理先后，由各主管处、会、局、室，视事实需要，业务缓急决定之，但为适应本省目前需要，尚无中央法令足资依据，及中央法令虽有规定，惟与本省一般社会情形，未尽符合，须酌量补充或维持原制度者，均应尽先整理。

四、本原则施行后，各处、会、局、室应先将主管部门沿用法令名称就附发法令目录内之"废止或保留"及"中央或本省代替法规名称"两栏分别填写，于两星期内报告本署审核，如无沿用法令时，亦应依限报查。

（台湾省政府档案）
（何凤娇编：《政府接收台湾史料汇编》（上），
"国史馆"1990年版，页82—83。）

115. 台湾省行政长官公署农业试验所电复该所主管范围内并无援用旧日法令之必要（1946年9月9日）

民国三十五年九月九日　农试总字第一二八一号

台湾省行政长官公署农业试验所代电

台湾省法制委员会公鉴：准贵会致未陷署法字第二〇二三九号代电，略以准贵所代电，同意废止日本统治时代法规等由，查该项法令废止后，将以何种法规代替，希查明见复为荷等由，准此。查本所主管范围内昔日并无特殊法令、法规，自无援用旧日法令之必要，准电前由，相应电复，即希查照为荷！台湾省农业试验所试总申（佳）印

（台湾省政府档案）
（何凤娇编：《政府接收台湾史料汇编》（上），
"国史馆"1990年版，页83—84。）

116. 台湾省接收委员会日产处理委员会电复请允参加日据法令废留讨论会议（1946年9月10日）

民国三十五年九月十日　产秘字第二二八七号

台湾省接收委员会日产处理委员会代电

　　法制委员会：征署法字第二一七八一号代电敬悉。查本会并无援用日政府统治时代法规，对废留问题当无意见，经于八月二十一日以产秘字第一九〇号电复在案，本月十一日贵会召开前项问题讨论会议，拟请免予参加，相应电复查照为荷！日产处理委员会（灰）产秘

（台湾省政府档案）

（何凤娇编：《政府接收台湾史料汇编》（上），"国史馆"1990年版，页84。）

117. 台湾省行政长官公署民政处卫生局电呈接收盐野义制药株式会社高雄工厂情形（1946年9月12日）

民国三十五年九月十二日　卫秘字第三三七七号

台湾省行政长官公署民政处卫生局代电

民政处钧鉴：

　　查关于盐野义制药株式会社所属高雄工厂，前经本局派技正苏茀苐负责接收，兹据该员九月四日签呈称"窃职奉命接收盐野义制药株式会社高雄工厂，查该厂先已被高雄市政府接收，经数度交涉，始于上月下旬全数发还，因此时日不免有所延迟，现已全部点收完毕，接收原始清册系与台北盐野工厂同一账册，已由该厂前负责人八牧贯一送交医疗物品公司筹备处保存，兹将接收简报表及资产负债平衡表各六份随文呈请察核备查"等情，附件除抽存外，理合检同简报表平衡表各四份，随电报请鉴核。卫生局卫秘（真）印。附件如文（缺）。

（台湾省政府档案）

（何凤娇编：《政府接收台湾史料汇编》（上），"国史馆"1990年版，页284。）

118. 台湾银行总行函派赵丕成代表出席商讨废留日据时代台湾法规会议（1946年9月13日）

民国三十五年九月十三日　收文第三九四六二号

台湾银行总行函

　　顷准

　　贵会致申微署法字第二一七八一号代电,嘱派员参加商讨废留日本统治台湾法规会议等由,兹派本行赵秘书丕成代表本行出席,准电前由,相应复请查照为荷!

　　此致

长官公署法制委员会

台湾银行总经理　张武公出
副总经理　瞿荆洲
（台湾省政府档案）
（何凤娇编:《政府接收台湾史料汇编》（上）,
"国史馆"1990年版,页87。）

119. 台湾省行政长官公署法制委员会令饬指派人员协助整理日据时代本省单行法令（1946年9月14日）

民国三十五年九月十四日　署法字第二四二三四号

台湾省行政长官公署法制委员会训令

令　本署所属各处、会、室、局

　　查前日本政府时期之本省单行法令,其与我国法令及三民主义不抵触或非钳制台民者,前经本署公告暂准援用,现本省光复将及一载,此项法令除已整理公布者外,其余亟应并予定期整理完成。兹由法制委员会拟具整理原则四项,提经本署第四十一项政务会议议决通过施行,查此项整理法规工作,刻不容缓,除分令外,合抄法制委员会原提案暨整理原则一份,随文附发,希该处、会、室、局迅即遵照办理,于文到三日内将指派协助整理工作人员姓名径行函知法制委员会,毋延。此令! 附发法制委员会原提案暨整理原则乙份。

附件：法制委员会原提案暨整理原则

查前日本政府时代之本省单行法令，其与我国法令及三民主义不抵触及非压榨钳制台民者，前经本署公告暂准有效，现本省光复将及一载，此项法令除已整理公布者外，其余亟应并予定期整理完成，兹订定整理原则四项，请各处、会、局、室各派干员一人于整理之前先与本会接洽整理手续（期间定为一日至三日由本会规定日期另行通知），俟整理手续洽妥后仍回原处、会、局、室专负整理上项法令之责，并与本会随时切取联系，兹将整理原则附录于左，是否有当，敬请公决：

一、沿用法令，由本署各处、会、局、室就其主管部门于三十五年九月份起，每月择其重要者整理五种至十种，送本会审查后，会呈本署核定公布之。

二、沿用法令如全部均未修正或仅一部修正者，均应将各该未整理之法令译成中文，依前项之规定手续办理。

三、沿用法令之整理先后，由各主管处、会、局、室视事实需要、业务缓急决定之，但为适应本省目前需要，尚无中央法令足资依据，及中央法令虽有规定，惟与本省一般社会情形未尽符合，须酌量补充或维持原制度者，均应尽先整理。

四、本原则施行后，各处、会、局、室应先将主管部门沿用法令名称，就附发法令目录内之"废止或保留"及"中央或本省代替法规名称"两栏分别填明，于两星期内报告本署察核，如无沿用法令时，亦应依限报查。

提案人　法制委员会主任委员　方学李

（台湾省政府档案）

（何凤娇编：《政府接收台湾史料汇编》（上），
"国史馆"1990年版，页85-87。）

120. 台湾省立卫生试验所电复不另行派员协助整理法令（1946年9月17日）

民国三十五年九月十七日　卫试秘字第一〇四号

台湾省立卫生试验所代电

法制委员会：

奉长官陈致申寒署法第二四二三四号训令略开"饬指派人员协助法制委员会整理日本时期本省单行法令"等因,奉此。查关于卫生部分卫生局当派员协派,本所拟不另行指派,相应电复查照。省立卫生试验所申(筱)卫试秘印

（台湾省政府档案）

（何凤娇编:《政府接收台湾史料汇编》(上),"国史馆"1990年版,页88。）

121. 台湾省行政长官公署人事室呈报日据时代本省单行文官关系法令同意一律废止(1946年9月19日)

民国三十五年九月十九日　署人字第二五六七三号

台湾省行政长官公署人事室呈

　　案奉

　　钧署致申(佳寒)署法字第(二三〇二 二四二三四)号训令,以订定整理前日本时代本省单行法令原则,附发法令名称目录,饬遵照,并派员协助法制委员会整理,如无沿用法令时亦应依限报查等因。遵查前日本时代所有本省单行文官关系法令,本省光复后即未沿用,前经本室函复法制委员会,关于上项关系法令同意一律废止在案,奉令前因,理合备文报请察核备查。

　　谨呈

　　秘书长葛　核转

　　长官陈

　　人事室主任　张国键

（台湾省政府档案）

（何凤娇编:《政府接收台湾史料汇编》(上),"国史馆"1990年版,页29。）

122. 台湾省行政长官公署教育处电复派廖鸾扬协助整理法令(1946年9月20日)

民国三十五年九月二十日　署教字第二六〇四二号

台湾省行政长官公署教育处代电

法制委员会：

  案奉行政长官公署致申寒署法字第二四二三四号训令略开"前日本政府时期之本省单行法令，亟应定期整理完成。此项工作刻不容缓，希迅即办理，于文到三日内将指派协助整理工作人员姓名，径行函知法制委员会，毋延"等因，附件。奉此，自应遵办。兹指派本处督学室主任廖鸾扬代表本处负责协助整理工作，除通知该员外，电请查照办理为荷，教育处致申（哿）教秘文印

（台湾省政府档案）

（何凤娇编：《政府接收台湾史料汇编》（上），
"国史馆"1990年版，页88–89。）

123. 台湾省土地委员会请免派人员参加整理法令（1946年9月21日）

民国三十五年九月二十一日　收文第四三六八四号

台湾省土地委员会代电

  台湾省行政长官公署法制委员会公鉴：案奉长官公署致申寒署法字第二四二三四号训令，以饬指派人员协助法制委员会整理日本时期本省单行法令，并将指派人员姓名径行函知法制委员会等因，奉此。查本会并无沿用前日本时代之本省单行法令，拟请免派人员参加，谨复。台湾省土地委员会申（马）会秘印

（台湾省政府档案）

（何凤娇编：《政府接收台湾史料汇编》（上），
"国史馆"1990年版，页89。）

124. 台湾省行政长官公署法制委员会函复台湾糖业令仍应继续有效（1946年9月22日）

民国三十五年九月二十二日　署法字第三五〇四号

台湾省行政长官公署法制委员会公函

案准

贵院函刑一字第二七〇四号公函,以据嘉义分院呈请台湾糖业令有否废止,据情函请查复等由,准此。查前日本政府所颁行之台湾糖业令在未予明令废止前仍应继续有效,相应复请

查照,并转饬遵照为荷!此致
台湾高等法院

主任委员　方学李

（台湾省政府档案）

（何凤娇编:《政府接收台湾史料汇编》（上），
"国史馆"1990年版,页110–111。）

125. 台湾省水产试验所函派张鑫观协助整理法令（1946年9月22日）

民国三十五年九月二十二日　水秘养字第四二九号

台湾省水产试验所公函

案奉

行政长官公署致申寒署法字第二四二三四号训令,饬即指派人员协助法制委员会整理日本时期本省单行法令,另于文到三日内将指派协助整理工作人员姓名径自函知法制委员会等因,附件。奉此,兹经指定本所技师张鑫观为协助整理工作人员,相应函请查照为荷!

此致
长官公署法制委员会

所长　李兆辉

（台湾省政府档案）

（何凤娇编:《政府接收台湾史料汇编》（上），
"国史馆"1990年版,页89–90。）

126. 台湾省行政长官公署警务处函派林修瑜等协助整理法令（1946年9月27日）

民国三十五年九月二十七日　署警字第二八二八四号

台湾省行政长官公署警务处公函

　　案奉

　　台湾省行政长官公署致申寒署法字第二四二三四号训令，另指派人员协助贵会整理日本时期本省单行法令，附发原提案暨整理原则一份，另于文到三日内指派协助整理工作人员姓名径行函知等因，奉此，自应遵办。兹指派本处专员林修瑜、科员邱妈寿协助整理，相应函请查照为荷！

　　此致

法制委员会

处长　胡福相

（台湾省政府档案）

（何凤娇编：《政府接收台湾史料汇编》（上），"国史馆"1990年版，页90-91。）

127. 台湾省行政长官公署法制委员会函复台湾官有林野贷渡预约买渡规则业已失效（1946年9月28日）

民国三十五年九月二十八日　署法字第二八四八○号

台湾省行政长官公署法制委员会公函

　　案准

　　贵院本年九月五日函牍字第一九七七号公函，函询台湾官有森林原野贷渡预约买渡规则是否继续有效等由，准此。查官有林野系属公有土地，阙于公有土地之处理，土地法及其它有关法令均有规定，原台湾官有森林原野预约买渡规则，似应自土地法施行于台湾之日起，当然失其效力。至本省人前承垦日人公有荒地之应否取得所有权问题，地政局所拟解决原则，当属可行，盖其事件发生当时，该规则并未失效，自得依其规定，与该规则之现仍继续有效与否，似无关涉，为何之处，相应复请查照。

此致

台湾高等法院

法制局主任委员　方学李

（台湾省政府档案）

（何凤娇编：《政府接收台湾史料汇编》（上），

"国史馆"1990年版，页118。）

128. 台湾省行政长官公署农业试验所呈复无援用整理旧日法规之必要(1946年9月29日)

民国三十五年九月二十九日　收文第四八一七八号

台湾省行政长官公署农业试验所呈

案奉

钧署致申佳署法字第二三〇一一号训令，略以拟行整理前日本时代本省单行法令，饬依规定整理呈核，以便公布等因，附发整理原则四项，现存暂行有效之日本时代法令名称目录乙册，奉此。遵查本所主管范围内，过去仅有本所事务必携所载各项法令均与现判不合，应予一律废止，并遵将替代法令分列填入，至所颁发暂行有效之日本时代法令目录与本所无甚关系，兹奉因理合将本所事务必携所载全部内令目录及替代法令列表，复请察核。

谨呈

行政长官　陈

台湾省农业试验所所长　凌　立

附事务必携所载全部内令目录及替代法令列表乙表

附件：事务必携所载全部内令目录及替代法令列表乙表

法规名称	废止或保留	中央或本省代替法规名称	备考
台湾总督府农业试验所官别　昭和十四年敕令二七五号	废止	本所组织规程　三十五年三月法委会转知奉长官批"可"	
台湾总督府部内临时职员设置制(抄)大正十三年敕令四二八号	废止		该项第七条有关本所药用植物增植试验现该项工作已并入农化系

续表

法规名称	废止或保留	中央或本省代替法规名称	备考
台湾总督府农业试验所及同支所事务分掌规程　昭和十四年府令二十二号	废止	本所及各支所办事细则在呈核中	
台湾总督府农业试验所管制第二条职员配置定员　昭和十八年所令一号	废止	本所及各支所组织规程在呈核中	
台湾总督府内临时职员设置制第七条职员配置定员　昭和十八年所令二号	废止	照本所组织规程	现育种农艺科改为农艺系总务课改为总务科
台湾总督府农业试验所处务规程　昭和十七年所令一号	废止	本所办事细则在呈核中	
台湾总督府农业试验所事务委任规程　昭和十七年所令二号	废止	同右	
台湾总督府农业试验所助手规程　昭和十四年府令二六号	废止		本所现无助手名义至于技佐服务规程在办事细则中
台湾总督府农业试验所佣人规程　昭和十三年所令三号	废止		
台湾总督府农业试验所练习生规程　昭和十六年所长决裁	废止		本所现无练习生名义
别ニ定ムハセノヲ除クノ外从前ノ府令及告示中央研究所マハ中央研究所所长ニ关スル规定适用ニ关スル件　昭和十四年府令五五号	废止		该条已不适用
副ニ定ムルタノラ除クノ外从前ノ训令内训指令通达及通牒中中央研究所マハ中央研究所长关スル规定适用ニ关スル件　昭和十四年府令三二号	废止		同右
台湾总督府热地农业技术练成所规程　昭和十七年府令一五一号	废止		目前无举办该项工作
台湾总督府热地农业技术练成所规程细则　昭和十七年府议决定	废止		同右
台湾总督府热地技术练成所所属锻炼场规程　昭和十八年所令三号	废止		同右
台湾总督府农业试验所ニ参与才置ノ件　昭和十八年府令八七号	废止		本所已无是项职位
人事事项委任规程　昭和十七年府令三七号	废止	本省人事集中管理办法	
台湾总督府其ノ所属官署法院检举局卅所及其所属官署官公立学校及地方公共团体ニ于ケル嘱托员雇员ノ采用并职务ニ关スル件　昭和二年府令十四号	废止	本省人事集中管理办法	

续表

法规名称	废止或保留	中央或本省代替法规名称	备考
嘱托员雇员俸给额制限规程　大正十年府令三三号	废止	本省人事集中管理办法	
嘱托员俸给支给ニ关スル件　明治四十一年秘书课长通牒	废止	本省人事集中管理办法	
嘱托采用内规　明治四十三年内训二〇号	废止	同右	
嘱托员采用内规ニ关スル件　昭和十六年人事课长依命通牒	废止	同右	
本岛人雇员俸给ニ关スル件　大正九年秘书课长通知	废止	同右	已不适用
特别志愿兵训练所入所入营ニ关スル件　昭和十七年人事课长	废止	同右	同右
发令通知ノ件　昭和十七年所长决裁	废止	同右	
新任者心得书　明治三十七年秘书课长通牒	废止	同右	
台湾总督府职员出张心得　明治四十年秘书课长通牒	废止	同右	
出动簿及职员缺ノ场合ニ于ケル取报ニ关スル件　明治四十三年秘书课长通牒	废止	同右	
台湾总督府职员休假规程　明治四十三年府令一五一号	废止	同右	
官厅国旗揭扬方ノ件　昭和十八年人事课长移牒	废止	照中央规定	
官厅国旗揭扬ニ关スル件　大正十三年内阁书记官长通牒	废止	同右	
国旗ノ制式及揭扬方法ニ关スル件　昭和五年秘书课长通牒	废止	同右	
台湾总督府农业试验所文书取扱细则　昭和十四年所令四号	废止	本省简化公文及文书管理办法	
国库出纳金端数计算法ヲ朝鲜台湾桦太ニ施行スルノ件　大正五年敕令五七号	废止		已不适用
国库出纳金端数计算法　大正五年法律第二号	废止	公库法	

续表

法规名称	废止或保留	中央或本省代替法规名称	备考
文官俸给支给细则　明治五年大藏省令十一号	废止		
嘱托员雇员佣员给与规则　明治二十九年府令十九号	废止		
俸给支给方ニ关スル件　昭和六年财务局通牒	废止		
待遇官吏ニ任命セラレタル者俸给方ニ关ハ件　昭和九年财务局通牒	废止		
死亡赐金ニハ加俸ヲ包含セサルノ件　明治四十五年秘书课长通牒	废止	公务员恤金条例	
本岛人ニシテ内地人ノ户籍ニ入籍シタルモノニ对シ加俸及宿舍　大正九年总务长官依令通达	废止		
宿舍料支给规程　大正九年府令五二号	废止		
宿舍料支给规程改正ニ关スル取扱方ノ件大正九年总务长官通达	废止		
宿舍料及移转料支给方ノ件　大正十二年财务局长通牒	废止		
台湾总督府部内职员战时勤勉手当支给规程　昭和十八年府令一号	废止		
夜勤食料支给规程　昭和十七年府令五八号	废止		
台湾总督府部内职员临时家旗手当支给规程　昭和十五年府令一〇〇号	废止		
台湾总督府职员旅费规则　大正九年府令四〇四号	废止		
旅费等减给复活ニ关スル件　昭和十六年总务课长通达	废止		
内国旅费规则　明治四十三年敕令二七四号	废止		已不适用
台湾总督府中央研究所职员特别旅费规程　昭和二年府令六十六号	废止		同右

续表

法规名称	废止或保留	中央或本省代替法规名称	备考
特别旅费减给复活ニ关スル件　昭和十六年所长通达	废止		
旅费支给方协议ノ件	废止		
归乡旅费支出ニ关スル件	废止		
飞行ニ依タ旅行シタル者ニ对スル旅费支给方ノ件	废止		
官吏赴任ノ途中官阶二度更刁生シタル场合ニ支给又スル件旅费ニ关スル件	废止	公务员赴任调任旅费支给办法	
内国旅费规则ニ依ル船费赁支给方ニ关スル件	废止		
旅费支给上ニ关スル件	废止		
在勤所所在地市区街内ノ出张ニ对スル旅费支给方ニ关スハ件	废止		
旅费支给上ニ路程计算ニ关スル件	废止		
蓄地里程表ニ关スル件	废止		
旅费ノ支出科目ニ关スル件	废止		普通公务单位会计制度之一致规定
欧罗巴方面人旅行ノ场合ニ于ケル顺路ニ关スル件　昭和九年财务局长通知	废止		已不适用
欧罗巴方面人旅行ノ场合ニ于ケル顺路ニ关フル件　昭和四年总务长官移牒	废止		同右
移转料支给准则　大正九年总务长官通牒	废止		同右
赴任手当支给准则　大正九年总务长官通牒	废止		赴任调差旅费报支办法
本岛卜新南群岛卜ノ相互间赴任者ニ对スル赴任手当及移转料支给ニ关スル件　昭和十六年总务长官通达	废止		已不适用
家族移转料支给方ニ关スル件　昭和十七年财务局通牒	废止		同右
文官年功加俸及特别俸加给预算计上方ノ件　昭和九年财务局通牒	废止		同右

续表

法规名称	废止或保留	中央或本省代替法规名称	备考
小切手支拂未济金偿还二关スル件 昭和四年财务局通牒	废止		同右
小切手支拂未济金偿还二关スル件 昭和五年财务局通牒	废止		同右
支出计算书及证凭书编纂用纸二关ハル件 昭和六年财务局通牒	废止		同右
支出济额报告书ノ用纸二关スル件 昭和四年财务局照会	废止		同右
国库纳金取扱二关スル件 昭和九年财务局通牒	废止		公库法
隔地拂小切手领收证书ノ件 昭和十五年日本银行台北代理店通知	废止		已不适用
支出计算书及证凭书编纂用纸二关スル件 昭和九年财务局通牒	废止		普通公务单位会计制度之一致规定
支出计算书并附属证书类提出ノ件 昭和十七年财务局通牒	废止		同右
岁入缺事由二关スル件 昭和十七年岁入征收官照会	废止		已不适用
收入印纸贴用书类取扱方 明治三十八年府令一五七号	废止		印花税法
出纳计算ノ检查及责任解除委任ノ件 昭和十四年总务长官通达	废止		会计法
出纳计算ノ检查及责任解除委任ノ件 昭和十五年总务长官通达	废止		同右
委托检查取扱顺序二关スル件 昭和十七年总务长官通牒	废止		已不适用
台湾总督府农业试验所取扱规程 昭和十八年所令第五号	废止		同右
隔地者拂岁出金支拂通知书二关スル件 昭和十五年日本银行台北代理店通知	废止		公库法
计算证明二关スル件 昭和十六年总务长官通达	废止		
本岛人职员宿舍支给二关ニスル件 大正十三年总务长官通达	废止		已不适用

续表

法规名称	废止或保留	中央或本省代替法规名称	备考
台湾总督府农业试验所生产物品取扱规程　昭和十八年所令六号	废止		
台湾总督府农业试验所对象供给人心得　昭和十八年所长决裁	废止		

（台湾省政府档案）

（何凤娇编：《政府接收台湾史料汇编》（上），

"国史馆"1990年版，页91—101。）

129. 台湾省林业试验所电派徐允武协助整理法令（1946年9月30日）

民国三十五年九月三十日　收文第四八六四六号

台湾省林业试验所代电台湾省行政长官公署法制委员会公鉴：

案奉长官公署致申寒署法字第二四二三四号训令略开"为饬指派人员协助法制委员会整理日人时代本省单行法令"等因，奉此，自应照办。兹派本所技士徐允武协助整理是项法令，除呈署核备，并饬该员遵照外，相应电请查照为荷！林业试验所（　）印

（台湾省政府档案）

（何凤娇编：《政府接收台湾史料汇编》（上），

"国史馆"1990年版，页101—102。）

130. 台湾省行政长官陈仪电告行政院接收工作顺利完成（1946年9月30日）

陈仪　电文

民国三十五年九月三十日

行政院院长宋：未养三电奉悉。密。本省光复以后，本署即依原定台湾接管计划逐项实施，十阅月来，各项接管工作尚能顺利连接，照预定计划分别达成任务，至各部门工作人员，亦负责尽职认真办理，颇称得力，除将各部门

工作办理情形及成绩另表列报外,谨电陈察核。职陈仪申三十印。

(薛月顺编:《台湾省政府档案史料汇编:台湾省行政长官公署时期(一)》,
台北县新店市:"国史馆"1996年第1版,页138。)

131. 台湾省警备总司令部函复无暂时保留日据时代军事法令之必要(1946年9月)

民国三十五年九月　总机文字第二三一号

台湾省警备总司令部用笺

按准

贵会致西江署法字第三〇三六五号函送日本统治台湾时代之法规名称目录乙册,嘱将有关军事部分查明是否一律同意废止,抑或有若干暂行保留见复,以便签请于本省光复周年纪念日废止等由。经将该项法规名称、目录分别审查核定,均无暂行保留必要,相应复请查照为荷!此致

台湾省行政长官公署法制委员会

台湾省警备总司令部启
(台湾省政府档案)

(何凤娇编:《政府接收台湾史料汇编》(上),
"国史馆"1990年版,页30。)

132. 台湾银行总行呈旧台湾银行法可否俟旧台币收竣后宣告废止(1946年9月)

民国三十五年九月　收文第五六一七四号

台湾银行总行呈

案奉

钧署致申佳法字第二三〇一一号训令,略以拟订整理前日本时代本省单行法令原则,并附发法令名称、目录,希依规定原则整理呈核,以便公布等因。奉此,自应遵办。经已将前日本时代所订有关银行法令,加以研究,认为均无保留必要,应予一律废止,惟旧"台湾银法行"因本行对于旧台币虽已停

止发行,而收换期间限至十一月底截止,可否俟旧台币收换完竣后宣告废止,理合呈请察核示遵。

　　谨呈

秘书长葛　核转

长官陈

台湾银行总行谨呈

附件:前日据时代银行法令

法规名称	废止或保留	中央或本省代替法规名称	备考
货币法	废止		
货币法ヲ台湾ニ施行スルノ件	废止		
货币形式令	废止		
银货币并粗银ノ移入及输入禁止ニ关スル件	废止		
输出入银货并银地金报告方	废止		
夘钱输入禁止ノ件	废止		
小型纸币ノ形式ニ关スル件	废止		
小额纸币发行ニ关スル件	废止		
小额纸币ノ形式	废止		
小额纸币发行及引换规定	废止		
临时通货法	废止		
临时通货法ヲ朝鲜台湾及桦太ニ施行スルノ件	废止		
临时通货ノ形式等ニ关スル件	废止		
临时补助货币ノ形式等ノ件	废止		
兑换银行券整理法	废止		
日本银行特别融通及损失补偿法	废止		
特别融通审查会规则	废止		
日本银行特别融通及损失补偿法第一条ニ依ル特别融通ニ关スル规程	废止		
贮蓄银行法	废止	储蓄银行法	民国二十三年七月四日国民政府公布同日施行
贮蓄银行法ヲ台湾及桦太ニ施行スルノ件	废止		
贮蓄银行法ノ台湾ニ于ケル特例ニ关スル件	废止		
贮蓄银行法施行ニ关スル件	废止		

续表

法规名称	废止或保留	中央或本省代替法规名称	备考
储蓄银行法施行细则	废止		
贮蓄银行法等战时特例	废止		
台湾银行法	废止	台湾银行章程	本行对于旧台币业已停止发行惟收换期间限至十一月底止
台湾银行ヨリ发行スル银行券ノ通用ニ关スル件	废止		旧台湾银行法可否俟旧台币收换完竣后宣告废止应请酌裁办理
台湾银行纳付金ノ课税上取扱方	废止		
银行法	废止	银行法	民国二十年三月二十八日国民政府公布尚未定施行日期
台湾ニ银行法ヲ施行スルノ件	废止		
银行法第三十二条ノ规定ニ依ル银行ノ特例ニ关スル件	废止		
银行法施行细则	废止		
银行法施行ニ关スル件	废止		
银行等ノ事务ノ简素化ニ关スル法律	废止		
银行法第四十一条第二项ノ规定ニ依ル人口一万未满ノ地ヲ定ムルノ件	废止		
台湾ニ于ケル银行法及贮蓄银行法ノ大东亚战中特例ニ关スル件	废止		
台湾ニ于ケル银行法及贮蓄银行法ノ大东亚战中特例ニ关スル件	废止		
朝鲜银行法及台湾银行法ノ临时特例ニ关スル法律	废止		
台湾银行预金证书卖买贷借ニ关スル件	废止		
内地银行ノ代理店ニ关スル件	废止		
普通银行等ノ贮蓄银行业务又ハ信托业务ノ兼营等ニ关スル法律	废止		
普通银行等ノ贮蓄银行业务又ハ信托业务兼营等ニ关スル法律ノ一部ヲ台湾ニ施行スルノ件	废止		
普通银行ノ贮蓄银行业务ノ兼营等ニ关スル件	废止		

(台湾省政府档案)

(何凤娇编:《政府接收台湾史料汇编》(上),"国史馆"1990年版,页30—36。)

133. 台湾省行政长官公署宣传委员会函复无须派员前往协助整理法令（1946年10月1日）

民国三十五年十月一日　署宣字第二九五四〇号

台湾省行政长官公署宣传委员会公函

径启者：奉

台湾省行政长官公署致申寒署法字第二四二三四号训令，并附发贵会关于前日本时代本省单行法令整理原则暨原提案一案，饬指派协助整理工作人员姓名径行函知贵会等因，奉此。查本会对于该时代之法令，从未沿用，除已在贵会编印之日本统治台湾法规名称目录内之"保留或废止"及"中央或本省代替法规名称"两栏内分别注明，另案呈送长官公署核备外，本会自无须派员前往

贵会协助，相应函希

查照为荷！

　　此致

法制委员会

主任委员　夏涛声

（台湾省政府档案）

（何凤娇编：《政府接收台湾史料汇编》（上），"国史馆"1990年版，页102—103。）

134. 台湾省林业试验所电复无暂缓废止日据时代之法令（1946年10月2日）

民国三十五年十月二日　林字第一二六五号

台湾省林业试验所代电

台湾省行政长官公署法制委员会公鉴：

准贵会致戌哿署法字第四五四六五号代电，略以"电请迅速修订暂缓废止日本占领时代之法令"等由，准此。查本所主管各项林业有关法令，大部均已废弃，并无暂缓废止法令，相应电复查照为荷！林业试验所所长林渭访戌

(　)林总印

（台湾省政府档案）

（何凤娇编：《政府接收台湾史料汇编》(上)，"国史馆"1990年版，页36。）

135. 台湾省行政长官公署财政处电复日据法令废留办理情形（1946年10月4日）

民国三十五年十月四日　署财字第六〇〇八二号

台湾省行政长官公署财政处代电

　　法制委员会：致戌感署法字第四八四五四号公函敬悉。查本处所援用日时代法令中之法人资本税并无尽业法及其施行细则，依据本省实际情形，尚有沿用必要。至地方税，则因户税及特别户税征收规则正在研究修订中，仍拟暂予保留，其余所得税、遗产税、通行税、矿业税及家屋税令暨其施行细则等，业经拟定本省施行细则及条例，送请贵会审议，俟签准公布日即可废止，准函前由，相应复请查照，汇办为荷！财政处致亥(陷)秘二

（台湾省政府档案）

（何凤娇编：《政府接收台湾史料汇编》(上)，
"国史馆"1990年版，页57-58。）

136. 台湾省行政长官公署民政处电请新竹县政府注意该县山地行政事务（1946年10月7日）

台湾省行政长官公署　民政处

致酉虞署民(三)字第三一九五五号

民国三十五年十月七日

新竹县政府：

　　据报该县主管人员漠视山地行政：(一)山地人事，大都不得其人，违背政府施政方针，如副乡长及股主任多以高山族人充任，角板乡参议员李月娇，系一素行不良之文盲妇女，过去会因丑行被社众逐出乡外，光复后，以能通闽南语，便被指名为参议员，乡内议论沸腾，怨声载道；(二)山地一般行政人员，精

神萎靡颓唐,其主要原因,为受生活压迫,如山地警员,自四月份起,迄今仅借支二千元,薪津分文未领,尖石乡有教员十四人,只以七人薪津匀分,且八、九两月至今未发,校长以下,均患疟疾,无药医治;(三)角板乡暂借宾馆一室办公,家具全无,职员皆以门扇代桌,席地办公,前大溪区长彭炳和曾于乡公所成立典礼时,向在场来宾说明拟募捐充设备费,由木商陈和生等六人,慨捐三万七千元,但此项捐款,迄无着落,乡民颇滋怀疑等情,据此,究竟实情为何,希即切实注意,并分别查明办理具报为要。民政处。酉( )民三。

(薛月顺编:《台湾省政府档案史料汇编:台湾省行政长官公署时期(二)》,台北县新店市:"国史馆"1998年第1版,页133–134。)

137. 台湾省行政长官公署民政处函请中央驻省及省属各机关依照管制办法出入山地(1946年10月9日)

台湾省行政长官公署民政处　公函

致酉佳署民(三)字第三二七七一号

民国三十五年十月九日

　　查据前山地人民请求,保护山地人民利益,当经饬由有关各县拟订平地人民出入山地管制办法,先后呈奉长官公署修正公布施行在案,据报近有中央驻省及省属各机关职员,不依规定手续,擅自出入山地,破坏管制,时起纠纷等情。据此,查山地情形特殊,为避免无谓纠纷起见,各机关职员出入山地,仍希依照管制,由服务机关出具证明文件,向该管县政府先行登记为荷。此致中央驻省各机关、省属各机关。

处长　周□□

(薛月顺编:《台湾省政府档案史料汇编:台湾省行政长官公署时期(二)》,台北县新店市:"国史馆"1998年第1版,页137–138。)

138. 新竹县政府电请台湾省行政长官公署核示该县平地人民进入山地管制办法(1946年10月14日)

新竹县政府　代电

致西文府民行字第一六七一六号

民国三十五年十月十四日

长官公署民政处处长周钧鉴：

　　本县为加强平地人民入山管制起见，特订下列取缔办法两条：（一）凡平地人民无证入山者，准由当地乡公所或警察派出所拘送该辖区署核办，按情节轻重处一日以上十日以下之拘役。（二）无证入山或领证入山后，违背禁令，造谣撞骗及有其他足以引起山民反感之行为者，准由当地乡公所或警察派出所拘送该辖区署查明确实后，转解本府法办或解送法院讯办，以上两节是否可行，理合电请鉴核示遵。新竹县长刘启光。酉（　）府民行山。

附件：新竹县平地人民进入山地管制办法

　　第一条　新竹县政府（以下简称本府）为维护山地人民利益并谋山地安宁起见，特订定本办法。

　　第二条　本办法所称山地系指左列地区而书：

　　一、大安乡之高态、洗水、汶水、众鼻等四村；

　　二、尖石乡之义兴、嘉乐、梅花、锦屏、秀峦等五村；

　　三、五峰乡之竹林、桃山、大隘、花园等四村；

　　四、角板乡之泽仁、长兴、义盛、雁鸣、玉峰等五村；

　　五、关西镇之锦山里；

　　六、南庄乡之风美村。

　　第三条　平地人民身家清白素行端正，确因正当事由必须进入山地者，应填具声请书，经该村里长乡镇长盖章证明并觅具保证人向当地区署免费请领许可证。

　　前项许可证不得转借应用，并应于出山后交由该管乡镇公所汇送区署，送府注销。

　　第四条　进入山地者应向山地乡公所呈验证明书，陈明入山事由、时间及地点，经登记并于证明书背面加盖乡长私章后始得入山。

　　第五条　进入山地者于出山时应向山地乡公所报告，经检查后填注离境日期，并于证明书背面加盖乡长私章后始得出山。

第六条　进入山地者不得携带武器或违禁物品。

第七条　进入山地者除应遵守法纪外,并应注意左列事项:

一、态度语言应和蔼诚笃,不得有失礼逾矩、戏谑侮辱及妨碍善良风俗之行为。

二、交易往还应诚信公平,不得有诈欺、勒索、教唆、煽动及妨碍公共秩序之行为。

违反前项规定者山地警察应即分别予以训诫制止或勒令出山,其情节重大者得予拘留或解送本府究办。

第八条　山地警察机关应会同乡镇公所检查平地人民之出入,严禁无证入山,但对持有合法证明书者不得故意留难或勒索情事。

第九条　各机关职员因公务关系必须进入山地者,无须请领入山证明书,但应取具服务机关之证明文件并报本府登记。

第十条　原在山地居住之平地人民免领入山证明书,但应另领山地居住证。

前项山地居住证一年换发一次,不得转借应用,并于迁出山地时,交由该山地乡公所汇送区署转府注销。

第十一条　本办法自公布之日施行。

(薛月顺编:《台湾省政府档案史料汇编:台湾省行政长官公署时期(二)》,台北县新店市:"国史馆"1998年第1版,页134-137。)

139. 台湾省行政长官公署法制委员会电请从速修订保留法令（1946年10月20日）

民国三十五年十月二十日　署法字第四五四六五号

台湾省行政长官公署法制委员会代电

各(处局会室)公鉴:查本省光复经年,法制大体略备,本年十月二十五日致西回署法字第三六二八三号布告暂缓废止日本占领时代法令二三六种,系顾虑各单位事实需要而一时未克修订,原为一时权宜之计,兹为求贯彻国策,便利民生起见,旧有法令自未便久行援用,拟请贵(处局会室)将暂缓废止部分,从速整理修订,以便在另订一期内,将日本法令签请明令废止,事关发扬国家法权,敬希迅速办理,并希见复为荷!法制委员会戌(皓)印

(台湾省政府档案)

(何凤娇编:《政府接收台湾史料汇编》(上),

"国史馆"1990年版,页103。)

140. 台湾省行政长官公署农林处电复关于日据时代之各种渔业法令均可先予废止(1946年10月24日)

民国三十五年十月二十四日　署农字第八〇六一号

台湾省行政长官公署农林处代电

　　法制委员会公鉴:致戌署法字第四八四五四号公函敬悉。兹据本处水产科送呈关于日本占领时代各种渔业法令尚未废止者,均可先予废止,惟本省渔业情形稍有特殊,且机船渔业较内地发达,为适应地方环境起见,拟参酌实际情形加以研究后,另订本省单行办法,以作补充等情前来,特先检送,至于农务畜产等部分,俟据呈送后,当再另行电送,即请查照办理为荷!农林处亥(迥)农渔附件关于渔业法令,除"轮船拖网底拖网及捕鲸渔业取缔规则"暂存水产科参考外,余送回。

(台湾省政府档案)

(何凤娇编:《政府接收台湾史料汇编》(上),

"国史馆"1990年版,页37。)

141. 台湾省行政长官公署接管工作报告表(1946年10月26日—12月17日)

说明:

　　一、本省光复后,本署即依原定台湾接管计划,逐项实施,本表仍依前项计划,将办理情形,分内政、财政、金融、工矿商业、教育文化、交通、农林、社会、粮食、水利、卫生、土地、其他,等十三类列报。

　　二、台湾接管计划内所列外交、军事、司法、邮电,另由中央派员主持接

管,本报告从略。

三、本表所举接管工作,系自三十四年十一月起,至三十五年八月止,间以限于人力物力、权衡轻重、分别缓急,或徐图根本改造以符体制,或暂维现状以安民心,十阅月来尚能得预期之收获,至工作人员大抵亦能负责尽职,拟俟本年终了举行考核。

(一)地政署(民国三十五年十月二十九日)

贵处三十五年十月二十六日 A 七字第三八六九一号通知暨附件均奉悉原表地政部分经核尚无不合,相应检还原件复请查照转陈为荷。此致行政院秘书处。附台湾省行政长官公署接管工作报告表地政部分一份。

种类	项目	办理情形	备考
土地	设立地政局	一、设置地政局直隶于民政处事宜。	根据原计划第78项
	调查日人私有土地与收缴土地权利凭证	一、本年一月至二月调查统计日人私有土地,全省计21,147,118.47公亩。 二、五月开始收缴各县市土地权利凭证,至八月底告一段落,计收缴凭证3,288,484笔,审竣者为44,400笔,预计本年可全部审竣并举行公告。	根据原计划第79第80项
	地籍清理	一、五月起办理各县市土地图籍之校对及实地抽查诸工作,现均已办理完竣。 二、三月间令各县市调查租佃制度,分缴租种类、缴租手续、租佃契约、租额、缴租期限、佃农经济概况,现正将各种资料统计研究中 三、编译前台湾地租调查事业报告及各类地租调查规程等,共计26种,加以分析研究,借明过去与现在地价状况,为查定标准地价实施之参考。	根据原计划第81项
	处理日人官有私有土地	一、于本年三、四月间先后订定《日人公有土地处理规则》及《接收省境撤离日人私有房地产处理办法》两种。 二、在本年八月底以前,已将日人统治时代之《台湾土地规则之理论与实际》及《台湾之农业移民研究》等先后译成中文与中央颁布有关农场法令参酌研究,为制订自耕农地之标准。	根据原计划第82项

(二)水利委员会(民国三十五年十一月一日)

案准贵处三十五年十月二十六日 A 七字第三八六九一号通知单以台湾省行政长官公署接管工作报告表一案,奉院长谕"交有关各部会署就主管事项于五日内核复"等因检附原报告表有关部分一份,用毕检还等由通知过会。兹检同原件及本会意见随函附送,即请查照转陈为荷。此致行政院秘书处。

附还台湾省行政长官公署接管工作报告表原件及本会意见各一份。

种类	项目	办理情形	备考
水利	办理农田水利	一、阿公店溪堰堤于三十五年四月兴工,预计三十七年底完成,至本年八月底止,计完成土方20,467立方公尺,辗压工程19,860立方公尺,堤波砌石22,630平方公尺,该工程完成后,用以调节洪水并借以贮留灌溉及水道用水贮水量凡45,000,000立方公尺,灌溉面积6,000公顷。 二、浊水溪浊水堤防于三十四年夏被洪水冲坏,三十四年十二月兴工修理,三十五年四月竣工。 三、乌溪雾峰护岸于三十四年受洪水冲坏,复旧工程于民国三十四年十二月兴工,三十五年三月竣工。 四、下淡水溪土库堤防于三十四年十二月兴工,三十五年五月竣工,前者预计三十五年十月兴工,三十六年五月竣工。 五、卑南大溪卑南堤防于三十四年夏,石堤溃决凡〇公尺,三十五年一月兴工修复,改筑混凝土堤防,同年五月竣工。	

台湾省行政长官公署接管工作报告表水利会意见:经核原报告表一至五项均无不合。

(三)社会部(民国三十五年十月二十六日)

本案遵已审核完竣,除应补报及更正各事项已径函转饬办理外,理合填具审核意见并检同原报告备文呈请鉴核。谨呈行政院。附呈审核意见表一份原报告一份。

社会部部长　谷正纲

工作类别	工作项目	工作计划	审核意见	备考
	调整人民团体		尚合。惟省组织或调整之各级人民团体总报告表尚未填报,已径函转饬补报。	
	实施救济		尚合。惟报告中推行普通社会救济之"普通"二字,应改为"经常"二字,径已函转饬更正。	
	调整合作组织		尚合。惟合作事业管理委员会之组织办法、人事编制及成立经过未据报转来部,已径函转饬专案补报。	
	设立儿童保育院		尚合。惟儿童保育院名称应依照社会救济法施行细则之规定改为育幼院,已径函转饬更正。	
	改善劳工福利		尚合。	

种类	项目	办理情形	备考
社会	调整人民团体	一、三十四年十一月通令各县市调查登记原有人民团体并予调整,限于各县市政府成立后二个月完成之,今已办理完竣。 二、原有省级人民团体由民政处直接调查登记并饬知各该团体依照调整办法调整之。业经办理完成者计有省商联合会纺织制糖茶业农会轮船煤矿建设协进社制冰帽席水泥等十二单位均依法派员指导成立。 三、本省在日人统治时代有为达日人政治目的而组织之团体,如皇民奉公会等,于日本投降后或无形解散或令饬停止活动,均已依照计划办理完成。 四、指导组织县市级以下重要职业团体(如农会、工会、商会等)及文化团体,截至八月底止经核合于法令准予正式成立者达119单位。又组织已成立,因手续不合饬回更正者计六四单位,尚未送到者正在催办中。 五、省级各职业及文化团体经依法组织成立者计有台湾省汽车、皮革、木材、桧木、土木建筑、新闻、□□□齿科、医科□兴会、体育会□□协进会、政治建设协会、佛教会、妇女会、省外台胞送还促进会:革命先烈遗族救援会、旅外同乡互助会、医师会、铁工、邮务、海员在韩同乡互助会、枕木运送重建协会等二十九单位。	根据原计划第61项
	实施救济	一、推行普通社会救济,于三月一日成立台湾省救济院,并指导各县市设置县市救济院,已成立者有台南市、台南县、高雄县、新竹县等,台北市之爱爱寮继续收容孤贫寡老。 二、拨发高山族同胞原价258,823元之纤维品。 三、实施紧急救济者有台北市太平町火灾急赈,已洽商救济分署办理,台中县大城乡旱灾急赈及各县市复旧工程,以工代赈,其价值计台币73,977,523元救济失业工人达93,963名,暨分批遣送在台琉球难民530人。 四、组织职业辅导委员会办理失业救济事宜,截至目前止已登记失业人数计6,780人。 五、调查抗战损失,饬限各县市政府填报。	根据原计划第62、第67项
	调整合作组织	一、督饬各县市推广各级合作社并指导举办合作讲习会。 二、三十五年八月一日成立合作事业管理委员会主持推进全省合作事业。	根据原计划第64项
	设立儿童保育院	一、设立省儿童保育院于北投。 二、随时督促各县市政府办理指导公私立儿童保育事业。	根据原计划第65项
	改善劳工福利	调查公私营厂矿员工生活概况及各业工资数额。以备改善劳工福利,本省工人估计男为23万余、女为1.6万人,工资平均以金属及机械业为最高,每日为77元5角,以杂工业为最低,每日平均工资为34元3角。	根据原计划第65项

(四)农林部(民国三十五年十一月十日)

案准贵处本年十月二十六日A字七字第三八六九一号通知单以台湾省行政长官公署接管工作报告表，奉院长谕"交有关各部会署就主管事项于五日内核复"等因，检附原报告农林部分通知到部。查该部份所列四项尚无不合，惟原计划未准分送，无从详核，相应检附件复请查照转陈为荷。此致行政院秘书处。附检还原报告农林部分一件。

种类	项目	办理情形	备考
农林	整理机构	光复后由农林处接管日人农林水产方面企业机构计98单位，分别组织公司司掌其事(已见工矿商业第二项目)。	根据原计划第58项
	推行造林	建造保安林65处、海岸林1,500公顷、防砂林1,100公顷。	根据原计划第58项
	发展渔业	去年十一月接管完整渔船八艘共733吨强，破坏待修渔船23艘共2,088吨强，经修竣下水者已有19艘，又新建2艘，现共有大小渔船29艘，计2,789吨强。	根据原计划第58项第59项
	指导农业	已在本省各村里普遍施行农业指导并配给各种肥料于省农会，共计6,567吨。此外，向善后救济台湾分署请领曳引机50架，又领取杀虫药剂分发于农会。	根据原计划第59项

(五)卫生署(民国三十五年十一月十六日)

案准贵处三十五年十月二十六日A七字第三八六九一号通知单，以台湾省行政长官公署接管工作报告表一案，奉院长谕交有关各部会署就主管事项依限核复等因检附原报告表一份通知过署。兹将本署审核意见随函附送即请查照转陈为荷。此致行政院秘书处。附台湾省行政长官公署接管工作报告表关于卫生部份原件及本署审核意见各一份

署长　金宝善

种类	项目	办理情形	备考
卫生	成立医院及山地流动治疗队	一、将原有公家医疗机关改为省立医院，已成立者15单位，将日人私人医疗机关改为县市立医院。 二、成立山地流动治疗队五月份治疗249人，七月份治疗增至8,043人。 三、鼠疫已经设法防止，惟霍乱蔓延几及全省，刻南部已绝迹，北部尚有少数断续发现，当以全力扑灭之。	根据原计划第76项

续表

种类	项目	办理情形	备考
	培养卫生医药人员	一、调训各级卫生行政人员计82人,于七月二十二日开始,九月十五日结束。 二、于七月一日至七月十三日分区召集原有优秀警员,训练卫生警察共500人。	根据原计划第77项

台湾省行政长官公署接管工作报告表卫生署审核意见:

一、所有接收各公私立医疗机关应妥为利用,其已改为省、县、市立者,应竭力维持原有规模并积极进行工作。

二、县卫生院应普通设置,用符地方自治之旨,县立医院暂以不单独设立为原则,已设置卫生院之县份,县立医院应改为卫生院之附属医院或改为其病房,用资充实。

三、该省鼠疫应加强防治以杜蔓延,其他重要传染病之防治亦应加紧进行。

四、环境卫生、妇婴卫生、医药管理等项工作,嗣后应当列报俾明梗概。

五、关于卫生设施应斟酌当地实际情形,详细规划积极推进。

(六)教育部(民国三十五年十一月十五日)

准贵处三十五年十月二十六日A七字第三八六九一号通知单,以台湾省行政长官公署接管工作报告表,奉院长谕"交有关各部会署就主管事项核复"等因检附原表教育部分一份过部。兹将本署审核意见开列如左:

一、关于该省省立专科学校及该省订定私立中学管理办法,均应项目报送本部核备。

二、国语、史地课本均应以用国定本为原则,该省教育处自编本应迅送审查。

余无不合,拟准备查相应复请查照转陈为荷。此致行政院秘书处。

部长 朱家骅

种类	项目	办理情形	备考
工矿商业	整理工矿业机构	一、行政长官公署工矿处与经济部特派员办公处会同接收,先后成立各业接收委员会,主持接管事宜。嗣经接收竣事即分别改组为各业股份有限公司或有限公司,由国营、国省合营及省营,计国营者有三单位,即石油、铝业、铜矿,国省合营者有八单位,即糖业、机械、造船业、电力、制碱、水泥、纸业、肥料,省营者有12单位,即窑业、铁工、钢铁、化学、印刷、工程、电工、纺织、玻璃、油脂、工矿器材、煤矿。省营者组织就绪后拟再招募民股,其他小型工厂交由各县市办理,或呈请标售,现肥料方面除电石产量月达765吨外,尚有氮气肥,月产430吨及氮气赤磷电极等之生产,电力方面本年八月发电力已达14万瓦,煤炭方面本年八月已达10万吨,制碱方面烧碱日产已达280吨,造纸方面本年七月已达洋纸211吨,纸板186吨。 二、前日人经营之农水产方面之企业机构共198单位,由农林处接收,分别性质改组成立公司,即农产、水产、畜产、凤梨、茶叶等五公司,此外另成立规模较小之养蚕所及农具制造厂,现甘蔗栽种36,663甲,甘薯栽种15万甲,制成初制茶4,200,000公斤,小麦栽种1,000甲,产量6,000石,苎麻栽种18,000公顷,产量432公吨,棉花栽种207公顷,产量36公吨,凤梨出产7.5万箱。 三、前日人经营之重要物资营团有三井物产株式会社台北及高雄支店、三菱商事株式会社台北及高雄支店等八单位,由贸易局加以接收改组,至日人时代属于专卖局之工厂仍由专卖局接管。	根据原计划第32、第36项
	奖励民营工业	本省光复后为扶持民族资本计,本署工矿处曾拟定奖励政策以促进民营工矿业之发展,其办法有: 甲、资金之补助:经订立补助及奖励办法斟酌轻重及生产成绩而予补助或奖励。 乙、□□给本省产量及存量□少之原料□□□工业之性质及其需要程序予以供给,俾维最低之生产。 丙、强制法之废止:战争期间日人因欲加紧军需生产,会制定若干强制法规,强迫若干与军需无关之工矿企业将其器材售与政府以改营军一需工业,现正缜密研究准备将不适用之法制予以废止,其中矿业一项业已废止,折并之设备交还原业主继续经营。	

(七)粮食部(民国三十五年十一月十六日)

准贵处三十五年十月二十六日Ａ七字第三八六九一号通知,交核台湾省行政长官公署接管工作报告表一案,奉院长谕"交有关各部会署就主管事项于五日内核复"等因检送原件有关部分嘱用毕检还等语过部。兹就粮政部分核复如次:

一、台省本年度田赋第一期订于八月份开征一节,经核尚合,惟开征已经三月,迭经电请行政长官公署,转饬将收数依照规定按旬按月报核,迄未准复,应请转饬该署查案办理。

二、查本年三月间台省会将封存之征购米,除留备四个月军粮外,提拨六千吨调节民食,迭经本部电请将配售及作价情形查明报核在案,迄未准复。原表所称提取接管公粮四千余吨供应民食,是否指前案而书?应请转饬该署将办理情形,项目报部查核。

三、关于闽米济台一节,原核定为米二十万市石,除已运台谷二万余担外,其余已饬停运留济闽省民食在案。

四、查本年一月份起废止公粮及代金办法,并入生活补助费内统筹发给,前经院令通饬遵照在案,该省自亦不能例外,惟既据称四月份起调整待遇,取销公粮代金似可备查。

以上四项相应检还原表复请查照转陈为荷。此致行政院秘书。附还原表一份。

粮食部长　谷正伦

种类	项目	办理情形	备考
粮食	成立粮食局	一、本省于光复后即设置粮食局办理全省粮政事宜。	根据原计划第68项
	办理粮食业务	一、颁行节约粮食消费办法,取缔囤积居奇,划全省为八个粮区,区内自由流通,区外十吨以上须粮政机关发证通行。 二、拨配军粮及公教人员公粮。准公粮自本年二月份起改发代金。自四月份起调整待遇取销代金。 三、提取接管公粮四千余吨供应民食。本年四、五月青黄不接之际,粮价尚称平稳。 四、田赋征实第一期八月份开始征收,尚称顺利。	根据原计划第69项
	请中央拨粮救济粮荒	接管后曾一度发生粮荒,经请准中央由福建省拨赋谷运台救济粮荒。	根据原计划第70项

(八)财政部(民国三十五年十一月二十二日)

准贵处A七字第三八六九一号通知,以台湾省行政长官公署遣送接管工作报告表一案,奉院长谕"交省有关各部会署就主管事项于五日内核复"等因,附检送原报告表叁页到部。兹就本部主管事项核议意见如后:

一、原报告表"财政,确立租税系统废除地方苛杂,(一)依我国现行法令将日本时代之三级国税及附加税,杂税等划分为国省税部分及县市税部分,并将属于苛杂者废除之。甲、国省税部分(二)沿用原来税法而经修正者(三)营业税"一项,查自财政收支系统改制后,营业税为省县共有税,继承税(在中央为遗产税)为中央税,应拨补地方百分之三十外,其余印花税、所得税、利得税均为中央税,似应分别注明。

二、查台省各项货物税现系由地方政府暂按旧制征收,其运入内地,应征货物税,货品应饬切实遵照台湾省征收国税暂行办法办理。

三、原报告表"财政,一、乙、县市(包括乡镇)税部分(二)暂照旧施行者:1.杂种税中之轨道税与行税、不动产取得税2.特别营业税3.户税",查台省县市暂照旧征收之各项杂税,其过于苛细者应予废止,其有继续征收必要者,应饬依照地方举办特别税课之程序办理。

四、原报告表"财政,一、乙、县市税"部分,未列契税及土地税原因何在?至不动产取得税是否即颁行之契税?应饬申复。

五、原报告表"财政,发展公营贸易事业"项,查是项事关进出口贸易,自本部贸易委员会裁撤后,关于贸易行政事项已划归经济部接管,似应由经济部核复。

六、原报告"财政,核编三十五年度概算,一、今年三月底,业编本省省级各机关主管之概算呈,报中央岁入岁出各为二四八六与二七二〇〇〇元"一节。本部前奉行政院召集审查台湾省三十五年度岁入岁出概算,经部提送书面意见,以该省所送本年度岁入岁出概算系自本年四月一日起至十二月三十一日止,其三月三十一日以前据说明系应用修改原台湾总督府昭和二十年度预算,此项预算内容如何?已否呈送中央核准?本部无案可稽,如未呈送,请饬补编呈院,俾整个年度预算不致割裂等语,函请贵处查照转陈核夺在案。至同款第二项,"七月中旬将全省各县市之总预算审编完成,计岁入岁出各为一、九四六九三八〇八一七元"一节,查台湾省本年度县市地方预算迄未准送部,应饬送部备核。

七、原报告表"金融,整理金融,一、改组台湾银行等,至三十五年八月止,计已改组完毕者有台湾、劝业、三和、储蓄等四银行,尚有商工、彰化、华南三行仍在监理中,三和、储蓄两行由台湾银行合并接收,并将储蓄银行改为该行储蓄部,劝业银行接收后,改组为台湾土地银行"一节。查台湾劝业、台湾、储蓄三银行业已接收改组,惟各该行原始接收清册迄未据送到部,应饬补送备核。又关于台湾银行接收三和银行在台三支店(台北、台南、高雄)移交清册,前据台省长官公署财政处转报到部,经由部于十月十八日以京督五字第三五一号代电该处转饬补具各科目明细表报核在案。又关于台湾银行接收台湾储蓄银行成立储蓄部一节,前准陈长官代电报告到部,经于十月二十五日以京督秘字第二八〇号电复准予照办,但须转饬依照储蓄银行法办理,将储款总额报部,并缴存准备于中央银行在案。再关于台湾银行设立储蓄部,前已由部饬令该省财政处转饬拟订章程报部核办,似应仍饬该省转行该处办理具报。

八、原报告表"金融,整理金融,二、将损害保险会社十二家改组为台湾产物保险股份有限公司,将生命会社十四家改组为台湾人寿保险股份有限公司"一节,业经由本部专案函请该省长官公署转饬各该公司克即依法呈部注册在案。又损害保险会社十二家及生命保险会社十四家由该公署接收后,各该会社之原始接收清册尚未据送部,应饬迅即补送备核。

九、原报告表"金融,整理金融,三、台湾流通货币原为台湾银行发行之纸币,光复后暂准照旧通行,自台湾银行改组后,仍由该行发行新纸币,将日本时代发行之台币依原价兑换,至三十五年十月底止旧币一概作废"一节。查旧台币收换期限业经台湾银行呈准台省长官公署延至本年十一月底截止,并报部备案有案,关于上项旧台币之收换情形,应由台省长官公署转饬台湾银行随时具报转部备查。

十、再关于仍在监理中之台湾商工、彰化、华南三银行,均属日台人合资经营之银行,日人股权均占半数以上,各该银行之改组事宜,应饬事前报准本部库行办理。

十一、原报告表"金融,清算日政府对本省所负债务呈财部请交涉偿还,一、对政府所负债务由有关机关查报,对人民所负债务公告登记,分别向有关机关申请,现已告一段落,将数字报请财政部交涉,至因故未能如期登记者,仍继续办理"一节。查日政府对台省金融机构所负债务,应饬迅予查明列表径请外交部转行交涉清还,并分报本部备查。

准通知前由，相应核具意见并检同附件一并函请贵处查核转陈为荷！此致行政院秘书处附送原报告表。

　　　　　　　　　　　　　　　　　　　　财政部长　俞鸿钧

种类	项目	办理情形	备考
财政	确立租税系统废除地方苛杂	一、依我国现行法令将日本时代之三级国税及附加税杂税等划分为国省税部分及县份及市税部分并将涉于苛杂者废除之。甲、国省税部分：（一）我□□□施行者计有印者计花税（二）沿用原来税法而经修正者有1.所得税2.利得税3.营业税4.继承税5.通行税5.税6.□糖消费税7.清凉饮料税8.物品税8.物9.地租（三）暂照旧施行者1.法人资本税2.资本矿业税。乙、县市（包括乡镇）税部分：（一）依照我国税法施行者计有1.房捐2.屠宰税3.营业牌照税4.使用牌照税5.筵席税6.娱乐税（二）暂照旧施行者1.杂种税中之轨道税与行税、不动产取得税2.特别营业税3.户税。丙、废除之苛杂税：（一）原属县市地方税今已废除者计有1.轿税2.艺技税3.畜犬税4.雇佣税5.自动车税（二）施行新税以免重复而废止者1.屠畜税2.车税3.船筏税4.饮食税5.入场税（三）原属总督府收入，现改国省收入，因其涉于苛杂而一经废除者计有1.特别行为税2.特别入场税3.骨牌税4.酒类出港税5.特别法人税6.建筑税7.织物消费税8.广告税9.资本利子税10.利益配当税11.公债及社债利子税12.外货债特别税13.配当税14.马券税15.银行券发行税。	根据原计划第22项
	实行专卖事业	本省专卖事业久著成绩，光复后成立台湾省专卖局其专卖事业为：甲、烟草：种烟叶1,047甲（每甲约合145市亩）收购量共为350,835公斤。制造卷烟约1,153,819,400支，烟丝360,532公斤，雪茄烟306,520支。乙、酒：本省共有制酒工厂14所，现有12所全部开工。为节省粮食消赤糖耗，改用赤糖蜜蕃薯代替米谷。去量计年十一月份生产量计7,023公计2石，本年八月份生产量计22.2至销78公石，较前增加约三倍强。至合配销售办法由各地区零售商合并组织公石联合配销。去年十一月份销量计67,958公石。本年八月份除澎湖、台东外，共销22,791公石经修①，约增三倍。丙、火柴：火柴工厂战时受轰炸损失甚巨，经修理开工后三十四年十一月至三十五年八月共制2,331屯，较战前增加30%。丁、樟脑：自本年□□□□□□□。戊、度量衡器：日制度量衡器予以废止，改成中国□制度，惟以制造不及，面招□承制□□□材料恢复制造。	根据原计划第23项

---

① 原文如此。

续表

种类	项目	办理情形	备考
	发展公营贸易事业	一、本省为发展公营贸易□□□□□□省贸易局办理进出口贸易业务，进口物资主要者有布100,000匹，面粉90,900袋，钢铁材料92吨，大豆饼272,165公斤，肥田粉100吨，186包及其他物资。出口物资主者有糖80,173吨，煤30,035吨，樟脑7,293箱，凤梨罐头14,250箱，木材474吨，茶叶1,985吨，及其他物资配销，主要物资有面粉90,382袋，各种布匹45,852匹，电石36,580罐，肥料1,015吨，汽油3,419桶及其他物资。	
	核编三十五年度概算	一、今年三月底编业本省省级和机关主管之概算，呈报中央岁入岁出各为2,486与272,000元。 二、七月中旬将全省各县市之总预算审编完成，计岁入岁出各为1,946与938,017元。	根据原计划第25项
	拟订各种会计制度	一、依据中央规定及本省实况，草拟总会计制度草案，本省普通公务单位会计制度、县市总会计及机关单位会计等。	根据原计划第25项
金融	整理金融	一、改组台湾银行等。至三十五年八月止计已改组完毕者有台湾、劝业、三和、储蓄等四银行，尚有商工、彰化、华南三行仍在监理中，三和、储蓄两行由台湾银行合并接收并将储蓄银行改为该行储蓄部，劝业银行接收后改组为台湾土地银行。 二、将损害保险会社十二家改组为台湾产物保险股份有限公司，将生命会社十四家改组为台湾人寿保险股份有限公司。 三、台湾流通货币原为台湾银行发行之纸币，光复后暂准照旧通行，自台湾银行改组后仍由该行发行新纸币，将日本时代发行之台币依原价兑换，至三十五年十月底止旧币一概作废。	根据原计划第26、27项
	清算日政府对本省所负债务呈财部请交涉偿还	对政府所负债务，由有关机关查报，对人民所负债务公告登记，分别向有关机关申请现已告一段落，将数字报请财部交涉，至因故未能如期登记者，仍继续办理。	根据原计划第28项

(九)交通部　（民国三十五年十二月五日）

案准贵处三十五年十月二十六日A七字第三八六九一号通知单，为台湾省行政长官公署接管工作报告表奉谕交有关各部会署就主管事项查复等因。查原报告关于交通方面调整机构第一、二、三项各节，除铁路管理委员会业经成立，航空方面情形所报尚属实在，暨邮电部分已由本部接收继续执行业务，不在台湾行政长官公署管辖范围之内数点外，其余港务、航业、水运、公路、铁路、运输工程，及铁路警务各项，因该处情形特殊，接收以来系归台湾行政长官公署管辖，关于交通方面之情况，尚未有详细报告达部，案准前由，相应检还原件即请查照转陈为荷。

此致行政院秘书处。附原工作报告关于交通部分一纸。

部长　俞大维

种类	项目	办理情形	备考
交通	调整机构	一、组织铁路管理委员会，基隆、高雄两港务局、航业公司、通运公司及公路局均已次第成立，邮政局及航空公司各恢复平时情形，目前全线每日行驶客车共136次，行驶里程8,984公里，使用客车249辆，并增加台北高雄间日夜快车，货运部份自五月起至八月止，计每月平均运量在216万吨以上。 二、设立铁路警察署（已见内政第五项目）。 三、关于铁路轨道、桥梁、公路及行车设备、电话均已分别缓急次第修复。	根据原计划第52、53、54项

（十）内政部　（民国三十五年十二月十七日）

准贵处三十五年十月二十六日A七字第三八六九一号通知单，以据台湾省行政长官公署呈送接管工作报告表一案，奉谕"交有关各部会署就主管事项核复"等因。附原件有关部分通知到部，并嘱办毕检还等由，经核：

一、关于该省颁行之县市以下及其他有关之现行单行法规应请分别报部备查。

二、原表"其他"审订法令部分一、"除适用民国一切法令外"一语，似有未妥，"民国"应改为"中央"二字。

三、原表办理禁烟部份尚称切实，惟烟民虽经戒调完竣，此后仍应严密防止复吸，对于查缉、宣传、调验、组织禁烟协会、发动社会制裁及查禁种、运、售、制、藏等项基本工作，亦应督饬所属各县市随时注意办理以竟全功。

四、该省提前肃清烟毒计划及分期进度表尚未准拟具送部备核，应请依照肃清烟毒善后办法第五条规定，迅速办理。

奉交前因除分函台湾省行政长官公署查照外，检同原件复请查照转陈！此致行政院秘书处计检还原台湾省行政长官公署接管工作报告表一纸。

部长　张厉生

三、实施接收及法令整理

种类	项目	办理情形	备考
内政	改组地方行政机构	三十四年十一月一日开始接收五州、三厅、十一市、五十一郡、二支厅、六十七街、一百九十七庄，至十二月底接收告竣。三十五年一月一日即成立八县、九市、四十七区、六十九镇、270乡、2,961村、3,308里、65,920邻，并颁行县市以下单行法规33种。	根据接管计划纲要（以下简称原计划）第13项暨第5项
	加强山地行政设施	三十五年一月于本署民政处第一科设山地行政股，七月一日扩充为民政处第三科，专司山地行政，全省设立山地乡公所30处，村办公处162处，里邻亦于四月编成，又设立山地乡卫生所30所，村疟疾防治所110所，山地乡国民学校30所，村国民学校162所。此外，台北山地设中学一所，至山地水利已经修筑者有高雄、新竹两县。	根据原计划第18项
	设立民意机关	一、办理公民宣誓，于三十五年二月底办竣，计宣誓公民男为1,214,443人，女1,180,242人，共2,394,685人。 二、举办公职候选人检核，于三十五年四月十五日前办竣，计甲种合格10,663人，乙种26,803人，甲种超出预定七倍，乙种超出预定二倍。 三、全省均于三十五年二月前成立村里民大会。 四、选举区乡镇市代表，于三十五年三月七日办竣，计选出代表7,771人，三月八日举行讲习会，参加者6,466人，代表会均于三月底以前成立。 五、选举省县市参议员，县市参议属员三十五年四月七日选出，全省五二三名，参议会四月十五日一律成立，省参议员三十名，于四月十五日选出，五月一日成立参议会。	根据原计划第15项
	办理禁政	一、废除日人时代专卖阿片制度。 二、调查全省烟民计1951人，成立戒烟所八所，分四期调戒，至三十五年五月底完成，六月初结束。	根据原计划第17项
	建立警察机构与整理户政	一、本省自成立八县、九市后，即于各县市分别设立警察局或警务科，又为补助各县市警力之不逮，另设机动而集中之警力，直隶于警务处，全省警察名额7,081人。 二、设立铁路警察署，专负维护铁路交通之责，计分三所，每所设分所二处或三处。 三、设警察训练所招收本省青年统一训练，全省官警分招训、调训两种，已训警官499人，长警2,684人，现正训练初级干部528人，森林警察75人，调训警官120人，初级干部411人。 四、自三十五年四月六日起实行户口清查，全省计1,000,597户，6,3346,329人，并自七月份起全省各县市举行户口异动登记。	根据原计划第16项

续表

种类	项目	办理情形	备考
内政	办理日侨日俘及琉球之遣送及征用	三十五年一月四日开始调查日琉侨人数，至二月十三日完竣，计日侨308,232人，琉侨13,917人，日侨、日俘大部于四月遣送回国，征用者7,319人，家属20,088人，合计27,227人。	根据原计划第16项暨20项
其他	审订法令	一、除适用民国一切法令外，更依实际需要分别草拟审查应用法规429种公布施行。 二、为便于省民查问，将我国重要法令译为日文，及台湾原有法规之足供参考者译为中文，计共249种。 三、台湾原有法规中之压迫省民者及不合现时环境者，均经废除，计796种。	根据原计划第5项
其他	选训地方行政干部	一、本省人员接收根据前台湾总督府总督官房人事课移交之交替书共有84,561人。其中日籍为37,606人，台籍为46,955人，接收后台籍悉予留用，日人一律遣送，仅暂时留用技术人员7,000人，并举办备用人员登记，技术人员登记施以相当训练后分别派用以备补充。 二、本省光复后即成立地方行政干部训练团，至本年八月底计训练一般行政人员2,011人，又设警察训练所，训练人数为3,965人，现仍在继续办理中，为养成本省高级干部并另定征选办法以期选拔省籍优秀人才施以短期训练分别派用。 三、本省公务人员特种考试规则，业经拟订呈送考试院核示，俟奉准后即举行。	根据原计划第10项

（薛月顺编：《台湾省政府档案史料汇编：台湾省行政长官公署时期（一）》，台北县新店市："国史馆"1996年第1版，页138—166。）

142. 台湾高等法院函复关于台湾光复前依日民法宣告准禁治产光复后是否有效已电请司法院解释并批示（1946年10月29日）

民国三十五年十月二十九日　函刑字第二八六○号

台湾高等法院笺函

准

贵会十月二十一日笺送邱王氏葱呈，以台湾光复前依日民宣告准禁治产者，在光复后是否继续有效，嘱核复等由，复据该邱王氏葱呈同前情来院。查依我国民法规定,仅对心神丧失人或精神耗弱人得宣告禁治产(民法第十四条民法总则民出施行第四条),并无宣告准禁治产之规定。台湾人民于光复前经日本法院依日本民法所为准禁治产之宣告,于光复以后是否仍应认为继续有效?其行为能力及公权之行使是否尚受限制?事关法律解释,除已据情电请司法院解释并批示外,相应检还邱王氏葱原呈,复请查照为荷!

此致

台湾省行政长官公署法制委员会

　　计附送还邱王氏葱原呈一件

附件:王氏葱呈请书

　　窃按夫邱本省光复前,依日本民法第十一条之规定,为浪费者,由法院宣告准禁治产者在案,为保护准禁治产者之财产,在同法第十二条,列记行为应由保佐人之同意方能合法有效。因本省版图自民国三十五年十月二十五日归还我国,在原则上民国一切法令即日起均适用于本省,依中国民法没有相应日本民法准禁治产之规定,此过渡时期未奉明令经过规定,未知夫之行为能力不拘日法宣告准禁治产限制能力是否回复完全之行为能力,抑或依长官公署布告"日本占领时代之法令除压榨钳制台民、抵触三民主义及民国法令者应悉予废止外,其余暂行有效,视事实之需要,逐暂修正之。自应遵照办理"。因未奉明令,仍照日本民法准禁治产之限制能力论乎?事关私权保护重大,又因公民权公职候选人之资格没有规定准禁治产人,日法宣告准禁治产人能否获取,事攸关民权行使,未得了解,仰祈钧长会同有关机关审核批示祗遵,实为公便,不胜迫切待命之至。

　　谨呈

台湾高等法院

王氏葱　拜启
(台湾省政府档案)
(何凤娇编:《政府接收台湾史料汇编》(上),
"国史馆"1990年版,页119-120。)

143. 台湾省航业有限公司电呈台湾省行政长官公署该公司接收在日资产详表(1946年10月29日)

台湾省航业有限公司　代电

航总字第一一三七号

民国三十五年十月二十九日

　　台湾省行政长官公署交通处处长任钧鉴:致西马署交秘字第三五八八七号代电附表格式奉悉。遵将本公司接收在日资产造具详表一份随电送请核转,台湾航业有限公司兼总经理任显群。致酉艳总叩。附接收在日资产详表一份。

附件:台湾航业有限公司接收在日资产详表

资产名称	资产所在地	资产内容	价值	备考
债券	日本	昭和二年发行5分利公债票面日币1,000元,1张	1,000	大阪商船株式会社台北支店 台湾银行收据 2568号
债券	日本	昭和十八年发行大东亚特别国库债券票面日币100元,6张	600	大阪商船株式会社台北支店 台湾银行收据 2566号
债券	日本	昭和十　年发行三分利国库债券票面日币500元,4张	2,000	大阪商船株式会社台北支店 台湾银行收据 2565号
债券	日本	昭和十五年发行支那事变国债票面日币50元,90张	4,500	大阪商船株式会社台北支店 台湾银行收据 2567号
债券	日本	昭和十四年发行支那事变割引国债票面日币20元,7张	140	大阪商船株式会社台北支店 台湾银行收据 2986号
债券	日本	昭和十八年发行大东亚特别国库债券票面日币100元,2张	200	大阪商船株式会社台北支店 台湾银行收据 2985号
债券	日本	昭和十八年发行大东亚战争割引国库债券票面日币50元,1张	50	大阪商船株式会社台北支店 台湾银行收据 2987号
债券	日本	明治四十四年发行五分利公债票面日币1,000元,14张	14,000	大阪邮船株式会社台北支店 台湾银行收据 3822号
债券	日本	明治四十四年发行五分利公债票面日币100元,2张	200	大阪邮船株式会社台北支店 台湾银行收据 3822号
债券	日本	明治四十三年发行四分利公债票面日币50元,10张	500	大阪邮船株式会社台北支店 台湾银行收据 3821号
债券	日本	明治四十三年发行四分利公债票面日币500元,2张	1,000	大阪邮船株式会社台北支店 台湾银行收据 3821号
债券	日本	明治四十三年发行五分利公债票面日币100元,3张	300	大阪邮船株式会社台北支店 台湾银行收据 37547号

续表

资产名称	资产所在地	资产内容	价值	备考
定期存款	日本	日本兴业银行	1,309,000	南日本汽船株式会社
股票	日本东京	港运出资组合	12,700	南日本汽船株式会社
债券	日本	昭和十六年发行三分半利国库债券 票面日元10,000、5,000各2张	20,0000 10,000	南日本汽船株式会社 台湾银行收据　4931号
债券	日本	昭和十八年发行大东亚战争特别国库债券票面日元1,000,5张	5,000	南日本汽船株式会社 台湾银行收据　4930号

（薛月顺编：《台湾省政府档案史料汇编：台湾省行政长官公署时期（一）》，台北县新店市："国史馆"1996年第1版，页63—70。）

144. 台湾高等法院函复有关日据时代司法部门法令似可废止（1946年10月）

民国三十五年十月　收文第五九三九八号

台湾高等法院公函

准

贵会本月二日署法字第三〇三六五号公函暨附日本统治台湾法规名称目录一册，嘱询关于司法部门之法令是否同意一律废止，抑或因本省情形特殊，有若干应予暂行保留援用之处等由，准此。据本院意见，有关司法部门之日本统治台湾时代法令，在我国现行法令中，大部均已有相当之规定，旧日本法令似可一律废止，如因本省情形特殊，而有制定补充法令之必要，亦可俟以后依法令程序另行制定，似无保留旧法令之必要，相应函复，敬希查照为荷！

此致

法制委员会

院长　杨　鹏

（台湾省政府档案）

（何凤娇编：《政府接收台湾史料汇编》（上），"国史馆"1990年版，页37—38。）

145. 经济部台湾区特派员办公处电定本月九日派员赍呈工作总报告(1946年11月7日)

民国三十五年十一月七日　收文京字第二〇七六四号

台北包可永电

　　部长王密：酉世接电奉悉。查本处工作总报告等原定准限赶编呈核，乃因各厂九月遭受风灾，又值中外记者及团体继续来台考察，嗣又逢蒋主席莅台巡视，随时编报备询，致稍迟延，现已赶编完竣，定本月九日派蔡秘书常义飞沪转呈赍呈，并面陈一切，谨电奉闻。职包可永戌江。

(近史所经济档)

(何凤娇编：《政府接收台湾史料汇编》(上)，"国史馆"1990年版，页316-317。)

146. 经济部台湾区特派员办公处呈报接收日资企业由各主管部门成立公司接办经营(1946年11月13日)

民国三十五年十一月十三日　京字第二一四〇四号

经济部台湾区特派员办公处代电

　　经济部部长王钧鉴：台湾区接收日资企业，为加强控制、复兴工业起见，所接收之中心企业均分别由资源委员会独营，资源委员会与台湾省行政长官公署合营，及行政长官公署经营，并由各主管部门先后成立公司接办经营，借以着重生产，除由台湾省行政长官公署日产处理委员会办理拨交手续，并由各该公司依法申请登记外，理合将划拨单位开列名册，报请核备。职包可永申( )叩。

　　附呈台湾省划拨公营日资企业名册一份

附件：台湾省划拨公营日宝企业名册

(一)石油事业筹备处

划拨主要单位：日本海军第六燃料厂、帝国石油株式会社、*日本石油株式会社高雄制油所、*日本石油株式会社苗栗制油所、台拓化学工业株式会社、天然瓦斯研究所附带划拨单位：台湾石油贩卖有限公司、东光兴业株式会社、共同企业株式会社、*日本油业株式会社台湾支店、日本油槽船株式会社、*日本石油联合会株式会社台北事务所。

(二)铝业公司筹备处

划拨主要单位:*日本铝株式会社高雄工场、*日本铝株式会社花莲港工场、*日本铝株式会社台湾出张所。

(三)铜矿业筹备处

划拨主要单位:*日本矿业株式会社金瓜石矿山事务所(平林矿山事务所附属在内)、*日本矿业株式会社台湾支社(台湾化学工业株式会社附属在内)。

附带划拨单位:里仁炭矿。

(四)台湾电力股份有限公司。

划拨主要单位:台湾电力株式会社。

(五)台湾肥料制造股份有限公司

划拨主要单位:台湾电化株式会社、台湾肥料株式会社、有机合成株式会社。

附带划拨单位:日窒产业株式会社。

(六)台湾制碱工业股份有限公司

划拨主要单位:南日本化学工业株式会社、旭东化工业株式会社、钟渊曹达工业株式会社。

附带划拨单位:株式会社南华公司。

(七)台湾机械造船股份有限公司

划拨主要单位:株式会社台湾铁工所、台湾船渠株式会社。

附带划拨单位:东光兴业株式会社。

(八)台湾纸业股份有限公司

划拨主要单位:台湾兴业株式会社(林田山事务所附属在内)、台湾纸浆株式会社、盐水港纸浆株式会社、东亚制纸株式会社、台湾制纸株式会社。

附带划拨单位:台湾纸浆株式会社冷水掘炭矿、奈良制作所。

(九)台湾糖业股份有限公司

划拨主要单位:日糖兴业株式会社、明治制糖株式会社、台湾制糖株式会社、盐水港制糖株式会社。

附带划拨单位：*日本糖业联合会台湾支部、株式会社福大公司、南投轻铁株式会社、东亚矿业株式会社、酒精输送株式会社、新兴产业株式会社、东亚冰糖株式会社、日本制果株式会社、株式会社吉村铁工所。

(十)台湾水泥股份有限公司

划拨主要单位：台湾水泥株式会社、*浅野水泥株式会社高雄水泥板工场、*浅野水泥株式会社台湾工场、台湾化成工业株式会社、南方水泥株式会社。

附带划拨单位：台湾石灰石株式会社、台湾ブロッス株式会社、台湾制袋株式会社、台湾水泥管株式会社。

(十一)台湾煤矿股份有限公司筹备处

划拨主要单位：基隆炭矿株式会社、南海兴业株式会社(汐止镇矿业事务所)、山本炭矿、近江产业合资会社。

附带划拨单位：台湾产业株式会社、武山炭矿株式会社、永裕炭矿、台湾焦炭株式会社板桥炭矿、爱国产业株式会社、株式会社贺田组、七堵运煤轻便铁道。

(十二)台湾纺织股份有限公司筹备处

划拨主要单位：台湾纺织株式会社、新竹纺织株式会社、台南制麻株式会社、台湾纤维工业株式会社、帝国纤维株式会社。

附带划拨单位：南方纤维工业株式会社、台湾织布株式会社。

(十三)台湾窑业股份有限公司筹备处

划拨主要单位：台湾炼瓦株式会社、台湾窑业株式会社。

(十四)台湾玻璃工业股份有限公司筹备处

划拨主要单位：台湾硝子株式会社、台湾高级硝子工业株式会社、拓南窑业株式会社。

附带划拨单位：理研电化工业株式会社、有限会社南邦铝制作所、台湾魔法瓶工业株式会社、台湾板金工业株式会社、厚生商会。

(十五)台湾油脂工业股份有限公司筹备处

划拨主要单位：台湾花王有机株式会社、台湾油脂株式会社。

附带划拨单位：台湾花王有限会社、台湾殖漆株式会社、齐藤商店台湾造林部、台湾日本油漆株式会社、日本特殊黄油株式会社台湾工场。

(十六)台湾电工业股份有限公司筹备处

划拨主要单位：台湾通讯工业株式会社、台湾干电池株式会社。

附带划拨单位：*东京芝浦电气株式会社台北事务所、*东京芝浦电气株式会社台湾事业部、*东京芝浦电气株式会社台北工场、台湾高密工业株式会社、台湾音响电机株式会社。

(十七)台湾印刷纸业股份有限公司筹备处

划拨主要单位：台湾书籍印刷株式会社、吉村商会印刷所、盛进商事株式会社、盛文堂印刷所、台湾照相制版株式会社、台湾交通商事株式会社、宝文社印刷所、台湾印刷油墨工业株式会社、山本油墨株式会社、昭和纤维工业株式会社、藤本制纸株式会社、蓬莱纸业株式会社、台湾樱井兴业株式会社。

附带划拨单位：三宅オフセット印刷所、台湾纸业株式会社、台湾兴亚纸浆工业株式会社。

(十八)台湾铁工制造股份有限公司

划拨主要单位：株式会社武智铁工所、台湾精机工业株式会社、株式会社日立制作所台湾出张所、北川制钢株式会社、株式会社中田制作所、台湾自动车整备配给株式会社、东洋制罐株式会社、中国铁工所、中林铁工所、台湾合同铸造株式会社、株式会社新高制作所、南方电气工业株式会社、台湾钢业株式会社、东洋铁工株式会社、台湾铁线株式会社。

附带划拨单位：株式会社小川组、株式会社产机制作所、台湾合成工业株式会社、株式会社大庭铁工所、北川产业海运株式会社、株式会社小高铁工所、台湾利器工具制作所。

(十九)台湾钢铁股份有限公司筹备处

划拨主要单位：兴亚制钢株式会社、樱井电气制钢所、前田砂铁钢业株式会社。

附带划拨单位：钟渊工业株式会社、吉田砂铁工业所。

（二〇）台湾化学制品工业股份有限公司筹备处

划拨主要单位：帝国压缩瓦斯株式会社台北支店、台湾酸素合名株式会社。

附带划拨单位：台湾橡胶株式会社、盐野化工株式会社、小川产业株式会社、台湾曾田香料有限会社。

（二一）台湾工程股份有限公司筹备处

大仓土木组、鹿岛组、大林组、清水组、日本铺道组。

（二二）台湾工矿器材有限公司筹备处

台湾火药统制株式会社、台湾金属统制株式会社、台湾爆竹烟火株式会社、高进产业株式会社、古河电气工业株式会社台北出张所、野村洋行、株式会社共益社、日东工业株式会社、合名会社本田电气商会、东光株式会社、日蓄株式会社。

附注：（一）凡总会社设在日本本土者（有*符号），其分支会社所场等均分别作为独立单位，至总社设在本省者，其分支分社所场等均包括在总社内，概不分列。

（二）查划拨水泥股份有限公司之浅野水泥株式会社台湾工场及高雄水泥板工场所有设备，原系租与台湾水泥株式会社经营运用，实际上该三单位即系一套，因清算关系故予分列。

（三）上列划拨主要单位及附带单位共计为一六六单位。

（近史所经济档）

（何凤娇编：《政府接收台湾史料汇编》（上），
"国史馆"1990年版，页194-200。）

147. 台湾省行政长官公署农林处林务局电复台湾总督府造林事业规程业已无保留价值（1946年11月21日）

民国三十五年十一月二十一日　收文第七五二六四号

台湾省行政长官公署农林处林务局代电

法制委员会公鉴：案据本局技士傅朝湘呈称："查行政长官公署致西有署法字第三六二八三号布告（登载新生报），暂缓废止日本占领时代之法令名称一览表,内列台湾总督府造林事业规程(大正十三年训令第十三号)及台湾国有林野造林治水事业规程(昭和十八年训令第二一二号)性质相同。昭和十一年以前,各项造林事业规程,分列计有台湾总督府造林事业规程(即前项规程)、营林所事业规程及海岸防风林事业内规等,自昭和十一年后,森林治水事业开创为求同一性质事业进行步骤划一,简化法令起见,溶和各项造林事业规程编成台湾国有林野造林治水事业规程,于昭和十八年实施。台湾总督府造林事业规程即在日领时代亦早已废止,故现在亦无保留必要,拟请转函法制委员会更正,以免混杂不清,而利事业进行,签请鉴核。"等情,据此。查台湾总督府造林事业规程既在日领时代业已废止,自无保留之价值,相应电请更正为荷!林务局戌(焦)印政

(台湾省政府档案)

(何凤娇编:《政府接收台湾史料汇编》(上),"国史馆"1990年版,页38-39。)

148. 交通部台湾邮电管理局电复已在修订拟保留之邮便振替贮金规则(1946年11月)

民国三十五年十一月　邮字第一九三五号

交通部台湾邮电管理局代电

　　台湾省行政长官公署法制委员会公鉴:致西世署法字第三八八七八号代电敬悉。查本局所拟保留之邮便振替贮金规则等拾种,当时因不及全部翻译,故先将名称通知,现正积极修订,一俟办竣呈报邮政总局邮政储金汇业局,转呈交通部核定后,当即检送长官公署公布,相应复请查照为荷!交通部台湾邮电管理局局长陈寿年寅一一二〇。

(台湾省政府档案)

(何凤娇编:《政府接收台湾史料汇编》(上),"国史馆"1990年版,页104。)

149. 财政部呈请行政院免冻结台湾本地人民在台湾邮局所存之各项邮政储金（1946年12月7日）

财政部　呈

京督七字第一〇二三号

民国三十五年十二月七日

　　案据本部钱币司案呈邮政储金汇业局本年九月二十日京储字第九四九七号函开，"查台湾地方光复后，本局即经令饬台湾邮电管理局将各项邮政储金接收清理情形具报，并将有关敌伪储金先行冻结列报候核在案。兹据该局呈送本年六月份工作报告，关于储汇部门中计列：一、登记邮便贮金切手办法；二、国债邮便贮金改作普通邮政储金；三、海外台胞寄存储汇款项登记期间展延等项。经查第一项办法似无不合，当可准照办。及第三项所报性质尚欠详明，已令其迅将台湾长官公署公告办法查明报核，至第二项所称日方前办国债储金改作普通储金办理一节，究竟是项储款以前是否转解敌国国库，抑系由邮局自行保存，以及目前是否准由储户继续提存，亦已令该局查明续报并饬仍应遵照本局前令先行冻结候令处理各在案。惟查敌国人民在我国公私机关存款，以及敌国公私机关所收我国人民各项存款应各如何清算处理，尚未奉颁核定办法，除将台湾邮电管理局原呈工作报告三项抄送参阅外，相应函请查照迅予转呈赐示以便饬属遵办"等由附件到部，正核办间，复准中中交农四行联合办事总处秘书处京业字第四三六九号函同前由，另京业字第四三六四号函略以准邮政储金汇业局函以"台湾沦陷已久，当地人民在敌国强力统制之下，情形较为特殊，现在光复伊始，似应予民众以便利，所有台湾本地人民在台湾邮局所存之各项邮政储金与台侨前在国内之存款有所不同，似可不在冻结之列，相应函请查核示知以便饬属遵办"等由，相应函请查核见复以便转知等由。查依照钧院三十四年十一月二十三日颁发之收复区敌伪产业处理办法第四条第三项"产业原为日侨所有或已归日伪出资收购者其产权均归中央政府所有"之规定，敌国人民无论在我国金融机关或已接收之敌金融机关存款似可比照该项规定办理收归国有。又接收敌伪金融机构之清理业由部呈奉钧院核定，"凡敌性银行于接收后，清查其资产负债之确实数字,其债权方面迅予追回,其债务则一律暂不清偿,俟敌国赔偿后再行核议",是接收敌国金融机关所收我国人民各项存款,亦应于接收后予以冻结。复查本部前准中国陆军总司令部代电,以据北平行营李主任电转据韩侨宣抚团报称:韩侨在各银行之存款及由各地汇来之款项均在银行邮局冻结不能提取,致难维持生活,请饬各银行邮局凡持有该团证明者即予照兑一案。当由部复以韩侨在我国银行邮局被冻结之存款如请求解冻,应先查明原存户以前确无附敌嫌疑,且目前生活困难,并经韩侨宣抚团证明属实后方可准予提取,至台湾人民在银行邮局被冻结之存款,亦应查明上项情形,并经当地主管机关证明后,方可准予提取,业由部电复查照办,并经电请中中交农四行联合办事总处转知各国家行局照办各在案,现台湾情形与其他各收复地区未尽相同,该省内原有金融机构于光复后均继续营业,其所负债务,除属日本部份依据台湾省行政长官公署本年二月十六日《台湾省处理境内撤离日人私有财产应行注意事项》之规定,于日人撤离该省时予以接收外,其余对台湾省人民及已接收机关之债务,均未加以冻结,台湾本地人民在台湾邮局所存之各项邮政储金似亦可免予冻结。所陈是否有当?理合抄附台湾邮电管理局工作报告一份备文呈请鉴核示遵。谨呈行政院。

财政部部长　俞鸿钧

附件:台湾邮电管理局六月份工作报告(节选)

丁、储汇部门

一、登记邮使贮金切手办法:查本省各局经办各局经办各种储金中有前日政府发行之邮便贮金切手(另称弹丸切手,其性质与有奖储券近似)一种,凡中奖者即可指向邮局兑换现款,其未中奖者则依照购额存入邮局为定期储金(即特别据置储金),期满支取本息,此项贮金切手实系日政府发行之债券,现本省光复已久,自应先予冻结,并予以登记,俟向日政府清算后再为核定支兑办法,故特订定登记办法于本年六月三日通令各局遵照办理。

二、国债邮便贮金转作普通邮政储金:查本省各局过去经办之国债邮便贮金,纯以充实日本国债为目的,故所订利率比较普通邮政储金为高,现邮电主权业已收回自难继续承办,经于本年六月十七日公告并通令各局停办,唯为维护存户利益起见,各局所有国债邮便贮金存账,自同日起改作普通邮政储金办理,并按普通储金利率计息。

三、海外台胞寄存储汇款项登记期间展延:查关于日本投降前台胞在海外寄存储汇款项登记期限至本年五月底止,业经长官公署财政处公告并于四月三十日交递贮第百号通牒、递信公报第一三三三号登载通知各在案,兹据台北邮局案呈财政处致辰(养)财二字第二三八八号公函以海外台胞续有归来,为顾全其利益起见,上述登记时间特再延至本年十月三十一日止等情,经已通令各局遵照办理。

(薛月顺编:《台湾省政府档案史料汇编:台湾省行政长官公署时期(一)》,台北县新店市:"国史馆"1996年第1版,页126–129。)

150. 财政部函请行政院秘书处转陈台湾省行政长官公署该部审核台湾省接收日资企业处理实施办法之意见(1946年12月14日)

财政部　公函

财库(一)字第六〇五号

民国三十五年十二月十四日

案准贵处本年十一月四日礼京(十)字第四〇五六九号通知,以台湾省行政长官公署呈拟台湾省接收日资企业处理实施办法请核备一案,奉谕交财政、交通及农林三部核复,除分行外,相应通知等由,附抄送原办法一份。查上项所拟办法大体尚无不合,惟关于日资企业出售价款、出租租金及营业盈余如何处理,原办法未加规定,依敌产处理条例施行细则第十五条第四款规定"现款或有价证券及其他贵重物品应存入国家银行或其指定之金融机关保管之"及同条第六款规定"拍卖所得价款依本条第四款规定存储",又接收国内日本产业赔偿我国损失记账办法第九条规定"接收日本各项产业,如经行政院核定出售、租赁、或继续经营后,各接收机关应即以接收敌伪财产及物资售价收入、接收敌伪财产租赁收入及接收敌伪营业盈余收入三科目,分别处理"。该省拟订处理日伪产业实施办法,自应将上项规定一并列入。相应函请查照转陈为荷。此致行政院秘书处。

法规委员会审查报告:台湾省接收日资企业处理实施办法案拟照科签修正。

财政部长　俞鸿钧

（薛月顺编:《台湾省政府档案史料汇编:台湾省行政长官公署时期（一）》,台北县新店市:"国史馆"1996年第1版,页36-37。）

151. 经济部为关于各企业奸伪股份申报办法等案拟具意见函请转陈鉴核(1946年12月23日)

民国三十五年十二月二十三日　京商字第一九八○七号

经济部公函

案准

贵处三十五年八月七日礼京（十）字第一六○八号,同年九月二十七日礼京（八）字第二五九五六号及同年十月二十三日礼京伍字第三二二四五号通知单,以苏浙皖区敌伪产业处理局呈拟各企业奸逆股份申报办法请核示案,河北平津区敌伪产业处理局拟定尚未判决逆产事业单位管理办法案,及台湾省行政长官公署呈拟台湾省各金融机构资产处理办法案,奉院长谕"交经济、财政两部核复"、"交司法行政部暨经济部议复"及"原处理办法内,关于会社债及株券事交经济部会同核办"各等因,各附抄件先后通知过部。查上列各案均系与逆产股份处理问题有关,兹就本部主管事项核议如后:

甲　凡逆伪对各事业之出资或股份,经检举或在审理中而其罪刑未经判决确定者,拟照如下之处置:

一、属于独资组织者,自可由有权处理机关（即敌伪产业处理局或将来接替之机关）暂为接收,如仍在营业,应准由有权处理机关继续维持营业,如已停业,应由有权处理机关保管。

二、属于合伙组织而以逆伪为主体者,由有权处理机关依前款规定处置,倘仅为合资而不执行业务者,应准由执行业务之出资人继续经营,其逆伪部分之出资,应报由有权处理机关保管,予以冻结。

三、属于公司组织者,应依收复区各种公司登记处理办法报明有权处理机关或经该机关察悉后暂为保管,予以冻结,公司开会时,此项股份可不列入表决计算,如该逆伪系选任为董监或被推执行业务者,该项名额应暂予保留。

乙　逆伪罪刑经判决确定者,其对于各事业之出资或股份,拟照下列规定处理之:

一、于没收后由有权处理机关拍卖,得款缴库。

二、于没收后准估价由合资人或其他股东承买。

三、于没收后作为公股,指定与该事业有关系之机关为继承之股东,行使股权。

丙　公司资本于整理时,如按各股东股额比例增加者,逆伪部分之股份亦应比例增加。

丁　敌伪产业处理机关依第二项处理时,应将其处理情形行知经济部备查。

以上核议各项,相应复请查照,转陈鉴核。此致

行政院秘书处

经济部　启

(近史所经济档)

(何凤娇编:《政府接收台湾史料汇编》(上),"国史馆"1990年版,页200-202。)

152. 交通部呈报行政院台湾省接收之铁路航政邮电应收归国有(1946年12月27日)

交通部　公函

财字第一四二九号

民国三十五年十二月二十七日

准贵处本年十一月四日礼京十字第四〇五六九号交议案件通知单,以台湾省行政长官公署呈拟台湾省接收日资企业处理实施办法请核备一案。奉院长谕:"交财政、交通、农林三部核复。"除分行外相应通知等由过部。台湾

省接收之铁路、航政、邮电(原系民营者除外)均应为国家财产,由国家经营。原办法第四条似应列入国营一项,作为条文内之甲项至应归收国营之企业。如内有本国人民之股份,在保障其权益之原则下,将来应由该管国营事业机关备价收归国有,以符我国国营事业之制度,是否有当?相应复请查照转陈核定为荷。此致行政院秘书处。

部长 俞大维

(薛月顺编:《台湾省政府档案史料汇编:台湾省行政长官公署时期(一)》,台北县新店市:"国史馆"1996年第1版,页71。)

153. 经济部令派蔡常义等六十二员为台湾区特派员办公处秘书专门委员及接收委员等职(1946年12月31日)

民国三十五年十二月三十一日　渝人字第二〇二九四号

经济部指令

兹派资源委员会专员蔡常义为本部台湾区特派员办公处秘书;沈镇南、资源委员会遵义酒精厂厂长汤元吉、资源委员会昆明电厂厂长刘晋钰、资源委员会平桂卯[①]务局协理王求定、资源委员会甘肃油卯局炼厂厂长金开英为本部台湾区特派员办公处专门委员;吴卓、余昌梧、高永祥、金贞观、丘升元、朱有宣、葛益炽、陈器、周大瑶、周厚枢、孙承谟、骆君绣、林同棪、刘俊伟、何家浚、王瑞琳、林斯澄、陈昊、顾敬心、陈垚、张钟俊、柳德玉、李国柱、吴祖坪、俞汝鑫、陆宗贤、聂光垍、杨同德、陈尚文、谢惠、陈绍焕、王思濂、资源委员会资中酒精厂厂长张季熙、资源委员会泸县酒精厂厂长陆宝愈、资源委员会犍为焦油厂厂长陈梓庆、资源委员会简阳酒精厂厂长于升峰、资源委员会广汉酒精厂厂长刘拓、资源委员会专门委员沈熊庆、资源委员会江西机器厂工程师徐有滔、资源委员会巴县炼油厂厂长罗宗实、资源委员会云南锡业公司会计室主任曾昭承、资源委员会电化冶炼厂厂长孙景华、资源委员会电化冶炼厂代理工程师张桂耕、资源委员会水力发电勘测总队队长黄辉、资源委员会专员陈蔚观、资源委员会天水水力发电厂工程处主任张昌龄、资源委员会化工

---

① "卯"古同"矿"。

材料厂工务课课长方明矩、资源委员会华亭电瓷厂厂长温步颐、资源委员会专员袁慧灼、资源委员会中央电瓷厂衡阳分厂厂长陈任寰、资源委员会电工器材厂主任陈绍琳、资源委员会四川酒精厂厂长施有光、资源委员会甘肃化工材料厂厂长沈觐泰、中央工业试验所盐碱实验工厂厂长陈华洲、资源委员会修文河水电工程处主任裘燮钧、战时生产局技士郝履成为本部台湾区特派员办公处接收委员。此令。

(近史所经济档)

(何凤娇编:《政府接收台湾史料汇编》(上),"国史馆"1990年版,页170-171。)

154. 资源委员会收复区接收事业工作总报告(民国三十五年十二月)(1946年12月)

台湾铜矿筹备处

(一)接收经过及目前概况

日本矿业株式会社在台湾经营之事业,其较著者原有金铜矿及油矿二项。战争期间,受军部指示收油矿部分让售帝国石油株式会社经营,故战事结束时,仅有金瓜石矿山事务所一处而已。本矿最盛时期,每年可产金二点六吨,铜约七千吨,从业员工达一万人之众,日人自诩为东亚第一之金铜矿厂。惟日人在台经营事业多无独立性,仅为配合其国内需要而设,故金瓜石矿山规模虽大亦仅能产制半成品,此项半成品输送日本国内,而自国内运来各项器材。迄战事后期,器材运输不济,益以铜之需要增大,金瓜石之金矿部分遂于一九四三年三月停止采选,至一九四五年三月,铜矿部分亦被迫停工,同年八月日本宣告投降,至十一月下旬始由我国政府派员来矿监理。当时纯系保管局面,仅有员工四百余人,惟以原拥有员工一万人之大矿裁并至目下之状况,其失业问题之严重,自不待言,益以日败战后,治安无力维持,我政府接收伊始,新力量无由建立,致矿区附近流氓蹶起盗匪丛生,其间监理人员虽竭力协助原负责日人维持保管,并调到少数部队来矿驻扎,要亦无法根绝盗氛,至三十五年三月奉命准备接管,四月初,日籍员工大部遣送返国,仅留用二十余人,当时接收员不过七人,原有台籍职员一人,工人约二百人,于四月一日虽勉力完成接管工作,但各项矿品器材未能详加清点,至五月中旬奉资源委员会令正式改组为台湾铜矿筹备处,此乃接收本矿之大略经过也。

(二)接收时感受之重要困难及解决办法

金瓜石矿厂前日人经营规模之伟大,现况设备经修复后,犹可利用以开发国家地蕴之资源,惟昔日可以顺利工作之环境条件已有变动,吾人必须克服,恢复生产之阻力,借以推进工作,如下表列举七种困难,其重心则在经费之充足拨发及治安之整饬,前者为一切动作之发动力,后者为使员工安心工作及保障公物安全所必需。详参考附表。

恢复生产之阻力考察表

困难原因	说明	解决办法
(一)修复费用浩大、经费来源不灵活	a.停工既久,机件损毁较巨,零件复遭盗窃,坑道机器须大规模修理。 b.经费不能按期拨发。 c.恢复小规模生产,用以支持伟大局面难以相称。	请大家按期拨款,并决定将来扩大方针。
(二)秩序未复治安不良	收复伊始,原有秩序不易恢复,加以全岛失业严重,盗窃案不仅使员工生活不安,而矿内设置亦时有盗窃破坏事件发生,现况自由盗采金矿者有两三千人之多。	希望政府对此应严密注意加紧管制,切实负责矿区内之治安。
(三)缺乏冶炼设备	本矿已往系将富矿及洗选后之半成品等运至日本冶炼,矿山并无冶炼设备,致目前即能生产半制品,无法销售,周转为难。	初步工作拟设简易提金设备
(四)矿量不丰,矿质不佳,生产费用较高	本矿储量已证明者为数不丰,其成分之贫尚不如美国最低级之金矿砂及铜矿砂。	(一)中国工价较低,再如能改进工作效率,尚可勉与国际品在国内市场竞争。 (二)就地质论上言,本矿可有新矿床发现之可能,故将来采矿外,并应注意探矿工作。
(五)材料缺乏价高昂	本矿及选厂修复所需配件甚多,台湾交通迄未畅达,外购时期亦不易确定,致买价昂而困难,如采矿用炸药,昔日价每吨不过美金300元左右,现合价至台币17万元,约合美金1,700元。	(一)现系设法觅购各地存物料。 (二)期亦请大会材料事务所协助解决。

续表

困难原因	说明	解决办法
(六)技术人员招揽不易	日籍技术人员现留人数极少,并随时被遣回之时机,吾国工矿事业基础未固,人才缺乏,战后接收事业甚多而人员不敷分配之现象更形严重,加以台省言语文字有异国内,又一般待遇菲薄,生活不安,致人员之招揽倍形困难矣。	应提高待遇,广为聘揽专才,并派员赴国外实习。
(七)言语文字不通,工作运用不灵	台省沦亡已50年,人民言语习用土语,文字亦多习日文,语言隔阂,致指挥工作未能灵便。	(一)利用兼才即所约人员不仅注意其工作能力,并选择以会日文、台语者为配合。 (二)开办语言训练班,使本矿员工未识国语者,有学习之机会。

(三)保管及维持工作概况

本矿自三十四年十一月下旬开始监理,三十五年四月一日正式接管,五月中旬改组铜矿筹备处,在此半年间洵系保管及维持之局面。兹将其间工作概况表示如次:

年/月	职别	人数	工作概况
34/11	职员	89人	本月二十一日起监理日本矿业株式会社台湾支社
34/11	矿员	329人	廿七日到达金瓜石执行监理该矿山事务所
34/11	接收员	2人	经济部台湾区特派员陪同美总统代表Lock来矿视察
34/12	职员	78人	研究矿厂情形后拟具恢复日产矿砂二千吨普佐贺关拆迁炼厂之计划
34/12	矿员	247人	请调国军来矿驻防于十八日到达人数一排
34/12	接收员	5人	美军少校Laualay(采矿工程师)来矿视察
35/1	职员	80人	编送三十五年度工作计划表及概算表
35/1	矿员	229人	大会工矿业视察团许处长等来矿视察并研讨计划进行事项
35/1	接收员	5人	兵工署杨署长继曾等一行来矿视察
35/2	职员	78人	向台湾银行接洽借款以便局部复工不克成议
35/2	矿员	209人	交通部杨司长等来矿参观
35/2	接收员	5人	上海金融界台湾视察团来矿参观
35/3	职员	75人	拟具复工计划呈经已特派员核转经济部
35/3	矿员	165人	遣送第一、二批日籍员工返国
35/3	接收员	7人	钱副主任委员一行30余人来矿视察
35/4	职员	27人	正式接管日矿台湾支社及金瓜石矿山事务所两机构

续表

年/月	职别	人数	工作概况
35/4	矿员	251人	第三批日籍员工遣送返国
	接收员	9人	大会胡专门委员祎同来矿视察洽订复工计划,大会核定复工计划并奉准先拨经费1,500万元
35/5	职员	66人	奉会成立台湾铜矿筹备处
35/5	矿员	256人	大会拨到国币1,800万元存沪,备付来台工作人员旅费,大会专门委员李庆远来矿考察

(四)复工计划及经费预算

金瓜石矿厂复工生产必须逐步进行,又鉴于战事停止后,矿铜不能有优越之市价以维持其成本,及过去大量冶炼对日本佐贺关炼厂之依赖性,故现况采取第二计划生产矿水沉淀铜,采氰金矿添简易冶炼设备,实为明哲之决定。惟对设备欲作经济之利用,以免使庞大之局面维持小量生产,又事实上布置局势,不易立即全部采掘富矿,故采矿及氰化处理金矿于势迫,不得不扩充为每日二百五十吨至四百吨,借以维持金产量,兹将原有四种计划意见列表,以便考查附表如左:

复工计划考查表(民国三十五年九月底)

项目	计划种数	初期计划意见	向大会提出之计划 第一计划	第二计划	第三计划	备考
提出计划时间		监理时期三十五年一月份	接管期三十五年四月底	同上	同上	向大会提出之计划四月中胡祎同先生到矿考察后之意见。
工作项目	沉淀矿水铜	建设加硫收铜设备	恢复生产	同上	同上	加硫法收回率较高,但需大笔建设费
	金矿采氰	日处理金矿一千吨	日处理金矿150吨	同上	不做	日矿最盛时,日产金矿1,000吨,1943年3月停止。
	铜矿采选	日处理金矿一千吨	日处理金矿300吨	不做	不做	日矿最盛时,日产金矿2,000吨,1943年3月停工。
	冶炼添设	自日迁移佐贺关炼厂	添置简易炼金铜设备	同上	仅添炼沉淀铜设备	以往所产净矿砂等悉运日冶炼。

续表

项目 \ 计划种数		初期计划意见	向大会提出之计划			备考
			第一计划	第二计划	第三计划	
预计每年生产量	金	1,000公斤	400公斤	340公斤	无	日矿最盛时,在日炼出金达2,600公斤。
	铜	电铜3,000吨	1,600吨	精铜720吨	720吨	日矿最盛时,在日炼出电铜达7,000吨。
	银	4,500公斤	400公斤	340公斤	无	日矿最盛时,在日炼出银达10,000公斤。
	硫铁矿	(硫酸)18,000吨	10,000吨	无	无	日矿最盛时,铜矿选厂副产品硫铁矿达60,000余吨。
	采矿	普通采矿	仅采较富金矿及铜矿	仅采较富金矿	仅沉淀矿水铜	
计划属性	恢复以往生产程度	70%	15%	50%		依昔日产矿砂量为计算标准。
	电用经费(台币)	米①4亿元	13,500万元	8,000万元	3,500万元	依三十五年三月份物价情形估计炼厂、精炼厂、硫酸厂仅列迁移费。
	最顺利完工时期	八个月产半制品二年半出市品。	八个月产半制品一年半出市品。	同上	同上	依自开工修理之日起。
	矿寿年限	十五年	五年	五年	十年	约计数。
	最后决定	需款过巨并牵址自日迁厂问题难以实现,仅口头讨论未正式提案。	需款较巨,除非与加拿大合作成功后或另有扩大计划,兹不拟以此为目标。	经钱主任委员批定,即加拿大合作谈判不成,亦依此计划执行。	因原有规模太大,如维持生产量负担较管理费必须亏折,故遭否决不执行。	依第二计划吸收工人不过千余人,当地失业严重盗采金矿者即在3,000人左右,必须地方当局维持治安秩序有办法后,复工计划始不致受摧折。

此外,本处外处理原存铜精矿,拟增设电解精铜厂及有关之火熔炼设备、阳极泥处理设备等项,已将计划及预算呈送核定。

原经费预算(三十六年三月估计)

    金矿及氰化厂　　30,000,000元

    沉淀铜　　　　　26,000,000元

---

① 原文如此。

冶炼设备　　　　24,000,000元

土木工程　　　　3,000,000元

创业管理　　　　8,000,000元

合计　　　　　　91,000,000元

此外电解设备40,000,000元(三十六年十一月估计)

(五)改组及正式成立(组织)

台湾铜矿筹备处于三十五年五月八日正式改组织,设主任及副主任各一人,总工程师一人,下设管理及工程两组,管理组辖总务、业务、会计、保安四课及医院一所,并各分股办事,工程组辖矿场、选厂、炼厂及机电、土木课,并各分股办事,此外于台北设台北办事处,于上海设上海通讯处,以便与有关本处业务行政各方面取得联络。

(六)目前事业阶段

本处本年度全系创业阶段,下年度创业及营业同时并进。

(七)工程进展(工程实施状况)

1. 沉淀矿水铜

项目	开工日期	完成程度	与预定计划比较	备考
修复沉淀水槽等设备	6月1日	本槽修后可以生产	因候材料,生产略迟半月	其余机械房舍设备因经费及材料,原在陆续修中。
修复七号坑分水路	6月17日	已完成修复1,400公尺	工科长度均较预期为多	较予定延长三个月,工作预算增出经费200万元。
生产沉淀铜半制品	7月16日	已完成收含铜矿水80%	因废铁选佳品收回,成绩较佳	干季生产铜质每月约45吨。
建设加硫收铜设备			因经费原料问题,未开始工作,仅整理计划资料	试验加硫剂烧制法三次,最后尚称满意。

2. 修复金矿采精

	项目	开工时间	完成程序	与预定计划比较	备考
采矿设备	修复坑道	第四号平坑 6月4日 第六号平坑 7月1日 第五号坑清整 6月4日	已修复1,172尺 修复2,940公尺 大致就绪	本料缺乏，进展迟缓	预计正月开始生产，三月中可达每日250吨
	修复机电设备	压风机斜坡运道、索道、电车、矿车、绞车等 6月1日	完成80%	材料不应手，进展较为迟缓	如材料经费应手，可以配合采矿完成
精化设备	精化厂设备	清理碎矿、磨矿、浮选、溶解、泸水收金水泵、房舍等设备 6月1日	清理机械部分大致完毕	较预期工作较速，但项目增多	继续修整厂房等
	修复工作机电设备	碎矿、磨矿、浮选溶解、泸水收金水泵、吹风运输等机电设备 6月1日	已完成	实勘修理工数较预算高出四倍	预计正月中可以试车

3. 新建冶炼设备

	项目	开工时间	完成程序	与预定计划比较	备考
炼金设备	厂房修建	11月	55%	较预定略迟	预计明年三月全部完成
	炼金炉设备		未开工	因火砖未到	
	分金设备	12月	5%		
炼铜设备	二十吨反应炉	11月	5%	因经费及材料关系进展迟缓	预计明年六月全部完成
	烟囱	12月	3%		
	10吨精炼炉		未开工		

4. 原计划修建之杂项土木工程均已次第如期修竣，惟关于宿舍住宅等，因年久失修加以遭受两次台风之侵袭，下年度尚须陆续修理。

(八)将来展望

本矿过去虽规模宏大,然已经十数年来之大量采掘,近年来更因战争之影响,金矿、铜矿及矿水收铜各部门先后停顿,所遗留者,为若干失业之矿工,为若干久置待修之机件,为若干富矿渐罄之坑井,为若干残缺不完之设备构筑,既经接管必须就全局为人事上之应付,工程上之照料所费人力财力均不必为初期生产目的之所需,等于额外支出,反不如创始之得依确定计划逐步推进不受牵制与累赘也。即就目前可供利用部份之修复而书,自环境变换供需脱节,修复原有机件所需补充之一切物料未必为世上所有,东拼西凑不能一气呵成,所受时间上经济上之损失几难数计,嗣后自应从恢复正常状态中进谋扩充生产,关于经费、材料、人事、治安各方,除力为本身之解决外,并需要客观环境之好转与顺利,至于采选炼之整个程序,必须完备生产目的,不仅为量的增加,尤应为质的改进,此必于最短期间努力以求其实现也。

1. 接收情形

接收事业原名称	接收日期年月	接收人姓名	前身机关及主持人姓名	接收地点	办理移交所需时间(日)	移交及清理手续已否完毕
日本矿业株式会社	民国三十五年四月	袁慧灼	所长户田贡	金瓜石	五日	已
日本矿业株式会社台湾支社	同上	同上	支社长户田贡	台北	二日	

2. 各生产单位或部门复工情形

生产单位或部门	原有设备基础	原有设备修复程度及设备调整情形	新增部分	目前生产能力			修建后生产能力			需用原料			现有职员人数（十二）月		现有工人数（十二）月		
															产业		创业
				产品	单位	每年数量	产品	单位	每年数量	种类	取给地点	每年数量	技术	管理	技工	普工	常雇工	临时工
矿场	原有设备过去每日可出金矿1,000t铜矿2,000t	拟修复至每日出金矿250t至400t	无				金矿砂	T/Day	250	坑木 炸药 铁管 钢轨	台湾 国外 国外 国外	107,200根 180t 1,300m 16,000m	77	72			1,180	640
氰化厂	过去每日可处理金矿250t至400t		无				金银淀物	Kg/Mon	560	氰化钠 锌粉 石灰	国外 国外 台湾	172t 14t 1,380t						
沉淀铜	过去每日可得纯铜1,000t	拟修复至每年可获纯铜1,000t		半制品沉淀渣	t/Mon	100	沉淀铜渣	t/Mon	120	废铁	台湾	3,000t						
炼厂	无	无	炼金炼铜	金银铜	kg/Mon kg/Mon t/Mon	22 37 60				煤焦 硫酸	台湾 台湾 台湾	3,700t 450t 7t						

3. 接收重要物资[①]

接收单位名称	房地产 名称	房地产 数量	主要生产设备(3) 名称	主要生产设备(3) 数量	主要营业用具(4) 名称	主要营业用具(4) 数量	盘存主要产品(4) 名称	盘存主要产品(4) 数量	盘存主要原料(4) 名称	盘存主要原料(4) 数量
金瓜石矿山事务所	土地 房屋 构筑物 矿源	357,480.08 16,070,267.00 26,414,274.00	机器及设备	36,730,193.30	船舶 车辆 工具 器具	353,055.00 2,928,861.80 193,233.00 101,890.00	原矿品	7,218,794.24	物料 医药	699,997,670.13 109,864.32
台湾化学工业株式会社					器具					
台湾支社	土地 房屋 矿源	7,230,618.00 256,077.00								

4. 财务处理

接收部门名称	接收及现金给存数额(币元)	接收债权(包括对外之应收账户及应收票据)(币元) 总计	接收债权(包括对外之应收账户及应收票据)(币元) 本国户	接收债权(包括对外之应收账户及应收票据)(币元) 总计	接收债权(包括对外之应收账户及应收票据)(币元) 本国户	债权债务处置办法
金瓜石矿山事务所	现金 343,873.27 存款 2,223,683.11	未收入金 暂付款	204,792.55 88,619.70	借款 职工存款 未付款 暂收款	6,448,200.00 2,258.31 394,046.01 418.06	代为清理
台湾支社	现金 5,634.03 存款 94,883.92	未收入金 暂付款	9,861.00 312,151.85	职工存款 未付款 暂收款	245,535.32 25,536.82 1,500.00	代为清理

---

① 原表数量无单位。

5. 人事处置

接收部门名称	接收时原有员工人数				处置办法(指至编报时止遣散及留用人数总计)						备注
	中国职员	日籍职员	中国工人	日籍工人	遣散(资遣或无条件)人数				留用		
					中国职员	日籍职员	中国工人	日籍工人	中国职员	日籍职员	中国工人	日籍工人	
金瓜石矿山事务所	3	20	194	8					3	20	194	8	接收委员不在内
台湾支社		2		1						2		1	同上

6. 一般情形

事业名称	核定资本之组成						经营方式	现有职员总数(九)月	现在工人总数(九)月	所辖生产单位或部门			
	总计		本会投入		合办机关投入								
	已缴	未缴	资产作价	拨款	资产作价	拨款		管理 技术	产业技工 产业普工 产业工人	业已开工	在修理中	在筹备中
			104,625,497.59 766,464.30	核定8,000万元									

7. 重要工程进度(包括修复工程及创新工程)三十五年十二月底

工程名称	修复工程新建工程	隶属单位或部门及其用途	兴工日期(年月)	现在完成程度(%)	预计全部完成所需时间		备注
					需要时间	工作条件	
采矿设备	修复	矿场		100		经费充足	
采矿巷道	修复	矿场		70	3个月	材料应手	
捣矿设备	新建	矿场		80	2个月		
氰化设备	修复	选厂		100			
氰化厂设备		选厂		60	3个月		
炼铜设备	新建	炼厂		5	6个月		
炼金设备	新建	炼厂		10	3个月		
电解设备	新建	炼厂		未开工	1年		

8. 开工部分情形

业已开工之生产单位（或部门）及主要产品	开工年月	产品量度单位	生产量（自开工之月起至编报月上月止）						销售量（自开工之月起至编报月上月止）	九月份价格	销售区域	客户行业或机关性质
			七月	八月	九月	十月	十一月	十二月				
半制品沉淀铜渣	三十五年七月	吨	40	100	100	130	174	241				

9. 营业及职工情形

项目	三十五年五月	六月	七月	八月	九月	十月	十一月	十二月
营业收入（千元）								
营业支出（千元）								
职员人数		79	96	106	127	148	158	149
薪津总额（台元）		241,512	281,710	541,421	603,020	693,197	858,058	839,410
工人人数		479	553	675	640	881	976	1,180
薪津总额（台元）		862,604	1,265,342	1,525,844	1,703,870	2,877,322	3,079,196	3,954,947

（薛月顺编：《台湾省政府档案史料汇编：台湾省行政长官公署时期（一）》，台北县新店市："国史馆"1996年第1版，页72-94。）

155. 台湾省行政长官公署令废止日据时代台湾医师试验规则等法令(1947年1月14日)

民国三十六年一月十四日　署法字第三六二三号

台湾省行政长官公署令

左列日本占领时代法令着即废止。此令。

行政长官　陈　仪

一、台湾医师试验规则(昭和十六年府令第一五六号)

二、传染病豫防ノ为对象输入禁止ニ关スル件(明治三十二年敕令第四三四号)

三、流行性脑炎ヲ传染病ニ指定ノ件(昭和十一年府令第八九号)

四、传染病流行ノトキ通报方(明治三十年训令第八二号)

五、ペスト豫防ノ为亚砒酸使用ノ件(明治三十八年训令第二六五号)

（台湾省行政长官公署公报）

（何凤娇编：《政府接收台湾史料汇编》（上），"国史馆"1990年版，页39-40。）

156. 台湾省行政长官公署令废止日据时代台湾牛乳营业取缔规则等法令(1947年1月14日)

民国三十六年一月十四日　署法字第三六二四号

台湾省行政长官公署令

左列日本占领时代法令着即废止。此令。

行政长官　陈　仪

一、台湾牛乳营业取缔规则(昭和十九年府令第一五二号)

二、畜牛结核预防法(明治三十四年法律第三五号)

三、畜牛结核预防法施行规则(昭和元年府令第八号)

四、家畜传染病预防法(大正十一年法律第二九号)

五、家畜传染病预防法施行细则(昭和元年府令第四号)

六、州厅种畜场规则(昭和八年府令第一四六号)

（台湾省行政长官公署公报）

（何凤娇编：《政府接收台湾史料汇编》（上），"国史馆"1990年版，页40-41。）

157. 台湾省行政长官公署令废止日据时代台湾瓦斯事业取缔规则等法令（1947年1月20日）

民国三十六年一月二十日　署法字第五六〇九号

台湾省行政长官公署令

左列日本占领时代法令着即废止。此令。

行政长官　陈　仪

一、台湾瓦斯事业取缔规则（昭和九年府令第三八号）

二、资源调查法（昭和四年法律第五三号）

三、资源调查令（昭和四年敕令第三二九号）

四、台湾资源调查令（昭和四年府令第六九号）

五、电气工作物规程（昭和七年（递信省令）第五三号）

六、电气工作物临时特例（昭和十四年递信省令第一号）

七、电气事业会计规程（昭和七年递信省令第五五号）

八、自家用电气工作物设施规则（昭和七年递信省令第五六号）

九、电气测定法（明治四十三年法律第二六号）

十、电气测定法ヲ台湾ニ施行スルノ件（大正十一年敕令第五二一号）

十一、电气测定法ニ依ル电气单位ノ培数及分数ノ名称并电流电压及电力ノ计算方法等ニ关スル件（昭和三年府令第五七号）

十二、电气测定法ニ依ル电气单位ノ倍数及分数ノ名称其ノ他ノ件（明治四十三年递信省令第一一七号）

十三、台湾电气计器检定规则（昭和十二年府令第一六六号）

十四、台湾电气计器检定规则战时特例（昭和二十年府令第一五号）

十五、台湾河川台账规则（昭和四年府令第五九号）

十六、肥料取缔法施行规则（昭和二年府令第三七号）

十七、重要肥料输出入制限ニ关スル件（昭和十二年律令第一二号）

十八、昭和十二年律令第十二号ノ肥料ノ种数ニ关スル件（昭和十二年府令第四八号）

十九、台湾硫酸アンモニア输出入许可规则（昭和十二年府令第四九号）

（台湾省行政长官公署公报）

（何凤娇编：《政府接收台湾史料汇编》（上），"国史馆"1990年版，页41-43。）

158. 台湾省行政长官公署高雄州接管委员会电报已于一月八日停止办公（1947年1月26日）

民国三十六年一月二十六日　秘字第二七〇号

高雄州接管会代电

　　台湾省行政长官陈钧鉴：本会业于一月八日停止办公，所有原接管事务正在赶办移交与高雄县政府接收中，除另案会衔呈报交接外，理合电请察查。高雄州接管委员会主任委员谢东闵秘（俭）

（台湾省政府档案）

（何凤娇编：《政府接收台湾史料汇编》（上），"国史馆"1990年版，页319。）

159. 经济部台湾区特派员包可永电报台湾区结束接收应办事项（1947年1月27日）

民国三十六年一月二十七日　收文第三一七二五号

包可永代电

　　经济部部长王：子号接电有日奉悉。查职区结束应办事项，现仅会计部分约一月底可以结报，余已遵办，亦于月底一并报核。至饬办各案除调查需时，已移由工矿处续办者外，余均办理。谨电报查。职包可永叩子有

（近史所经济档）

（何凤娇编：《政府接收台湾史料汇编》（上），"国史馆"1990年版，页319-320。）

160. 台湾省行政长官公署接管工作报告行政院审核意见
（1947年2月5日）

内 政

一、原报告办理禁政部份尚属切实，惟烟民虽经戒调完竣，此后仍应严密防止复吸，对于查缉、宣传、调验、组织禁烟协会、发动社会制裁及查禁种、运、售、制、藏等项基本工作，亦应督饬所属各县市随时注意办理以竟全功，又该省提前肃清烟毒计划及分期进度表尚未据送内政部备核，应依照肃清烟毒善后办法第五条之规定迅速办理。

财 政

二、原报告一甲国省税部份，除营业税为省县共有税，继承税（在中央为遗产税）为中央税，应拨补地方百分之三十外，其余印花税、所得税、利得税均为中央税，应分别注明。又该省各项货物税现系由地方政府暂按旧制征收，其运入内地应征货物税，货品应切实遵照该省征收国税暂行办法办理。

三、原报告一乙县市税部份，查该省县市暂照旧征收之各项杂税其过于苛细者应予废止，其有继续征收必要者应依照地方举办特别税课之程序办理，又原报告表未列契税及土地税，原因何在，所载不动产取得税是否即颁行之契税，并应申复。

四、原报告发展公营贸易事业部分应与经济部洽商办理。

金 融

五、原报告"一、改组台湾银行"等。查台湾、劝业、台湾储蓄三银行业已接收改组，惟各该行原始接收清册迄未据送财政部，应予补送。又"二、将损害保险会社十二家改组为台湾产物保险股份有限公司，将生命会社十四家改组为台湾人寿保险股份有限公司"一节，业经由财政部函请该公署转饬各该公司克即依法呈部注册在案，又损害保险会社十二家及生命保险会社十四家由该公署接收后各该会社之原始接收清册尚未据送财政部，应迅即补送备核。

六、原报告"三、关于该省流通货币"一节，查旧台币收换期限业经台湾省银行呈准延至三十五年十一月底截止，并报财政部备案在卷，关于上项台币之收换情形应由该公署转饬台湾银行随时具报转部备查，又仍在监理中之台湾、商工、华南三银行,均属日台人合资经营之银行,日人股权均占半数以上,各该银行之改组事宜应饬事前报准财政部再行办理。

七、原报告"清算日政府对本省所负债务呈财政部请交涉偿还"一节,查日政府对台省金融机构所负债务应迅予查明列表,径请外交部转行交涉清还并分报财政部备查。

教 育

八、关于该省立专科学校及该省私立中学管理办法均应项目报送教育部核备,又国语、史地课本均应以用国定本为原则,该省教育处自编本应迅送教育部审查。

社 会

九、原报告调整人民团体,应将组织或调整之各级人民团体总报告表补报社会部备查,又原报告推行普通社会救济,"普通"二字应改为"经常",设立儿童保育院应依照社会救济法施行细则之规定改为育幼院。

粮 食

十、原报告四田赋开征,经核尚合,惟开征已经三月,迭经由粮食部电请转饬将收数依照规定按旬按月报核,迄未准复,应查案办理,又查三十五年三月间该省会将封存之征购米除留备四月军粮外,提拨六千吨调节民食,迭经粮食部电请将配售及作价情形查明报核在案,迄今尚未据复,原表所称提取接管公粮四千余吨供应民食,是否指前案而书,应将办理情形专案报部查核。

十一、原报告一关于闽米济台一节,原核定为米二十万市石,除已运台谷二万余担外,其余已饬停运,留济闽省民食在案。

卫 生

十二、该省所有接收各公私立医疗机关应妥为利用,其已改为省县市者应竭力维持原有规模,并积极进行工作,县卫生院应普遍设置,县立医院暂以不单独设立为原则,已设置卫生院之县份,县立医院应改为卫生院之附属医院,或改为其病房,用资充实。又该省鼠疫应加强防治以杜蔓延,其他重要传染病之防治,亦应加紧进行,环境卫生、妇婴卫生、医药管理等工作,未据列报应予补列。

其 他

十三、原报告"除适用民国一切法令外","民国"二字应改为"中央",又关于省颁行之县市以下及其他有关之现行单行法规,应分别报有关机关备查。

(薛月顺编:《台湾省政府档案史料汇编:台湾省行政长官公署时期(一)》,台北县新店市:"国史馆"1996年第1版,页167-170。)

161. 台湾省行政长官公署电为限期废止日据时代法令希分别修订或废止(1947年2月10日)

民国三十六年二月十日　署法字第二三四〇四号

台湾省行政长官公署代电

本署直属各单位:查本公署三十五年十月二十四日布告暂准继续援用日本时代法令二百三十六种,原属一时权宜办法,自不便长久适用,前经由法制委员会分函各处会室局迅即从速改订,惟据报迄今尚多未竣事,兹特决定此项暂准援用之日本法令,自本年五月一日起,即将全部废止,希主管部分即将与该机关有关部分,速加修订送核,如不需要保留,可径通知法制委员会办理废止程序,并限期本年四月末日以前办竣,勿稍延误。台湾省行政长官公署叁陆丑(灰)法印

(台湾省政府档案)

(何凤娇编:《政府接收台湾史料汇编》(上),"国史馆"1990年版,页104-105。)

162. 经济部台湾区特派员办公处遵将各项移交清册补齐手续电呈核备(1947年2月11日)

民国三十六年二月十一日　台特秘字第三二四三号

台湾区特派员办公处代电

南京经济部部长王钧鉴:案奉钧部本年十一月二十五日(三五)京接字第一七二二〇号指令略以所送各项移交清册未经接管机关钤用印信,亦未邀请

其他机关派员监交,原件发还,仰补齐手续呈核等因,附件,奉此。遵经将原册送请接管机关台湾省行政长官公署工矿处分别补盖印信,并邀请资源委员会台湾办事处杨处长监交,理合检具原册共八份,电呈察核备案。台湾区特派员包可永叩(亥)。附呈案卷移交清册、接收日资企业部分各项册表簿籍移交总清册、各企业接收日伪现存款项金银证券珍宝饰物报告表移交清册、各企业接收日伪资产变价款报告表移交清册、各企业监理册表存件移交清册、各企业接收册表暂存件移交清册、各企业接收册表抽存件移交清册、备品移交清册各一份,共八份。

附件:经济部台湾区特派员办公处接收日资企业部分各项册簿籍移交总清册

册簿名称	数量	附件
各企业接收册表抽存件移交清册	一本	附件如清册所列
各企业监理册表存件移交清册	一本	附件如清册所列
各企业接收册表暂存件移交清册	一本	附件如清册所列
各企业接收日伪现存款项金银证券珍宝饰物报告表移交清册	一本	附件如清册所列
各企业接收日伪资产变卖价款报告表移交清册	一本	附件如清册所列
要件登记簿	一本	
监理总册	一本	附概况总表一本
未经监理总册	一本	
接收日伪现存款项金银证券珍宝饰物登记簿接收敌伪资产变卖价款登记簿接收帐外物品登记簿	一本	
各企业(接收监理)册表登记簿	一本	
各接收企业转售物资登记簿	一本	
法令第一、二辑	二本	
工矿法令辑要	一本	
(上海区敌伪产处理局 上海区处理敌伪产业审议委员会)章程汇编	一本	

移交机关:经济部台湾区特派员办公处

点交人:董义燊　林超然

接收机关:台湾省行政长官公署工矿处

点收人:董义燊　林超然

监交:资源委员会台湾办事处处长　杨　清

补行监交日期三十五年十月二十一日

中华民国三十五年九月　　　日

（近史所经济档）

（何凤娇编：《政府接收台湾史料汇编》（上），"国史馆"1990年版，页320-323。）

163. 台湾省行政长官公署法制委员会电请通知无须保留之日据法令（1947年2月12日）

民国三十六年二月十二日　法字第一六一〇四号

台湾省行政长官公署法制委员会代电

　　各（处会局室）公鉴：案奉　长官公署本年二月十日叁陆丑灰署法字第一三四〇四号代电开"照抄"等因。奉此，自应遵办。查贵（处会局室）前主张保留日本统治时代之法令，计有××等××种，如其确无保留援用价值，须立予废止者，敬希随时通知本会，俾便办理废止程序，其确有部分或全部援用必要者，亦请速加修订，时光易逝，转瞬期限即届，务恳饬属迅办为荷！法制委员会丑（　）印。附法令名称一览表乙份

　　附件：各处室主张保留之日据法令名称一览表

农林处林业试验所主张保留日本统治时代之法令名称

法令名称	法令种类及番号
森林计划事业规程	昭和三年训令第八一号
森林计划事业施行案检订规程	昭和十二年训令第一一五号
台湾总督府造林事业规程	大正十三年训令第一三号
台湾民行造林奖励费补助规程	昭和十四年府令第二五号
台湾国有林野造林治水事业规程	昭和十八年训令第二二一号
台湾国有林野业务从事现业佣人规程	昭和十九年训令第二〇号
台湾樟树造林奖励规则	明治四十年律令第二号
台湾樟树造林奖励规则施行规则	明治四十年府令第八四号
台湾樟树造林奖励规则取扱规定	明治四十年训令第一七七号
台湾保安林造林事业费补助规则	昭和十四年府令第二〇号
台湾海岸砂防造林用种苗无偿下附规则	大正十一年府令第一一一号
台湾海岸砂防造林用种苗无偿下附规则取扱手续	大正十一年训令第一〇九号

续表

法令名称	法令种类及番号
官有林野图取扱规程	昭和七年训令第八一号
台湾官有森林原野及产物特别处分令	明治二十九年敕令第三一一号
台湾官有森林原野贷渡预约卖渡规则	明治四十四年府令第一八七号
官有森林原野产物卖渡及官有森林原野贷渡极印规则	明治三十五年府令第二〇号
官有森林原野产物卖渡手续	昭和十八年训令第二号
台湾官有森林原野产物卖渡规则	明治二十九年府令第四四号

农林处主张保留日本统治时代之法令名称

法令名称	法令种类及番号
台湾屠畜取缔规则	明治四十四年府令第三号
屠场设置规程	明治四十四年训令第七号
台湾水利组合令	大正十年律令第一〇号
台湾水利组合令施行规则	大正十一年府令第一二三号
台湾糖业令	昭和十四年律令第六号
台湾糖业令施行规则	昭和十四年府令第一〇七号
甘蔗中间苗圃设置规则	大正十三年府令第五八号
蔗苗取缔规则	大正三年律令第七号
蔗苗取缔规则施行规则	大正三年府令第二五号
台湾糖业奖励规则	明治三十五年律令第五号
台湾糖业奖励规则施行细则	明治三十五年府令第四三号
苎麻纤维黄麻纤维贩卖制限规则	昭和十四年府令第一五五号
蚕种取缔规则	昭和十七年府令第五四号
蚕种取缔规则取扱规程	昭和十七年训令第三三号
野蚕丝业取缔规则	昭和十二年府令第一七九号
台湾害虫驱除预防规则	明治四十一年律令第一四号
台湾害虫驱除预防规则施行规则	明治四十一年府令第六〇号
国有财产法	大正十年法律第四三号
肥料取缔法	明治四十一年法律第五一号
肥料取缔法ヲ台湾ニ施行スルノ件	大正十年敕令第五三号

统计室主张保留日本统治时代之法令名称

法令名称	法令种类及番号
台湾总督府报告例	昭和六年训令第二七号

粮食局主张保留日本统治时代之法令名称

法令名称	法令种类及番号
麻袋等回收配给统制规则	昭和十七年府令第二〇九号

工矿处主张保留日本统治时代之法令名称

法令名称	法令种类及番号
国有财产法	大正十年法律第四三号

专卖局主张保留日本统治时代之法令名称

法令名称	法令种类及番号
粗制樟脑樟脑油专卖法	明治三十六年法律第五号
粗制樟脑樟脑油专卖法第三条ニ依ル补助金	昭和八年告示第一六二号
樟树竹卖渡处分ニ关スル登记方	明治三十四年训令第二〇八号
樟脑制造用木竹等卖渡及使用ニ关スル件	明治三十四年训令第八号

气象局主张保留日本统治时代之法令名称

法令名称	法令种类及番号
天气预报、气象特报、暴风警报规程	昭和十四年告示第四三六号
天气预报、气象特报及暴风警报信号标式	昭和十年告示第四三七号
无线电信ニ依ル天气预报及暴风警报放送ノ件	昭和十年告示第一九九号
气象电报取扱规程	昭和十六年训令第一〇二号

交通处公路局主张保留日本统治时代之法令名称

法令名称	法令种类及番号
自动车交通事业法	昭和六年法律第五二号
自动车交通事业法ヲ台湾ニ施行スルノ件	大正十年敕令第五二一号

续表

法令名称	法令种类及番号
自动车交通事业法施行规则	昭和十六年府令第一八号
旅客自动车运输事业运输设备会计规程	昭和十六年府令第一九号
货物自动车运送事业运输设备会计规程	昭和十六年府令第二〇号
特定旅客自动车运送业规则	昭和十六年府令第二三号
旅客自动车运输事业基准规程	昭和十六年府令第二四号
货物自动车运送事业者补助规则	昭和十八年府令第一七一号
自动车交通事业法台湾职权委任规程	昭和十二年府令第一六九号

交通处铁路管理委员会主张保留日本统治时代之法令名称

法令名称	法令种类及番号
台湾土地收用规则	明治三十四年律令第三号
台湾土地收用规则施行规则	明治三十四年府令第四三号
台湾土地收用规则施行ニ关スル取扱心得	明治三十四年训令第二三二号
小运送业法	昭和十二年法律第四五号
小运送业法ヲ台湾ニ施行スルノ件	大正十年敕令第五二一号
小运送业法施行规则	昭和十四年府令第五号
铁道营业法	明治三十三年法律第六五号
铁道运输规程	昭和十八年府令第二〇六号
传染病患者铁道乘车规程	昭和三十四年府令第二号
火药类铁道运送规程	昭和十九年府令第三三六号
台湾总督府交通局铁道事务所支所规程	昭和二十年训令第六九号
台湾私设铁道规则	明治四十一年律令第二〇号
台湾私设铁道规则施行细则	明治四十一年府令第七三号
台湾私设铁道事故届出规程	明治四十二年府令第二一号
台湾私设铁道邮便物运送规则	明治四十二年府令第三〇号
台湾私设铁道列车运输规程	明治四十二年府令第二〇号
台湾私设铁道系职员制	昭和十三年府令第一七号
台湾私设铁道ニ于ケル军人军属及军需品并ニ受刑者留置者被告人被疑者及其ノ护送者运赁割引方ノ件	昭和五年府令第三四号
台湾私设轨道规程	明治四十五年府令第九号
一般交通运输ノ用ニ供セザル轨道ニ付取扱方	大正十年训令第一一五号

续表

法令名称	法令种类及番号
台湾私设铁道事故届出规则	明治四十五年府令第二一号
台湾官设铁道建设规程	昭和十二年府令第四七号
台湾总督府交通局铁道信号规程	昭和八年府令第一三〇号
台湾土地测量标准规程	大正三年律令第五号
台湾土地测量标规则施行规则	大正三年府令第一九号
台湾土地测量标规则石保管数调报告书式	大正九年训令第二六六号

民政处地政局主张保留日本统治时代之法令名称

法令名称	法令种类及番号
台湾地租规则	明治三十七年律令第七二号
台湾地租规则施行规则	大正十二年府令第二〇号
台湾地租规则取扱心得	大正十二年训令第一〇号
台湾地租规则取扱心得又ハ地方税调及监视规程中税务吏ノ取扱ニ关スル件	明治四十三年训令第一二四号
地租异动其ノ他报告方	明治三十年训令第一九二号
台湾家屋税令施行规则	昭和十四年府令第三二号
官有林野图取扱规程	昭和七年训令第八一号
国有财产法	大正十年法律第四三号
国有财产法ヲ台湾ニ施行スルノ件	昭和十二年敕令第三六号
国有财产法施行令	大正十一年敕令第一五号
国有财产法施行规则	昭和十二年府令第二五号
台湾总督府所管国有财产取扱规程	昭和十二年训令第二八号

民政处营建局主张保留日本统治时代之法令名称

法令名称	法令种类及番号
台湾都市计划令	昭和十年律令第二号
台湾都市计划关系民法等特例	昭和十年敕令第二七三号
台湾都市计划令施行规则	昭和十年府令第一〇九号
台湾都市计划令施行规则临时特例	昭和十四年府令第八一号
台湾都市计划委员会规则	昭和十五年府令第三八号

续表

法令名称	法令种类及番号
台湾都市计划关系土地区划整理登记规则	昭和十年府令第一一一号
土地区划整理施行细则	昭和十三年府令第八二号
官厅ニ于テ为ス行为モ台湾都市计划令ニ准据スベキ件	昭和十二年训令第三九号
台湾土地收用规则	明治三十四年律令第三号
不动产登记法	明治三十二年法律第二四号
台湾下水规则	明治三十二年律令第六号
国立公园法	昭和六年法律第三六号
国立公园法施行规则	昭和十年府令第七六号
国立公园法施行令	昭和六年敕令第二四二号

民政处卫生局主张保留日本统治时代之法令名称

法令名称	法令种类及番号
台湾公医规则	大正五年府令第五二号
按摩术营业取缔规则	大正十三年府令第二〇号
针术灸术营业取缔规则	大正十三年府令第二一号
台湾墓地火葬场及埋火葬取缔规则	大正十一年府令第五六号
保健所法	昭和十二年法律第四二号
保健所法ヲ台湾ニ施行スル件	大正十一年敕令第五二一号
保健所法施行规则	昭和十九年府令第三〇九号
台湾保健妇规则	昭和二十年府令第一三五号
饮食物其ノ他物品取缔ニ关スル法律	明治三十三年法律第一五号
饮食物其ノ他物品取缔ニ关スル法律ヲノ台湾ニ施行スルノ件	明治三十六年敕令第一五四号
饮食物其ノ他物品取缔ニ关スル法律施行规程	明治三十六年府令第六九号
台湾饮食物取缔规则	大正十年府令第一五二号
饮食物防腐剂及漂白剂取缔规则	昭和十六年府令第八五号
台湾人工甘味质取缔规则	明治四十四年府令第二七号
台湾有害性着色料取缔规则	明治四十四年府令第三一号
有害性着色料取缔规则ニ依ル野菜果实类等试验方法	明治四十四年府令第三二号
有害性着色料取缔规则第二条野菜果实类ノ贮藏品及昆布中铜ノ试验方法	大正二年内务省令第一三号

续表

法令名称	法令种类及番号
台湾牛乳营业取缔规则ニ定台牛乳及乳制品ノ规格ニ关スル试验方法	昭和十九年府令第一五三号
台湾メチルアルユーホル（木精）取缔规则	大正元年府令第六号
台湾メチルアルユーホル（木精）试验方法	大正元年训令第三号
台湾清凉饮料水营业取缔规则	昭和五年府令第二〇号
砒素及锡试验方法	明治四十一年府令第四〇号
台湾水营业取缔规则	大正元年府令第九号
台湾屠畜取缔规则	明治四十四年府令第三号
屠场设置规程	明治四十四年训令第七号
屠场检查心得	昭和十九年训令第三七号
污物扫除法	明治三十三年法律第三一号
污物扫除法ヲ台湾ニ施行スルノ件	大正十一年敕令第五二一号
污物扫除法施行规则	昭和三年府令第六〇号
大清洁法施行规程	明治三十八年训令第二三四号
传染病预防法	明治一二十年法律第三六号
传染病预防法ヲ台湾ニ施行スルノ件	大正十一年敕令第五二一号
传染病预防法施行规则	大正十五年府令第三一号
マラリヤ防遏规则	大正二年律令第五号
マラリヤ防遏规则施行细则	大正二年府令第三九号
航空检疫规则	昭和六年府令第五〇号
癞预防法	明治四十年法律第一一号
癞预防法ヲ台湾ニ施行スルノ件	大正十一年敕令第五二一号
癞预防法施行规则	昭和九年府令第六六号
结核预防法	大正八年法律第二六号
结核预防法ヲ台湾ニ施行スルノ件	大正十一年敕令第五二一号
结核预防法施行规则	昭和十三年府令第一九号
花柳病预防法	昭和二年法律第四八号
花柳病预防法ヲ台湾ノ施行スルノ件	大正十一年敕令第五二一号
花柳病预防法施行规则	昭和十五年府令第八号
代用消毒药品检定规则	昭和八年府令第三二号
药事法	昭和十八年法律第四八号
药事法施行规则	昭和十八年府令第二四一号

财政处主张保留日本统治时代之法令名称

法令名称	法令种类及番号
国库出纳金端数计算法	大正五年法律第二号
国库出纳金端数计算法ヲ朝鲜台湾及桦太二施行スルノ件	大正五年敕令第五七号
公共团体ノ收入及支拂二关シ国库出纳金端数计算法ヲ准用ノ件	大正五年敕令第二〇九号
国库出纳金端数计算法第一条第二项ノ国税指定	昭和十九年府令第一二三号
国库所属手数料征收规则	大正十年府令第五二号
台湾地租规则	明治三十七年律令第七二号
台湾地租规则施行规则	大正十二年府令第二〇号
台湾地租规则取扱心得	大正十二年训令第一〇号
台湾地租规则取扱心得マハ地方税调查及监视规程中税务吏ノ取扱二关スル件	明治四十三年训令第一二四号
台湾地租规则测量事务取扱心得	大正十二年训令第一一号
地租异动其ノ他报告方	明治三十年训令第一九二号
台湾地租规则ヲ台东厅及花莲港厅二施行ノ件	大正二年府令第一〇七号
台湾地租规则ヲ澎湖厅二施行ノ件	大正四年府令第六八号
台湾营业税令	昭和十二年律令第四号
台湾营业税令施行规则	昭和十二年府令第二九号
台湾相续税令	昭和十二年律令第七号
台湾相续税令施行规则	昭和十二年府令第三二号
台湾法人资本税令	昭和十二年律令第二号
台湾法人资本税令施行规则	昭和十二年府令第二七号
砂糖消费税法	明治三十四年法律第一三号
砂糖消费税法ヲ台湾二施行スルノ件	明治三十四年敕令第一五五号
砂糖消费税法施行规则	大正二年府令第九二号
砂糖消费税法取扱规程	大正二年训令第二三四号
台湾清凉饮料税令	昭和十九年律令第一二号
台湾清凉饮料税令施行规则	昭和十七年府令第五九号
台湾所得税令	大正十年律令第四号
台湾所得税令施行规则	大正十年府令第五五号
台湾所得税令取扱规程	昭和八年训令第九号
台湾临时利得税令	昭和十年律令第四号
台湾临时利得税令施行规则	昭和十年府令第二〇号
物品税法	昭和十五年法律第四〇号

续表

法令名称	法令种类及番号
通行税法	昭和十五年法律第四三号
台湾家屋税令	昭和十四年律令第一号
台湾家屋税令施行规则	昭和十四年府令第三二号
租税其ノ他ノ收入处分嘱托ニ关スルノ法律	明治四十年法律第三四号
台湾国税征收规则	大正二年律令第三号
国税征收法	明治三十年法律第二一号
台湾国税征收规则施行规则	大正二年府令第三二号
间接国税犯则者处分法	明治三十三年法律第六七号
间接国税犯则者处分法ヲ台湾ニ施行スルノ件	大正十一年敕令第五二六号
间接国税犯则者处分法施行规则	明治三十三年敕令第五二号
间接国税犯则者处分法施行ニ关スル件	大正十二年府令第一三号
间接国税犯则者处分法取扱规程	大正十二年训令第六号
台湾间税检查规程	明治四十四年训令第四号
市街庄ニ于テ征收スル国库金ノ种月并ニ交付金ニ关スル件	大正十年府令第二二号
台湾地方税规则	昭和十二年府令第一八号
无尽业法	昭和六年法律第四二号
无尽业法施行细则	昭和六年大藏省令第二三号

(台湾省政府档案)

(何凤娇编:《政府接收台湾史料汇编》(上),
"国史馆"1990年版,页58—82。)

164. 台湾省政府电知修正收复区私有土地上敌伪建筑物处理办法第四、五条条文(1947年8月28日)

民国三十六年八月二十八日　府秘法字第四五九九六号

台湾省政府代电

本省所属各机关:

案奉行政院本年八月十二日(三六)七外字第三一八〇八号训令开"查收复区私有土地上敌伪建筑物处理办法,前经本院于三十五年七月二十九日以节京贰字第七〇四三号令公布施行,并分报国民政府及前国防最高委员会备案在案。原办法第四条、第五条规定：凡准由基地所有权人优先缴价承购敌伪所建房屋，及准由原所有权人就敌伪增修部分缴价领回，其无力缴价时，均得分期于二年内付清，如逾期不付清者，得均卖之，此种规定对于原业主固极优待，惟因现时币值变动甚剧，如准于二年内分期付款，于敌伪产业处理亟须增加国库收入之目的，未尽符合，兹将原办法第四条、第五条条文'二年'两字，均改为'六个月'。除由院公布施行并呈报国民政府备案暨分令外，合行抄发修正条文，令仰知照并转饬知照。此令"等因。附抄发修正收复区私有土地上敌伪建筑物处理办法第四条、第五条条文，奉此。除分电外，合抄原附件，电希知照，并饬属知照台湾省政府叁陆未（俭）府秘法印（附件缺）

（台湾省行政长官公署公报）

（何凤娇编：《政府接收台湾史料汇编》（上），"国史馆"1990年版，页227-228。）

165. 台湾省政府电遵照行政院订定军事机关部队占用敌伪产业解决办法（1947年10月22日）

民国三十六年十月二十二日　清二字第三〇九七号

台湾省政府代电

各县市政府：

据财政厅案呈，奉财政部三十六年九月二十七日财督秘第三五四六九号代电开：案奉行政院本年八月二十五日（三六）七外字第三三七九六号代电开：据本院秘书处案陈联合勤务总司令部三六年工调字第三二四六号午皓代电略称："军事机关接管使用敌伪营房为数不多，泰半驻用敌伪厂场、仓库、株式会社等房屋，如遵钧院电令规定移交敌伪产业处理机构处分，事实上殊多困难，因新建营房、仓库、场厂限于预算，不能立即大量兴建，且缓不济急，当此全国总动员戡乱建国之际，所有军需工厂均事生产，各地仓库目前存储军需物资尚感不敷使用，仍恳俯准本部三六工调字第二五五一号代电所拟办法，转饬敌伪产业处理机构查照办理"等情。查军事机关部队占用敌伪产业物资，迭经本院规定处理办法饬遵在案。兹再根据法令及本院历次指示所订定解决办法五项于下:(一)军事机关部队占用房屋物资与各该机关部队中个人占用者,严格划分,各别处理;(二)确为军事机关部队应用之军用物资,一概准予转账,非军用品与军事完全无关者,应交处理机关,如已出售或应用,应作价解库,军用品与非军用品之区分,按照本院历次命令办理;(三)部队所用营房及军事机关所用办公房屋,应紧缩使用,依院令须将所有房屋项目呈请核定,应再根据实际需要情形,会商处理机关拨用,报院核准;(四)个人占用房屋限期交出,如愿承购,准由处理机关估价,交原任用人优先承购,限期交款,逾期即强制迁出(由处理机关请法院执行);(五)个人占用家具物资,应交还处理机关处理,已消耗之物资,应估价限期缴款解库,未消耗之物资,如占用人尚有需用,可由处理机关估定价格,限期缴款承购,逾期即强制交出。除分行并由本院及国防部财政部各派员会同出发督促执行外,仰即遵照等因,除分行外,合行电仰遵照等因,转请核示等情到府,自应遵办,除分电外,特电遵照。台湾省政府三六酉(养)府财清二。

(台湾省行政长官公署公报)

(何凤娇编:《政府接收台湾史料汇编》(上),

"国史馆"1990年版,页238—239。)

166. 代电(时间不详) (三四)战字第五号

台湾地区日本官兵善后联络部涉外委员会谏山委员长鉴:现因军字第一号命令中所定台北区接收日程略有变更,兹将修正日程表随电附发,希即转饬遵照。中国台湾省警备总司令部参谋长柯远芬。

代总战附表一件。

台湾省警备总司令部接收日程表
总部第三处调制

接收地区	开始接收日	受缴日军部队	我方接收部队
台北市	十一月一日	台湾第十方面军及军管区司令部 独立第三十四通信联队 独立第二一三自动车中队 前日军教育队	警备总司令部及特务团
台北市	十一月一日	第六十六师团 独立第二一四及三〇八自动车中队 独立第四十二工兵联队	警备总司令部及特务团
基隆	十一月四日	独立第七十六旅团 第二十八船舶工兵联队（十一月六日开始接收）	第七十军
淡水	十一月五日	独立第一〇三旅团	第七十军
宜兰及苏澳（花莲港）	十一月十一日	独立第一一二旅团 独立第一〇二旅团	第七十军
新竹	十一月十六日	第九师团	第七十军
附记	一、接收细目如军字第一号命令所规定 二、陆军要塞部队由七十军队军长适宜规定接收时间 三、海空军宪兵及军政部宜准此表协同陆军部队实施接收		

（秦孝仪主编，张瑞成编辑：《光复台湾之筹划与受降接收》，台北：中国国民党中央委员会党史委员会1990年第1版，页271–272。）

167. 代电（酉卅）（时间不详）（三四）战字第五二号

台湾地区日本官兵善后联络部涉外委员会谏山委员长勋鉴：中国台湾省警备总司令陆军上将陈致安藤将军军字第一号命令计达，兹为实施该命令第二条第一款之规定，本官特制定日本第十方面军司令部、台湾军管区司令部，及所属一部部队之缴械规定事项十条，除令本官所属遵照实施外合行检发上开规定事项一份希即遵照，转饬所属与该规定有关人员遵照执行为要。中国台湾省警备总司令部参谋长柯远芬印。中华民国三十四年十月三十日。由台北市总司令部发。附日本第十方面军司令部、台湾军营区司令部及所属一部部队缴械规定事项一份。

日本第十方面军司令部、台湾军管区司令部及所属一部部队缴械规定事项：

一、日本第十方面军,及台湾军管司令官兵,并独立三十四通信兵联队、三〇八自动车中队、教育队之武器、零件、弹药、工兵器材,分类送积陆军兵器补给厂,交本部陈课长训明点收。

二、前记各部队之车辆、零件、油料及修理厂,除将贵部留用乘车五辆、卡车三辆及油料若干加仑(由接收人规定)外,余均就所在地集中,交本部王课长善征接收。

三、前记各部队马匹,附全鞍具及饲养洗刷用具等,送集第五部队营房,交本部特务团朱团长瑞祥接收。

四、前记部队通信器材、油料及被服,除将贵部留用五〇瓦特无线电机两部,及附属人员器材以一部架设桦山小学,受指定人员之监督,所有电文须经该监督人员检查许可,并不得使用密码及规定以外之波长周率外,其余器材、油料均送桦山陆军仓库,交本部林课长文光及翁课长重源(被服)接收。

五、前记部队之营建、设备、家具及所存军用物资(含纪念配给品),除将留一部使用(由接收人规定)外,均交本部王处长民宁(营建设备家具)及陈处长绍咸接收。

六、前记部队之所有文卷、图表书类、密电本等,统送交台北州厅黄主任俊卿接收。

七、日本驻台湾澎湖全部陆军部队,所有通信鸽、通信犬及附带器材,送台北市桦山仓库,交林课长文光接收。

八、以上所将贵部留用之备件,须向本部出具借据,待回国时交还。

九、原日本第十方面军,及台湾军管司令部人员,其分往各部队者,须造表呈报,现留住台北市者,除安藤将军仍可留住原官邸外,其余均须集中移往高等法院地方法院联络部内(原法院人员可移出),俾增加工作效率,便受我军之保护。

十、日本独立三十四通信联队及三〇八自动车队人员,须集中台北市内本部朱课长嘉宾指定地点,受我军之保护。

附接收证一份(略)

(秦孝仪主编,张瑞成编辑:《光复台湾之筹划与受降接收》,台北:中国国民党中央委员会党史委员会1990年第1版,页272-274。)

168. 代电（时间不详） 军字第六号

台湾地区日本官兵善后联络部安藤部长：奉本国总司令何，酉径未补余电开，关于接收日降军物资手续，前经以申巧补裕电规定在案，兹据冈村宁次大将呈称，仙军补字第八号命令第一项，规定缴交物资军品清册，应制成两部，现因中日双方检对便利起见，拟增缮副本两份，为按规定呈报之用，正本仍由当地交接代为保留，请备案等情，核尚可行，除批复并分电外，特电知照，等因特电转知遵照。陈仪戌冬战三印。

（秦孝仪主编，张瑞成编辑：《光复台湾之筹划与受降接收》，台北：中国国民党中央委员会党史委员会1990年第1版，页275。）

169. 代电（时间不详） （三四）接参字第三二号
各处室

各接收组勋鉴：奉总司令何酉效诚真代电略开"收缴日方移交之武器器材册报办法宜照本部规定办理，兹随电附发该项办法一份，希饬遵照"等因除分电外，兹随电检发该办法表式乙份，仰遵照。台湾省警备总司令部。戌齐军接参。附件如文（略）。

特务团

（秦孝仪主编，张瑞成编辑：《光复台湾之筹划与受降接收》，台北：中国国民党中央委员会党史委员会1990年第1版，页275-276。）

170. 台湾省警备总司令部代电（时间不详） （三四）军字第十三号

台湾地区日本官兵善后联络部安藤部长鉴：查台湾各陆军医院原规定由军政部特派员办处接收，现以该处人员尚未到达，兹改派本部顾问陈方之统一接收，并派咨议俞元方协助之，希知照，并转饬各陆军医院遵照为要。中国台湾省警备总司命陈仪。戌佳战。

（秦孝仪主编，张瑞成编辑：《光复台湾之筹划与受降接收》，台北：中国国民党中央委员会党史委员会1990年第1版，页282。）

171. 台湾省警备总司令部代电 （三四）泰二字第四〇号

台湾地区日本官兵善后联络部涉外委员会谏山委员长鉴：台湾连涉第一三六号申请书，及附表均悉当派员前往韩籍官兵集中训练队查覆，据金学淳（金海淳）、尹炳誓（北村寅雄）、郑秉俊（岩本秉俊）、玄龙瑞（黑川忠一）等四人声称，军刀均系公物，愿缴呈我方等情，附呈军刀奉还书乙纸前来，除饬收缴该项军刀之宪警连，将原件呈缴本部接收外，特复知照。台湾省警备总司令部参谋长柯远芬。真秉二印。

(秦孝仪主编,张瑞成编辑：《光复台湾之筹划与受降接收》,台北：中国国民党中央委员会党史委员会1990年第1版,页282。)

172. 中国陆军总司令部电各省市军政长官颁发处理在日军服务之台人办法（时间不详）

奉军事委员会酉世令二宫三代电核定处理在日军服务之台湾人，办法五项：（一）凡在日军服务之台湾人，仍与日军缴械后之官兵，暂不区分，由备受降区一并集中，将来再另行分别集中，交由当地省市政府管理。（二）凡台湾人民散在各地者，由各省市府使其与日侨分别集中，严密保护。（三）上述台湾人集中后，查明其会任日军特务工作，并有残害同胞之行为者，依法惩处，其有凭借日人势力，凌害同胞，或帮同日人逃避物资，转卖军用品者，亦依法惩处。（四）对集中之台湾人，应迅速进行调查工作，将来凡几良善者，愿在中国内地居住，或愿回台湾，均听其自由，但大部分，以送其返台，交台湾行政长官公署安置为原则。（五）台湾人由各地集中地返台时，应以集团输送为原则应由台湾行政公署派员前来参加登记及登记及输送工作，除分电外，希即遵照办理。

(录自《中国战区中国陆军总司令部处理日本投降文件汇编》,下卷,页201-202。)

(秦孝仪主编,张瑞成编辑：《光复台湾之筹划与受降接收》,台北：中国国民党中央委员会党史委员会1990年第1版,页210。)

173. 中国国民党中央执行委员会宣传部电送台湾省行政长官公署该部接管台湾文化宣传事业计划纲要

中国国民党中央执行委员会/宣传部　快邮代电

宣字收字第四十九号

台湾省行政长官公署陈长官勋鉴：兹送上本部接管台湾文化宣传事业纲要一份，即请查照赐予协助为荷。中央宣传部事业计划纲要一份。中央宣传部。申告。印。

附件：中央宣传部接管台湾文化宣传事业计划纲要

一、由本部派遣特派员随同台湾行政长官前往该区协助接管敌伪经营之新闻出版广播电影及其他文化事业。

二、敌伪机关或私人经营之报社、通讯社、出版社及电影制片厂、广播台等，一律予以查封，由本部会同省长官公署（以下简称公署）接管，其已停办而设备未毁者亦同时查封。

三、前项没收查封之报社、通讯社、出版社、电影制片厂、广播电台等，所有印刷机器、房屋建筑、工作用具及其他财产，经中央核准后由本部特派员会同公署启封利用，为便于推进本党之宣传计，中宣部有优先利用之权。

四、台北南海日报（即前台湾日日新闻）改组为光复日报，由中宣部派员前往主持，其余台北之台湾新民报，台南之台南新报、台湾新报，及台中之台湾新闻，高雄之高雄新报，花莲港之东台湾新报等设备如尚未毁，由本部特派员与公署会商处理办法呈中央核准后实施。

五、同盟社台湾分社由中央通讯社派员接收，改为该社台湾分社，并即开始工作。

六、台湾总督府映画队由中央电影摄影场派员接收，改为该场台湾分场，并即开始工作。

七、台湾オフヤツト印刷株式会社改为台湾印刷公司，由公署接收，其余没收之小规模印刷所由本部特派员会同公署拟订处理办法呈中央核准后实施。

八、台北、台中、台南放送局均由中央广播事业管理处派员接收，改为台北、台中、台南广播电台，并即开始工作。

九、台湾省军政机关及主要民间文化团体拟在台湾区内设办报馆、通讯社及出版社应依法声请登记,但必要时得呈准先行出版后再行履行登记手续。

十、在未恢复平时状态前严格限制报社、通讯社、出版社、电影制片厂之设立,其限制办法由中央另定之。

十一、各地图书馆、书店、博物馆一律予以查封,原主应开列清单听候本部特派员与台湾警总司令部政治部(以下简称政治部)会同派员前往清查,其含有敌人文化毒素者一律没收焚毁,余得发还原主。

十二、在未恢复平时状态前,新闻、电影、什志刊物、通讯社稿均应施行检查审定,由本部特派员协助政治部办理之。

(薛月顺编:《台湾省政府档案史料汇编:台湾省行政长官公署时期(一)》,台北县新店市:"国史馆"1996年第1版,页43-44。)